논어정의 論語正義

Lun Yu Zheng Yi —The Corrected Meaning of the LUN YU—

【二】

(권3 · 권4)

논어정의論語正義 【二】
Lun Yu Zheng Yi —The Corrected Meaning of the LUN YU—

—

1판 1쇄 인쇄 2023년 8월   7일
1판 1쇄 발행 2023년 8월 21일

—

저   자 ㅣ 유보남劉寶楠
역   자 ㅣ 함현찬
발행인 ㅣ 이방원
발행처 ㅣ 세창출판사
　　　　　신고번호 제1990-000013호
　　　　　주소 03736 서울시 서대문구 경기대로 58 경기빌딩 602호
　　　　　전화 02-723-8660 팩스 02-720-4579
　　　　　이메일 edit@sechangpub.co.kr 홈페이지 www.sechangpub.co.kr
　　　　　블로그 blog.naver.com/scpc1992 페이스북 fb.me/Sechangofficial 인스타그램 @sechang_official

—

ISBN 979-11-6684-228-3 94140
　　　　979-11-6684-221-4 (세트)

—

이 역주서는 2017년 대한민국 교육부와 한국연구재단의 지원을 받아 수행된 연구임.
(NRF-2017S1A5A7020726)

—

이 책은 한국연구재단의 지원으로 세창출판사가 출판, 유통합니다.
잘못 만들어진 책은 구입하신 서점에서 바꾸어 드립니다.

논어정의

論語正義

Lun Yu Zheng Yi —The Corrected Meaning of the LUN YU—

【二】

(권3 · 권4)

유 보 남劉寶楠 저

함 현 찬 역주

세창출판사

차 례

논어정의
論語正義
【二】

전체 차례

✳

논어정의
論語正義

해 제

1.『논어정의』 번역의 가치

유학(儒學) 관련 경학 자료에는 동일한 원전 자료에 대해 오랜 기간 동안 수많은 학자들이 남긴 기록이 축적되어 있으며, 그것을 통해 이들의 형상이 어떻게 형성되는가를 살필 수 있다. 중국의 경우『논어(論語)』 관련 주석서는 총 1,100여 종에 이르는데, 현전하는 가장 오래된 주석은 위(魏)나라 하안(何晏) 등이 쓴『논어집해(論語集解)』이다. 이 책은 후한(後漢)의 포함(包咸)·주씨(周氏)·마융(馬融)·정현(鄭玄)과 위나라 진군(陳羣)·왕숙(王肅)·주생렬(周生烈) 등 7인의 주석과『고논어(古論語)』의 공안국(孔安國) 주(注)를 모두 종합하여 집대성한 것이다. 이『논어집해』는 양(梁)나라의 황간(皇侃)이 쓴『논어의소(論語義疏)』를 통하여 후세에 전해졌다. 그런데 이 하안의『논어집해』를 근거로 한『논어』의 판본은 남북조시대(南北朝時代)에서 시작하여 수(隋)·당(唐)·오대(五代)를 거쳐 북송(北宋)에 이르기까지, 특히 황간의『논어의소』본에 기대어 세상에 유행하였으나, 그 뒤에는 한동안 유행하지 않았다. 그 이유는 주희(朱熹)의『논어집주(論語集註)』가 크게 유행함에 따라 자취를 감추게 되었기 때문인 것으로 생각된다. 다만 송(宋) 진종(眞宗) 3년(1000)에 칙명으로 형병(邢昺) 등이 하안의『논어집해』를 다시 풀이하여『논어주소(論語注疏)』

를 썼는데, 이것이 『십삼경주소(十三經注疏)』에 끼여 있는 논어의 전통적인 주해서(注解書)이다. 이것은 황간의 『논어의소』에서 집해(集解)를 따로 떼어 지은 것이라고 하는데, 그 내용은 원칙적으로 황간의 『논어의소』를 따랐으나 장구(章句)의 훈고(訓詁)가 더욱 상세하였으므로, 황간의 『논어의소』를 밀어내는 까닭이 되었다. 그런데 이 황간의 『논어의소』는 당대에 일본에 전해졌다가 청대(淸代)에 청나라로 다시 전해짐으로써, 남송 때 없어진 이후 5백 년 뒤에 다시 유행하게 되었다.

한편, 주희의 『논어집주』는 형병의 『논어주소』의 경문을 바탕으로 고인(古人)들의 여러 해설을 참고하여 지은 것인데, 이로부터 논어의 해설은 이 『논어집주』가 단연 권위를 지니게 되었고, 오경(五經)을 중심으로 하던 유학이 사서(四書)를 더 중시하게 되었다. 또한, 『사서집주(四書集註)』가 나온 뒤로 『논어』는 더욱 존중되고 널리 읽혔다. 『사고전서총목(四庫全書總目)』을 통해 보면 『논어집주』를 이어 송대에 나온 『논어』의 주해서가 10여 종이며, 원대(元代)에도 다시 10여 종이 나왔고 명대(明代)에는 30여 종이 넘고 있다. 청대에는 더욱 많아 백여 종이 넘는다고 알려져 있다. 이것은 주희 이후로 유가의 경전이 오경에서 사서 중심으로 옮겨 갔으며, 그중에서도 『논어』가 가장 존중되었음을 뜻하는 것이다. 따라서 주희 이후로는 유가의 경전 중에서도 『논어』가 가장 중시되어 모든 공부하는 사람의 필독서가 되었다. 원대 이후로는 과거(科擧)에 있어서도 필수과목으로 채택되어 『논어』의 권위는 더욱 높아졌다. 특히 청대에는 고증학(考證學)이 발달함에 따라 진전(陳鱣)의 『논어고훈(論語古訓)』, 반유성(潘維城)의 『논어고주집전(論語古注集箋)』, 유보남의 『논어정의(論語正義)』등 많은 연구서가 나왔다.

한국은 고려시대 말에 들어온 성리학을 그대로 계승·발전시켰으므로 『논어』가 더욱 중시되었다. 태조 원년(1392)에 확정된 과거법 이후 계속 과거에서 시험 과목으로 중시되었으며, 성균관에서의 교육 과목에서도 사서삼경은 가장 중요한 교과 과목으로 채택되었다. 역대 임금들도 사서오경에 대해 깊은 관심을 가졌으며, 여러 기록으로 미루어 사서오경은 임금과 태자로부터 모든 지식인에 이르기까지 꼭 읽어야 할 필독서로 자리를 잡고 있었음을 알 수 있다. 이에 따라 예로부터 있어 오던 구결(口訣) 또는 토(吐)를 달아 원문을 읽는 법에서 한 걸음 나아가 경서의 언해(諺解)가 시도되었다. 언해는, 유숭조(柳崇祖)가 칙명을 받아 『칠서언해구두(七書諺解口讀)』를 지은 것이 처음이라고 하나[유희춘(柳希春)의 『미암일기(眉巖日記)』, 안종화(安種和)의 『국조인물지(國祖人物志)』] 전하지 않는다. 이황(李滉)도 선조 3년(1570) 『삼경사서석의(三經四書釋義)』를 지었으나, 이보다도 본격적으로 우리나라에서 읽힌 언해본으로는 선조의 칙명으로 이루어진 『논어언해(論語諺解)』 4권과 이이(李珥)가 지은 『논어율곡언해(論語栗谷諺解)』 4권이 있다. 이 밖에 작자 미상의 『논어정음(論語正音)』 4권도 있다. 송시열(宋時烈)의 『논맹문의통고(論孟問義通攷)』도 있는데, 이것들을 통해 볼 때, 조선시대의 학자들은 무엇보다도 경문 자체를 올바로 읽고 정확하게 해석하려는 노력을 크게 기울였음을 엿볼 수 있다. 특히 정약용(丁若鏞)의 『논어고금주(論語古今注)』 등은 경학 연구 면에서 독특한 업적이었다고 할 수 있다.

그런데 한국에서의 『논어』 관련 경학 자료는 거의가 주희의 집주에 근거한 것이 대부분이다. 이는 고려시대 말의 성리학 도입 이래, 관리 등용에 있어 과거제도를 도입하여 관리를 선출했는데, 경전학 관련 과거는 오직 주희의 집주에 근거해 치러졌기 때문이라고 할 수 있다. 따라서 중국의 경우 『논어』 관련 주석서가 총 1,100여 종에 이르지만 우리나라의 경우는 조선시대에 성리학이 국교였던 관계로 중국에 비해 양적·질적으로 부족한 실정이며, 번역 및 해석서도 주희의 집주와 관련된 자료가 대부분이다. 뿐만 아니라 지금까지의 『논어』 관련 고전 자료의 대부분이 현대적으로 가공되지 않고 집성(集成) 형식으로 단순 정리됨으로써 자료적 가치에 비해 학문적 활용도를 담보하지 못하고 있다.

이제 완역된 본 『논어정의』는 하안의 『논어집해』, 황간의 『논어의소』, 주희의 『논어집주』와 더불어 『논어』 주소(注疏)의 사거서(四巨書)로 손꼽히는 유보남의 『논어정의』를 번역한 것으로 논어학의 체계적 정립에 기여하고, 한편으로는 『논어』가 담고 있는 광범위한 영역과 주제를 총체적으로 조망할 수 있는 기회를 제시할 것이다. 또한 현대적인 문맥에서 접근 가능한 표준적인 번역 작업을 수행하는 동시에 표점과 주해를 더하여 한국 유학에 있어『논어』에 대한 새로운 이해와 해석의 지평을 넓혀 줄 수 있을 것이다.

2. 원저자 소개

유보남은 중국 청나라 때의 고증학자이다. 자는 초정(楚楨), 호는 염루(念樓)이다. 강소성(江蘇省) 보응(寶應) 출신으로, 문안(文安)·삼하(三河)의 지현(知縣)을 지내기도 하였다. 유보남은 처음에 모씨(毛氏)의『시경(詩經)』과 정씨(鄭氏)의『예(禮)』를 연구하였는데, 뒤에 유문기(劉門淇)·매식지(梅植之)·포신언(包愼言)·유흥은(柳興恩)·진립(陳立) 등과 함께 경전을 공부하면서 각각 하나의 경전을 연구하기로 약속하여, 자신은『논어』를 맡았다.

유보남은『논어』 관련 주석서 중 황간과 형병의 소(疏)에 오류가 많고, 청담과 현학에 관련되었다고 탄식하였으며, 거친 곳이 있는 것을 병통으로 여겼다. 이에 한나라 이래 여러 학자의 학설을 두루 모으고, 송유(宋儒)의 의리론과 청유(淸儒)의 고증(考證)·훈석(訓釋)을 참고해서 초순(焦循)이『맹자정의(孟子正義)』를 저술한 체재에 따라 먼저 장편을 만들고 그런 뒤에 모으고 비교와 절충을 진행하였다.

유보남은『논어정의』를 도광(道光) 8년(1828)에 처음 쓰기 시작하였는데, 함풍(咸豊) 5년(1855)에 장차 완성되려 할 때 병으로 사망하였다. 이에 그의 아들 유공면(劉恭冕)이 저술을 계속하였으며, 동치 4년(1865)에 전서가 완성되었다.『논어정의』의 완성은 전후 38년이 소요되었으며, 동치 5년에 간행되었다.

그런데 유보남의『논어』 연구는 가학(家學)에 기초한 것이지만, 그의『논어정의』는 그가 38세에 뜻을 두고 착수하여 평생을 바친 저작으로, 청대『논어』 연구의 결정판으로 널리 알려져 있다. 그리하여 유보남의 『논어정의』는 흔히 한유(漢儒)의 구주를 망라한 하안의 『논어집해』, 위(魏)·양(梁) 제가(諸家)의 관점을 광범하게 수집하고 있는 황간의 『논어의소』, 주희의 『논어집주』와 더불어 『논어』 주소의 사거서로 손꼽힌다.

사실 청대의 고증학 중심의 『논어』 연구는 청나라 중기를 거치면서 유태공(劉台拱)의 『논어병지(論語騈枝)』, 초순의 『논어하씨집해보소(論語何氏集解補疏)』, 송상봉(宋翔鳳)의 『논어정주(論語程注)』에 오게 되면 한위경사(漢魏經師)의 『논어』 연구와 구주의 분석에 이르게 된다. 이러한 연구 성과와 초순의 『논어통석(論語通釋)』의 실사구시(實事求是) 제창은 경서에 대한 신주소(新注疏)가 생겨날 수 있는 토양이 되었는데, 그 위에서 성립된 것이 바로 유보남의 『논어정의』였다.

유보남은 『논어』를 연구함에 있어 정현의 주석을 높이 받아들였으며, 『논어집해』에 대해 "버리고 취함에 어긋남이 많고 의리가 조략하다."라고 하였고, 『논어의소』와 『논어주소』에 대해서는 "의리를 발명(發明)하지 못하고 뜻이 천박하여 미언대의에 대해서는 알지 못하고 전장훈고와 명물상수도 빠진 것이 많다."라고 하였다. 더욱이 송유의 논어학에 깊은 이해를 가지고 있었던 유보남은 자신의 이해를 시대적인 토양과 결합시킴으로써 한송겸채(漢宋兼采)의 논어학을 완성할 수 있었는데, 이것은 『논어정의』가 가지고 있는 최대의 특징이자 장점이다.

유보남의 저서로는 『논어정의』 이외에도 『석곡(釋穀)』, 『한석례(漢石例)』, 『염루집(念樓集)』 등이 있다.

3. 『논어정의』 소개

『논어』의 주석은 많으나 대표적인 것은 삼국시대 위나라의 하안이 몇 사람의 설을 편집한 『논어집해』와 남송의 주희가 새로운 철학 이론으로 해석한 『논어집주』

이다. 일반적으로 『논어집해』를 고주(古註), 『논어집주』를 신주(新註)라 한다. 고주를 부연·해석한 것이 송나라 형병의 소인데, 이는 『십삼경주소』에 수록되었다. 위·양 제가의 관점을 광범하게 수집하고 있는 황간의 『논어의소』는 앞에서 언급한 바와 같이 『논어』 주소의 사거서로 손꼽히기는 하지만, 본국에서 일찍 없어지고, 후한 정현의 『논어』 주석은 당나라 말기에 없어졌으나, 20세기 초 둔황[敦煌]에서 발견된 고사본(古寫本)과 1969년 투루판[吐魯蕃]에서 발견된 사본에 의해서 7편 정도가 판명되었다. 그리고 청나라의 유보남이 지은 『논어정의』는 훈고·고증이 가장 자세하다. 따라서 중국에서 『논어』의 제 주석(注釋) 가운데 가장 대표적인 것이 하안의 『논어집해』와 주희의 『논어집주』, 유보남의 『논어정의』인데, 세 가지는 각기 그 시대를 대표하는 저작으로서 각각의 특징을 최고(最古: 『논어집해』), 최정(最精: 『논어집주』), 최박(最博: 『논어정의』)으로 정의할 수 있다.

『논어정의』는 기본적으로 『논어』를 20편으로 분류하되, 「팔일(八佾)」·「향당(鄕黨)」이 예악제도를 많이 말하였으므로 자세하게 주석하여, 「팔일」을 2권(권3, 4)으로 나누고 「향당」을 25절 3권(권11, 12, 13)으로 나누었으며, 권24에는 하안의 「논어서(論語序)」를 수록하였고, 부록으로 「정현논어서일문(鄭玄論語序逸文)」을 붙이고 유공면의 「후서(後序)」를 더하여 모두 24권으로 구성되어 있다.

유보남은 도광 8년(1828)에 처음 『논어정의』를 쓰기 시작하였으나, 만년에 벼슬을 하게 되자 그 정리를 아들 공면에게 맡겼다. 『논어정의』의 편찬이 완성된 것은 함풍 5년 겨울인데, 유보남은 그해 가을에 완성을 보지 못하고 죽고 말았다. 『논어정의』는 권1에서 권17까지는 권의 제목 아래 "보응유보남학(寶應劉寶楠學)"이라고 되어 있고, 권18에서부터 권24까지는 "공면술(恭冕述)"이라고 되어 있어, 앞의 17권은 유보남이 저술한 것이고, 그 뒤로는 아들 유공면이 완성시킨 것임을 알 수 있다. 『논어정의』는 동치 4년(1865)에 전서가 완성되었으니, 책 편찬의 시작부터 전서의 완성까지, 전후 38년이 소요되었으며, 동치 5년에 간행되었다.

『논어정의』의 편찬 종지는 아들 유공면이 "자기의 견해를 주로 하지 않고 또한 한·송의 문호의 견해를 나누고자 하지 않았다. 성인의 도를 발휘하고 전례를 증명하여 실사구시하기를 기약했을 뿐이다.”라고 한 것을 보면, 한학과 송학의 장점을 아울러 취하여『논어정의』를 완성한 것이라고 할 수 있다.

『논어정의』는 범례상에 있어서 경문(經文)과 주석의 글은 모두 송 형병의 소본(疏本)을 따랐고, 한과 당의 석경(石經),『논어의소』및『경전석문(經傳釋文)』의 각 본의 이문(異文)을 소 가운데 열거하였다.

『논어정의』의 경문은『십삼경주소』의 형병의 소본을 저본으로 하고, 주문(注文)은 하안의『논어집해』를 사용하고 있다. 그리고 유보남이 경문의 문자 교감(校勘)에서 중시하고 있는 것은 당송 이래의 판본이다. 한·당·송의 석경은 물론이고, 황간의 소, 육덕명의『경전석문』에 실려 있는 명본(名本)을 형병의 소본 문자와 비교하여 자신의 새로운 소 안에 반영하고 있지만, 명·청 시기에 새로 출현한 문자의 차이에 대해서는 생략하고 논하지 않는다. 이 또한『논어정의』의 특징 중 하나이다. 유보남은 황간의 소에 실려 있는 하안의 주석이 비록 상세하기는 하지만 대부분 전적의 근거가 없는 것이라고 보고 대신 형병의 소에 실려 있는 하안의 주석을 사용한다.

청나라 때의 관료이자 학자인 장백행(張伯行, 1652~1725)의『청사열전(淸史列傳)』에서는『논어정의』의 장점을 다음과 같이 요약하고 있다.

“『논어정의』가 경문의 해석에서 뛰어난 것이 있는데, 예를 들면『논어』「학이」의 제12장인 ‘유자언체지용(有子言體之用)’ 장을『중용』의 설이라고 밝힌 것과, ‘50세에 천명을 알았다.’라는 것을 ‘하늘이 나에게 덕을 주셨음을 알았다.’라는 의미로 해석한 것, 자유·자하가 효를 물은 것에 대한 해석에서 ‘사(士)의 효’라고 말한 것, ‘뗏목을 타고 바다로 떠나겠다.’라고 한 것을 지금의 고려(한국)를 가리킨다고 해석한 것, ‘시에서 흥기시키며, 예에 서며, 음악에서 완성한다. 백성은 따르게 할 수는 있어도 알게 할 수는 없다.’를 공자의 교육 방법으로 본 점, ‘문왕이 이미 돌아가셨으니 문(文)이 이 몸에 있지 않겠는가?'를 간책(簡策)을 얻었음을 가리킨다고 한 것, '번지가 무우대에서 놀다가 덕을 높이며, 간특함을 닦으며, 의혹을 분별함에 대해 물은 것'에 대해 노나라가 기우제를 지낼 때, 번지가 기우제의 제사문을 가지고서 물었다는 것을 밝힌 것, '벗 사이에는 간절하고 자상하게 권면하며, 형제간에는 화락하여야 한다.'라는 것에 대해 벗 사이에는 책선(責善)하지만 형제간에는 책선해서는 안 된다고 해석한 것, 백어(伯魚)에게 '『주남』·『소남』을 배웠느냐?'라고 물은 것을 백어가 장가를 든 다음에 규문(閨門)의 훈계를 내린 것으로 해석한 것, '사해곤궁(四海困窮)'을 홍수의 재난으로 보아 요임금이 순임금에게 명령하자 순임금이 이를 받들어 다스린 것으로 해석한 것 등이다. 이 모두는 2천여 년 동안이나 드러나지 않았던 옛 성현의 뜻을 비로소 밝힌 것이다. 「팔일」·「향당」 두 편에서 밝힌 예제(禮制)는 상세하고도 정확하다."

이 외에도 『논어정의』의 특징을 정리해 보면, 유보남은 "옛사람들이 책을 인용할 때 원문을 검증하지 않았기 때문에 간혹 착오가 있을 수 있다."라고 보고, 이를 고려하여 한나라 이후 여러 서적이 인용하고 있는 『논어』의 어구에 대해 교감의 근거를 밝히지 않는다.

그리고 『논어정의』를 보면 문자훈고(文字訓詁)나 선진사사(先秦史事), 고대의 전적을 박람(博覽)하면서도 요령이 있다. 광범하게 인용하고 좋은 것을 골라서 따랐으며, 책 속에서 충분히 앞사람의 『논어』 연구 성과를 흡수하였다. 청인(淸人)이 집록한 정현의 남아 있는 주석을 모두 소 안에 수록하고 『논어집해』를 사용하여 한·위의 옛 모습을 간직했다. 경의 해석은 주를 근거로 하고 있으며, 또 경에 의거해 소를 보충하였고, 소에 잘못이 있으면 경의 뜻에 근거해 변론하였다. 또한 『논어정의』에서는 청대의 고증학을 드러내고 문자훈고와 사실의 고정(考訂)에 주의하였으며, 전장(典章), 명물(名物), 인명, 지명, 역사적 사건에 대해 모두 하나하나 주석하고 고증하여 자세하게 갖추었다. 그러나 책 속에 채택된 여러 사람의 학설에 구애되지 않았으므로 중류(衆流)를 절단(截斷)하였으나 대의가 남김없이 모두 개괄되었다. 또한 내용이 박흡(博洽)하고 고석(考釋)이 자세하게 갖추어져 있으며 정밀하다.

또한 『논어정의』는 가장 최후에 나온 저술답게 이전의 여러 주석서의 장점을 고루 흡수하였다. 한·위의 고주를 보존하였을 뿐 아니라, 이런 고주에 대해 상세하게 소해(疏解)하였고, 그 결과 『논어』의 주석 내용을 풍부하게 했으며, 고거(考據)와 의리를 아울러 중시하였고 간혹 송유의 학설을 채택하기도 하였다. 뿐만 아니라, 『논어정의』는 금문학파에 대한 이해도 있으며 건륭(乾隆)·가경(嘉慶) 고증학 황금시대의 다음 시대 저술로서 제가의 설을 집대성한 것이 이 책의 제일 공적이라고 할수 있다.

이 외에도 『논어정의』의 또 다른 특징이라고 한다면 일본(日本) 오규 소라이[荻生徂徠]의 『논어징(論語徵)』에서 『논어』 「술이(述而)」의 "子釣而不網" 구절과 "子貢曰, 有美玉於斯" 구절의 2조를 인용한 점이라고 할 수 있겠으며, 당시 시대상을 반영하는 문제들, 즉 동서문화우세론(東西文化優勢論)이나 민본사상(民本思想)에 관한 내용도 함께 담고 있는 점을 그 특징으로 꼽을 수 있다.

4. 『논어정의』 번역의 필요성

한국에 『논어』가 전해진 것이 언제인지는 분명하지 않지만, 일본 『고사기(古事記)』 응신왕 대(應神王代, 270~310)의 기록에 의하면 백제의 조고왕(근초고왕)이 보낸 화이길사[和邇吉師: 왕인(王仁)]가 『논어』 10권과 『천자문(千字文)』 1권을 가지고 왔다고 한 것을 보면 늦어도 3세기 중엽 이전에 전래된 것으로 볼 수 있다. 이렇게 『논어』가 한국에 전해진 이후로 이에 대한 많은 연구가 진행되었다. 통일신라시대인 682년(신문왕 2) 국학이 체계를 갖추었을 때 『논어』를 가르쳤으며, 그 뒤 독서삼품과(讀書三品科)로 인재를 선발할 때도 『논어』는 필수과목이었다. 조선시대에는 오경보다 사서를 중요시하는 주자학이 등장하여 사서의 중심인 『논어』는 벽촌의 학동들까지 배우게 되었다. 이황의『논어석의(論語釋義)』와 그의 문인 이덕홍(李德弘)의『사서질의(四書質疑)』가 그 면모를 짐작하게 해 준다. 또한 정약용의『논어고금주』는 한·당의 훈고와 송·명의 의리에 매이지 않고 문헌 비판적·해석학적 방법론에 따라『논어』를 해석하였다.

그런데, 국내에『논어』를 연구하고 이해할 수 있는 원전이 번역되어 있기는 하지만, 그것이 거의 성리학 중심의 원전이라는 것은 주지의 사실이다. 중국의 경우『논어』 관련 주석서는 총 1,100여 종에 이르는데, 한국의 경우 나름의 특색과 독특한『논어』 관련 연구 성과가 간혹 눈에 띄기는 한다지만, 조선이 성리학을 토대로 성립한 국가였던 관계로 대부분 성리학이나 정주(程朱) 계열의 학문 풍토를 벗어나지 못하고, 그에 따라 중국에 비해『논어』와 관련된 다양한 주석서에 대한 연구가 양적·질적으로 매우 부족한 실정이다. 뿐만 아니라『논어』나 그 밖의 연구·주석 역시 주로 주자 내지는 송유들의 전거에 의존하는 비율이 큼에 따라 한대 이후『논어』에 대한 다양한 연구·주석서를 접할 기회가 많지 않았으며, 오늘날에는 한글 전용의 분위기에 따라 한글로 번역된『논어집주』를 제외하면 거의 다른 주석서들에 대해서는 접근할 엄두조차 내지 못하게 되었다.

한대의 훈고학이나, 청대 고증학의 문장은 대단히 어렵다. 그들의 학문적인 깊이와 박식함에서 오는 어려움도 적지 않지만, 논리의 전개가 우리들의 허를 찌르는 부분이 많기 때문이기도 하다. 또 한국의 경학이 주자학 일변도로 걸어오면서 나름대로 형성된 주자학적 문리(文理)의 언어적인 전통이 다양한『논어』 해석학의 글에 접근하기 힘들게 한다.

그렇지만 어렵다고 그냥 내버려 둘 수가 없는 것이 바로 유보남의『논어정의』이다. 앞서 소개하였듯이『논어정의』는 중국에서『논어』의 제 주석 가운데 가장 대표적인 것으로, 고증학자의 귀납적 추리법이 고도로 발휘된 책이기 때문이다. 더욱이 송유의 논어학에 깊은 이해를 가지고 있었던 유보남은 자신의 이해를 시대적인 토양과 결합시킴으로써 한송겸채의 논어학을 완성할 수 있었는데, 이것은『논어정의』

가 가지고 있는 최대의 특징이자 장점이라고 할 수 있다. 따라서 『논어정의』를 우리 말로 번역하고 주해한다는 것은 논어학에 대한 전체적인 계통을 확인할 수 있고, 또한 성리학적 해석과의 차별성에 대해서도 알아볼 수 있는 훌륭한 학문적 기초를 마련하는 작업이라고 할 수 있다. 아울러 『논어』와 공자, 맹자의 사상, 그리고 선진시대의 각종 제도나 사상에 대해서 이만큼 집요하게 관련 자료를 제시하고 있는 책도 많지 않다는 점에서 『논어정의』에 대한 번역 작업은 한국의 논어학 관련 연구에 있어 무엇보다 필요하다고 할 수 있다.

5. 선행 연구

유보남의 『논어정의』는 논어학 연구에 있어서 해석이 가장 뛰어나면서도 이전에 있던 여러 『논어』 주석서의 장점을 고루 흡수한 해석서임에도 불구하고, 우리나라에서는 이 책에 대해 천착하거나, 『논어정의』만을 단독으로 다룬 전문 선행 연구 성과가 거의 전무한 실정이다. 그나마 유보남의 『논어정의』가 언급된 연구 성과물로는 2010년 윤해정의 『朱熹의 '論語集注'와 劉寶楠의 '論語正義'에 나타난 '仁'의 해석학적 비교』가 있고, 또 2003년 김영호의 「중국 역대 《논어》 주석고」가 있지만, 모두 단편적으로 『논어정의』에 대해 언급하고 있을 뿐이며, 그 외에 유교 경전학 관련 연구 논문에 언급되는 내용 역시 이 책이 갖고 있는 특징 내지는 서지적 정보에 대한 언급만 있을 뿐, 이 책에 대한 전반적인 연구는 아직 이렇다 할 만한 성과가 없는 실정이다.

따라서 『논어정의』의 경전학적 가치의 입장에서 볼 때, 이 책에 대하여 현대적인 문맥에서 접근 가능한 표준적인 번역 작업을 수행하는 동시에 표점과 주해를 더하여 한국 유학에 있어 『논어』에 대한 새로운 이해와 해석의 지평을 넓히기 위한 번역 작업이 무엇보다 시급하다고 여겼다.

역자는 유교철학을 전공하여 박사학위를 받았으며 한문 전문 연수기관인 성균관 한림원에서 사서오경을 중심으로 한문을 공부하였다. 현재 성균관대학교 유학·동양학과 겸임교수로 재직하면서, 학부 및 대학원에서 강의하고 있으며, 성균관 한림원 교수로서 한문을 가르치고 있다.

그동안 역자는 기초 한문 교재를 대상으로『(교수용 지도서) 사자소학』·『(교수용 지도서) 추구·계몽편』·『(교수용 지도서) 격몽요결』을 집필하기도 하였다. 또한 역자는 한국연구재단의 명저번역지원사업을 통해 오규 소라이의『논어징』을 공동 번역한 연구 성과가 있으며, 또한 연구재단의 토대연구지원사업을 통해『성리논변』·『동유학안』(전 6권)·『주자대전』(전 13권)·『주자대전차의집보』(전 4권)를 공동 번역하여 출판한 연구 성과가 있다. 이 외에도 역자는 왕부지의『독사서대전설』을 공동 번역하여『왕부지 대학을 논하다』·『왕부지 중용을 논하다』라는 번역서를 출판하였고, 성균관대학교출판부를 통해『논어』·『맹자』를 공동 번역하기도 하였는데, 이『논어』는『교수신문』선정 최고의『논어』번역본으로 선정되기도 하였다.

일러두기

* 이 책은 1958년 중화민국(中華民國) 47년 4월에 중화총서위원회(中華叢書委員會)에서 간행한 유보남(劉寶楠)의 『논어정의(論語正義)』를 저본으로 삼고, 1990년 3월 중화서국(中華書局)에서 출판한 고유수(高流水) 점교본(點校本) 『논어정의(論語正義)』를 대교본으로 삼았다.

* 이 책의 표점은 기본적으로 1990년 3월 중화서국에서 출판한 고유수 점교본 『논어정의』를 따르되, 기본 원칙은 성균관대학교 한국유경편찬센터(http://ygc.skku.edu)의 표점 기준을 따르기로 한다.

* 청(淸) 유보남(劉寶楠)의 『논어정의』 24권을 완역했다. 아울러 부록(附錄)한 「정현논어서일문(鄭玄論語序逸文)」과 유공면(劉恭冕)의 「후서(後敍)」, 그리고 「청사고유보남전부유공면전(淸史稿劉寶楠傳附劉恭冕傳)」도 함께 완역했다.

* 주석은 『논어정의』 원문에서 원전의 내용을 인용한 경우는 출전만 밝히고, 『논어정의』 원문에서 출전만 밝힌 경우는 원전의 원문과 함께 번역을 싣는다.

* 주석의 내용이 같거나 중복될 경우 각주는 되도록 한 번만 제시했다.

* 한글과 한자를 한글(한자)로 병기하였다.

* 서명과 편명이 명확한 경우에는 책은 '『』'로, 편은 '「」'로 표시하고, 명확하지 않은 경우에는 모두 '『』'로 표시했다.

* 각주의 서명과 편명과 장 제목, 인명(人名)과 지명(地名)의 한글과 한자는 권마다 처음으로 제시할 때만 한글(한자)로 병기하였다.

* 인용부호는 " ", ' ', " ", ' '의 순서로 표시했다.

* 이해를 위해 역자가 추가로 삽입한 문장이나 낱말은 '()'로 표시했다.

* 인명과 지명에 한해서 원문에 밑줄을 표시했다.

* 유보남의 『논어정의』에는 매우 많은 인명이 등장함에 따라 주요 인물의 인명사전을 부록으로 붙였다.

범 례

恭冕述

공면이 서술함

一. 經文「注」文, 從邢「疏」本. 惟「泰伯」篇: "予有亂臣十人", 以子臣母, 有干名義, 因據『唐石經』刪"臣"字, 其他文字異同, 如漢·唐·宋『石經』及皇侃「疏」·陸德明『釋文』所載各本, 咸列於「疏」. 至山井鼎『考文』所引古本, 與皇本多同. 高麗·足利本與古本亦相出入, 語涉增加, 殊爲非類, 旣詳見於『考文』及阮氏元『論語校勘記』·馮氏登府『論語異文疏證』, 故此「疏」所引甚少. 古本·高麗·足利本, 有與皇本·『釋文』本·『唐石經』證合者, 始備引之, 否則不引. 至「注」文訛錯處, 多從皇本及後人校改, 其皇本所載「注」文, 視邢本甚繁, 非關典要, 悉從略焉.

하나. 경문 「주」의 문장은 형병(邢昺)의 「소」본을 따른다. 다만 「태백(泰伯)」의 "나에게는 다스리는 신하 열 사람이 있다."라고 한 구절은 자식으로서 어머니를 신하로 삼아 명분과 의리를 구함이 있으니, 『당석경(唐石經)』을 근거로 해서 "신(臣)"

22

자를 삭제했을 뿐이고, 그 외의 글자의 다르고 같은 것들, 예를 들어 한(漢)과 당(唐)과 송(宋)의 『석경』 및 황간(皇侃)의 「소」와 육덕명(陸德明)의 『경전석문』에 실려 있는 각 판본과 같은 것은 모두 「소」에 나열해 놓았다. 야마노이 가나에[山井鼎: 야마노이 곤론[山井崑崙]]의 『칠경맹자고문(七經孟子考文)』에 인용한 고본(古本)과 같은 경우 황간본과 많은 부분이 같다. 고려본(高麗本)과 아시카가본[足利本]은 고본과는 역시 서로 차이가 있고 말이 증가된 것 같으니, 전혀 같은 종류가 아니고, 이미 자세한 것은 『칠경맹자고문』 및 완원(阮元)의 『논어교감기(論語校勘記)』와 풍등부(馮登府)의 『논어이문소증(論語異文疏證)』에 보이므로, 이 「소」에서 인용한 부분은 매우 적다. 고본과 고려본과 아시카가본에 황간본과 『경전석문』본, 그리고 『당석경』의 증거들과 일치하는 것이 있는 것들은 처음 보이는 것은 구체적으로 갖추어 인용하였고, 그렇지 않은 것은 인용하지 않았다. 「주」의 글 중 잘못되었거나 뒤섞인 것은, 대부분 황간본과 후대 사람들이 교정하고 바로잡은 것을 따랐는데, 황간본에 실려 있는 「주」의 문장은 형병본보다 매우 번거롭기 때문에 불변의 법칙[典要]과 관계된 것이 아닌 것은 생략하기로 한다.

一. 「注」用『集解』者, 所以存魏·晉人著錄之舊, 而鄭君遺「注」, 悉載「疏」內. 至引申經文, 實事求是, 不專一家, 故於「注」義之備者, 則據「注」以釋經; 略者, 則依經以補「疏」; 其有違失未可從者, 則先疏經文, 次及「注」義. 若說義二三, 於義得合, 悉爲錄之, 以正向來注疏家墨守之失.

하나. 「주」에서 『논어집해』를 사용한 것은 위(魏)나라 사람들과 진(晉)나라 사람들이 저술하고 기록한 오래된 것들을 보존하기 위한 것이고, 정군[鄭君: 정현(鄭玄)]이 남긴 「주」는 모두 「소」 안에 기재했다. 경문(經文)을 인용해서 의미가 확대된 경우에는 실질에 힘써 진리를 구한 것이므로 한 학파에만 국한되지 않기 때문에 「주」에서 구체적으로 뜻이 잘 갖추어진 것은 「주」에 의거해서 경문을 해석하였고, 생략된 것은 경문에 의거해서 「소」를 보충하였으며, 어긋나거나 잘못된 부분이 있어 따를 수 없는 것은 먼저 경문을 소통시킨 다음에 「주」의 뜻에 미쳤다. 만약 말의 뜻이 두세 가지라도 의리에 부합할 수 있는 것이라면 모두 기록해서 그동안의 주석가들이 묵수하던 잘못을 바로잡았다.

一. 鄭「注」久佚, 近時惠氏棟 · 陳氏鱣 · 臧氏鏞 · 宋氏翔鳳成有『輯本』, 於『集解』外, 徵引頗多. 雖拾殘補闕, 聯綴之迹, 非其本眞, 而舍是則無可依據. 今悉詳載, 而原引某書某卷及字句小異, 均難備列, 閱者諒諸.

하나. 정현의 「주」가 일실된 지 오래되었으나, 근래에 혜동(惠棟)과 진전(陳鱣)과 장용(臧庸)과 송상봉(宋翔鳳)이 『집본(輯本)』을 완성했으니, 『논어집해(論語集解)』 외에도 증거로 인용할 만한 것들이 자못 많아졌다. 비록 해진 것들을 주워 빠진 부분을 보충해서 잇고 꿰맨 자취가 그 본래 진면목은 아니지만 이마저 버리면 의거할 만한 것이 없게 된다. 그러므로 이제 모두 상세히 실어 놓고 인용한 어떤 책이나 어떤 권 및 자구가 조금 차이 나는 것을 근원해 보았으나, 고루 다 갖추어서 나열하기는 어려웠으니, 이 책을 열어 보는 자들이 이를 혜량(惠諒)해 주기를 바란다.

一. 古人引書, 多有增減, 蓋未檢及原文故也. 翟氏灝『四書考異』, 馮氏登府『論語異文疏證』, 於諸史及漢 · 唐 · 宋人傳注, 各經說 · 文集, 凡引『論語』有不同者, 悉爲列入, 博稽同異, 辨證得失, 旣有專書, 此宜從略.

하나. 옛사람들은 책을 인용함에 더하거나 뺀 것이 많은데, 이는 아마도 점검이 원문에 미치지 못했기 때문인 듯싶다. 적호(翟灝)의 『사서고이(四書考異)』와 풍등부의 『논어이문소증』은 여러 역사서 및 한나라 · 당나라 · 송나라 사람들이 전한 주석과 각각의 경설(經說)과 문집(文集)에서 『논어』를 인용한 것이 같지 않은 점이 있는 것은 모두 나열해서 삽입하고, 널리 같고 다른 점을 고찰해서 잘잘못을 변별하고 증명해서 이미 전문적으로 다룬 저작이 있으니, 여기서는 마땅히 생략하기로 한다.

一. 漢·唐以來, 引孔子說, 多爲諸賢語·諸賢說. 或爲孔子語者, 皆由以意徵引, 未檢原文, 翟氏『考異』旣詳載之, 故此「疏」不之及.

하나. 한·당 이래로 공자의 학설을 인용한 것은 대부분은 제현들이 한 말이거나 제현들의 학설이다. 혹 공자가 한 말이라고 생각되는 것은 모두 의도적으로 증거를 인용함으로 말미암아 원문을 검토하지 않았는데, 적씨(翟氏)의 『사서고이』에 이미 상세히 실었기 때문에 여기의 「소」에서는 언급하지 않는다.

一. 漢人解義, 存者無幾, 必當詳載, 至皇氏「疏」·陸氏『音義』所載魏·晉人以後各說, 精駁互見, 不敢備引. 唐·宋後著述益多, 尤宜擇取.

하나. 한나라 사람들의 해의(解義)는 보존되어 있는 것이 거의 없으니, 반드시 상세하게 기재하는 것이 마땅하고, 황씨(皇氏)의 「소」와 육씨(陸氏)의 『음의』에 실려 있는 위나라와 진나라 사람들 이후의 각각의 설들은 정밀하고 잡박한 것들이 번갈아 보여서 감히 구체적으로 갖추어서 인용하지 않았다. 당나라와 송나라 이후에는 저술들이 더욱 많아졌으므로 더더욱 가려서 취함이 마땅하다.

一. 諸儒經說, 有一義之中, 是非錯見. 但采其善而不著其名, 則嫌於掠美; 若備引其說而並加駁難, 又嫌於葛藤. 故今所輯, 舍短從長, 同於節取, 或祇撮大要, 爲某某說.

하나. 여러 유학자의 경전에 대한 설명은 한 가지 뜻 안에서도 옳고 그른 것이 뒤섞여 보인다. 다만 그 잘된 것을 채록하되 그 이름을 밝히지 않으면 좋은 점만 훔친 것에 혐의가 있게 되고, 만약 그 말을 구비해서 인용하되 잡박하고 난해한 것까지 아울러 더해 놓으면 또 갈등을 일으킴에 혐의가 있게 된다. 따라서 이제 수집한 것을 단점은 버리고 장점을 좇아 똑같이 적절하게 취하되, 더러는 단지 큰 요지만을 취해서 아무개 아무개의 말이라고 하였다.

一. 引諸儒說, 皆擧所著書之名. 若習聞其語, 未知所出何書, 則但記其姓名而已. 又先祖考國子監典簿諱履恂著『秋槎雜記』, 先叔祖丹徒縣學訓導諱台拱著『論語駢枝』·『經傳小記』, 先伯父五河縣學訓導諱寶樹著『經義說略』, 「疏」中皆稱爵.

하나. 인용한 여러 유학자의 설은 모두 저서의 이름을 거론했으나, 그 말은 익히 들었지만 어느 책에서 나온 것인지 모르는 것과 같은 것은 단지 그 성명만 기록했을 뿐이다. 또 선조고(先祖考)이신 국자감 전부(國子監典簿) 휘(諱) 이순(履恂)이 저술한 『추사잡기(秋槎雜記)』와 선숙조(先叔祖)이신 단도현(丹徒縣) 현학(縣學)의 훈도(訓導) 휘 태공(台拱)이 저술한 『논어변지(論語駢枝)』와 『경전소기(經傳小記)』, 그리고 선백부(先伯父)이신 오하현(五河縣) 현학의 훈도 휘 보수(寶樹)가 저술한 『경의설략(經義說略)』은 「소」안에 모두 작위를 칭하였다.

논어정의 권3

論語正義卷三

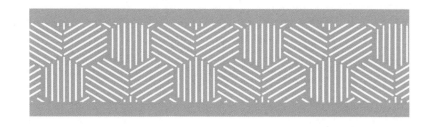

八佾第三(팔일 제3)

○ ● ○

集解(집해)

○ ● ○

凡二十六章(모두 26장이다)

원문 正義曰:『漢石經』同, 惟"二十"作"卄".

역문 정의에서 말한다.

『한석경(漢石經)』에도 같다. 다만 "20(二十)"이라는 글자만 "입(卄)"으로
되어 있다.

3-1

<u>孔子謂季氏</u>, "八佾舞於庭, 是可忍也, 孰不可忍也?"【注】馬曰:
"'孰', 誰也. '佾', 列也. 天子八佾, 諸侯六, 卿大夫四, 士二. 八人爲列, 八八六十
四人. <u>魯以周公故受王者禮樂</u>, 有八佾之舞. <u>季桓子僭於其家廟舞之, 故孔子譏之.</u>"

공자(孔子)가 계씨(季氏)를 평하였다. "뜰에서 여덟 줄로 춤을 추
니, 이 사람을 인내(忍耐)할 수 있다면 누구인들 인내할 수 없겠

는가?"【주】마융(馬融)이 말했다. "'숙(孰)'은 누구[誰]이다. '일(佾)'은 줄[列]이니, 천자는 여덟 줄이고 제후는 여섯 줄이며 경대부는 네 줄, 사는 두 줄이다. 여덟 사람이 한 줄이 되니, 여덟 줄이면 8×8=64명이다. 노(魯)나라는 주공(周公)의 공덕으로 인해 왕자(王者)의 예악을 하사받았으므로 팔일무(八佾舞)가 있었다. 계환자(季桓子)가 참람되게 그의 가묘(家廟)에서 팔일무를 추었기 때문에 공자가 비난한 것이다."

원문 正義曰: 『廣雅』「釋詁」, "謂, 說也." 言說季氏此事也. 下篇"子謂公冶長"·"子謂南容"竝同. "氏"者, 『五經異義』云: "所以別子孫之所出, 凡氏或以官, 或以邑, 或以王父字." 魯 季孫得氏, 自文子始, 以文子爲季友孫也. 此文"季氏", 及下篇"季氏旅於泰山", "季氏富於周公", "季氏將伐顓臾", 俱不名者, 內大夫且尊者宜諱之也.

역문 정의에서 말한다.

『광아(廣雅)』「석고(釋詁)」에 "위(謂)는 평한다[說]는 뜻이다."라고 했으니, 계씨의 이 일에 대해 평했다는 말이다. 아래 편의 "공자가 공야장(公冶長)을 평한 것"[1]과 "공자가 남용(南容)을 평한 것"[2]이 모두 같다. "씨(氏)"란 허신(許信)의 『오경이의(五經異義)』에 "자손의 출신을 구별하기 위한 것이니, 혹은 관직으로 씨(氏)를 삼기도 하고, 혹은 읍명(邑名)으로 씨를

---

1 『논어(論語)』「공야장(公冶長)」: 공자(孔子)가 공야장(公冶長)을 평하며 "딸을 시집보낼 만하다. 비록 포승줄에 묶여 구속된 적이 있었으나, 그의 죄가 아니었다."라 하고, 자신의 딸을 그에게 시집보냈다.[子謂公冶長, "可妻也. 雖在縲絏之中, 非其罪也." 以其子妻之.]

2 『논어』「공야장」: 공자가 남용(南容)을 평가하기를 "나라에 도가 있을 때 버림을 받지 않을 것이고, 나라에 도가 없을 때 형벌을 면할 것이다."라고 하고 형의 딸을 그에게 시집보냈다. [子謂南容, "邦有道, 不廢; 邦無道, 免於刑戮." 以其兄之子妻之.]

삼기도 하며 혹은 할아버지[王父]의 자(字)로 씨를 삼기도 한다."라고 했다. 노나라의 계손(季孫)이 씨를 얻은 것은 문자(文子)로부터 시작되었으니, 문자를 계우(季友)의 후손으로 삼은 것이다. 이 글에서 "계씨"라고 한 것이나, 아래 편에서 "계씨가 태산(泰山)에 여제(旅祭)를 지내자"³라고 한 것, "계씨가 주공보다 부유한데도"⁴라고 한 것, 그리고 "계씨가 장차 전유(顓臾)를 지려 하자"⁵라고 한 것에서 모두 이름을 쓰지 않은 것은, 국내(國內)의 대부(大夫)이면서 또한 존귀한 자이기 때문에 마땅히 피휘(避諱)한 것이다.

원문 『說文』, "䲩, 樂也. 用足相背." 今隷變作"舞". "用足相背", 則舞者所立象. 舊說舞有文武, 文舞用羽籥, 謂之羽舞, 亦名籥舞; 武舞用干戚, 謂之干舞, 又名萬舞. 宗廟之祭, 樂成告備, 然後興舞. 周以武功得天下, 故武先於文. 『春秋』書"有事于太廟, 萬入去籥." 言萬入在先, 籥未入, 故"去之".

역문 『설문해자(說文解字)』에 "무(䲩)는 예악[樂]이다. 발이 서로 등지고 있는 모양이다."⁶라고 했다. 지금의 예서체에서는 변해서 "무(舞)"로 되어 있다. "발이 서로 등지고 있는 모양"이란 춤추는 사람이 서 있는 모습이다. 구설(舊說)에 의하면 춤에는 문무(文舞)와 무무(武舞)가 있는데, 문무는 깃털과 피리[羽籥]를 사용하기 때문에 우무(羽舞)라고도 하고 또한 약무(籥

---

3 『논어』「팔일(八佾)」.

4 『논어』「선진(先進)」.

5 『논어』「계씨(季氏)」.

6 『설문해자(說文解字)』권5: 무(䲩)는 예악[樂]이다. 발이 서로 등지고 있는 모양이다. 천(舛)으로 구성되었고, 무(無)가 발음을 나타낸다. 무(㒃)는 무(舞)의 고문인데 우(羽)와 망(亡)으로 구성되었다. 문(文)과 무(撫)의 반절음이다.[䲩, 樂也. 用足相背. 從舛無聲. 㒃, 古文舞從羽亡. 文撫切.] 『논어정의』에는 "兩足"이라고 되어 있다. 『설문해자』를 근거로 고쳤다.

舞)라고 명명하기도 하며, 무무는 방패와 도끼[干戚]를 사용하므로 간무(干舞)라 하기도 하고, 또 만무(萬舞)라 명명하기도 한다. 종묘(宗廟)의 제사에서는 음악이 끝났음을 고한 뒤에 춤을 추기 시작한다. 주(周)나라는 무공(武功)으로 천하를 얻었으므로 무무를 문무보다 먼저 춘다. 『춘추(春秋)』에 "태묘에 제사가 있을 때, 만무(萬舞)만 추고 약무(籥舞)는 버리고 쓰지 않는다."[7]라고 했는데, 만무를 추는 것이 앞에 있고, 약무는 아직 추지 않았기 때문에 "버리고 쓰지 않는다"라고 말한 것이다.[8]

원문 『左』「昭」二十五年「傳」載此事云: "禘於襄公, 萬者二人, 其衆萬於季氏." "二人", 吳仁傑『兩漢刊誤補遺』謂"當作'二八'." 擧萬以該羽籥, 正以武先文也. 『白虎通』「禮樂篇」, "歌者在堂上, 舞在堂下何? 歌者象德, 舞者象功, 君子上德而下功." 案, "堂下"卽庭. 王逸『楚辭』「思古」「注」, "堂下謂之庭", 是也. 『淮南』「繆稱訓」, "禹執干戚, 舞於兩階之間." 言兩階之間, 則舊說謂"武舞在西階, 文舞在東階." 非矣.

역문 『춘추좌씨전(春秋左氏傳)』「소공(昭公)」 25년의 「전」에 이 일을 기재하면서 "양공(襄公)의 종묘에 체제(禘祭)를 지낼 때 만무를 추는 자가 두 사람뿐이었고, 그 밖의 많은 사람들은 모두 계씨의 집으로 가서 만무를 추었다."라고 했는데, "두 사람[二人]"에 대해 오인걸(吳仁傑)[9]의 『양한간오

---

7 『춘추(春秋)』「선공」 8년.

8 『홍재전서(弘齋全書)』 권87, 「경사강의24(經史講義二十四)·시4(詩四)·패풍(邶風)」에는 "홍의호가 대답했다. '『춘추』에 "만입거약(萬入去籥)"이라고 쓰여 있는데, 이는 대개 문무(文舞)와 무무(武舞)를 모두 태묘 안에서 행했으되 문무(文舞)의 피리[籥]만을 뺀 것을 말한 것입니다.'[義浩對, '『春秋』書"萬入去籥", 蓋謂文武二舞俱入, 而獨去文舞之籥也.']"라고 되어 있다.

9 오인걸(吳仁傑, ?~?): 중국 송(宋)나라 때 곤산(昆山) 사람. 자는 두남(斗南), 스스로 호를 두

보유(兩漢刊誤補遺)』에 "마땅히 '2×8[二八]'[10]로 되어 있어야 한다."라고 했다. 깃털과 피리를 갖추어 만무를 추었으니, 바로 무무를 문무에 앞세운 것이다. 『백호통의(白虎通義)』「예악(禮樂)」에 "노래하는 사람이 당 위에 있고, 춤추는 사람이 당 아래에 있는 것은 어째서인가? 노래하는 사람은 덕(德)을 나타내고 춤추는 사람은 공(功)을 나타내는데, 군자는 덕을 높이고 공을 낮추기 때문이다."라고 했다. 살펴보니, "당 아래"는 바로 뜰[庭]이다. 왕일(王逸)의 『초사(楚辭)』「사고(思古)」의 「주」에 "당 아래[堂下]를 뜰[庭]이라 한다."[11]라고 했는데, 옳다. 『회남자(淮南子)』「무칭훈(繆稱訓)」에 "우(禹)가 방패와 도끼를 잡고 양쪽 섬돌 사이에서 춤을 추었다."라고 했는데, 양쪽 섬돌 사이라고 했으니, 구설의 "무무는 서쪽 섬돌에서 추고 문무는 동쪽 섬돌에서 춘다."라는 말은 틀렸다.

원문 云"是可忍"者, "是", 此也. 『說文』, "忍, 能也."『廣雅』「釋言」, "忍, 耐也." "能"與"耐"同. 當時君臣不能以禮禁止, 而遂安然忍之, 所謂"魯以相忍爲國"者也. 管氏同『四書紀聞』, "當其萬也, 臧孫曰: '此之謂不能庸先君之廟.' 大夫遂怨平子, 君臣謀之, 而乾侯之難作矣. 夫昭公欲逐意如, 誠可謂輕擧而得禍, 而其臣臧・郈等之勸以逐者, 皆爲私也. 然而季氏之惡, 豈復可忍乎? 謂昭公制之不得其道則可; 謂季氏之惡可忍而不誅, 則亂臣賊子無一而非可忍之人矣. 而觀『左氏』及『公羊』, 則當時之人, 率以意如爲可忍, 故孔子特發此言, 寬弱主, 罪逆臣, 而深警當時之瞶瞶者."

은(蠱隱)이라 했다. 저서에 『도정절선생연보(陶靖節先生年譜)』・『양한간오보유(兩漢刊誤補遺)』・『이소초목소(離騷草木疏)』・『역도설(易圖說)』 등이 있다.

10 2×8=16. 즉 이일(二佾)을 의미한다.
11 『초사장구(楚辭章句)』 권16, 「사고(思古)・민명(愍命)」의 「주」.

역문 "이 사람을 인내할 수 있다면[是可忍]"

"시(是)"는 이것[此]이라는 뜻이다. 『설문해자』에 "인(忍)은 할 수 있다[能]는 뜻이다."[12]라고 했고, 『광아』「석언(釋言)」에 "인(忍)은 견딘다[耐]는 뜻이다."라고 했으니 "능(能)"과 "내(耐)"는 같은 뜻의 글자이다. 당시에 임금과 신하가 예로써 금지하지 못하고 마침내 편안히 인내하게 되었으니, 이른바 "노나라는 서로 인내함으로써 나라를 다스려 왔다."[13]라는 것이다. 관동(管同)의 『사서기문(四書紀聞)』에 "만무를 춤추자, 장손(臧孫)이 '이를 일러 선군(先君)의 사당에서 선군의 공훈(功勳)을 보답할 수 없게 하는 것이라 한다.'라고 하자, 이로 인해 대부들은 드디어 계평자(季平子)에게 원한을 품게 되었다. 그리하여 임금과 신하가 계씨를 제거할 것을 모의함에 건후(乾侯)의 난이 일어났다.[14] 소공(昭公)이 의여(意如: 계평자)를 축출하려고 한 것은 참으로 경거망동하다가 화를 얻은 것이며, 그의 신하인 장손이나 후손(郈孫) 등이 축출할 것을 권한 것은 모두 사사로움 때문이었다고 말할 수 있다. 그렇다고 해서 계씨의 악을 어찌 다시 인내할 수 있겠는가? 소공이 계씨를 제지한 것을 평하여 올바른 방법을 얻지 못했다고 한다면 옳지만, 계씨의 악을 평하여 인내할 만해서 죽이지 않았다고 한다면 난신적자 중 한 사람도 인내할 만한 사람이 아닌 자가 없을 것이다. 그런데 『춘추좌씨전』 및 『춘추공양전(春秋公羊傳)』을 보면 당시의 사람들은 결국 의여를 인내할 만하다고 여겼기 때문에 공자가 특별히 이 말을 발설해서 약한 군주를 포용하고 역신을 벌하여 당시의

---

12 『설문해자』 권10: 인(忍)은 할 수 있다[能]는 뜻이다. 심(心)으로 구성되었고, 인(刃)이 발음을 나타낸다. 이(而)와 진(軫)의 반절음이다.[忍, 能也. 從心刃聲. 而軫切.]

13 『춘추좌씨전(春秋左氏傳)』「소공(昭公)」 원년의 「전」.

14 『춘추좌씨전』「소공」 25년의 「전」에 자세한 내용이 보인다.

어두운 자들을 깊이 경계한 것이다."라고 했다.

원문 案, 管說是也. 『後漢』荀爽對策及魏高貴鄕公‧文欽‧晉元帝‧盧諶‧庾亮等, 凡聲罪致討, 皆用此文說之, 其意皆與『紀聞』同合.

역문 살펴보니, 관동의 말이 옳다. 『후한서(後漢書)』 순상(荀爽)[15]의 대책(對策) 및 위(魏)나라의 고귀향공(高貴鄕公),[16] 문흠(文欽)[17]‧진 원제(晉元帝)[18]‧노심(盧諶)[19]‧경량(庾亮)[20] 등은 죄를 드러내 성토할 때 모두 이 문장을

---

15 순상(荀爽, 128~190): 후한 영천(潁川) 영음[潁陰, 하남성 허창(許昌)] 사람이다. 자는 자명(慈明)이다. 이름을 서(諝)라고도 한다. 환제(桓帝) 연희(延熹) 9년(166) 지극한 효성으로 천거되어 낭중(郎中)에 임명되어 대책을 올려 시폐(時弊)에 대해 통렬하게 지적했지만, 곧 벼슬을 버리고 떠났다. 저서에 『역전(易傳)』과 『시전(詩傳)』, 『예전(禮傳)』, 『상서정경(尙書正經)』, 『춘추조례(春秋條例)』, 『공양문(公羊問)』 등이 있었지만 모두 없어졌고, 비직(費直)의 고문역학(古文易學)을 연구한 『주역순씨주(周易荀氏注)』의 일부가 『옥함산방집일서』 및 『한위이십일가역주(漢魏二十一家易注)』에 전할 뿐이다.

16 고귀향공(高貴鄕公, 241~260): 삼국시대 위(魏)나라의 황제인 조모(曹髦)이다. 고귀향공은 그가 제왕(帝王) 조방(曹芳) 정시(正始) 때 고귀향공에 봉해졌기 때문에 붙여진 칭호이다. 일찍이 태학(太學)에 가서 학자들과 『서경(書經)』, 『주역(周易)』, 『예기(禮記)』에 대해 토론했다. 감로(甘露) 5년(260) 궁중의 호위병들을 이끌고 사마사(司馬師)를 제거하려다 실패하고 살해되었다.

17 문흠(文欽, ?~258): 삼국시대 위나라 패국(沛國) 초군(譙郡) 사람으로 자는 중약(仲若)이다. 고귀향공 정원(正元) 연간에 사마사의 폐립에 분개하여 관구검(毌丘儉)과 함께 반란을 일으켜 그를 공격했다. 감로 연간에 위나라 장군 제갈탄(諸葛誕)이 사마소(司馬昭)에게 반기를 들고 거병하여 오나라로 투항하자 나가 지원했다. 수춘성에서 제갈탄과 의견이 어긋나 피살되었다.

18 진 원제(晉元帝, 276~322): 동진(東晉)의 황제. 자는 경문(景文)이고, 사마의(司馬懿)의 증손이다.

19 노심(盧諶, 284~350): 서진(西晉) 범양(范陽) 탁현(涿縣) 사람으로 자는 자량(子諒)이다. 맑고 민첩하며 재사(才思)가 있었고 노장(老莊)의 학문을 좋아했으며 글을 잘 지었다. 원래 문집이 10권 있었는데, 이미 없어졌다. 저서에 『제법(祭法)』이 있다.

이용해서 설파했는데, 그 뜻이 모두 『사서기문』과 일치한다.

- 「注」, "孰誰"至"譏之".
- 正義曰: "孰誰", 「釋詁」文. "佾列"者, 佾, 從人從骨. 骨當是排列之象. 『春秋繁露』「三代改制篇」, "主天法商制偻溢員, 主天法夏偻溢方, 主天法質偻溢橢, 主天法文偻溢衡." 『漢書』「禮樂志 · 郊祀歌」亦作"溢", 則"溢" · "佾"通也.
- 「주」의 "숙수(孰誰)"부터 "기지(譏之)"까지.
- 정의에서 말한다.

  "숙은 누구이다[孰誰]"는 『이아(爾雅)』「석고(釋詁)」의 글이다.

  "일(佾)은 줄[列]이다."

  일(佾)은 인(人)으로 구성되었고, 일(骨)로 구성되었는데, 일(骨)은 줄지어 놓은[排列] 모양이다. 『춘추번로(春秋繁露)』「삼대개제질문(三代改制質文)」에 "하늘을 위주로 상(商)나라의 제도를 본받은 춤의 줄은 둥글고, 하늘을 위주로 하(夏)나라를 본받은 춤의 줄은 네모지며, 하늘을 위주로 질(質)을 본받은 춤의 줄은 타원형[橢]이고, 하늘을 위주로 문(文)을 본받은 춤의 줄은 가로지른 모양[衡]이다.[21]"라고 했고, 『전한서(前漢書)』「예악지(禮樂志) · 교사가(郊祀歌)」에도 "일(溢)"로 되어 있으니, 그렇다면 "일(溢)"과 "일(佾)"은 통한다.[22]

원문 『左』「隱」五年「傳」, "考仲子之宮, 將萬焉, 公問羽數於衆仲. 衆仲對曰:

---

20 경량(庚亮, 289~340): 동진의 영천언릉(穎川鄢陵) 사람으로 자는 원규(元規)이다.

21 "主天法夏"와 "主天法文"은 『춘추번로(春秋繁露)』에 보이지 않는다. 유보남이 무엇을 근거로 썼는지 알 수 없다.

22 『전한서(前漢書)』권22, 「예악지(禮樂志) · 교사가(郊祀歌)」에 "일천 동자가 춤을 펼치니 여덟 줄을 이룬다.[千童羅舞成八溢.]"라고 했는데, 이곳의 안사고의 「주」에 "일(溢)은 일(佾)과 같으니, 일(佾)은 줄[列]이다.[溢與佾同, 佾列也.]"라고 했다.

'天子用八, 諸侯用六, 大夫四, 士二. 夫舞所以節八音而行八風也. 故自八以下.' 公從之." 『公羊』『穀梁』「傳」竝謂天子八佾, 諸公六佾, 諸侯四佾. 魯侯國, 用六佾爲僭. 『穀梁』又引『尸子』說, "天子諸侯皆八佾, 魯用六羽爲厲樂." 厲者, 減也. 此禮家異說.

역문 『춘추좌씨전』「은공(隱功)」 5년의 「전」에 "중자(仲子)의 궁을 낙성(落成)하고 만무를 추고자 하여 은공(隱公)이 중중(衆仲)에게 깃의 수[羽數]를 물었다. 중중이 '천자(天子)는 여덟 줄을 사용하고, 제후(諸侯)는 여섯 줄을 사용하며, 대부는 네 줄, 사(士)는 두 줄을 사용합니다. 춤이란 팔음(八音)을 조절해서 팔방(八方)의 풍기를 행하기 위한 것입니다. 그러므로 여덟 줄부터 줄어드는 것입니다.'라고 대답하자 은공이 따랐다."라고 했고, 『춘추공양전』과 『춘추곡량전(春秋穀梁傳)』의 「전」에는 모두 천자는 여덟 줄로 춤을 추고, 제공(諸公)은 여섯 줄로 춤을 추며, 제후(諸侯)는 네 줄로 춤을 춘다고 되어 있다. 노나라는 후작(侯爵)의 나라이니 여섯 줄로 춤을 추면 참람함이 된다. 『춘추곡량전』에는 또 『시자(尸子)』를 인용해서 "천자와 제후가 모두 여덟 줄로 춤을 추었는데, 노나라에서는 육우(六羽)를 사용해서 예악을 낮추었다[厲]."[23]라고 했는데, 여(厲)란 덜어낸다[減]는 뜻이다. 이 말은 예가(禮家)의 이설(異說)이다.

원문 服虔『左傳解誼』云: "天子八八, 諸侯六八, 大夫四八, 士二八." 與馬此「注」同. 八八爲六十四人, 六八爲四十八人, 四八爲三十二人, 二八爲十六

---

23 『춘추곡량전(春秋穀梁傳)』「은공(隱公)」 5년. 『춘추곡량전』에는 다음과 같이 되어 있다. "『시자(尸子)』에서 말했다. '「대하(大夏)」의 악곡에 맞추어 춤추는 것은 천자로부터 제후에 이르기까지 모두 여덟 줄을 사용했다. "처음으로 육우(六羽)를 바쳤다."라고 한 것은 비로소 예악을 낮추었다는 말이다.'[『尸子』曰: '舞「夏」, 自天子至諸侯, 皆用八佾, "初獻六羽", 始厲樂矣.']"

人.『白虎通』「禮樂」・高誘『淮南』「齊俗訓」「注」竝云"六六爲行列", 杜預注左傳又謂六佾三十六人, 四佾十六人, 二佾四人.『宋書』「樂志」載傅隆議, 譏杜氏謂舞所以節八音, 八音克諧, 然後成樂. 故必以八人爲列, 自天子至士, 降殺以兩, 兩者, 減其二列. 預以爲一列又減二人, 至士止有四人, 豈復成樂? 而深以服義爲允. 又引『左氏』「傳」鄭伯納晉悼公女樂二八, 晉以一八賜魏絳, 是樂以八人爲列, 服氏之義, 實爲當矣. 魯本六佾, 季氏大夫得有四佾, 至平子時, 取公四佾以往合爲八佾, 而公止有二佾, 故『左氏』言"諦于襄公, 萬者二八", "二八"則二佾也.

역문 복건(服虔)의『좌전해의(左傳解誼)』에 "천자는 8×8이고, 제후는 6×8이며, 대부는 4×8이고, 사는 2×8이다."라고 했는데, 마융의 이 문장에 대한 「주」와 같다. 8×8은 64명이 되고, 6×8은 48명이 되며, 4×8은 32명이 되고, 2×8은 16명이 된다.『백호통의』「예악」과 고유(高誘)의『회남자』「제속훈(齊俗訓)」「주」에 모두 "6×6이 행렬(行列)이 된다."[24]라고 했고, 두예(杜預)는『춘추좌씨전』에 주석을 달면서 또 육일(六佾)을 36명, 사일(四佾)은 16명, 이일(二佾)은 4명이라고 했다.[25]『송서(宋書)』「악지(樂志)」에는 부융(傅隆)의 견해를 기재하고 두예를 비판하면서 '춤이란 팔음을 조절하기 위한 것이니, 팔음이 잘 조화를 이룬 뒤에 예악이 완성된다. 따라서 반드시 8명으로 1줄을 삼아야 되고, 천자로부터 사에 이르기까지 둘씩 줄어드는데, 둘이란 그 두 줄을 줄인다는 뜻이다. 두예는 한 줄에 또 두 명씩 줄어든다고 했는데, 사에 이르면 단지 네 명이 남는 데서 그치니 어찌 예악이 완성될 수 있겠는가? 따라서 복건의 뜻이 매우 합당

---

24 『백호통의(白虎通義)』권상, 「덕론상(德論上)・예악(禮樂)」에는 "8명으로 행렬(行列)을 만드니, 8×8=64명이다.[以八人爲行列, 八八六十四人也.]"라고 되어 있다.

25 『춘추좌씨전』「은공(隱公)」 5년 두예(杜預)의 「주」.

하다고 생각한다.'라고 했다.[26] 또『춘추좌씨전』의「전」에서 '정백(鄭伯)이 진(晉) 도공(悼公)[27]에게 여자 악사 2×8[二八: 두 줄인 16명]을 헌납하자, 진후가 절반인 1×8[一八: 한 줄인 8명]을 위강(魏絳)에게 주었으니,[28] 이는 예악에서 8명을 한 줄로 삼은 것'이라고 한 내용을 인용했는데,[29] 복건의 뜻이 실로 매우 합당하다. 노나라는 본래 여섯 줄로 춤을 추고, 계씨는 대부이니 네 줄로 춤을 출 수 있는데, 계평자 때 이르러 양공의 네 줄을 취하여 가서 합해서 팔일무를 추었고, 양공은 다만 두 줄만 있었을 뿐이었으므로『춘추좌씨전』에서 "양공의 종묘에 체제를 지낼 때 만무를 추는 자가 열여섯[二八] 명이었다."[30]라고 한 것이니, "열여섯[二八]"은 곧 두

---

26 『송서(宋書)』권19,「지제9(志第九)·악1(樂一)」에 "태상(太常)인 부융(傅隆)은 '이 사람들의 숫자가 유래한 바가 자세하지 않다. 다만 두예가『춘추좌씨전』의 일무(佾舞)에 주석을 달면서 "6×6=36명"이라고 했는데, 나는 아니라고 생각한다. 춤이란 팔음을 조절하기 위한 것이니 팔음이 잘 조화를 이룬 뒤에 음악이 완성된다. 따라서 반드시 8×8=64명을 법례(法例)로 삼아야 되고, 천자로부터 사에 이르기까지 둘씩 줄어드는데, 둘이란 그 두 줄을 줄이는 것일 뿐이다. 두예는 한 줄에 또 두 명씩 줄어든다고 했는데, 사에 이르면 네 명이 남는 데서 그치니 어찌 음악이 완성될 수 있겠는가? 복건이『춘추좌씨전』의「전」을 주석한 것을 살펴보니 "천자는 8×8이고, 제후는 6×8이며, 대부는 4×8이고, 사는 2×8이다."라고 했는데, 그 뜻이 매우 합당하다.'라고 했다.[太常傅隆以爲, '未詳此人數所由. 唯杜預注『左傳』佾舞云"諸侯六六三十六人", 常以爲非. 夫舞者, 所以節八音者也, 八音克諧, 然後成樂. 故必以八八爲例, 自天子至士, 降殺以兩, 兩者, 減其二列爾. 預以爲一列又減二人, 至士止餘四人, 豈復成樂? 按服虔注「傳」云: "天子八八, 諸侯六六, 大夫四八, 士二八." 其義甚允.']라고 되어 있다.『논어정의』원문에는 "八八爲例"가 "八人爲列"로 되어 있는데, 유보남의 의도가 있는 듯하여, 고치지 않고 번역했다.

27 진후(晉侯)인 주(周). 양공(襄公)의 손자로 여공의 당숙이다. 여전히 강국이었으나 이때부터 군주보다 육경의 세력이 강해졌다. 그래도 진 도공은 총명하였기 때문에 나름 군주로서의 세력을 휘둘렀다.

28 『춘추좌씨전』「양공(襄公)」11년에 보인다.

29 『송서』권19,「지제9·악1」.

30 『춘추좌씨전』「소공」25년.

줄이다.

「祭統」云: "昔者周公旦有勳勞於天下, 成王·康王故賜之以重祭, 朱干
玉戚以舞「大武」, 八佾以舞「大夏」, 此天子之樂也. 康周公, 故以賜魯也."
又「明堂位」曰: "成王以周公爲有勳勞於天下, 命魯公世世祀周公以天子
之禮樂, 朱干玉戚, 冕而舞「大武」, 皮弁素積, 裼而舞「大夏」." 是魯祭周
公得有八佾, 其群公之廟自是六佾. 而『公羊』「昭」二十五年「傳」子家駒謂
魯僭八佾, 此或昭公時所僭用於群廟矣. 大夫家廟, 據「王制」是三廟, 一昭
一穆, 與太祖爲三. 「祭法」則考廟·王考廟·皇考廟爲三, 說稍不同. 鄭君
以「王制」爲夏·殷禮, 則「祭法」爲周禮矣.

『예기(禮記)』「제통(祭統)」에 "옛날에 주공 단(旦)이 천하에 큰 공로가
있었으므로 성왕(成王)과 강왕(康王)이 중대한 제사를 하사하여, 붉은 방
패와 옥도끼를 들고서 「대무(大武)」의 악곡에 맞추어 춤을 추고, 팔일로
써 「대하」의 악곡에 맞추어 춤을 추게 하였으니, 이것은 천자의 예악이
다. 주공을 존중하였기 때문에 노나라에 이를 하사한 것이다."라고 하
였고, 또 「명당위(明堂位)」에 "성왕은 주공이 천하에 큰 공훈이 있다고
여겨, 노공(魯公)[31]에게 대대로 주공의 제사에 천자의 예악을 사용하라고
명하자, 붉은 방패와 옥도끼를 들고서 면류관을 쓰고 「대무」의 악곡에
맞추어 춤을 추고, 사슴 가죽으로 만든 관[皮弁]을 쓰고 주름진 흰 비단
하의[素積]에 석의(裼衣)를 걸치고 「대하」의 악곡에 맞추어 춤을 추었다."
라고 했는데, 이는 노나라에서 주공을 제사 지낼 때 여덟 줄[八佾]로 춤을
출 수 있다는 것이고, 기타 군공(群公)의 사당에서는 본래 여섯 줄[六佾]로

---

31 노공(魯公): 주공의 아들 백금(伯禽).

춤을 추어야 한다. 그런데 『춘추공양전』「소공」 25년의 「전」에서 자가
구(子家駒)가 노나라에서 팔일무를 참람하였다고 했는데,[32] 이는 아마도
노나라 소공 때 여러 사당에서 팔일무를 참람해서 춤춘 것인 듯싶다. 대
부의 가묘는 『예기』「왕제(王制)」에 의거하면 3묘(三廟)이니 1소(昭), 1목
(穆)에 태조의 사당까지 셋이 된다. 또 『예기』「제법(祭法)」에 의거하면
아버지를 모시는 사당[考廟]·할아버지를 모시는 사당[王考廟]·증조할아
버지를 모시는 사당[皇考廟]이 3묘가 되니, 3묘에 대한 설이 조금은 같지
않다. 정군(鄭君)은 「왕제」를 하나라와 은나라의 예라고 여겼는데, 그렇
다면 「제법」은 주나라의 예가 될 듯싶다.

원문 「郊特牲」云: "諸侯不敢祖天子, 大夫不敢祖諸侯, 而公廟之設於私家,
非禮也. 由三桓始也." 公廟謂桓公廟, 三家皆桓出, 故因立其廟, 而以周公
廟得用天子禮樂, 遂亦於桓公廟用之. 此「注」所云"家廟", 當卽指桓廟, 以
公廟設於私家, 故亦稱家廟也.

역문 『예기』「교특생(郊特牲)」에 "제후는 감히 천자를 제사하지 못하고 대
부는 감히 제후를 제사하지 못하니, 사가(私家)에 공묘(公廟)를 설치하는
것은 예가 아니다. 그러한 비례(非禮)의 일은 삼환(三桓)으로부터 시작되
었다."라고 했는데, 공묘란 환공(桓公)의 사당이고, 삼가(三家)는 모두 환
공에게서 나왔으므로 그로 인해 그의 사당을 세웠는데, 주공의 사당에
서 천자의 예악을 사용할 수 있었기 때문에 마침내는 또한 환공의 사당

---

32 『춘추공양전(春秋公羊傳)』「소공(昭公)」 25년: "소공이 말했다. '내가 무엇이 참람합니까?'
자가구(子家駒)가 대답했다. '대부들이 양관의 문을 설치하고 대로의 수레를 타며 붉은 방패
와 옥도끼를 들고서 「대하」의 악곡에 맞추어 춤을 추고, 팔일로써 「대하」의 악곡에 맞추어
춤을 추는데, 이것은 모두 천자의 예입니다.'[昭公曰: '吾何僭矣哉?' 子家駒曰: '設兩觀, 乘大
路, 朱干玉戚以舞「大夏」, 八佾以舞「大武」, 此皆天子之禮也.']"

에서도 천자의 예악을 사용하게 되었던 것이다. 여기의 「주」에서 말한 "가묘(家廟)"란 당연히 환공의 사당을 가리키니, 사가에 공묘를 설치한 것이기 때문에 역시 가묘라고 일컬은 것이다.

원문 『漢書』「劉向傳」, "<u>季氏</u>八佾舞于庭云云, 卒逐<u>昭公</u>", 是<u>季氏</u>指<u>平子</u>. <u>吳仁傑</u>·<u>管同</u>說竝合. 此「<u>注</u>」以爲<u>桓子</u>, 意以<u>平子</u>旣僭, <u>桓子</u>當亦用之. 然此言於<u>孔子</u>未仕時可也, 若<u>孔子</u>旣仕, 行乎<u>季孫</u>, 此等僭制, 必且革之.

역문 『전한서』「유향전(劉向傳)」에 "계씨가 여덟 줄로 뜰에서 춤을 추자, 운운, 마침내 소공을 축출했다."라고 했는데, 여기서 계씨는 계평자를 가리킨다. 오인걸과 관동의 설이 모두 합당하다. 여기의 「주」에서는 계환자라고 했는데, 이는 계평자가 이미 참람했으니, 계환자도 또한 당연히 그렇게 했을 것이라고 생각한 것이다. 그러나 이것은 공자가 아직 벼슬하지 않았을 때 한 말이라야 옳다. 만약 공자가 이미 벼슬을 했다면, 계손(季孫)에게 가서 이런 등등의 참람한 제도는 반드시 우선적으로 혁파했을 것이다.

원문 『韓詩外傳』, "<u>季氏</u>爲無道, 僭天子, 舞八佾, 旅<u>泰山</u>, 以雍撤. <u>孔子</u>曰: '是可忍也, 孰不可忍也?' 然不亡者, 以<u>冉有</u>·<u>季路</u>爲宰臣也." 此以<u>季氏</u>爲<u>康子</u>, 與此馬「<u>注</u>」以爲<u>桓子</u>, 皆是大略言之, 不爲據也.

역문 『한시외전(韓詩外傳)』에 "계씨가 무도하여 천자를 참람하고 여덟 줄로 춤을 추며 태산에 여제를 지내면서 『시경(詩經)』「주송(周頌)·옹(雍)」을 노래하면서 제사상을 물리자 공자가 말했다. '이 사람을 인내할 수 있다면 누구인들 인내할 수 없겠는가?' 그런데도 망하지 않은 까닭은 염유(冉有)와 계로(季路)가 재신(宰臣)이 되었기 때문이다."[33]라고 했는데, 이것은 계씨를 강자(康子)라고 여긴 것이니, 이 장에 대한 마융의 「주」에서 환자(桓子)라고 여긴 것과 더불어 모두 대충 말한 것이므로 근거로 삼지 않는다.

3-2

三家者以「雍」徹,【注】馬曰:"三家, 謂仲孫, 叔孫, 季孫.「雍」,「周頌·
臣工篇」名. 天子祭於宗廟, 歌之以徹祭. 今三家亦作此樂." 子曰:"相維辟
公, 天子穆穆!' 奚取於三家之堂?"【注】包曰:"辟公, 謂諸侯及二王
之後. 穆穆, 天子之容貌.「雍篇」歌此者, 有諸侯及二王之後來助祭故也. 今三
家但家臣而已, 何取此義而作之於堂邪?"

세 대부 집 사람이 「옹」을 노래하면서 제사상을 거두자, 【주】 마융
이 말했다. "세 대부 집[三家]은 중손(仲孫)·숙손(叔孫)·계손(季孫)을 이른다. 「옹」
은 『시경』「주송·신공지십(臣工之什)」의 편명이다. 천자만이 종묘에서 제사를 거행
할 때에 「옹」을 노래하면서 제사상을 거두는 것인데, 지금 세 대부의 집에서 또한 이
음악을 연주한 것이다." 공자가 말했다. "'제후와 공들은 돕고 천자는
엄숙하네!'라는 시를 어찌 세 대부의 집 사당에서 취하여 쓰는
가?"【주】 포함(包咸)이 말했다. "벽공(辟公)은 제후 및 두 왕[二王][34]의 후손[35]을 이
른다. 목목(穆穆)은 천자의 용모이다. 「옹」의 시에 이렇게 노래한 것은 제후 및 두 왕
의 후손이 와서 제사를 도왔기 때문이다. 지금 세 대부의 집은 단지 가신일 뿐인데,
어찌 이 뜻을 취해서 사당에서 연주하는가?"

---

33 『한시외전』 권10.

34 두 왕[二王]: 우왕(禹王)과 탕왕(湯王).

35 이왕후(二王後): 하(夏)나라의 후손인 기(杞)나라와 은(殷)나라의 후손인 송(宋). 유보남의
설명이 아래에 보인다.

원문 正義曰:『說文』, "家, 居也." 『易』「師」, "開國承家." 苟「注」, "承家, 立大夫也." 『左』「桓」二年「傳」, "諸侯立家." 杜「注」, "卿大夫稱家." 三家皆桓族, 季氏假別子爲宗之義, 立桓廟於家, 而令孟孫·叔孫宗之. 故以氏族言, 則稱三家, 以三家分三氏而統爲桓族故也. 上章稱"季氏", 此章稱"三家", 文互見. 『釋文』云: "撤, 本或作徹." 案, 撤是俗體. 『說文』撤去字作"勶", 云"發也", 與"徹"訓通異. 今經典皆叚"徹"爲"勶".

역문 정의에서 말한다.

『설문해자』에 "가(家)는 사는 곳[居]이라는 뜻이다."[36]라고 했다. 『주역(周易)』「사괘(師卦)」에 "제후를 봉하고 대부를 세운다."[37]라고 했는데, 순상(荀爽)의 「주」에 "승가(承家)는 대부를 세움[立大夫]이다."[38]라고 했다. 『춘추좌씨전』「환공(桓公)」 2년의 「전」에 "제후는 가(家)를 세운다."라고 했는데, 두예의 「주」에 "경대부(卿大夫)를 가(家)라 칭한다."[39]라고 했다. 삼가는 모두 환공의 종족인데, 계씨가 별자(別子)[40]를 데려다 종(宗)이 되는 의리를 꾸미고 집 안에 환공의 사당을 세워 맹손(孟孫)과 숙손으로 하여금 그를 종으로 받들게 했다. 그러므로 씨족(氏族)으로 말하면 삼가라

---

36 『설문해자』 권7: 가(家)는 사는 곳[居]이라는 뜻이다. 면(宀)과 가(豭)에서 소리가 생략된 부분으로 구성되었다. 가(宀)는 가(家)의 고문이다. 고(古)와 아(牙)의 반절음이다.[家, 居也. 從宀·豭省聲. 宀, 古文家. 古牙切.]

37 『주역』「사(師)」: 상육(上六)은 대군이 명을 두어 제후를 봉하고 대부를 세우는 것이니, 소인은 쓰지 말아야 한다.[上六, 大君有命, 開國承家, 小人勿用.]

38 당(唐)의 이정조(李鼎祚)가 지은 『주역집해(周易集解)』 권3, 「사(師)」 상육효(上六爻)에 대한 「주」에 인용된 글이 보인다.

39 『춘추좌전주소(春秋左傳註疏)』 권4, 「환공(桓公)」 2년 「전의」 두예의 「주」.

40 별자(別子): 제후의 자식으로 제후의 지위를 계승하지 않는 자이다. 임금이 어떤 공자(公子)에게 별자를 명하면 이 사람이 조(祖)가 되어 종가를 세우고 종(宗)이 되는데 이것이 대종이다. 대종은 백세를 내려가도 신위를 옮기지 않는다. 『예기』「대전(大傳)」.

칭하는데, 이는 삼가가 세 개의 성씨로 나뉘었지만 통합하면 환공의 종족이 되기 때문이다. 앞 장에서는 "계씨"라 칭하고, 이 장에서는 "삼가"라 칭했는데, 이는 글을 번갈아 가며 표현한 것이다. 『경전석문(經典釋文)』에 "철(撤)은 판본에 따라 혹 철(徹)로 되어 있기도 하다."라고 했는데, 살펴보니, 철(撤)은 속체자(俗體字)이다. 『설문해자』에 철거한다는 뜻의 글자는 "철(㩜)"로 되어 있고, "쏜다[發]는 뜻이다."[41]라고 했으니, 통한다[通]는 뜻으로 해석하는 "철(徹)" 자와는 다르다. 지금의 경전에서는 모두 "철(徹)" 자를 가차해서 "철(㩜)"의 뜻으로 쓴다.

원문 "維"者, 語助辭. "天子"者, 『白虎通』「爵篇」云: "爵所以稱天子者何? 王者父天母地, 爲天之子也." 皇本"穆穆"下衍"矣"字. "堂"者, 「檀弓」「注」, "堂形四方而高." 『玉篇』, "堂, 土爲屋基也." 「聘禮」「疏」云: "後楣以南曰堂. 堂凡四架, 前楣與棟之間, 爲南北堂之中." 蓋古者廟寢同制, 皆五架梁, 以後一架爲室, 前四架爲堂. 凡祭在室中, 惟樂歌在堂, 舞在堂下也. "「雍」徹"是樂歌, 故以堂言之. 「郊特牲」曰: "歌者在上, 貴人聲也." 白虎通曰: "歌者在堂上, 歌者象德."

역문 "유(維)"는 어조사이다. "천자(天子)"란 『백호통의』「작(爵)」에 "작위를 천자라고 칭한 까닭은 어째서인가? 왕은 하늘을 아버지로 삼고 땅을 어머니로 삼아, 하늘의 아들이 되기 때문이다."라고 했다. 황간(皇侃)본에는 "목목(穆穆)" 아래 "의(矣)" 자가 더 있다. "당(堂)"이란 『예기』「단궁(檀弓)」의 「주」에 "당의 형태는 네 변이 반듯하고 높다."[42]라고 했고, 『옥편

---

41 『설문해자』권13: 철(㩜)은 쏜다[發]는 뜻이다. 역(力)으로 구성되었고, 철(徹)로 구성되었는데, 철(徹)이 또한 발음을 나타낸다. 축(丑)과 열(列)의 반절음이다.[㩜, 發也. 從力從徹, 徹亦聲. 丑列切.]

(玉篇)』에는 "당은 흙으로 집터를 만든다."라고 했다. 「빙례(聘禮)」의 「소」
에는 "뒤도리[後楣] 남쪽을 당이라 한다. 당의 규모는 네 개의 도리가 있
고, 앞 도리와 마룻대 사이가 당 남쪽과 북쪽의 가운데가 된다."[43]라고
했다. 대체로 옛날의 묘침(廟寢)과 제도가 같으니, 모두 다섯 개의 도리
와 들보가 있는데, 뒤의 한 도리가 제실[室]이 되고 앞의 네 도리가 당이
된다. 모든 제사는 제실 안에서 지내고 음악과 노래[樂歌]만 당에서 진행
되며 춤은 당 아래서 춘다. "「옹」을 노래하면서 제사상을 거두었다"라
는 것은 음악과 노래이므로 당을 가지고 언급한 것이다. 『예기』「교특생」
에 "노래가 위에 있는 것은 사람의 소리를 귀하게 여긴 것이다."라고 했
고, 『백호통의』에는 "노래가 당 위에 있는 것은 노래가 덕을 상징하기
때문이다."[44]라고 했다.

● 「注」, "三家"至"此樂".

---

42 『예기주소(禮記注疏)』권8, 「단궁상(檀弓上)」: 자하(子夏)가 말했다, "성인(聖人)이 사람을
   장사 지내는 것과 보통 사람이 성인을 장사 지내는 것 중에 그대는 무엇을 보려 합니까? 예
   전에 선생님께서 말씀하기를, '나는 봉분 쌓기를 마치 당처럼 만든 것을 보았다.'라고 하셨습
   니다."[子夏曰: "聖人之葬人, 與人之葬聖人也, 子何觀焉? 昔者夫子言之曰: '吾見封之若堂者
   矣.'"]라고 한 것에 대한 정현(鄭玄)의 「주」.
43 『의례주소(儀禮注疏)』권8, 「빙례(聘禮)」가공언(賈公彦)의 「소」. 그런데, 『의례주소』가공
   언의 「소」에는 이와 같은 표현이 없고, 주희의 『회암집(晦庵集)』권68, 「잡저(雜著)‧의례
   석궁(儀禮釋宮)」에 "賈氏曰"이라고 하면서 본문과 같은 내용을 언급하였고, 송의 이여규(李
   如圭)가 찬(撰)한 『의례석궁(儀禮釋宮)』의 「주」와 『흠정의례의소(欽定儀禮義疏)』권수하
   (卷首下)와 『오례통고(五禮通考)』권61, 「길례(吉禮)‧종묘제도(宗廟制度)」와 청의 이광지
   (李光地)가 찬한 『주자예찬(朱子禮纂)』등에 주희의 말을 인용하면서 본문과 같은 표현을
   인용한 것이 보인다. 유보남 역시 주희의 글을 인용한 것인 듯싶다.
44 『백호통의』권상, 「덕론상‧예악」.

● 正義曰: 仲孫, 卽孟孫慶父之後; 叔孫, 叔牙之後. 稱孫者, 公子之子爲公孫也. "「臣工」"是
「周頌」第二卷之首篇.「雍」詩在「臣工」, 故爲「臣工篇」名.『毛詩』「序」, "雝, 禘太祖也." 鄭
「注」, "太祖謂文王." 此成王祭文王徹饌時所歌詩.『周官』「樂師」, "及徹, 帥學士而歌徹."
「注」云: "徹者歌「雍」", 是天子祭宗廟, 歌之以徹祭也. 又「小師」言, "王饗諸侯, 徹歌此詩."
『荀子』「正論」・『淮南』「主術」又言"天子食徹, 歌此詩." 則凡徹饌皆得歌之矣. 若「仲尼燕居」
言諸侯饗禮, 歌「雍」以送賓,「振鷺」以徹俎, 是諸侯相見亦得歌此詩也.

○「주」의 "삼가(三家)"부터 "차악(此樂)"까지.

○ 정의에서 말한다.

중손은 바로 맹손인 경보(慶父)의 후손이고, 숙손은 숙아(叔牙)의 후손이다. 손(孫)이라 일
컫는 것은 공자(公子)의 아들이 공손(公孫)이 되기 때문이다. "「신공지십」"은『시경』「주송」
제2권의 첫 번째 편이다.「옹」시는「신공지십」에 있기 때문에「신공지십」의 편명이 되는 것
이다.『모시(毛詩)』「서」에 "「옹(雝)」은 태조(太祖)에게 체제하는 시(詩)이다."[45]라고 했고,
정현(鄭玄)의「주」에는 "태조는 문왕(文王)을 이른다."라고 했으니, 이것은 성왕이 문왕에게
제사 지내고 음식을 거둘 때 노래했던 시이다.『주관(周官)』「악사(樂師)」에 "거둘 때에 미
쳐, 학사들을 인솔해서 노래를 부르며 거둔다."[46]라고 했는데,「주」에 "거둔다는 것은「옹」
을 노래했다는 것이다."[47]라고 했으니, 이는 천자가 종묘에서 제사를 지내고「옹」을 노래하
면서 제사를 거둔다는 것이다. 또「소사(小師)」에 "왕이 제후들에게 연향을 베풀 때, 이 시를
노래하며 거둔다."[48] 했고,『순자(荀子)』「정론편(正論)」과『회남자』「주술(主術)」에는 또
"천자의 음식을 거둘 때 이 시를 노래한다."[49]라고 했으니, 그렇다면 음식을 거둘 때는 모두

---

45 『모시주소(毛詩注疏)』권27,「주송(周頌)・신공지십(臣工之什)・옹(雍)」의「서」.

46 『주례(周禮)』「춘관종백하(春官宗伯下)・악사(樂師)」.『논어정의』에는 "率學士而歌徹"로
되어 있는데, 이는『주례술주(周禮述註)』권14의 문장이고,『주례』및 그 외 책에서는 모두
"率"로 되어 있다.『주례』를 근거로 고쳤다.

47 『주례』「춘관종백하・악사」정현의「주」.

48 『주례』「춘관종백하・소사(小師)」에는 이 내용이 없다. 다만, "거두면서 노래한다[徹歌]"라
고 한 곳의「주」에 "담당자에게 거두면서「옹」을 노래하게 한다.[於有司徹而歌「雍」.]"라는
표현이 있다. 그리고『주관집주(周官集注)』권6에 "왕이 제후들에게 연향을 베풀 때, 거두
면서 또한「옹」을 노래한다.[王饗諸侯, 徹亦歌「雍」.]"라는 표현이 있다.

「옹」시를 노래할 수 있는 것이다. 예를 들면 『예기』 「중니연거(仲尼燕居)」에서 제후의 향례(饗禮)에서 「옹」을 노래하며 손님을 전송하고, 「진로(振鷺)」[50]를 노래하며 제기를 거두었다고 말한 것 같은 경우, 이는 제후들이 서로 만나 볼 때에도 이 시를 노래할 수 있었다는 것이다.

원문 凌氏曙『典故覈』云: "「有司徹」「注」云: '徹室中之饌及祝·佐食之俎.' 徹兼俎與豆籩, 俎, 有司徹之; 豆籩, 婦人徹之. 天子之禮, 則『周禮』「大祝」 '旣祭令徹', 「小祝」'贊徹', 「內宗」·「外宗」'佐王后, 徹豆籩'. 其徹俎, 則薦俎之有司也."

역문 능서(凌曙)의 『사서전고핵(四書典故覈)』에 "「유사철(有司徹)」「주」에 '실(室) 안에 있는 음식 및 축(祝)과 좌식(佐食)[51]의 제기를 거둔다.'[52]라고 했는데, 조(俎)와 두(豆)와 변(籩)을 모두 거두는 것으로, 조는 담당자[有司]가 거두고, 두와 변은 부인(婦人)이 거둔다. 천자의 예는 『주례』「대축(大

---

49 『순자(荀子)』에는 "徹" 자가 한 번 나오는데, 「정론편(正論篇)」에 "오사에서 「옹」을 부르며 거둔다.[「雍」而徹乎五祀.]"라고 했으며, 『회남홍렬해(淮南鴻烈解)』권9, 「주술훈(主術訓)」에는 "북을 울려 식사를 시작하고 「옹」을 연주하며 식사를 거둔다.[犂鼓而食, 奏「雍」而徹.]"라고 했다.

50 『시경』「주송(周頌)·신공지십(臣工之什)·진로(振鷺)」.

51 좌식(佐食): ① 제상에 제물(祭物)을 올리는 사람. ② 제사를 지낼 때 시동(尸童)에게 밥을 권하여 먹이는 사람. ③ 배향(配享). 『신종실록(神宗實錄)』6권, 「숙종(肅宗)」 3년 4월 20일 병인(丙寅) 1번째 기사 중 「조가석의 상소에 항의하는 진사 홍경하 등의 상소문[진사홍경하 등상소(進士洪景河等上疏)]」에 "종묘(宗廟)의 배향[佐食]이 후세의 비난을 받지 않게 했다. [使淸廟佐食, 不有後世之譏.]"라는 표현이 있다. ④ 부식. 『동국이상국후집(東國李相國後集)』 제7, 「고율시(古律詩)」 중에 "부식으로 먹는 나는 그 마음 불편하네.[我今佐食意難平.]"라는 표현이 보인다.

52 『의례주소』권17, 「유사철(有司徹)」의 「주」.

祝)」에 '제사가 끝나면 제기를 거두게 한다.'[53]라고 했고, 「소축(小祝)」에
'제기 거두는 것을 돕는다.'[54]라고 했으며, 「내종(內宗)」과 「외종(外宗)」에
는 '왕후를 보좌해서 두와 변을 거둔다.'[55]라고 했으니, 제기를 거두는 것
은 제기를 올린 담당자이다."라고 하였다.

- 「注」, "辟公"至"堂邪".

- 正義曰: 『爾雅』「釋詁」, "後·辟·公·侯, 君也." 邵氏晉涵『正義』下文云: "辟, 法也, 言爲人
取法也. 『穀梁』「傳」云'士造辟而言'是也." 皇「疏」申包義云: "辟訓君, 君故是諸侯也. 二王後
稱公, 公故是二王後也." 二王後謂夏後杞, 殷後宋. 天子大祭, 同姓異姓諸侯皆來助祭, 故統
言辟公也.

○ 「주」의 "벽공(辟公)"부터 "당야(堂邪)"까지.

○ 『이아』「석고」에 "후(後)·벽(辟)·공(公)·후(侯)는 임금[君]이다."라고 했다. 소진함(邵晉
涵)[56]의 『이아정의(爾雅正義)』에 "벽(辟)은 법(法)이니, 사람이 취하여 법으로 삼는다는 말

---

53 『주례』「춘관종백하·대축(大祝)」.

54 『주례』「춘관종백하·소축(小祝)」.

55 『주례』「춘관종백상·내종(內宗)」과 「외종(外宗)」. 「내종」에는 "내종은 종묘의 제사에서
두와 변을 올리며, 음악이 끝나고 제기를 거둘 때 외종에게 두와 변을 전달하는 일을 관장한
다.[內宗掌宗廟之祭祀, 薦加豆籩, 及以樂徹, 則佐傳豆籩.]"라고 되어 있고, 「외종」에는 "외종
은 종묘 제사에서 왕후를 도와 옥두(玉豆)를 올리고 두와 변을 점검하는 일을 관장하며 음
악이 끝나고 제기를 거둘 때도 왕후를 보좌하여 똑같이 행한다.[外宗掌宗廟之祭祀, 佐王后,
薦玉豆, 眂豆籩, 及以樂徹亦如之.]"라고 되어 있다.

56 소진함(邵晉涵, 1743~1796): 청나라 절강(浙江) 여요(餘姚) 사람. 자는 여동(與桐) 또는 이
운(二雲)이고, 호는 남강(南江)이다. 훈고학(訓詁學)에 조예가 깊었고, 『춘추』 삼전(三傳)
및 『이아(爾雅)』에 정밀했다. 형병(邢昺)의 『이아의소(爾雅義疏)』에 불만이 있어 곽박(郭璞)
의 『이아주(爾雅注)』를 종주로 삼고 여러 학자의 학설을 널리 취하여 『이아정의(爾雅正義)』
를 저술했다. 그 밖의 저서에 『맹자술의(孟子述義)』와 『곡량정의(穀梁正義)』, 『한시내전고
(韓詩內傳考)』, 『남강문초(南江文鈔)』, 『유헌일기(輶軒日記)』 등이 있는데, 조기(趙岐), 범

이다. 『춘추곡량전』의 「전」에서 '사(士)가 법을 세워서 말하였다.'[57]라고 한 것이 이것이다."라고 했다. 황간은 포함의 뜻을 확장해서 "벽(辟)은 임금[君]이라는 뜻인데, 임금이란 본래 제후이다. 우왕과 탕왕[二王]의 후손을 공(公)이라 칭하니, 공은 본래 두 왕의 후손이다."[58]라고 했는데, 두 왕의 후손은 하나라의 후손인 기(杞)나라와 은나라의 후손인 송(宋)나라를 이른다. 천자의 큰 제사에는 동성(同姓)과 이성(異姓)의 제후들이 모두 와서 제사를 돕기 때문에 통틀어서 벽공(辟公)이라고 말한 것이다.

원문 「烈文」詩"烈文辟公", 鄭「箋」以"辟"爲百辟卿士, "公"爲天下諸侯. 「雝」詩無「箋」, 則與「烈文」訓同. 百辟·卿士, 指仕王朝者, 與天下諸侯爲內外兼擧, 說與包異, 均得通矣. 『爾雅』「釋詁」, "穆穆, 美也." 「釋訓」, "穆穆肅肅, 敬也." 「曲禮」云: "天子穆穆." 是穆穆爲天子容貌也. "助祭"者, 訓相爲助也, 義見『毛』「傳」. "家臣"者, 大夫稱家, 故大夫之臣曰家臣, 又曰僕. 「禮運」"仕於家曰僕." 是也.

역문 「열문(烈文)」 시에 "빛나고 아름다운 제후와 공"[59]이라고 했는데, 정현의 「전(箋)」에 "벽(辟)"을 백벽(百辟)과 경사(卿士)라 했고, "공(公)"을 천하의 제후라고 했다.[60] 「옹」 시에는 「전」이 없으니, 그렇다면 「열문」과 뜻이 같을 것이다. 백벽과 경사는 왕과 조정에서 벼슬하는 자를 가리키니, 천하의 제후들과 더불어 안과 밖을 아울러 거론한 것이 되니, 포함의 설

넝(范寧), 왕응린(王應麟)의 잘못을 바로잡았다.

57 『춘추곡량전』 「문공」 6년의 「전」. 『춘추곡량전주소(春秋穀梁傳注疏)』의 「주」에는 "벽은 임금이다.[辟, 君也.]"라고 해서, 이 문장을 "사가 임금에게 나아가 말했다."라고 해석했다.
58 『논어집해의소(論語集解義疏)』 권2, 「논어팔일제3(論語八佾第三)」 황간(皇侃)의 「소」.
59 『시경』 「주송·청묘지십(清廟之什)·열문(烈文)」.
60 『모시주소』 권26, 「주송·청묘지십(清廟之什)·열문(烈文)」 정현의 「전(箋)」.

명과는 다르지만 고루 통하기는 한다. 『이아』「석고」에 "목목(穆穆)은 아름답다는 뜻이다."라고 했고, 『이아』「석훈(釋訓)」에는 "목목(穆穆)과 숙숙(肅肅)은 경건하다[敬]는 뜻이다."라고 했다. 「곡례(曲禮)」에 "천자는 엄숙하다.[天子穆穆.]"[61]라고 했는데, 이때의 목목(穆穆)은 천자의 용모가 된다. "제사를 돕는다[助祭]"라는 것은 서로 도움이 된다고 풀이하니, 뜻이 『모시』의 「전」에 보인다. "가신(家臣)"이란 대부를 가(家)라 칭하니, 따라서 대부의 신하를 가신이라 하고, 또 복(僕)이라고도 한다. 『예기』「예운(禮運)」에서 "대부의 집에서 벼슬하는 자를 복이라 한다."라고 한 것이 이것이다.

3-3

子曰: "人而不仁, 如禮何? 人而不仁, 如樂何?"【注】包曰: "言人而不仁, 必不能行禮樂."

공자가 말했다. "사람으로서 인(仁)하지 않으면 어찌 예(禮)를 행할 수 있으며, 사람으로서 인하지 않으면 어찌 악(樂)을 행할 수 있겠는가?"【주】포함이 말했다. "사람으로서 인하지 않으면 반드시 예와 악을 행할 수 없다는 말이다."

원문 正義曰: 皇「疏」云: "此章亦爲季氏出也. 季氏僭濫王者禮樂, 其既不仁, 則奈此禮樂何乎?"

---

61 『예기』「곡례하(曲禮下)」.

역문 정의에서 말한다.

황간의 「소」에 "이 장 역시 계씨 때문에 한 말이다. 계씨가 왕의 예와
음악을 참람했으므로, 그는 이미 불인(不仁)하니, 이 예와 악을 어찌하겠
는가?"[62]라고 했다.

- 「注」, "言人而不仁, 必不能行禮樂."
- 正義曰:「儒行」云: "禮節者, 仁之貌也; 歌樂者, 仁之和也." 禮樂所以飾仁, 故惟仁者能行禮
  樂.「仲尼燕居」云: "子曰: '制度在禮, 文爲在禮, 行之其在人乎!'" 又對子張問曰: "師! 爾以爲
  必鋪几筵, 升降酌獻酬酢, 然後謂之禮乎? 爾以爲必行綴兆, 興羽籥, 作鍾鼓, 然後謂之樂乎?
  言而履之, 禮也; 行而樂之, 樂也. 君子力此二者, 以南面而立, 夫是以天下太平也."
- 「주」의 "사람으로서 인하지 않으면 반드시 예와 악을 행할 수 없다는 말이다."
- 정의에서 말한다.
  『예기』「유행(儒行)」에 "예절(禮節)이란 인의 모습이고, 노래와 음악[歌樂]은 인의 조화로움
  이다."라고 했다. 예와 악은 인을 나타내기 위한 것이기 때문에 오직 인한 사람만이 예와 악
  을 행할 수 있다. 『예기』「중니연거」에 "공자가 말했다. '제도는 예에 달려 있고 문체도 예에
  달려 있는데, 그것을 행하는 것, 그것은 그 사람에게 달려 있도다!'"라고 했고, 또 자장(子張)
  의 질문에 대답하기를 "사(師)야! 너는 반드시 안석과 자리를 펴고, 오르내리며 술을 따라 올
  리고[酌獻], 술잔을 서로 권하며[酬酢], 그렇게 한 후에야 이것을 예라 이른다고 생각하느냐?
  너는 반드시 철조(綴兆)[63]를 추고 깃대와 피리를 일으키고 종과 북을 울리며, 그렇게 한 뒤
  에야 이것을 악이라고 여기느냐? 말을 하면서 그것을 실천하는 것이 예이고, 행하면서 그것

---

63 ① 느리게 추는 춤의 일종. ② 악무(樂舞)의 위치. "몸을 구부리고 펴는 자태와 빠르고 느리게
    진퇴하는 동작은 악무의 문식이다.[屈伸俯仰, 綴兆舒疾, 樂之文也.]"라 했는데, 정현의「주」
    에, "철(綴)은 춤추는 자들의 줄의 자리가 서로 연결되어 있음을 말하고, 조(兆)는 자리 밖의
    영역을 말한다.[綴, 謂酇舞者之位也, 兆, 其外營域也.]"라고 하였다.

을 즐거워함이 악이다. 군자는 이 두 가지를 힘써서 남쪽을 향하여 서니, 이런 까닭에 천하가

태평해지는 것이다."[64]라고 했다.

원문 案, "言而履之", "行而樂之", 此仁者所爲. 孟子論禮樂而推本於事親從

兄, 爲仁義之實, 仁統四德, 故此言不仁之人不能行禮樂也. 『漢書』「翟方

進傳」引此文, 說之云: "言不仁之人, 亡所施用, 不仁而多材, 國之患也."

亡所施用, 則不能行禮樂, 雖多材, 只爲不善而已. 當夫子時, 禮樂征伐自

大夫出, 而僭竊相仍, 習非勝是, 欲不崩壞, 不可得矣.

역문 살펴보니, "말하면서 실천함"과 "행하면서 즐김", 이것이 인자(仁者)가

행하는 바이다. 맹자(孟子)는 예와 악을 논하면서 어버이를 섬기고 형을

따르는 데서 근본을 추론해서 인의(仁義)의 실제로 삼았으니, 인은 사덕

(四德: 仁義禮智)을 총괄하고 있기 때문에 여기에서 인하지 않은 사람은

예와 악을 행할 수 없다고 말한 것이다. 『전한서』「적방진전(翟方進傳)」

에는 이 문장을 인용하여 설명하면서 "인하지 않은 사람은 베풀어 쓸 곳

이 없으니, 인하지 않은데도 재주가 많은 것이 나라의 근심이라는 말이

다."라고 했다. 베풀어 쓸 곳이 없으면 예와 악을 행할 수 없으니, 비록

재주가 많더라도 다만 불선(不善)이 될 따름이다. 공자 당시에는 예와 악

이 대부로부터 나와 참절(僭竊)함이 한꺼번에 밀어닥치고[相仍], 그릇됨

이 옳음을 이기는 데 익숙해져 예와 악이 무너지지 않기를 바랐지만 그

럴 수가 없었다.

---

64 『예기』「중니연거(仲尼燕居)」.

林放問禮之本, 【注】鄭曰: "林放, 魯人." 子曰: "大哉. 問! 禮, 與
其奢也, 寧儉. 喪, 與其易也, 寧戚." 【注】包曰: "易, 和易也. 言禮
之本意, 失於奢, 不如儉; 喪, 失於和易, 不如哀戚."

임방(林放)이 예의 근본을 묻자, 【주】정현이 말했다. "임방은 노나라 사람
이다." 공자가 말했다. "훌륭하구나. 질문이! 예는 사치하기보다는
차라리 검소한 것이 더 낫고, 초상은 지나친 예를 차리기보다는,
차라리 슬퍼하는 것이 더 낫다." 【주】포함이 말했다. "이(易)는 화락하고
기뻐함[和易]이다. 예의 본래 의미는 사치함에서 잘못되니, 검소함만 못하고, 초상은
화락하고 기뻐함에서 잘못되니, 슬퍼하는 것만 못하다."

원문 正義曰: "本"者, 萬物之始. 先王制禮, 緣人情世事而爲之, 節文以範圍
之. 『荀子』「天論」言文·質, "一廢一起, 應之以貫". "貫"者, 言以禮爲條貫
也. 「禮運」云: "故禮之不同也, 不豐也, 不殺也, 所以持情而合危也." 「禮
器」云: "孔子曰: '禮不同, 不豐, 不殺, 蓋言稱也.'" 又曰 "先王之制禮也, 不
可多也, 不可寡也, 唯其稱也." "不同"者, 禮之差等. 禮貴得中, 凡豐殺, 卽
爲過中不及中也. 過中不及中, 俱是失禮. 然過中失大, 不及中失小. 是故
文家多失在過中; 質家多失在不及中.

역문 정의에서 말한다.

"본(本)"이란 만물의 시작이다. 선왕이 예를 제정할 때 인정(人情)과 세
상의 일에 따라 제정하고 절문(節文)[65]으로써 범위를 정했다. 『순자』「천
론편(天論篇)」에 문(文)과 질(質)을 말하면서, "한 번 쓰러지고 한 번 일어

나는 것은 일관된 조리[貫]을 가지고 이에 대응한다."라고 했는데, "일관된 조리"란 예로써 일관된 조리로 삼는다는 말이다. 『예기』「예운」에 "그러므로 귀천의 차이가 있는 경우에 예는 같지 않으며, 검소한 것을 좇아야 할 경우에는 풍부하게 하지 않으며, 융숭하게 해야 할 곳에 예는 감쇄하지 않으니, 이는 인정을 유지해서 교만과 방종에 흐르지 않게 하며 상하를 보합해서 위란에 빠지는 일이 없게 하기 위한 것이다."라고 했고, 『예기』「예기(禮器)」에 "공자가 말했다. '귀천의 차이가 있는 경우에 예는 같지 않으며, 검소한 것을 좇아야 할 경우에는 풍부하게 하지 않으며, 융숭하게 해야 할 곳에 예는 감쇄하지 않는다.'"라고 했으며, 또 "선왕이 예를 제정할 때 많게 할 수도 없고 적게 할 수도 없어서 오직 적합하게 할 뿐이었다."라고 했다. "같지 않다"는 것은 예의 차등이다. 예는 중(中)을 얻음을 귀하게 여기니, 모든 풍부함과 감쇄는 중을 지나치거나 중에 미치지 못한 것이다. 중을 지나치거나 중에 미치지 못한 것은 모두 예를 잃은 것이다. 그러나 중을 지나친 잘못은 크고 중에 미치지 못한 잘못은 적다. 그러므로 문가(文家)는 대체적으로 잘못이 중을 지나치는 데 있고, 질가(質家)는 대체적으로 잘못이 중에 미치지 못하는 데 있다.

원문 「表記」言, "周之敝, 利而巧, 文而不慚, 賊而蔽; 殷之敝, 蕩而不靜, 勝而無恥; 夏之敝, 蠢而愚, 喬而野, 樸而不文." 則以周尙文, 殷質不能勝文. 夏尙忠, 忠者, 質之至也. 文‧質均有所敝, 然二者相較, 則寧從其失小者取之, 所謂權時爲進退也. 質有其禮, 儉‧戚不足以當之, 而要皆與禮之本相近, 蓋禮先由質起. 故質爲禮之本也.

65　① 적절히 꾸며 훌륭하게 만듦. ② 예절에 관한 규정. ③ 예절 등을 경우에 알맞게 끊고 고름.

역문 『예기』「표기(表記)」에 "주나라의 폐단은 이익을 추구하고 교묘하며, 꾸미기[文]를 좋아하고 부끄러움이 없으며, 해치고 숨기는 것이다. 은나라의 폐단은 방탕하고 고요하지 않으며, 이기기를 좋아하고 수치가 없는 것이다. 하나라의 폐단은 노둔하면서 어리석고, 교만하면서 촌스러우며, 투박하고 세련[文]되지 못한 것이다."라고 했는데, 그렇다면 주나라는 문(文)을 숭상했으니, 은나라의 질(質)이 문을 이기지 못한 것이다. 하나라는 충(忠)을 숭상했는데, 충이란 질이 지극한 것이다. 문과 질은 똑같이 폐단이 있지만, 그래도 두 가지를 서로 비교해 보면 차라리 잘못이 작은 것을 따라서 취하는 것이 더 나으니, 이른바 때에 따라 변통해서 진퇴(進退)를 삼는다는 것이다. 질은 예가 있어서 검소함과 슬퍼함이 족히 거기에 합당하진 않지만, 요컨대 모두 예의 근본과 서로 가깝고, 대체로 예는 우선 질을 말미암아 일어나기 때문에 질이 예의 근본이 되는 것이다.

원문 『禮』「三正記」曰: "帝王始起, 先質後文者, 順天地之道 · 本末之義, 先後之序也. 事莫不先有質性, 乃後有文章也." 『大戴記』「禮三本」云: "凡禮始於脫, 成於文, 終於隆. 故至備, 情文俱盡; 其次, 情文迭興; 其下, 復情以歸太一." "太一"者, 至質無文, 然爲禮之本.

역문 『대대례(大戴禮)』「삼정기(三正記)」에 "제왕(帝王)이 처음 일어났을 때 질을 먼저 하고 문을 뒤에 한 것은 천지의 도(道)와 본말(本末)의 뜻과 선후의 차례에 순응하기 위함이다. 일에는 반드시 먼저 질성(質性)이 있어야, 이에 뒤에 문장(文章)이 있게 된다."라고 했고, 『대대례』「예삼본(禮三本)」에 "모든 예는 소탈(疏脫)함에서 시작해서 꾸미는 데서 이루어지며 융성한 데서 끝난다. 그러므로 성덕(盛德)이 있는 사람에게서 지극히 갖추어져 실정(實情)과 절문(節文)이 모두 극진해진다. 그다음은 실정과 절문이 번갈아 일어나고, 그 아래는 실정을 회복해서 태일(太一)로 돌아간다."라고 했는데, "태일(太一)"이라고 하는 것은 지극히 질박해서 꾸밈이 없지만, 예의 근본이 된다.

원문 當夫子時, 奢僭失禮, 大非<u>文</u>·<u>周</u>制作之舊. 故夫子屢言"從<u>周</u>", 從周者, 從乎<u>文</u>·<u>周</u>之所制以修明之而已. 然世變已亟, 或猶慮從<u>周</u>不足以勝之, 則惟欲以質救文. 『春秋』今文家以夫子作『春秋』, 欲變<u>周</u>從<u>殷</u>, 卽此義也. <u>林放</u>意亦欲以質救文. 故夫子聞其所問, 深美大之. 大之者, 大其有維世之意, 撥亂反正, 不失仁術也.

역문 공자 당시에는 사치스럽고 참람하고 예를 잃어 문왕과 주공이 제작한 오랜 예법이 크게 잘못되었다. 그러므로 공자는 자주 "주를 따르겠다"[66]라고 한 것이니, 주를 따르겠다는 것은 문왕과 주공이 제작한 예법을 따라 그것을 닦고 밝힐 뿐이라는 말이다. 그러나 세상의 변화는 너무 빨라 혹 오히려 주를 따르는 것만으로는 충분히 감당할 수 없다고 여겨 오직 질로써 문을 구제하려고 했던 것이다. 『춘추』 금문가(今文家)들이 공자가 『춘추』를 지은 것은 주나라를 변화시켜 은나라를 따르고자 한 것이라고 한 것이 바로 이 뜻이다. 임방의 생각 역시 질로써 문을 구제하고자 한 것이다. 그러므로 공자가 그의 질문을 듣고 깊이 칭찬하면서 훌륭한 질문이라고 했던 것이다. 훌륭하게 여겼다는 것은 그 세상을 유지시킬 뜻을 가지고 혼란을 다스려 올바름을 돌이킴에 인술(仁術)을 잃지 않음을 훌륭하게 여긴 것이다.

---

66 『논어』「팔일」.

원문 云"與其", 又云"寧"者, "與"猶許也.『說文』, "寧, 所願也." 先爲與之, 後復有所願, 抑揚之詞, 不得已之思也. "禮"對"喪"言之, 則"禮"謂凡賓嘉諸禮也. "奢"者,『爾雅』「釋詁」, "奢, 勝也."『說文』, "奢, 張也." "勝"·"張"皆誇大之意. "喪"者,『白虎通』「崩薨篇」, "喪者, 亡也. 人死謂之喪何? 言其喪亡不可復見也. 天子下至庶人, 俱言喪何? 欲言身體髮膚, 俱受之父母, 其痛一也."

역문 "하기보다는[與其]"이라고 하고 또 "차라리[寧]"라고도 했는데, "여(與)"는 인정한다[許]는 말과 같다.『설문해자』에서는 "영(寧)은 바라는 것[所願]"67이라고 했는데, 먼저는 인정해 주고 나중에 다시 바라는 바가 있는 것이니, 억누르기도 하고 부추기기도 하는[抑揚] 말로 부득이하다고 생각하는 것이다. "예(禮)"를 "초상[喪]"에 상대해서 말했는데, 그렇다면 이때의 "예"는 손님을 대할 때의 빈례(賓禮)와 경사스러운 예인 가례(嘉禮) 등의 여러 예이다. "사(奢)"는『이아』「석고」에 "사(奢)는 뛰어나다[勝]는 뜻이다."라고 했고,『설문해자』에는 "사(奢)는 펼친다[張]는 뜻이다."68라고 했으니, "승(勝)"과 "장(張)" 모두 과시하고 크게 한다는 뜻이다. "초상[喪]"이란『백호통의』「붕홍(崩薨)」에 "상(喪)이란 없어진다[亡]는 뜻인데, 사람이 죽은 것을 상이라 하는 것은 어째서인가? 그가 죽고 없어져 다시는 볼 수 없음을 말한 것이다. 천자로부터 서인에 이르기까지 모두 상이라 말하는 것은 어째서인가? 몸과 터럭과 피부는 모두 부모에게서 받은

---

67 『설문해자』권5: 영(寧)은 바란다[願]는 말이다. 교(丂)로 구성되었고, 영(盇)이 발음을 나타낸다. 노(奴)와 정(丁)의 반절음이다.[寧, 願詞也. 從丂盇聲. 奴丁切.]『설문해자』의 내용과, 유보남의 말이 차이가 있다.

68 『설문해자』권10: 사(奢)는 펼친다[張]는 뜻이다. 대(大)로 구성되었고, 자(者)가 발음을 나타낸다. 모든 사(奢)부에 속하는 한자는 다 사(奢)의 뜻을 따른다. 사(奓)는 주문(籀文)이다. 식(式)과 차(車)의 반절음이다.[奢, 張也. 從大者聲. 凡奢之屬皆從奢. 奓, 籀文. 式車切.]

것이므로 그 고통이 똑같음을 말하고자 한 것이다."라고 했다.

원문 "易"者, 先兄五河君『經義說略』, "『爾雅』, '弛, 易也.'展轉相訓, 則易亦訓弛. 言喪禮徒守儀文之節, 而哀戚之心浸以怠弛, 則禮之本失矣.「雜記」, '孔子曰: "少連‧大連善居喪! 三日不怠, 三月不懈."' 不怠不懈, 卽不弛之義. 故下文云'期悲哀, 三年憂.' 言其戚也. 蓋易者哀不足, 戚者哀有餘.「檀弓」, '子路曰: "吾聞諸夫子, 喪禮與其哀不足而禮有餘也, 不若禮不足而哀有餘也."' 義與此同."

역문 "이(易)"

작고하신 형[先兄]인 오하군(五河君)의 『경의설략(經義說略)』에 "『이아』에 '시(弛)는 느슨하다[易]는 뜻이다.'[69]라고 했는데 이리저리 서로 간에 돌려 가며 뜻을 새긴 것이니, 이(易) 또한 느슨하다[弛]로 해석하기도 한다. 이는 상례에서 다만 의식[儀]과 문물[文]의 절차만 지키고, 슬퍼하는 마음이 점차 나태하고 느슨해졌으니, 예의 근본을 잃었다는 말이다. 『예기』「잡기하(雜記下)」에 '공자가 말했다. "소련(少連)과 대련(大連)은 상을 치르는구나! 3일 동안 게으르지 않고, 3개월 동안 나태하지 않았다."'라고 했는데, 게으르지 않고 나태하지 않음이 바로 느슨하지 않다[不弛]는 뜻이다. 그러므로 「잡기하」의 다음 문장에서 '1년 동안 애통해하고 3년 동안 근심했다.'라고 했으니, 이는 그 슬픔을 말한 것이다. 느슨한 사람은 애통함이 부족하고, 슬퍼하는 사람은 애통함이 지나치다. 『예기』「단궁상(檀弓上)」에 '자로(子路)가 말했다. "내가 선생님께 들으니, 상례는 애통함이 부족하고 예가 지나친 것보다는 예가 부족하더라도 애통함이 지

---

69 『이아』「석고(釋詁)」.

나친 것만 못하다"라고 하셨다.'라고 했는데, 뜻이 여기의 뜻과 똑같다."
라고 했다.

원문 謹案,『淮南』「本經訓」, "處喪有禮矣, 而哀爲主." 高誘「注」引此文.『隋
書』「高祖紀下」, "喪與其易也, 寧在於戚, 則禮之本也. 禮有其餘, 未若於
哀, 則情之實也." 竝以易爲禮有餘. 鄭此「注」但云"易簡", 未明其義. 陳氏
鱣『古訓』曰: "「檀弓」, '子思曰: "喪三日而殯, 凡附於身者, 必誠必信, 勿
之有悔焉耳矣." 時人治喪, 以薄爲其道, 失之簡略. 故夫子以爲寧戚, 言
必盡哀盡禮也." 陳氏之言, 或得鄭義, 然少於曲, 未爲當也. 兪炎『書齋夜
話』, "'易'字疑是'具'字. 「檀弓」'喪具, 君子恥具', '具'與'易'蓋相似也." 此
亦可備一說.

역문 삼가 살펴보니,『회남자』「본경훈(本經訓)」에 "초상을 치름에 예가 있
으니, 애통함을 위주로 한다."라고 했는데, 고유의「주」에 이 문장을 인
용했고,『수서(隋書)』「고조기하(高祖紀下)」에는 "초상은 느슨하게 치르기
보다는 차라리 슬퍼하는 입장에 있어야 하니 이것이 예의 근본이다. 예
가 지나친 것은 애통함만 같지 못하니, 이것이 정(情)의 실체이다."라고
했는데, 모두 이(易)를 예가 지나친 것으로 본 것이다. 정현은 이곳의「주」
에서 단지 "쉽고 간편함[易簡]"이라고만 했을 뿐, 그 뜻을 분명하게 밝히지
않았다. 진전(陳鱣)의『논어고훈(論語古訓)』에 "『예기』「단궁상」에 '자사
(子思)가 말했다. "상을 당하면 3일 만에 빈례(殯禮)를 행할 때, 시신(屍身)
과 함께 입관(入棺)하는 물품들을 반드시 정성스럽게 하고 반드시 신실
하게 해서 뒷날 후회를 남기는 일이 없도록 해야 한다." '했으니, 당시
사람들은 초상을 치를 때 박(薄)하게 치르는 것을 도리로 여겨 간략하게
치르는 잘못을 범했다. 그러므로 공자는 차라리 슬퍼함이 낫다고 여긴
것이니, 반드시 애통함을 다하고 예를 다해야 한다는 말이다."라고 했

다. 진씨(陳氏)의 말은 아마도 정현의 뜻을 얻은 것인 듯한데, 그러나 조금 왜곡되어 온당치 않다. 유염(兪炎)[70]의 『서재야화(書齋夜話)』에 "'이(易)' 자는 아무래도 '구(具)' 자인 듯싶다. 『예기』「단궁상」에 '초상의 기물은 군자가 미리 갖추기를 부끄럽게 여긴다.'라고 했으니, '구(具)' 자와 '이(易)' 자는 서로 유사한 점도 있다."라고 하였는데, 역시 하나의 설로 갖출 만하다.

- 「注」, "林放, 魯人."
- 正義曰: 『蜀禮殿圖』以林放爲孔子弟子, 鄭以「弟子傳」無林放, 故不云弟子. 其以爲魯人, 亦當別有據. 『元和姓纂』謂"比干之後, 逃難長林之下, 遂姓林氏." 鄭樵『通志』謂"周平王世子林開之後", 皆出附會, 不足據也.
- 「주」의 "임방은 노나라 사람이다."
- 정의에서 말한다.

  『촉례전도(蜀禮殿圖)』에 임방을 공자의 제자라고 하였는데, 정현은 「중니제자열전(仲尼弟子列傳)」에 임방이 없기 때문에 제자라고 말하지 않았다. 그를 노나라 사람이라고 한 것 역시 마땅히 별도의 근거가 있어야 한다. 『원화성찬(元和姓纂)』[71]에 "비간(比干)의 후예인데, 장림(長林)의 수하로 도망가 마침내 임씨(林氏)를 성으로 삼았다."라고 했다. 정초(鄭樵)[72]

---

70 유염(兪炎: 1258~1327): 송말 원초의 학자로 오군[吳郡: 지금의 강소성(江蘇省) 소극(蘇州)] 출신. 자는 옥오(玉吾)이고 호는 전양자(全陽子), 또는 임옥산인(林屋山人), 석간도인(石澗道人)이라고도 불렀다. 젊었을 때 유학을 공부하였으나, 송이 망하자 은거하여 도학을 연구하였으며, 특히 『주역』을 깊이 연구하였다. 저서로 『주역집설(周易集說)』, 『독역거요(讀易擧要)』, 『역외별전(易外別傳)』, 『서재야화(書齋夜話)』 등이 있다.

71 『원화성찬(元和姓纂)』: 당(唐)나라 원화(元和) 7년(812)에 임보가 임금의 명으로 지은 성씨(姓氏)에 관한 책. 10권.

72 정초(鄭樵, 1104~1162): 송나라 흥화군(興化軍) 보전(莆田) 사람. 자는 어중(漁仲)이고, 자호는 계거일민(溪西逸民) 또는 협제선생(夾漈先生)이다. 박학강기(博學强記)했고, 과거 시

의 『통지(通志)』에 "주(周) 평왕(平王)의 세자인 임개(林開)의 후손이다."라고 했는데, 모두
견강부회한 것으로 족히 의거할 만한 것이 못된다.

- 「注」, "易, 和易也."
- 正義曰:『詩』「何人斯」「傳」, "易, 說也." 「郊特牲」「注」, "易, 和說也." 陳氏鱣曰: "包以爲和易, 意與戚相反, 然世情當不至此."
○ 「주」의 "이(易)는 화락하고 기뻐함[和易]이다."
○ 정의에서 말한다.
  『시경』「하인사(何人斯)」의 「전」에 "이(易)는 기쁘다[說]는 뜻이다."[73]라고 했고, 『예기』「교특생」의 「주」에 "이(易)는 화열(和說)이다."라고 했다. 진전은 "포함은 화락하고 기뻐하는 것이라고 생각했는데, 뜻이 슬퍼하는 것과는 서로 반대가 된다. 그러나 세상의 인정이 마땅히 이런 지경까지 이르지는 않는다."라고 했다.

3-5

子曰: "夷狄之有君, 不如諸夏之亡也." 【注】包曰: "諸夏, 中國. 亡,

험에 응시하지 않으면서 30여 년 동안 협제산(夾漈山)에 은거해 독서와 저술에 몰두했다. 예악과 문자, 천문, 지리, 충어(蟲魚), 초목, 방서(方書) 등 많은 학문에 정통했다. 고종(高宗) 소흥(紹興) 연간에 왕륜(王綸) 등의 천거로 우적공랑(右迪功郞) 등에 임명되었고, 이어 예부와 병부의 가각(架閣)을 지냈다. 어사(御史)의 탄핵을 받아 감남악묘(監南岳廟)로 옮겼다. 입조하여 추밀원(樞密院) 편수관(編修官) 등을 지냈다. 사학(史學)에 있어서는 충분히 사료를 검토할 것을 주장하면서 통사(通史)를 중시했다. 사마천(司馬遷)을 존숭하고 반고(班固)를 폄하했다. 또한 음양오행재이(陰陽五行災異)의 설에 대해서도 요학(妖學)이라 하여 배척했다. 저서가 대단히 많았다. 저서에 모공(毛公)과 정현의 설을 공박한 『시전변망(詩傳辨妄)』과 『이아주(爾雅注)』, 『통지(通志)』, 『협제유고(夾漈遺稿)』 등이 있다.

73 『모시주소(毛詩注疏)』 권19, 「소아(小雅)·절남산지십(節南山之什)·하인사(何人斯)」의 「전」.

> *無也."*
>
> 공자가 말했다. "이적(夷狄)에게 임금이 있는 것이 중국(中國)에 없는 것만도 못하다."【주】 포함이 말했다. "제하(諸夏)는 중국이다. 무(亡)는 없음이다."

원문 正義曰: 『爾雅』「釋地」, "九夷·八狄·七戎·六蠻謂之四海." 郭「注」, "九夷在東, 八狄在北, 七戎在西, 六蠻在南."『白虎通』「禮樂篇」, "何以名爲夷蠻? 曰: '聖人本不治外國, 非爲制名也, 因其國名而言之耳.' 一說曰: '名其短而爲之制名也.' 夷者, 僔狄無禮義. 東方者少陽易化, 故取名也. 北方太陰鄙郡, 故少難化. 狄者, 易也, 辟易無別也."『白虎通』所稱二說, 以後說爲是.

역문 정의에서 말한다.

『이아』「석지(釋地)」에 "구이(九夷)·팔적(八狄)·칠융(七戎)·육만(六蠻)을 사해(四海)라 한다."라고 했는데, 곽박(郭璞)의 「주」에 "구이는 동쪽에 있고, 팔적은 북쪽에 있으며, 칠융은 서쪽에 있고, 육만은 남쪽에 있다."라고 했다. 『백호통의』「예악」에 "어째서 이름을 이만(夷蠻)이라고 한 것인가? '성인은 본래 국외(國外)를 다스리지 않으니, 이름을 제정한 것이 아니라 그 나라의 이름에 따라 말한 것일 뿐이다.' 일설에는 '그들이 키가 작은 것을 명명해서 그렇게 이름을 지어 준 것이다.'라고도 한다. 이(夷)는 몸을 웅크린 채[74] 예의(禮義)가 없다는 뜻이다. 동방(東方)은

---

74 『백호통소증(白虎通疎證)』에 의하면 "준적(僔狄)"은 예의 없이 몸을 웅크리고 있는 것을 뜻하는 말인 "준이(僔夷)"의 오기(誤記)라고 한다.

소양(少陽)에 해당하므로, 봄의 기운이 변화를 잘 주는 것처럼 교화가 쉬우므로 이름으로 취한 것이다. 북방(北方)은 태음(太陰)에 해당하므로 겨울의 기운이 강해서 만물이 움츠러든 것처럼 비루하고 흠이 있어서 조금은 교화가 어렵다. 적(狄)은 경솔함[易]이니, 편벽되고 경솔하여[辟易]⁷⁵ 예의를 구별함이 없다는 뜻이다."라고 했는데, 『백호통의』에서 말한 두 가지 설 가운데 뒤의 설이 옳다.

원문 『後漢』「東夷傳」, "「王制」云 : '東方曰夷.' 夷者, 柢也, 言仁而爲生, 萬物柢地而出. 故天性柔順, 易以道禦." 此言"夷"爲善性. 而『白虎通』謂"僔夷無禮義"者, "僔"與"蹲"同, "夷"與"跠"同, 『廣雅』訓"蹲‧跠"爲"踞", 卽踞肆之義. 禮義卽禮儀, 言其俗但無禮儀, 故名之.

역문 『후한서』「동이전(東夷傳)」에 "『예기』「왕제」에 '동방(東方)을 이(夷)라 한다.'라고 했다. 이(夷)란 뿌리[柢]라는 뜻이니, 어질고 생명을 위하며 만물이 땅에 뿌리를 내리고 태어남을 말한다. 그러므로 천성이 유순하고 도(道)로써 쉽게 다스린다."라고 했다. 여기서는 "이(夷)"를 말하면서 본성이 선(善)하다고 했다. 그런데 『백호통의』에서 "몸을 웅크린 채 예의가 없다[僔夷無禮義]"라고 말한 것은, "준(僔)"은 "준(蹲)"과 같고, "이(夷)"는 "이(跠)"와 같은데, 『광아』에서는 "준(蹲)과 이(跠)"를 "웅크리다[踞]"로 해

석했으니, 바로 웅크린 채 방자하다는 뜻이다. 예의(禮義)는 곧 예스러운 말과 행동거지[禮儀]이니, 그 습속이 단지 예스러운 말과 행동거지가 없으므로 그렇게 명명했다는 말이다.

원문 <u>包氏慎言</u>『溫故錄』, "夷狄謂<u>楚</u>與<u>吳</u>. '『春秋』內諸夏, 外夷狄'. <u>成</u>・<u>襄</u>以後, <u>楚</u>與<u>晉</u>爭衡, 南方小國, 皆役屬焉. <u>宋</u>・<u>魯</u>亦奔走其庭. <u>定</u>・<u>哀</u>時, <u>楚</u>衰而<u>吳</u>橫, <u>黃池</u>之會, 諸侯畢至, 故言此以抑之. 「襄」七年, <u>鄋</u>之合, '<u>陳侯</u>逃歸', <u>何氏</u>云: '加逃者, 抑<u>陳侯</u>也. <u>孔子</u>曰: "夷狄之有君, 不如諸夏之亡也." 言不當背也.' 又「哀」十三年'公會<u>晉侯</u>及<u>吳子</u>於<u>黃池</u>', 「傳」, '<u>吳</u>何以稱子? 主會也. <u>吳</u>主會, 曷爲先言<u>晉侯</u>? 不與夷狄之主中國也.' <u>何氏</u>云: '明其寔以夷狄之强會諸侯爾, 不行禮義, 故序<u>晉</u>於上.' 主書者, 惡諸侯之君夷狄."

역문 포신언(包愼言)의 『논어온고록(論語溫故錄)』에 "이적(夷狄)은 초(楚)와 오(吳)를 이른다. '『춘추』에는 '중원의 나라들을 안으로 삼고 이적을 밖으로 삼았다.'[76]라고 했다. 성공(成公)과 양공 이후 초나라와 진(晉)나라가 균형을 다투었고, 남방(南方)은 작은 나라였으므로 모두 거기에 복속[役屬]되었다. 송나라와 노나라 역시 그 조정(朝庭)에서 분주하였다. 정공(定公)과 애공(哀公) 때 초나라가 쇠락하자 오나라가 전횡을 부렸는데, 황지(黃池)의 회합(會合)에 모든 제후들이 다 모여들었으므로 이 말을 해서 억제한 것이다. 「양공」7년, 위(鄋) 땅에서의 회합 때 '진후(陳侯)가 도망쳐 돌아갔다.'라고 했는데, 하휴(何休)는 이에 대해 '도망쳤다[逃]는 글자를 쓴 것은 진후(陳侯)를 억제한 것이다. 공자가 "이적에게 임금이 있는 것이

---

[76] 『춘추공양전』「성공(成公)」15년: 『춘추』에서는 본국을 안으로 삼고 중원의 나라들을 밖으로 삼았으며, 중원의 나라들을 안으로 삼고 이적을 밖으로 삼았다.[『春秋』內其國而外<u>諸夏</u>, 內<u>諸夏</u>而外夷狄.]

중국에 없는 것만도 못하다."라고 했으니, 마땅히 배신하지 않았어야
했음을 말한 것이다.'⁷⁷라고 했다. 또 「애공(哀公)」 13년에 '애공이 진후
(晉侯) 및 오자(吳子)와 황지에서 회합하였다.'라고 했는데, 「전」에서 '오
나라를 어째서 자작이라 일컬었는가? 회합을 주관했기 때문이다. 오나
라가 회합을 주관했는데, 어째서 진후(晉侯)를 먼저 기록했는가? 이적의
나라가 중국을 주관했다는 것을 인정하지 않았기 때문이다.'⁷⁸라고 했는
데, 이에 대해 하휴는 '진실로 이적이 제후들을 억지로 회합시킨 것을
밝힌 것일 뿐인데, 예의를 행하지 않았기 때문에 진후(晉侯)를 앞에 기록
한 것이다.'⁷⁹라고 했으니, 기록을 주관하는 자로서 제후들이 이적을 군
주로 대우한 것을 미워한 것이다."라고 했다.

원문 案, 包說是也. 此篇專言禮樂之事, 楚‧吳雖迭主盟中夏, 然暴強蹴制,
未能一秉周禮. 故不如諸夏之亡君, 其政俗猶爲近古也.

역문 살펴보니 포신언의 설이 옳다. 이 편은 오로지 예악의 일을 말한 것인
데, 초나라와 오나라가 비록 번갈아 가며 중국의 맹약을 주관했지만, 포
악하고 사나움이 도에 지나쳐 한 번도 주나라의 예를 지키지 못했다. 그
러므로 중국에 임금이 없는 것만도 못해서, 그 정치와 풍속이 오히려 고
대의 것과 가깝게 되었다.

● 「注」, "諸夏, 中國. 亡, 無也."

---

77 『춘추공양전주소(春秋公羊傳注疏)』 권19, 「양공(襄公)」 7년 하휴의 「주」.
78 『춘추공양전주소』 권28, 「애공(哀公)」 13년.
79 『춘추공양전주소』 권28, 「애공」 13년 하휴의 「주」.

- 正義曰: “諸”者, 非一之辭. 『說文』, “夒, 中國之人也. 從夊從頁從臼, 臼兩手, 夊兩足也.” 此象形之字.『公羊』「成」十五年「傳」「注」, “諸夏, 外土諸侯也. 謂之夏者, 大總下土言之辭也.” 稱“中國”者, 自我言之, 王者政教之所及也. 夷狄在四遠爲外國, 故謂諸夏爲中國矣.『說文』, “亡, 逃也. 從入從乚.” “橆, 亡也. 從亡, 舞聲.” “亡”本謂人逃匿, 引申爲“亡有”之義.

○「주」의 “제하(諸夏)는 중국(中國)이다. 무(亡)는 없음[無]이다.”

○ 정의에서 말한다.

“제(諸)”는 하나가 아니라는 말이다.『설문해자』에 “하(夒)는 중국(中國) 사람이다. 치(夊)로 구성되었고 하(頁)로 구성되었으며 국(臼)으로 구성되었다. 국(臼)은 양손을 나타내며, 치(夊)는 양발을 나타낸다.”[80]라고 했으니, 이것은 상형문자(象形文字)이다.『춘추공양전』「성공」15년「전」의「주」에 “제하는 바깥 영토의 제후이다. 그들을 하(夏)라 한 것은 하토(下土)를 대충 언급해서 한 말이다.”[81]라고 했다. “중국(中國)”이라고 일컫은 것은 자신의 입장에서 말한 것이니, 제왕의 정치와 교화가 미치는 곳이다. 이적은 사방의 먼 곳에 있어서 국외가 되므로 제하를 일러 중국이라고 한 것이다.『설문해자』에 “망(亡)은 도망친다[逃]는 뜻이다. 입(入)으로 구성되었고, 은(乚)으로 구성되었다.”[82]라고 했고, 또 “무(橆)는 없어진다[亡]는 뜻이다. 망(亡)으로 구성되었고, 무(無)가 발음을 나타낸다.”[83]라고 했으니, “망(亡)”이란 본래 사람이 도망쳐서 숨는다는 말인데, 이 뜻이 확대되어 “있지 않다(없다)”라는 뜻이 되었다.

---

80 『설문해자』 권5: 하(夒)는 중국(中國) 사람이다. 치(夊)로 구성되었고 하(頁)로 구성되었으며 국(臼)으로 구성되었다. 국(臼)은 양손을 나타내며, 치(夊)는 양발을 나타낸다. 하(夓)는 하(夏)의 고문이다. 호(胡)와 아(雅)의 반절음이다.[夒, 中國之人也. 從夊從頁從臼, 臼, 兩手; 夊, 兩足也. 夓, 古文夏. 胡雅切.]

81 『춘추공양전주소』 권18,「성공」 15년,「전」의 하휴의「주」.

82 『설문해자』 권12: 망(亡)은 도망친다[逃]는 뜻이다. 입(入)으로 구성되었고, 은(乚)으로 구성되었다. 모든 망(亡)부에 속하는 한자는 다 망(亡)의 뜻을 따른다. 무(武)와 방(方)의 반절음이다.[亡, 逃也. 從入從乚. 凡亡之屬皆從亡. 武方切.]

83 『설문해자』 권12: 무(橆)는 없어진다[亾]는 뜻이다. 망(亾)으로 구성되었고, 무(舞)가 발음을 나타낸다. 무(武)와 부(扶)의 반절음이다.[橆, 亾也. 從亾舞聲, 武扶切.]

季氏旅於泰山, 子謂冉有曰: "女弗能救與?"【注】馬曰: "旅, 祭名
也. 禮, 諸侯祭山川在其封內者, 今陪臣祭泰山, 非禮也. 冉有, 弟子冉求, 時仕
於季氏. 救, 猶止也." 對曰: "不能." 子曰: "嗚呼! 曾謂泰山不如林
放乎?"【注】包曰: "神不享非禮. 林放尚知問禮, 泰山之神, 反不如林放耶?
欲誣而祭之!"

계씨가 태산에 여제를 지내자, 공자가 염유(冉有)에게 말했다.
"네가 멈추게 할 수 없었느냐?"【주】마융이 말했다. "여(旅)는 제사의 이
름이다. 예에 의하면 제후만이 자신의 봉지(封地) 안에 있는 산천에 제사 지내는 것
인데, 지금 제후의 신하조차 태산에 제사 지냈으니, 예가 아니다. 염유는 제자인 염
구(冉求)인데, 당시에 계씨에게서 벼슬하였다. 구(救)는 멈춤[止]과 같다. 염유가
대답했다. "멈추게 할 수 없었습니다." 공자가 말했다. "아! 곧 태
산이 임방만도 못하다고 여긴 것이냐?"【주】포함이 말했다. "신(神)은
예에 어긋나는 제사는 흠향하지 않는다. 임방도 오히려 예의 근본을 물을 줄을 알았
는데, 태산의 신이 오히려 임방만도 못하단 말인가? 속여서 제사 지내려고 하다니!"

원문 正義曰: 『玉篇』「示部」, "祣, 力煮切. 祭名. 『論語』作'旅'." 『廣韻』同,
此後人所增字. 『漢書』班固「敍傳」, "大夫臚岱, 侯伯僭時." 鄭氏曰: "臚
岱', 季氏旅於太山是也." 師古曰: "旅, 陳也. 臚亦陳也. 臚旅聲相近, 其義
一耳."

역문 정의에서 말한다.

『옥편』「시부(示部)」에 "여(祣)는 역(力)과 자(煮)의 반절음이다. 제사
이름인데, 『논어』에는 '여(旅)'로 되어 있다."라고 했고, 『광운(廣韻)』에

도 같은데,[84] 이는 후세 사람들이 자획을 보탠 것이다. 『전한서』의 반고
가 쓴 「서전」에 "대부가 대산[岱]에 여(臚)제사를 지내고 후백(侯伯)이 서
치(西時)를 참람했다."[85]라고 했는데, "정덕(鄭德)[86]이 말하길 "'대산에 여
제사를 지냈다[臚岱]'라는 것은 계씨가 태산(太山)에 여제를 지낸 것이 이
것이다.'라고 했고",[87] "안사고(顏師古)는 '여(旅)는 늘어놓는다[陳]는 뜻이
고, 여(臚) 역시 늘어놓는다[陳]는 뜻인데, 여(臚)와 여(旅)는 소리가 서로
가깝고 그 뜻이 똑같을 따름이다.'라고 했다."[88]

원문 案, "旅"作"臚", 當出『古論』. 『史記』「六國表」에 "位在藩臣, 而臚於郊
祀." 亦作"臚". 『儀禮』「士冠禮」「注」, "古文旅作臚." 『周官』「司儀」, "旅
擯." 後鄭云"旅讀爲'鴻臚'之臚." 是臚·旅音近, 得通用也.

역문 살펴보니, "여(旅)"가 "여(臚)"로 되어 있는 것은 당연히 『고논어(古論
語)』에서 나왔다. 『사기(史記)』「육국표(六國表)」에 "번신(藩臣)[89]의 지위에
있으면서도 교사(郊祀)에 여(臚)제를 지냈다."라고 했는데, 역시 "여(臚)"로

---

84 『광운(廣韻)』에는 "여(祣)는 산천에 지내는 제사 이름이다. 『논어』를 살펴보니 다만 여(旅)
   라고만 되어 있다.[祣, 祭山川名. 案『論語』, 只作旅.]"라고 되어 있다.

85 제후국인 진(秦)나라의 양공(襄公)이 주 평왕(周平王)을 도와 공이 있자 마침내 얼룩말과 황
   소와 숫염소를 사용해서 상제(上帝)를 서치(西時)에서 제사 지냈는데, 이는 극히 참람한 짓
   이라 하였다. 내용이 『사기(史記)』권5, 「진본기(秦本紀)」에 보인다.

86 정덕(鄭德, ?~?): 『전한서서례(前漢書敍例)』의 「주」에 북송(北宋)의 역사가인 송기(宋祁,
   998~1061)를 인용해서 "북해(北海) 사람인데, 이름은 알 수 없다.[北海人不知其名.]"라고 했
   으며, "지금의 책에서는 단지 정씨라고만 칭한다.[今書但稱鄭氏.]" 했다.

87 『전한서』권100하, 「서전(敍傳)」의 「주」.

88 『전한서』권100하, 「서전」의 「주」.

89 번신(藩臣): 변방에 있는 감영의 관찰사. 봉지를 하사받은 제후국의 왕친 혹은 군왕. 왕실을
   지키는 중신(重臣).

되어 있다. 『의례(儀禮)』「사관례(士冠禮)」의 「주」에 "고문(古文)에 여(旅)
는 여(臚)로 되어 있다."라고 했고, 『주관』「사의(司義)」에는 "손님을 안
내한다.[旅擯.]"⁹⁰라고 했는데, 후한의 정현은 "여(旅)는 '홍려(鴻臚)'라고 할
때의 여(臚)로 읽어야 한다."⁹¹라고 했으니, 이는 여(臚)와 여(旅)가 발음이
비슷해서 통용될 수 있다는 것이다.

원문 『說文』, "岱, 大山也." 大山卽泰山. 泰者, 大之極也. 俗或爲"太"字.
"弗", 皇本作"不". 『說文』, "弗, 撟也." 撟之爲言意有所不順也. 『公羊』「桓」
十年「傳」何「注」, "弗者, 不之深也."

역문 『설문해자』에 "대(岱)는 큰 산[太山]이다."⁹²라고 했는데, 큰 산은 바로
태산(泰山)이다. 태(泰)란 지극히 크다는 말이다. 세상에서는 더러 "태
(太)" 자로 쓰기도 한다. "불(弗)"은 황간본에는 "불(不)"로 되어 있다. 『설
문해자』에 "불(弗)은 위로 향하여 든다[撟]는 뜻이다."⁹³라고 했는데, 교
(撟)라는 말은 뜻이 순조롭지 못한 점이 있다. 『춘추공양전』「환공」14년
「전」하휴의 「주」에 "불(弗)은 심하게 부정하는 말이다."라고 했다.

원문 『釋文』, "嗚呼, 本或作烏乎, 音同." 『說文』「烏部」, "孔子曰: '烏, 盱呼
也.' 取其助氣, 故以爲烏呼." 古文作"於嗚"字, 「口部」所無, 當由俗作"呺

---

90 『주례』「추관사구하(秋官司冠下)·사의(司義)」.
91 『주례』「추관사구하·사의」 정현의 「주」.
92 『설문해자』 권9: 대(岱)는 큰 산[太山]이다. 산(山)으로 구성되었고, 대(代)가 발음을 나타낸
다. 도(徒)와 내(耐)의 반절음이다.[岱, 太山也. 從山代聲. 徒耐切.]
93 『설문해자』 권12: 불(弗)은 위로 향하여 든다[撟]는 뜻이다. 별(丿)로 구성되었고, 불(乀)로
구성되었으며, 위(韋)의 생략형으로 구성되었다. 분(分)과 물(勿)의 반절음이다.[弗, 撟也.
從丿從乀, 從韋省. 分勿切.]

息”也. “嗚呼”者, 歎辭.

『경전석문』에 “오호(嗚呼)는 판본에 따라 간혹 오호(烏乎)로 되어 있기도 한데, 음이 같다.”[94]라고 했고, 『설문해자』「조부(烏部)」에, “공자가 말했다. ‘오(烏)는 부르는 감탄사이다.’[95] 억양을 돕는 것을 취했기 때문에 오호(烏呼)의 오(烏)로 삼은 것이다.”[96]라고 했다. 고문에 “어오(於鳴)” 자로 되어 있는 것은 「구부(口部)」에는 없으니, 당연히 세상에서 “호식(呼息)”으로 되어 있는 것을 따른 것이다. “오호(嗚呼)”는 감탄사이다.

- 「注」, “旅祭”至“止也”.

- 正義曰: 『周官』「掌次」, “王大旅上帝.”「大宗伯」, “國有大故, 則旅上帝及四望.” 是“旅”爲祭名. 鄭注「大宗伯」云: “旅, 陳也. 陳其祭祀以祈焉, 禮不如祀之備也.”『爾雅』「釋天」, “祭山曰庪縣.” 李巡云: “祭山以黃玉及璧, 以庪置几上, 遙遙而眡之若縣, 故曰庪縣.” 孫炎云: “埋於山足曰庪, 埋於山上曰縣.” 辭不同者, 『周官』「大宗伯」, “以貍沈祭山林川澤.” 鄭「注」, “祭山林曰貍.” 似孫說所本; 『儀禮』「覲禮」, “祭山丘陵升.” 似李說所本. 故賈「疏」以“升”卽“庪

---

94 『경전석문』권24, 「논어음의(論語音義)·팔일제3(八佾第三)」.

95 우(亏)는 『설문해자』각 판본에 따라 “虧”로 되어 있는데, 단옥재(段玉裁)의 『설문해자주(說文解字注)』에 따라 고쳤다. 『설문해자주』에는 허신(許愼)의 말을 인용하면서 “우(亏)는 어(於)와 같다. 기가 펴지는 모습을 형상화했다. 우호(亏呼)는 이 새가 기를 잘 펴서 스스로 우는 것을 말한다. 그래서 오(烏)라고 한다.[亏, 於也. 象氣之舒. 亏呼者, 謂此鳥善舒氣自叫. 故謂之烏.]”라고 했다.

96 『설문해자』권4: 오(🦅)는 효성스러운 새[孝鳥]다. 상형(象形)이다. 공자가 말했다. “오(烏)는 부르는 감탄사이다.” 억양을 돕는 것을 취했기 때문에 오호(烏呼)의 오(烏)로 삼은 것이다. 모든 오(烏)부에 속하는 한자는 다 오(烏)의 뜻을 따른다. 오(🦅)는 오(烏)의 고문이며 상형(象形)이다. 어(🦅)는 오(烏)의 고문의 생략형을 형상한 것이다. 애(哀)와 도(都)의 반절음이다.[🦅, 孝鳥也. 象形. 孔子曰: “烏, 呼也.” 取其助氣, 故以爲烏呼. 凡烏之屬皆從烏. 🦅, 古文烏, 象形. 🦅, 象古文烏省. 哀都切.]

縣"也.

○ 「주」의 "여제(旅祭)"부터 "지야(止也)"까지.

○ 정의에서 말한다.

『주관(周官)』「장차(掌次)」에 "왕이 상제에게 크게 여(旅)제를 지냈다."[97]라고 했고, 「대종백(大宗伯)」에 "나라에 큰 연고가 있으면 상제 및 사망(四望)[98]의 신에게 여(旅)제를 지낸다."[99]라고 했는데, 이때의 "여(旅)"는 제사 이름이 된다. 정현은 「대종백」에 주석을 달면서 "여(旅)는 진설한다[陳]는 뜻이다. 그 제사를 진설하여 기도하는 것인데, 예는 제사처럼 갖추지는 않는다."[100]라고 했다. 『이아』「석천(釋天)」에 "산에 제사 지내는 것을 기현(庪縣)이라 한다."라고 했다. 이순(李巡)[101]은 "산에 제사 지낼 때 황옥(黃玉)과 구슬을[102] 상 위에 두는데,[103] 멀리서 바라보면 마치 매달려 있는 것 같기 때문에 기현이라 한다."[104]라고 했다. 손염(孫炎)[105]은 "산기슭에 묻는 것을 기(庪)라 하고, 산 위에 묻는 것을 현(縣)이라 한다."[106]라고

---

97 『주례』「천관총재하(天官冢宰下)·장차(掌次)」.

98 사망(四望): 해[日]·달[月]·별[星]·바다[海].

99 『주례』「춘관종백상·대종백(大宗伯)」.

100 『주례주소』권18, 「춘관종백상(春官宗伯上)·대종백(大宗伯)」 정현의 「주」.

101 이순(李巡, ?~189): 여남(汝南) 여양(汝陽) 사람이다. 동한(東漢) 말기의 환관(宦官)이었다. 당시 궁중에 있으면서, 청렴하고 충직하며 다른 사람과 위세와 권력을 다투지 않아, 사인(士人)들에게 칭찬을 받았다. 『이아』의 주석을 남겼다고 하지만, 오늘날에는 전해지지 않는다.

102 『논어정의』에는 "祭山以黃玉以璧"으로 되어 있으나, 『춘추공양전주소』권13「희공(喜公)」 30년 4월 기사의 「주」와 『고경해구침(古經解鉤沉)』권29, 그리고 『의례경전통해속(儀禮經傳通解續)』권22 등에 "祭山以黃玉及璧"으로 되어 있으므로 이를 근거로 "以璧"을 "及璧"으로 고쳤다. 아래 인용문도 같다.

103 기(庪): 『강희자전(康熙字典)』에 "『설문해자』의 '기(庋)의 본자(本字)이다.'라고 했다.[『說文』庋本字]"라고 되어 있는데, 기(庪)는 기(庋)의 이체자이며, 기(庋)의 뜻은 명사로는 시렁 내지는 기물을 놓아두는 선반이고, 동사로 쓰일 때는 "놓아두다"라는 뜻이다.

104 이순이 『이아』의 주석을 남겼다고 하지만, 오늘날에는 전해지지 않고, 『이아주소(爾雅注疏)』 및 송의 정초가 찬한 『이아주』에도 이와 관련된 내용은 보이지 않는다. 다만 『춘추공양전주소』권13「희공」30년 4월 기사의 「주」와 『고경해구침』권29, 그리고 『의례경전통해속』권22 등에 "李氏曰"이라고 하면서 이 내용을 언급하고 있다.

했는데, 말이 같지 않은 것은,『주관』「대종백」에 "묻어서 가라앉혀 산림과 천택에 제사 지냈다."[107]라고 했는데, 정현의「주」에 "산림에 제사 지내는 것을 이(貍)라 한다."[108]라고 한 것을 손염의 설이 근거로 삼았기 때문이고,『의례』「근례(覲禮)」에 "산과 언덕[丘陵[109]에 지내는 제사는 승(升)이다."라고 한 것을 이순의 설이 근거로 삼았기 때문인 것 같다. 그러므로 가공언(賈公彦)의「소」에는 "승(升)"을 곧 "기현(庪縣)"이라고 한 것이다.[110]

원문　胡氏培翬『硏六室』「雜箸·答馬水部」云: "承詢謂庪縣不當訓爲埋庪, 當與『禮經』'閣庪食'義同. 按,『玉篇』云: '庋, 閣也.' '庪'同'庋', 引'祭山曰庪縣'可證. 但『爾雅』·『儀禮』·『周禮』三經, 文各有當, 而義無妨.『爾雅』云: '祭地曰瘞埋, 祭山曰庪縣.' 瘞埋是以牲玉埋藏於地中; 庪縣, 則有陳列之義. 李巡云: '祭山以黃玉以璧庪置几上.' 邢「疏」云: '縣謂縣其牲幣於

---

105 손염(孫炎, ?~?): 삼국시대 위나라 낙안(樂安) 사람으로 자는 숙연(叔然)이고, 정현의 제자에게 배워 동주대유(東州大儒)로 일컬어졌다. 왕숙(王肅)이 정현의 「성증론(聖證論)」을 비판한 것에 대해 다시 반박한 「박논성론(駁聖證論)」이 있으며, 반절주음(反切注音)의 시초인『이아음의(爾雅音義)』를 편찬하기도 했다. 저서에『주역례(周易例)』와『춘추례(春秋例)』,『모시주(毛詩注)』,『예기주(禮記注)』,『춘추삼전주(春秋三傳注)』,『국어주(國語注)』,『이아주(爾雅注)』가 있는데, 대부분 전하지 않고『옥함산방집일서』에 일부만 남아 있을 뿐이다.

106 『의례경전통해속』권22, 「천신(天神)·제례6(祭禮六)」의「주」와『춘추공양전주소』권12, 「희공」31년 4월 기사의「소」에 "孫氏曰"로 시작하는 문장에서 보인다.

107 『주례』「춘관종백상·대종백」.

108 『주례』「춘관종백상·대종백」 정현의「주」.

109 『논어정의』에는 "川"으로 되어 있다.『의례』를 근거로 고쳤다.

110 『의례주소』권10, 「근례(覲禮)」의 가공언의「소」에 "살펴보니,『이아』에 '산에 제사 지내는 것을 기현(庪縣)이라 하고, 천(川)에 제사하는 것을 부침(浮沈)이라고 한다.'라고 했다. 승(升)을 말하지 않고, 여기의 산 구릉(山丘陵)에서 승을 말한 것은 승이 곧 기현이기 때문이다.[案『爾雅』云; '祭山曰庪縣, 祭川曰浮沈.' 不言升, 此山丘陵云升者, 升卽庪縣也.]"라고 하였다.

山林中.' 其說良近. 蓋古者祭山之法, 先庪縣而後埋之. 故祭山又名旅. 旅,

臚陳之也.『山海經』凡祠山多言'肆瘞', 郭「注」云: '肆, 陳之也, 陳牲玉而

後埋藏之.' 此先陳後埋之證. 後埋故亦得名埋.” 今案, 胡說是也.

호배휘(胡培翬)[111]의 『연육실문초(研六室文鈔)』「잡저(雜箸) · 답마수부(答
馬水部)」에, “기현(庪縣)은 마땅히 시령을 파묻는다[埋庪]로 해석하면 안
되냐고 물으셨는데, 마땅히 『예경(禮經)』의 '전각의 음식'[112]과 뜻이 같습
니다. 살펴보니, 『옥편』에 '기(庋)는 전각[閣]이다.'라고 했는데, '기(庪)'는
'기(庋)'와 같으니, '산에 제사 지내는 것을 기현(庪縣)이라 한다.'라는 말
을 인용하면 증명할 수 있습니다. 다만 『이아』와 『의례』와 『주례』 삼경
은, 글이 각각 나름의 마땅함이 있으나 뜻에는 무방(無妨)합니다. 『이아』
에, '땅에 제사 지내는 것을 예매(瘞埋)라 하고, 산에 제사 지내는 것을 기
현(庪縣)이라 한다.'[113]라고 했는데, 예매(瘞埋)는 희생과 옥을 땅속에 묻
는 것이고, 기현은 진열해 놓는다는 뜻이 있습니다. 이순은 '산에 제사
지낼 때 황옥과 구슬을 상 위에 둔다.'라고 했는데, 형병의 「소」에, '현
(縣)은 희생과 폐백을 산림(山林) 속에 매단다는 말이다.'[114]라고 했으니,

---

111 호배휘(胡培翬, 1782~1849): 청나라 안휘(安徽) 적계(績溪) 사람. 자는 재병(載屛) 또는 죽
촌(竹村)이다. 삼례(三禮)를 깊이 연구하여 40여 년의 공력을 들여 『의례정의(儀禮正義)』를
저술했는데, 완성하지 못하고 죽자 제자 양대육(楊大堉)이 완성했다. 이 책은 정현과 가규
(賈逵)의 「주」와 가공언의 「소」를 상세히 고증한 것이다. 또한 정현의 생졸(生卒)을 고증하
여 『연침고(燕寢考)』를 저술했다. 그 밖의 저서에 『체협답문(禘祫答問)』과 『연육실문초(研
六室文鈔)』 등이 있다.

112 『예기』「내칙(內則)」에 “대부는 70세가 되면 음식을 보관하는 전각을 둔다.[大夫七十而有
閣.]”라고 했는데, 이에 대해 『예기주소』 권28, 「내칙」의 「주」에 “전각[閣]은 널빤지로 만드
는데, 음식물을 보관하는 것이다.[閣, 以板爲之, 庋食物也.]”라고 했다.

113 『이아』「석천(釋天)」.

114 『이아주소』 권5원, 「목권중(目卷中) · 석천(釋天) · 제명(祭名)」 황간의 「소」.

그의 설이 매우 근사합니다. 옛날 산에 제사 지내는 법도는 먼저 희생과 폐백을 진설했다가 나중에 그것을 묻습니다. 그러므로 산에 제사 지내는 것을 또 여(旅)라고도 하는 것입니다. 여(旅)는 순서대로 늘어놓는다[臚陳]는 뜻입니다. 『산해경(山海經)』에는 산에 제사 지낼 때 '진설했다가 땅에 묻는다[肆瘞]'라는 말을 많이 하는데, 곽박의 「주」에 '사(肆)는 진설한다[陳]는 뜻이니, 희생과 옥을 진설했다가 나중에 그것을 매장하는 것이다.'[115]라고 했으니, 이것이 바로 먼저 진설했다가 나중에 묻는다는 증거입니다. 나중에 파묻기 때문에 또한 매(埋)라고 부를 수도 있는 것입니다."라고 했다. 지금 살펴보니, 호배휘의 설이 옳다.

원문 「大宗伯」言"旅四望", 彼謂國有大故, 天子陳其祭祀而祈之, 則旅爲天子祭山之名. 惟旅祭是因大故, 先陳後埋, 其他禮則從略, 故鄭君以爲不如祀之備也. 季氏旅泰山, 或亦値大故, 而用天子禮行之, 故書曰"旅", 與「八佾」歌「雍」, 同是僭天子, 非僭魯侯也. 夫子謂冉求之言, 其迫切當亦因此.

역문 「대종백」에서 "사망의 신에게 여(旅)제를 지낸다."[116]라고 한 것은 나라에 큰 변고가 있으면 천자가 제사를 진설하고 기도한다는 말이니, 그렇다면 여제는 천자가 산에 지내는 제사의 이름이다. 오직 여제만 큰 변고로 인해 먼저 희생과 폐백을 진설하고 나중에 그것을 매장하며, 그 외의 제례는 거기에 준하여 생략하기 때문에 정군이 제사처럼 갖추지는 않는다고 여긴 것이다. 계씨가 태산에 여제를 지낸 것은 아마도 역시 큰 변고를 당해 천자의 예를 써서 제사를 거행했기 때문에 "여(旅)라고 쓴 것인 듯하니, 「팔일」의 「옹」시를 노래한 것과 함께 똑같이 천자를 참람

---

115 『산해경(山海經)』 권5. 곽박의 「주」.
116 『주례』 「춘관종백상·대종백」.

한 것이지 노나라 임금[侯]을 참람한 것이 아니다. 공자가 염구에게 일러서 한 말이, 그 절박했던 것은 마땅히 또한 이로 인한 것이다.

원문 「王制」云: "天子祭天下名山大川, 諸侯祭名山大川之在其地者." 「注」, "魯人祭泰山, 晉人祭河是也." 「祭法」云: "諸侯在其地則祭之, 亡其地則不祭." 『公羊傳』, "諸侯山川有不在其封內者, 則不祭也." 是言諸侯之祭山川, 皆在封內也. 「禮器」云: "齊人將有事於泰山." 泰山在齊·魯界, 兩國通得祭之. 『禮』言大夫祭五祀, 不及山川. 故祭山爲非禮.

역문 『예기』「왕제」에 "천자는 천하의 명산과 대천에 제사 지내고, 제후는 자기 땅에 있는 산천에 제사 지낸다."라고 했는데, 「주」에 "노나라 사람이 태산에 제사 지내고, 진(晉)나라 사람이 황하에 제사 지낸 것이 이것이다."[117]라고 했고, 『예기』「제법」에 "제후는 자기의 봉지 안에 있는 산천에는 제사 지내고, 봉지 안에 없는 것에는 제사 지내지 않는다."라고 했다. 『춘추공양전』에는 "제후의 산천이 그의 봉지 안에 있지 않게 되면 제사 지내지 않는다."[118]라고 했는데, 이는 제후가 제사 지내는 산천은 모두 제후의 봉지의 안에 있음을 말한 것이다. 『예기』「예기」에 "제(齊)나라 사람이 장차 태산에 제사 지내려 하였다."라고 했는데, 태산은 제나라와 노나라의 경계에 있어서, 두 나라가 모두 제사 지낼 수 있다. 『예기』에 대부가 오사(五祀)에 제사 지내는 것을 말하면서, 산천을 언급하지 않았다. 따라서 대부가 산에 제사 지내는 것은 예가 아니다.

원문 季氏稱"陪臣"者, 『說文』, "陪, 重土也." 引申之, 凡重皆曰陪. 諸侯是天

---

117 『예기주소』 권12, 「왕제」 정현의 「주」.
118 『춘추공양전』 「희공(喜公)」 31년.

子之臣, 諸侯之大夫亦是天子之臣, 故爲重也. 「曲禮」, "列國之大夫, 入天子之國, 自稱曰陪臣某"是也. 下篇"陪臣執國命", 彼是大夫之臣對諸侯言之, 與此異也.

역문 계씨를 "배신(陪臣)"이라 일컬은 것.

『설문해자』에 "배(陪)는 포개진 흙덩이[重土]라는 뜻이다."[119]라고 했는데, 이 뜻이 확장되어 모든 중첩[重]을 다 "배(陪)"라고 한다. 제후는 천자의 신하이고, 제후의 대부 역시 천자의 신하이므로, 겹친 신하가 된다. 『예기』「곡례하(曲禮下)」에 "열국(列國)의 대부가 천자의 나라에 들어가면서 스스로를 일컬을 때에는 '배신(陪臣) 모(某)'라 한다."라는 것이 이것이다. 아래 편에 "배신이 나라의 정권을 잡으면"[120]이라고 했는데, 그때는 대부의 신하를 제후에 상대해서 말한 것으로 여기서 말하는 배신과는 다르다.

원문 云"冉有, 弟子冉求"者, 『史記』「弟子列傳」, "冉求, 字子有, 少孔子二十九歲." 鄭『目錄』云"魯人." 云"時仕季氏"者, 以夫子責之, 知爲季氏家臣也. 云"救猶止"者, 『說文』, "救, 止也." 此常訓.

역문 "염유는 제자인 염구이다."

『사기』「중니제자열전」에 "염구는 자가 자유(子有)이고, 공자보다 29세 어리다."라고 했는데, 정현의 『논어공자제자목록(論語孔子弟子目錄)』에 "노나라 사람이다."라고 했다.

---

119 『설문해자』 권14: 배(陪)는 포개진 흙덩이[重土]라는 뜻이다. 일설에는 가득 찬다[滿]는 뜻이라고도 한다. 부(音)로 구성되었고, 또한 발음을 나타내기도 한다. 박(薄)과 회(回)의 반절음이다.[陪, 重土也. 一曰滿也. 從音聲. 薄回切.]

120 『논어』「계씨」.

"당시에 계씨에게서 벼슬하였다."

공자가 그를 꾸짖었기 때문에, 계씨의 가신이 되었음을 안 것이다.

"구(捄)는 멈춤[止]과 같다."

『설문해자』에 "구(捄)는 멈춤[止]이다."[121]라고 했는데, 이것이 일반적인 해석이다.

- 「注」, "神不享非禮."
- 正義曰: "神"者, 「祭法」云"山林, 川谷 · 丘陵, 能出雲, 爲風雨, 見怪物, 皆曰神"是也. "享"者, 『說文』作"亯". 云: "獻也. 從高省. 曰象進孰物形." 凡受人之獻亦曰享. 『孝經』云"祭則鬼享之"是也. 「曲禮」云: "非其所祭而祭之, 名曰淫祀. 淫祀無福." 明神不降福, 知不享之也.
- ○「주」의 "신은 예에 어긋나는 제사는 흠향하지 않는다."
- ○ 정의에서 말한다.
  "신(神)"
  『예기』 「제법」에 "산과 숲 · 내와 골짜기 · 언덕과 산등성 중에서 구름을 내고 바람과 비를 만들고 괴이한 현상을 나타낼 수 있는 것을 모두 신(神)이라 한다."라고 했으니, 이것이다.
  "흠향[享]"
  『설문해자』에는 "향(亯)"으로 되어 있고, "바친다[獻]는 뜻이다. 고(高)로 구성되었고, 또 고(高)의 생략형으로 구성되었다. 어떤 물건을 진상하는 모양을 상형한 것이다."[122]라고 했는

---

121 『설문해자』 권3: 구(捄)는 멈춤[止]이다. 복(攴)으로 구성되었고 구(求)가 발음을 나타낸다. 거(居)와 우(又)의 반절음이다.[捄, 止也. 從攴求聲. 居又切.]

122 『설문해자』 권5: 향(亯)은 바친다[獻]는 뜻이다. 고(高)로 구성되었고, 또 고(高)의 생략형으로 구성되었다. '어떤 물건을 진상하는 모양을 상형한 것'이라고 한다. 『효경(孝經)』에 "제사를 지내면 귀신이 흠향한다."라고 했다. 모든 향(亯)부에 속하는 한자는 다 향(亯)의 뜻을 따른다. 향(亨)은 향(亯)의 전서체이다. 허(許)와 양(兩)의 반절음이다. 또 보(普)와 경(庚)의 반절음이다. 또 허(許)와 경(庚)의 반절음이다.[亯, 獻也. 從高省, 曰'象進孰物形'. 『孝經』曰: "祭則鬼亯之." 凡亯之屬皆從亯. 亨, 篆文亯. 許兩切. 又, 普庚切. 又, 許庚切.]

데, 사람들이 바치는 것을 받는 것을 또한 향(享)이라고 한다. 『효경(孝經)』에 "제사를 지내면 귀신이 흠향한다."[123]라고 한 것이 이것이다. 『예기』「곡례하」에 "제사할 대상이 아닌데 제사 지내는 것을 이름하여 음사(淫祀)라고 하니, 음사는 복이 없다."라고 했는데, 신이 복을 내리지 않음을 밝힌 것이니, 흠향하지 않음을 안 것이다.

3-7

子曰: "君子無所爭, 必也射乎! 【注】 孔曰: "言於射而後有爭." 揖讓而升, 下而飮, 【注】 王曰: "射於堂, 升及下皆揖讓而相飮." 其爭也君子." 【注】 馬曰: "多算飮少算, 君子之所爭."

공자가 말했다. "군자는 경쟁하는 것이 없지만, 반드시 활쏘기는 할 것이다. 【주】 공안국(孔安國)이 말했다. "활쏘기에 임한 뒤에야 경쟁함이 있다는 말이다." 읍(揖)하고 양(讓)하면서 사대(射臺)에 오르고, 내려와서는 벌주를 마시는데, 【주】 왕숙(王肅)이 말했다. "당(堂)에서 활쏘기를 할 때, 사대에 올라갈 때와 내려올 때에 모두 읍하고 양하면서 서로 술을 마신다." 그 경쟁이야말로 군자답다." 【주】 마융이 말했다. "많이 맞힌 사람이 적게 맞힌 사람에게 마시게 하는 것이 군자가 경쟁하는 것이다."

원문 正義曰: "爭"者, 競勝之意. 民有血氣, 皆有爭心. "君子"者, 將以禮治人, 而恭敬·撙節·退讓以明之, 故無所爭也. 『說文』, "躲, 弓弩發於身而中

---

123 『효경』「효치장(孝治章)」.

於遠也. 從矢從身. 篆文躲從寸. 寸, 法度也, 亦手也."

정의에서 말한다.

"경쟁[爭]"이란 승리를 겨룬다는 뜻이다. 민중들은 혈기가 있어서 모두 경쟁심이 있다. "군자"는 장차 예로써 사람을 다스리면서 공손하고 경건하며, 억제하고 절제하며, 물러나 사양하고 겸양하여 예를 밝히기 때문에 경쟁하는 것이 없다. 『설문해자』에 "사(躲)는 화살이 몸에서 발사되어 멀리 있는 과녁을 맞힌다는 뜻이다. 시(矢)로 구성되었고 신(身)으로 구성되었다. 사(射)는 사(躲)의 전서체로 촌(寸)으로 구성되었다. 촌(寸)은 법도(法度)라는 뜻이며, 또 손[手]이라는 뜻이기도 하다."[124]라고 했다.

『禮經』言射有四: 一曰大射, 天子·諸侯·卿·大夫將祭而擇士, 天子於射宮, 諸侯於大學, 卿大夫於郊, 士無臣, 無所擇, 故無大射禮. 二曰賓射, 天子在治朝, 諸侯則或在朝, 或會盟在竟, 卿·大夫·士皆有之, 亦射於郊. 三曰燕射, 天子·諸侯在路寢, 卿·大夫·士亦在郊. 四曰鄕射, 州長春秋屬民射於州序. 天子諸侯皆無此禮. 『論語』此文指大射.

『예경』에서 말하는 활쏘기에는 4가지 종류가 있다. 첫째는 대사(大射)[125]라 하는데, 천자와 제후와 경(卿)과 대부는 제사 지낼 때 사(士)를 선택해서 시행하는데, 천자는 사궁(射宮)에서 선발하고, 제후는 태학(太學)

---

124 『설문해자』 권5: 사(躲)는 화살이 몸에서 발사되어 멀리 있는 과녁을 맞힌다는 뜻이다. 시(矢)로 구성되었고 신(身)으로 구성되었다. 사(射)는 사(躲)의 전서체로 촌(寸)으로 구성되었다. 촌(寸)은 법도(法度)라는 뜻이며, 또 손[手]이라는 뜻이기도 하다. 식(食)과 야(夜)의 반절음이다.[躲, 弓弩發於身而中於遠也. 從矢從身. 射, 篆文躲從寸. 寸, 法度也. 亦手也. 食夜切.]

125 대사(大射): 종묘에 제례를 올리기 전, 천자가 제관을 비롯한 참석자를 뽑는 행사. 택궁(澤宮)에서 활쏘는 것을 대사라고도 한다.

에서 선발하며, 경과 대부는 교(郊)에서 선발하고, 사는 신하가 없으므로 선발할 것도 없기 때문에 대사례(大射禮)도 없다. 둘째는 빈사(賓射)[126]라고 하는데, 천자는 치조(治朝)[127]에서 실시하고, 제후는 혹 조(朝)에서 실시하거나 혹은 회맹일 경우는 국경에서 실시하며, 경과 대부와 사도 모두 빈사가 있는데, 역시 교에서 활쏘기를 실시한다. 셋째는, 연사(燕射)[128]라고 하는데, 천자와 제후는 노침(路寢)[129]에서 실시하고, 경과 대부와 사는 역시 교에서 실시한다. 넷째는, 향사(鄕射)[130]라고 하는데, 고을 [州]의 수장이 봄과 가을에 자신에게 속한 백성들을 대상으로 각 고을의 학교[州序]에서 활쏘기를 실시한다. 천자와 제후는 모두 이 향사례(鄕射禮)가 없다. 『논어』의 이 글은 대사례를 가리킨다.

원문 鄭氏『射義目錄』云: "名曰大射者, 諸侯將有祭祀之事, 與其群臣射以觀其禮, 數中者, 得與於祭, 不得數中者, 不得與於祭." 鄭說大射止稱諸侯, 不及天子及卿·大夫者, 文不備耳.

---

126 빈사(賓射): 천자를 찾아온 제후에게 예의로 벌인 활쏘기. 교외에서 활쏘는 것을 빈사라고도 한다.

127 치조(治朝): 천자가 정치를 듣는 곳. 천자는 내조(內朝)·치조·연조(燕朝)의 3조(朝)가 있는데, 치조는 노문(路門) 밖에 있어 군신(群臣)이 정사를 보는 곳이며, 중조(中朝)라고 하여 사사(司士)가 장악한다.

128 연사(燕射): 신하들을 위로하는 궁중의 잔치 때에 실시하던 활쏘기. 예궁(禮弓)을 사용하였다. 연침(燕寢)에서 활쏘는 것을 연사라고도 한다.

129 노침(路寢): 임금의 거소(居所)를 침(寢)이라 하는데 중앙에 있는 정전(正殿)을 노침이라 하고, 그 동서 양쪽에 있는 편전(便殿)을 소침(小寢)이라 한다.

130 향사(鄕射): 향대부(鄕大夫)가 3년마다 어질고 재능 있는 사람을 천거할 때, 그 선택을 위해 행하던 활쏘기. 삼짇날과 단오절에 시골 한량들이 편을 갈라 실시하던 활쏘기를 향사라고도 한다.

역문 정현의 『사의목록(射義目錄)』에 "대사라고 하는 것은 제후가 장차 제사 지내려는 일이 있을 때 여러 신하들과 함께 활을 쏘아 그 예를 보는데, 과녁에 많이 적중시킨 자는 제사에 참여할 수 있고 많이 적중시키지 못한 자는 제사에 참여할 수 없다."[131]라고 했다. 정현은 대사를 설명하면서 단지 제후만 지칭하고 천자 및 경과 대부를 언급하지 않았는데, 글자가 갖추어지지 않은 것일 뿐이다.

원문 『釋文』"'爭', 絶句. 鄭讀以'必也'絶句." 然「射義」「注」引此文"必也射乎" 四字連讀. 『論語』中如"必也聖乎", "必也使無訟乎", "必也正名乎", "必也狂狷乎", "必也親喪乎", 皆不以"必也"絶句, 則『釋文』所稱"鄭讀"恐誤記也.

역문 『경전석문』에 "'쟁(爭)'에서 구두를 끊어야 한다. 정현은 읽으면서 '필야(必也)'에서 구두를 끊었다."[132]라고 했다. 그러나 『예기』「사의(射義)」의 「주」에는 이 문장을 인용하면서 "필야사호(必也射乎)" 네 글자를 연속해서 읽었다. 『논어』 중에서 "반드시 성인일 것이다.[必也聖乎.]",[133] "반드시 송사가 없게 하겠다.[必也使無訟乎.]",[134] "반드시 이름을 바로잡겠다.[必也正名乎.]",[135] "반드시 광자(狂者)나 견자(狷者)와 함께할 것이다.[必也狂狷乎.]",[136] "반드시 부모의 상에는 정성을 다해야 한다.[必也親喪乎.]"[137]라고

---

131 『의례집석(儀禮集釋)』권9, 「대사의(大射儀)」 및 『의례주소』「의례주소원목(儀禮注疏原目)」에 보인다.
132 『경전석문』권24, 「논어음의·팔일제3」.
133 『논어』「옹야(雍也)」.
134 『논어』「안연(顏淵)」.
135 『논어』「자로(子路)」.
136 『논어』「자로」.
137 『논어』「자장(子張)」.

한 것과 같은 것은 모두 "필야(必也)"에서 구두를 끊지 않았으니, 『경전 석문』에서 일컬은 "정현은 읽으면서[鄭讀]"라고 한 것은 아마도 오기(誤 記)인 듯싶다.

원문 "揖讓"者, 『說文』云: "揖, 讓也. 從手咠聲. 一曰手箸胸曰揖. 攘, 推也. 從 手襄聲." 許君解"揖"存二義, 前義則"揖"·"讓"禮同. "攘", 古"讓"字. 見「曲 禮」鄭「注」. "讓"卽"攘", 謂推手也. 後義則揖是手箸胸, 與"攘"是推手異. 段氏玉裁『說文注』以手箸胸爲卽『禮經』之"厭", "厭"者, 引手是也. 鄭注『鄕 飮酒禮』云: "推手曰揖." 鄭以凡"揖"皆是推手. 故解『周官』「司儀」以"土 揖"·"天揖"·"時揖"竝爲推手, 則鄭與許前義同也. 「聘禮」「注」云: "讓謂 擧手平衡也." 擧手與引手相似, 但不箸匈耳. 此鄭說揖·讓禮之異也.

역문 "읍양(揖讓)"

　『설문해자』에 "읍(揖)은 밀쳐 낸다[讓]는 뜻이다. 수(手)로 구성되었고 집(咠)이 발음을 나타낸다. 일설에는 손을 가슴에 대는 것을 읍(揖)이라 한다고 말한다."[138]라고 했고, 또 "양(攘)은 밀쳐 낸다[推]는 뜻이다. 수(手) 로 구성되었고 양(襄)이 발음을 나타낸다."[139]라고 했다. 허군(許君: 허신)이 해석한 "읍(揖)"에는 두 가지 뜻이 있으니, 앞의 뜻은 "읍"과 "양(讓)"의 예 (禮)가 같다. "양(攘)"은 "양(讓)"의 옛 글자이다. 『예기』「곡례」정현의 「주」를 보면 "양(讓)"은 곧 "밀쳐 냄[攘]"이니[140] 손을 밀어낸다는 말이다. 뒤의 뜻

---

138 『설문해자』권12: 읍(揖)은 밀쳐 낸다[讓]는 뜻이다. 수(手)로 구성되었고 집(咠)이 발음을 나타낸다. 일설에는 손을 가슴에 대는 것을 읍(揖)이라 한다고 말한다. 이(伊)와 입(入)의 반 절음이다.[揖, 讓也. 從手咠聲. 一曰手箸胷曰揖. 伊入切.]

139 『설문해자』권12: 양(攘)은 밀쳐 낸다[推]는 뜻이다. 수(手)로 구성되었고 양(襄)이 발음을 나타낸다. 여(汝)와 양(羊)의 반절음이다.[攘, 推也. 從手襄聲. 汝羊切.]

140 『예기주소』권3, 「곡례상(曲禮上)」정현의 「주」에 "혹 양(攘)은 양(讓)의 옛 글자이다.[或

은 읍이란 손을 가슴에 대는 것으로 "양(攘)"이 손을 밀어낸다는 것과는 다르다. 단옥재(段玉裁)의 『설문해자주(說文解字注)』에서는 손을 가슴에 대는 것은 바로 『예경』의 "엽(厭)"이라고 생각했는데, "엽(厭)"이란 손을 끌어당기는 것이 이것이다.[141] 정현은 『의례』「향음주례(鄕飮酒禮)」에 주석을 달면서 "손을 밀어내는 것을 읍(揖)이라 한다."라고 했는데, 정현은 모든 "읍"은 다 손을 밀어내는 것이라고 생각했다. 그러므로 『주관』「사의」를 해석하면서 "토읍(土揖)"·"천읍(天揖)"·"시읍(時揖)"을 모두 손을 밀어내는 것이라고 생각했으니,[142] 정현의 생각은 허신이 해석한 읍의 두 가지 뜻 중에서 앞의 뜻과 같다. 「빙례」「주」에 "양(攘)은 손을 들어 평형을 이루는 것이다."[143]라고 했는데, 손을 드는 것과 손을 끌어당기는 것은 서로 같고, 단지 가슴에만 대지 않을 뿐이다. 이것은 정현이 읍하고 양(攘)하는 예의 차이를 말한 것이다.

원문 『白虎通』「禮樂篇」, "禮所以有揖·讓者, 所以尊人自損也." 凡賓主行禮, 至門至階, 皆有讓者, 門則讓入, 階則讓升也. 此揖·讓在升階時. 凌氏廷堪『禮經釋例』曆引「聘禮」·「士冠」·「士昏」·「鄕飮酒」·「鄕射」·「公

者, 攘, 古讓字.]"라고 했다.

141 『의례』「향음주례(鄕飮酒禮)」에 "빈(賓)이 개(介)에게 엽읍(厭揖)을 하고 대문을 들어간다.[賓厭介入門.]"라는 표현이 있는데, 여기에 대한 정현의 「주」에 "손을 끌어당기는 것을 엽(厭)이란 한다.[引手曰厭.]"라고 했다.

142 『주례주소』 권38, 「추관사구하(秋官司寇下)·사의(射義)」 정현의 「주」에, "토읍(土揖)은 손을 밀어 조금 아래로 내리는 것이고[土揖推手小下之也], 시읍(時揖)은 평평하게 하여 손을 미는 것이며[時揖平推手也], 천읍(天揖)은 손을 밀어 조금 드는 것이다[天揖推手小擧之]."라고 했다.

143 『의례주소』 권8, 「빙례」 정현의 「주」. 『논어정의』에는 "聘記"로 되어 있다. 『의례주소』를 근거로 수정하였다.

食大夫」諸文, 皆有三讓之儀, 知凡升階, 皆是三讓.『春秋繁露』「官制象天篇」謂"禮三讓而成一節"是也.

역문 『백호통의』「예악」에 "예에 읍(揖)과 사양함[讓]이 있는 까닭은 남을 높이고 스스로를 낮추기 위함이다."[144]라고 했다. 손님과 주인이 예를 행할 때, 문에 이르고 계단에 이르면 모두 사양함이 있는데, 문에서는 사양하며 들어가고 계단에서는 사양하면서 오른다. 이러한 읍과 사양은 계단을 오를 때 있는 것이다. 능정감(凌廷堪)[145]의 『예경석례(禮經釋例)』에서는 「빙례」·「사관례」·「사혼례(士昏禮)」·「향음주례」·「향사례(鄕射禮)」·「공사대부례(公食大夫禮)」의 여러 문장을 낱낱이 인용했는데, 모두 세 번 사양하는 의식이 있으니, 계단을 오를 때는 모두 세 번 사양함이 있음을 알 수 있다. 『춘추번로』「관제상천(官制象天)」에 "예는 세 번 사양하매 하나의 절도가 완성된다."라고 한 것이 이것이다.

원문 "升"者, "登"之借字.『說文』"登, 上車也." 引申爲凡進上之義. "升"是由階至堂, "下"是降堂.

역문 "승(升)"은 "등(登)"의 차자(借字)이다. 『설문해자』에 "등(登)은 수레에

---

144 『백호통의』「예악(禮樂)」에는 "예에서 읍(揖)하고 양(讓)하는 것은 어째서인가? 남을 높이고 자신을 낮추기 위해서이다.[禮所揖讓何? 所以尊人自損也.]"로 되어 있다.

145 능정감(凌廷堪, 1755~1809): 청나라 안휘 흡현(歙縣) 사람. 음률학가(音律學家). 자는 차중(次仲) 또는 중자(仲子)이다. 집안이 빈한하여 경전들을 모두 손으로 베껴 읽었다. 강영(江永)과 대진(戴震)의 학문을 흠모하여 경사(經史)에 진력했으며, 육서(六書)와 역산(曆算), 강역(疆域), 직관(職官) 연혁 등의 변증에도 정밀했다. 사장(詞章)에도 일가를 이루었으며, 역사 서적을 열심히 읽었다. 특히 예학에 조예가 깊어 『예경석례(禮經釋例)』를 저술했다. 음식(飮食)과 빈객(賓客), 제례(祭例), 기복(器服) 등 여덟 가지로 분류하고 각각의 예를 찾아 해석한 책이다. 또한 음률에도 뛰어나 『연악고원(燕樂考原)』과 『매변취적보(梅邊吹笛譜)』, 『원유산연보(元遺山年譜)』, 『교례당집(校禮堂集)』 등을 지었다.

오른다[上車]는 뜻이다."¹⁴⁶라고 했는데, 이 뜻이 확장되어 위로 올라간다
는 뜻이 되었다. "승(升)"은 계단을 따라 당(堂)에 이른다는 뜻이고, "하
(下)"는 당을 내려온다는 뜻이다.

원문 "飮"者,『說文』作"歠", 云"歠也."『釋名』「釋飮食」, "飮, 奄也, 以口奄而
引咽之也."「射義」, "孔子曰: '君子無所爭'"云云, 文與此同. 鄭「注」, "必
也射乎, 言君子至於射, 則有爭也. 下, 降也. 飮射爵者, 亦揖讓而升降, 勝
者袒決遂, 執張弓, 不勝者襲, 說決拾, 却左手, 右加弛弓於其上而升飮.
君子恥之, 是以射則爭中."

역문 "음(飮)"은 『설문해자』에 "음(歠)"으로 되어 있고, "마신다[歠]는 뜻이
다."¹⁴⁷라고 했다. 『석명(釋名)』「석음식(釋飮食)」에 "음(飮)은 덮는다[奄]는
뜻이니, 입으로 덮듯이 밀착시켜 빨아 당겨 삼키는 것이다."라고 했다.
『예기』「사의」에 "공자가 말했다. '군자는 경쟁하는 것이 없다.'"라고 운
운했는데, 문장이 『논어』의 문장과 똑같다. 정현의 「주」에 "'반드시 활
쏘기는 할 것이다.[必也射乎.]'는 군자가 활쏘기에 이르게 되면 경쟁함이
있다는 말이다. 하(下)는 내려옴이다. 벌주[射爵]를 먹이는 자도 읍하고
양하면서 오르내리는데, 승리한 자들은 상의의 왼쪽 소매를 걷어 올리

---

146 『설문해자』권2: 등(豋)은 수레에 오른다[上車]는 뜻이다. 발(癶)과 두(豆)로 구성되었다. 수
레에 오르는 모양을 본뜬 것이다. 등(䢍)은 등(登)의 주문(籒文)인데 수(收)로 구성되었다.
도(都)와 등(滕)의 반절음이다.[豋, 上車也. 從癶豆. 象登車形. 䢍, 籒文登從收. 都滕切.]

147 『설문해자』권8: 음(歠)은 마신다[歠]는 뜻이다. 흠(欠)으로 구성되었고, 염(畣)이 발음을 나
타낸다. 모든 음(飮)부에 속하는 한자는 다 음(飮)의 뜻을 따른다. 음(㑆)은 음(飮)의 고문인
데 금(今)과 수(水)로 구성되었다. 음(㑃)은 음(飮)의 고문인데 금(今)과 식(食)으로 구성되
었다. 어(於)와 금(錦)의 반절음이다.[歠, 歠也. 從欠畣聲. 凡歠之屬皆從歠. 㑆, 古文歠從今
水. 㑃, 古文歠從今食. 於錦切.]

고[袒] 깍지[決]를 끼고 팔찌[遂]를 차고서 활시위를 당겨서 잡으며, 승리하지 못한 자들은 벗었던 소매를 입고[襲], 깍지와 토시[拾]를 벗으며, 왼손을 뒤집고, 오른손은 시위를 풀어 놓은 활 위에 얹고, 올라가서 벌주를 마신다. 군자는 이를 수치로 여기기 때문에 활쏘기를 할 때 맞히기를 경쟁하는 것이다."[148]라고 했다.

원문 鄭氏此「注」全據「大射儀」之文, 在三耦第二番射後, 所以決勝負也. 其文云: "司射命設豊, 司宮士奉豊, 坐設于西楹西. 勝者之弟子, 洗觶升酌散, 南面坐奠于豊上. 司射命三耦及衆射者, 勝者皆袒決遂, 執張弓. 不勝者皆襲, 說決拾, 卻左手, 右加弛弓于其上, 遂以執弣. 一耦出揖如升射, 及階, 勝者先升, 升堂少右. 不勝者進北面坐, 取豊上之觶興, 少退, 立卒觶. 進, 坐奠于豊下, 興揖. 不勝者先降, 與升飲者相左, 交於階前, 相揖. 適次釋弓, 襲, 反位, 僕人師繼酌射爵, 取觶實之, 反奠于豊上. 升飲者如初, 三耦卒飲." 此三耦二番射後揖讓之事.

역문 정현의 이「주」는 전반적으로『의례』「대사의(大射義)」의 글을 근거로 한 것으로, 세 조[三耦][149]가 두 번째 활쏘기를 한 뒤에 있는 읍양(揖讓)하는 일로, 승부를 결정짓기 위한 것이다. 「대사의」 본문에 "사사(司射)가 술잔 받침대를 설치하라고 명하면 사궁사(司宮士)가 술잔 받침대를 받들고 앉아서 서쪽 기둥의 서쪽에 술잔 받침대를 설치한다. 승리한 쪽의 제자들은 벌주 잔[觶]을 씻어 산(散)[150]에서 술을 따라 남면하고 앉아 술잔

---

148 『예기주소』 권62, 「사의(射義)」 정현의 「주」.

149 삼우(三耦): 두 사람이 1조가 되어 활쏘는 것을 우(耦)라 하며, 활쏘기는 삼우를 갖추어서 한다.

150 산(散): 옻칠만 하고 장식을 하지 않은 5되[升]들이 술통의 이름.

받침대 위에 올려놓는다. 사사가 세 조 및 활을 쏜 모든 이에게 명하면, 승리한 자들은 모두 왼쪽 소매를 걷어 올리고 깍지를 끼고 팔찌를 차고서 활시위를 당겨서 잡는다. 승리하지 못한 자들은 모두 옷매무새를 정리하고, 깍지와 팔찌를 벗고 왼손을 뒤집고 오른손은 시위를 풀어 놓은 활 위에 얹고 활의 줌통151을 잡는다. 한 조가 앞으로 나가서 활을 쏘기 위해 당으로 오를 때와 같이 읍하고, 계단에 이르러서는 승리한 자들이 먼저 당에 오르는데, 당에 올라서는 약간 오른쪽에 자리한다. 승리하지 못한 자들은 앞으로 나아가 북쪽을 향해 앉아 술잔 받침대 위의 벌주 잔을 가지고 일어나 조금 뒤로 물러나 서서 술잔의 술을 다 마신다. 그리고 다시 앞으로 나아가 앉아서 그 잔을 술잔 받침대 밑에 놓고 일어나 읍한다. 승리하지 못한 자들이 먼저 당에서 내려오는데, 벌주를 마시러 당으로 올라가는 자와 서로 왼쪽으로 비껴 지나는데, 계단 앞에서 교대하면서 서로 읍한다. 옷을 갈아입는 곳으로 가서 활을 내려놓고, 옷매무새를 가다듬고 제자리로 돌아간다. 복인사(僕人師)가 이어서 벌주[射爵]를 따르되 벌주 잔을 가져다 가득 채워서 다시 술잔 받침대 위에 올려놓는다. 벌주를 마시러 올라가는 자들은 처음 벌주를 마신 사람이 하던 방식과 똑같이 하고, 세 조가 모두 다 마신다."라고 했다. 이것은 세 조가 두 번 활쏘기를 한 뒤에 읍하고 양하는 일이다.

원문 『禮』又云: "司射猶挾一個, 以作射如初, 一耦揖升如初. 司射請以樂于公, 公許, 司射命曰: '不鼓不釋.' 三耦卒射如初, 司射命設豊, 實觶如初, 遂命勝者執張弓, 不勝者執弛弓, 升飮如初." 此三耦第三番射揖讓之事,

---

151 줌통: 활의 한가운데, 손으로 잡는 곳.

竝所謂"君子之爭"也.

역문 『의례』에는 또 "사사가 화살 한 대를 끼고 처음과 똑같이 활쏘기를 하는데, 한 조가 읍하고 당에 오르기를 처음과 똑같이 한다.[152] 사사가 공(公)에게 음악을 연주하게 해 달라고 청하면 공은 허락하고, 사사는 말하기를 '활을 쏠 때 북소리에 맞추어 쏘지 않으면 명중을 했어도 쏘지 않은 것으로 간주하겠습니다.'라고 한다. 세 조가 활쏘기를 마치면 처음의 의식과 똑같이 한다. 사사는 술잔 받침대를 설치하라고 명하고 벌주잔을 가득 채우는데 처음 시작할 때의 방법과 똑같이 한다. 마침내 승리한 자에게 명하여 활에 시위를 걸어서 잡게 하고, 이기지 못한 자들은 활에 시위를 풀어서 잡고 당에 올라가 벌주를 마시게 하는데 처음의 의식과 같이한다."[153]라고 했는데, 이는 세 조가 세 번째 활쏘기 할 때의 읍양하는 일로서 모두가 이른바 "군자의 경쟁"인 것이다.

원문 惟飮君則用致爵之禮, 若飮賓, 諸公·卿·大夫耦不升, 立飮西階上, 無揖讓事, 所以尊尊也. 若以士爲公·卿·大夫之耦, 不勝則亦執弛弓, 特升飮, 亦無揖讓事, 以士賤不敢匹尊者也. 『釋文』云: "鄭讀'揖讓而升下'絶句." 然箋『詩』「賓筵」又云"下而飮", 此鄭兩讀義皆通.

역문 오직 임금이 벌주를 마시게 된 경우에만 술잔을 올리는 예[致爵]를 쓰고,[154] 만약 손님이 벌주를 마시게 된 경우라면 제공(諸公)이나 경과 대부의 사우(射耦)가 승리하지 못하였다면, 서쪽 계단 위에서 서서 벌주를 마

---

152 여기까지는 『의례』「향사례(鄕射禮)」의 글이다.

153 『의례』「대사의(大射義)」.

154 『의례주소』 권7, 「대사의(大射義)」 정현의 「주」에 "임금이 벌주를 마시게 된 경우에는 감히 벌이라 할 수 없으니, 술잔을 올리는 예를 따른다.[飮君, 則不敢以爲罰, 從致爵之禮也.]"

시되 읍양하는 일은 없으니, 존귀한 사람을 존중하기 위함이다. 만약 사를 공과 경과 대부의 사우로 삼았는데 승리하지 못했다면 역시 활에 시위를 풀어서 잡되 다만 당에 올라가 벌주를 마시기만 할 뿐 읍양하는 일은 없으니, 천한 사의 신분으로 감히 존귀한 자와 짝할 수 없기 때문이다. 『경전석문』에 "정현은 읽으면서 '읍양이승하(揖讓而升下)'에서 구두를 끊었다."라고 했다. 그러나 『시경』「빈지초연(賓之初筵)」에 주해를 달면서 또 "하이음(下而飮)"[155]이라고 했으니, 이 문장을 정현은 두 가지로 읽었지만 뜻은 모두 통한다.

- 「注」, "言於射而後有爭."
- 正義曰: 射義云: "故射者進退周還必中禮. 內志正, 外體直, 然後持弓矢審固, 持弓矢審固, 然後可以言中. 此可以觀德行矣." 又云: "孔子曰: '射者何以射? 何以聽? 循聲而發, 發而不失正鵠者, 其惟賢者乎! 若夫不肖之人, 則彼將安能以中?'"

○ 「주」의 "활쏘기에 임한 뒤에야 경쟁함이 있다는 말이다."

○ 정의에서 말한다.

『예기』「사의」에 "따라서 활쏘기는 진퇴(進退)와 주선(周旋)이 반드시 예에 맞아야 한다. 안으로는 뜻이 바르고, 밖으로는 자세가 곧은 뒤에야 활과 화살을 잡을 때 정확하고 안정되며, 활과 화살을 잡을 때 정확하고 안정된 뒤에야 적중을 말할 수 있다. 이렇기 때문에 활쏘기는 덕행을 살필 수 있다."라고 했다. 또 "공자가 말했다. '활을 쏘는 자는 어떻게 쏘고 어떻게 듣는가? 소리를 따라 화살을 발사하는데, 발사해서 정곡에 명중시키는 자는 오직 현자일 것이다. 만약 불초한 사람이라면 그가 어찌 명중을 시킬 수 있겠는가?'"라고 했다.

---

155 『모시주소』권21, 「소아 · 보전지십(甫田之什) · 빈지초연(賓之初筵)」 정현의 「전(箋)」.

원문 案, 此則射中乃君子所尙, 必於平時講肄, 至射時以不勝爲恥. 蓋不勝嫌
於不肖, 故君子必求中焉. 求中卽是爭, 卽是爭爲賢者, 故曰"其爭也君子."
惟爭爲君子, 故"言於射而後有爭"也. 皇「疏」引<u>李充</u>·<u>欒肇</u>說, 謂'於射尤
必君子之無爭', 非經旨.

역문 살펴보니, 그렇다면 활쏘기에서 과녁을 명중시키는 것이 바로 군자가
숭상하는 것이니, 반드시 평상시에 활쏘기를 익히고 활을 쏠 때에 이르
러서는 이기지 못하는 것을 수치로 여긴다. 이기지 못함을 불초함보다
더 싫어하기 때문에 군자는 반드시 과녁에 명중시킬 것을 추구한다. 명
중시킬 것을 추구함이 바로 경쟁이며, 바로 이 경쟁이야말로 현자다운
것이기 때문에 "그 경쟁이야말로 군자답다."라고 한 것이다. 오직 경쟁
하는 모습이 군자답기 때문에 "활쏘기에 임한 뒤에야 경쟁함이 있다는
말이다."라고 한 것이다. 황간의 「소」에는 이충(李充)과 난조(欒肇)[156]의
설을 인용하면서 '활쏘기에 있어서만큼은 군자가 경쟁함이 없기를 더욱
기필한다는 말이다'[157]라고 했는데, 경전의 본래 뜻이 아니다.

● 「注」, "多算飮少算."

● 正義曰:「鄕射禮」, "箭籌八十. 長尺有握."「注」, "籌, 算也. 籌八十者, 略以十耦爲正." 凡人
四算, 一耦八算. 皇「疏」, "射者各有算數, 每中則以算表之. 若中多則算多, 中少則算少." 案,
算多爲勝, 算少爲不勝, 於每耦射畢, 各就算之多少計之.

○ 「주」의 "많이 맞춘 사람이 적게 맞춘 사람에게 마시게 하는 것."

○ 정의에서 말한다.

---

156 난조(欒肇, ?~?): 진(晉)나라 때 사람으로 상서랑(尙書郎)을 지냈으며, 자는 영초(永初)이다.
『논어석(論語釋)』과 『논어박(論語駁)』을 지었다고 한다.

157 『논어집해의소』 권2, 「논어팔일제3」 황간의 「소」.

『의례』「향사례」에 "전주(箭籌)[158]는 80개이다. 산가지 하나의 길이는 한 자[尺] 네 치[寸]이다."라고 했는데, 「주」에 "주(籌)는 산가지[算]이다. 산가지가 80개이니, 대략 열 조[十耦]가 정식이 된다."[159]라고 했으니, 한 사람당 산가지는 4개이고, 한 조당 산가지는 8개이다. 황간의 「소」에 "활 쏘는 사람들은 각각 산가지로 수를 세는데, 과녁에 명중시킬 때마다 산가지로 표시를 한다. 만약 명중시킨 것이 많으면 산가지도 많고 명중시킨 것이 적으면 산가지도 적다."[160]라고 했다. 살펴보니, 산가지가 많으면 이긴 것이 되고 산가지가 적으면 이기지 못한 것이 되니, 조마다 활쏘기를 마치면 각각 산가지의 많고 적음에 따라 계산을 한다.

3-8

子夏問曰: "'巧笑倩兮, 美目盼兮, 素以爲絢兮!' 何謂也?"
【注】馬曰: "倩, 笑貌, 盼, 動目貌, 絢, 文貌. 此上二句在「衛風·碩人」之二章, 其下一句逸也."

자하(子夏)가 물었다. "'아름다운 미소에 우물지고, 아름다운 눈 흑백이 또렷한데, 흰색을 칠하여 무늬로 삼는다!'라고 하는데, 무슨 말입니까?"【주】마융이 말했다. "천(倩)은 웃는 모습이고, 반(盼)은 눈을 움직이는 모양이며, 현(絢)은 무늬의 모양이다. 이 시의 위 두 구절은 『시경』「위풍(衛風)·석인(碩人)」2장에 있고, 아래 한 구는 일실(逸失)되었다."

---

158 전주(箭籌): 가는 대로 만든 산가지.
159 『의례주소』권5,「향사례(鄕射禮)」정현의 「주」.
160 『논어집해의소』권2,「논어팔일제3」황간의 「소」.

원문 正義曰: 倩・盼・絢, 皆韻. "兮"者, 語助. 『說文』, "兮, 語所稽也. 從丂八, 象氣越亏也." "素"者, 『說文』, "素, 白致繒也." 引申爲凡物白飾之稱. 『釋名』「釋采帛」云"又物不加飾, 皆自謂之素, 此色然也." 是也.

역문 정의에서 말한다.

천(倩)・반(盼)・현(絢)은 모두 운자(韻)이다. "혜(兮)"는 어조사이다. 『설문해자』에 "혜(兮)는 말이 멈추는 곳[語所稽][161]을 뜻한다. 교(丂)와 팔(八)로 구성되었다. 기(氣)가 막혀 있던 곳에서 넘어가는 것을 형상화했다."[162]라고 했다. "소(素)"는 『설문해자』에 "소(素)는 흰 비단[白緻繒]이라는 뜻이다."[163]라고 했는데, 이 뜻이 확장되어 흰색으로 꾸며진 모든 물건을 지칭하는 것이 되었다. 『석명』「석채백(釋采帛)」에 "또 꾸밈을 가하지 않은 물건은 모두 본래 희다[素]고 하는데, 이 색이 그러하다."라고 한 것이 이것이다.

원문 "素以爲絢", 當是白采用爲膏沐之飾, 如後世所用素粉矣. 絢有衆飾, 而素則後加, 故曰"素以爲絢". 戴氏震『孟子字義疏證』, "素, 以喩其人之嫻於儀容. 上云'巧笑倩, 美目盼'者, 其美乃益彰, 是之謂'絢'. 喩意深遠, 故子夏疑之."

---

[161] 『설문해자』 권6, '계(稽)'부에, "계(稽)는 멈춘다[畱止]는 뜻이다.[稽, 畱止也.]"라고 했다.

[162] 『설문해자』 권5: 혜(兮)는 말이 멈추는 곳[語所稽]을 뜻한다. 교(丂)와 팔(八)로 구성되었다. 기(氣)가 막혀 있던 곳에서 넘어가는 것을 형상화했다. 모든 혜(兮)부에 속하는 한자는 다 혜(兮)의 뜻을 따른다. 호(胡)와 계(雞)의 반절음이다.[兮, 語所稽也. 從丂八. 象气越亏也. 凡兮之屬皆從兮. 胡雞切.]

[163] 『설문해자』 권13: 소(素)는 흰 비단[白緻繒]이라는 뜻이다. 사(糸)와 수(㡲)로 구성되었고, 그 광택[澤]을 취한 것이다. 모든 소(素)부에 속하는 한자는 다 소(素)의 뜻을 따른다. 상(桑)과 고(故)의 반절음이다.[素, 白緻繒也. 從糸, 取其澤也. 凡素之屬皆從素. 桑故切.]

역문 "소이위현(素以爲絢)"은 당연히 흰색을 칠하여 화장을 꾸민다는 것이니, 후세에 흰색으로 분칠하는 것과 같은 것이다. 무늬는 많은 꾸밈이 있고 흰색은 나중에 더하기 때문에 "흰색을 칠하여 무늬로 삼는다"라고 한 것이다. 대진(戴震)의 『맹자자의소증(孟子字義疏證)』에 "'흰색을 칠한다[素]'라는 것은 그 사람의 우아한 몸가짐을 비유한 것이다. 이 구절 앞에 '아름다운 미소에 우물지고, 아름다운 눈 흑백이 또렷하다.'라고 한 것은 아름다움이 더욱 드러난 것이니, 이를 '무늬[絢]'라 한 것이다. 비유한 뜻이 심원(深遠)하기 때문에 자하가 의심한 것이다."[164]라고 했다.

- 「注」, "倩笑"至"逸也".

- 正義曰: 『詩』毛「傳」, "倩, 好口輔." 輔者, 頰也. 人笑則口頰必張動也. 倩以言巧, 巧卽好也. 此「注」謂"笑貌"者, 倩是形容之辭, 意亦與毛同矣. 『詩傳』又云: "盼, 白黑分也." 『說文』同. 『字林』, "盼, 美目也." 與毛不異. 若『韓詩章句』但云"黑色", 及此「注」以爲動目, 皆屬異義.

○ 「주」의 "천소(倩笑)"부터 "일야(逸也)"까지.

○ 정의에서 말한다.
『시경』모형(毛亨)의 「전」에 "천(倩)은 입언저리[口輔]가 예쁜 것이다."[165]라고 했는데, 보(輔)는 뺨[頰]이다. 사람이 웃으면 입언저리가 반드시 늘어난다. 입언저리를 교(巧)라고 말했으니, 교(巧)란 바로 예쁘다[好]는 뜻이다. 여기의 「주」에서 "웃는 모습"이라고 했는데, 이때의 천(倩)은 형용사(形容辭)로서, 뜻 역시 모형의 뜻과 같다. 『시경』「전」에는 또 "반(盼)은 흰자위와 검은자위가 분명한 모양이다."[166]라고 했다. 『설문해자』에도 같다.[167] 『자림[字林]』에

---

164 『맹자자의소증(孟子字義疏證)』 권하, 「인의예지(仁義禮智)」.

165 『모시주소』권5, 「국풍(國風)·위(衛)·석인(碩人)」 모형(毛亨)의 「전」.

166 『모시주소』권5, 「국풍·위·석인」 모형의 「전」.

167 『설문해자』권3에는 다만 "반(盼)은 『시경』에 '미목반혜(美目盼兮)'라고 했다. 목(目)으로 구성되었고, 분(分)이 발음을 나타낸다. 필(匹)과 현(莧)의 반절음이다.[盼, 『詩』曰: '美目盼

는 "반(盼)은 눈이 아름다운 것이다."라고 했으니, 모형과 다르지 않다. 『한시장구(韓詩章句)』에서 단지 "검은색[黑色]이다."라고 한 것과, 여기의 「주」에서 눈동자를 움직이는 것이라고 한 것과 같은 것은 모두 다른 뜻에 속한다.

원문 「聘禮」"絢組", 「注」, "采成文曰絢." 是絢爲文貌. 鄭注此文亦云: "文成章曰絢." 蓋婦人容貌, 先加他飾, 後加以素, 至加素, 則已成章, 故得稱絢. 鄭君此「注」, 亦馬義也. "碩人"者, 衛詩篇名, 所以美莊姜也. 「注」以「碩人」詩有脫句, 故謂"下一句逸". 朱子說"此皆逸『詩』, 非「碩人」文." 其義爲長.

역문 『의례』「빙례」에 "현조(絢組)"라는 표현이 있는데, 「주」에 "채색으로 무늬를 이룬 것을 현(絢)이라 한다."[168]라고 했으니, 이때의 현(絢)은 무늬의 모양이 된다. 정현은 이 문장을 주석하면서 또 "무늬가 문채를 이룬 것을 현(絢)이라 한다."[169]라고 했다. 대체로 부인이 얼굴을 꾸밀 때, 먼저 다른 색으로 치장을 하고 뒤에 흰색을 칠하는데, 흰색을 칠할 즈음에 이르면 이미 문채를 이룬 것이기 때문에 현(絢)이라 이를 수 있다. 정군의 이 주 역시 마음의 뜻이다. "석인(碩人)"은 위(衛)나라 시(詩)의 편명(篇名)인데, 장강(莊姜)[170]을 찬미한 것이다. 「주」에서는 「석인」시에 탈락된 구절이 있다고 여겼기 때문에 "아래 한 구는 일실되었다."라고 했고, 주

今.' 從目分聲. 匹莧切.]"라고 되어 있고, 『설문해자주』에 "반(眅)은 흰자위와 검은자위가 분명한 모양이다.[眅, 白黑分也.]"라고 되어 있다.

168 『의례주소』 권8, 「빙례」 정현의 「주」.

169 『논어주소(論語注疏)』 권3, 「팔일제3(八佾第三)」. 『논어정의』에는 "謂之"로 되어 있다. 『논어주소』를 근거로 고쳤다.

170 장강(莊姜, ?~?): 제(齊)나라 여자. 위 장공(衛莊公)의 부인. 미인(美人)이었으나 아들이 없어 장공의 총애를 잃었다.

자(朱子)는 "이것은 모두 일실된 시로서 「석인」의 문장이 아니다."[171]라고 했는데, 의미상 더 좋다.

子曰: "繪事後素." 【注】 鄭曰: "繪, 畵文也. 凡繪畵先布衆色, 然後以素分布其間, 以成其文, 喻美女雖有倩盼美質, 亦須禮以成之." 曰: "禮後乎?" 【注】 孔曰: "孔子言'繪事後素', 子夏聞而解, 知以素喻禮. 故曰'禮後乎?'" 子曰: "起予者商也! 始可與言詩已矣." 【注】 包曰: "予, 我也. 孔子言子夏能發明我意, 可與共言詩."

공자가 말했다. "그림 그리는 일은 흰색을 뒤에 칠한다." 【주】 정현이 말했다. "회(繪)는 무늬를 그리는 것이다. 그림을 그릴 때 먼저 여러 색을 칠해서 그리고 난 다음에 흰색을 그 사이의 여백에 칠해서 그림을 완성하니, 이는 비록 아무리 예쁜 보조개와 또렷한 눈동자의 아름다운 자질을 가진 미녀(美女)라 하더라도 반드시 예로써 그 아름다움을 완성해야 함을 비유한 것이다." 자하가 말했다. "예가 뒤입니까?" 【주】 공안국이 말했다. "공자가 '그림 그리는 일은 흰색을 뒤에 칠한다.[繪事後素.]'라고 하자, 자하가 그 말을 듣고 이해해서, 흰색[素]을 예(禮)에 비유한 것임을 알았다. 그러므로 '예가 뒤입니까?'라고 한 것이다." 공자가 말했다. "나를 돕는 자는 상(商)이로구나! 비로소 함께 시를 말할 만하구나." 【주】 포함이 말했다. "여(予)는 나[我]라는 뜻이다. 공자는 자하가 공자 자신의 뜻을 드러내 밝힐 수 있기에 그와 함께 시를 이야기할 수 있다고 말한 것이다."

---

[171] 『주자대전(朱子大全)』, 『주자어류(朱子語類)』, 『사서혹문(四書或問)』 등 어디에도 이 문장과 일치하는 문장은 없다. 다만 『논어집주(論語集注)』에 "此逸詩也" 라는 표현이 보일 뿐, "非碩人文"이라는 표현은 없다.

원문 正義曰:『釋文』, "繪, 胡對反. 本又作繢, 同." 「考工記」「注」・『文選』「夏侯常侍誄」「注」竝引作"繢". 案, 今鄭「注」字作"繪", 義作"繢". 說見下惠氏士奇『禮說』. 子夏疑"素以爲絢", 夫子以後素惟繪事爲然, 故擧以示之, 子夏遂因素而悟禮.

역문 정의에서 말한다.

『경전석문』에 "회(繪)는 호(胡)와 대(對)의 반절음이다. 어떤 판본에는 또 궤(繢)로 되어 있는데, 뜻이 같다."[172] 『주례』「고공기(考工記)」의 「주」와 『문선(文選)』「하후상시뢰(夏侯常侍誄)」의 「주」에는 모두 "궤(繢)"로 인용되어 있다. 살펴보니 지금 정현의 「주」에는 글자가 "회(繪)"로 되어 있는데, 뜻은 "무늬를 그리는 것[繢]"으로 되어 있다. 설명은 아래 혜사기(惠士奇)[173]의 『예설(禮說)』에 보인다. 자하가 "흰색을 칠하여 무늬로 삼는다[素以爲絢]"라는 구절을 의심하자, 공자가 흰색을 뒤에 칠하는 것은 오직 그림 그리는 일에서만 그렇기 때문에 특별히 거론해서 가르쳐 준 것인데, 자하가 마침내 흰색을 칠하는 것으로 인해 예를 깨달았다.

---

172 『경전석문』 권24, 「논어음의・팔일제3」. 『경전석문』에는 "同" 자 밑에 "畫文也" 세 글자가 더 있으니, "무늬를 그리는 것과 같다.[同畫文也.]"로 해야 의미가 통한다.

173 혜사기(惠士奇, 1671~1741): 청나라 강소(江蘇) 오현(吳縣) 사람. 자는 천목(天牧) 또는 중유(仲儒)이고, 호는 반농거사(半農居士) 또는 홍두주인(紅豆主人)이다. 학자들은 홍두선생(紅豆先生)이라 불렀다. 한림원(翰林院) 편수(編修)와 시독학사(侍讀學士) 등을 지냈다. 옹정(雍正) 때 황제의 뜻을 거슬러 지방을 전전하다가 건륭(乾隆) 초에 재기하여 시독(侍讀)이 되었다. 경학 연구는 한유(漢儒)의 설을 종주로 삼았다. 『주역』에 대해서는 왕필(王弼) 이후의 공소(空疏)한 설을 바로잡으려 했고, 『예기』에 대해서는 해박한 고음(古音), 고자(古字)에 대한 식견으로 주대(周代)의 예제(禮制)를 고증했다. 또한 『춘추』에 대해서는 『주례』에 근본을 두고 사실을 기록한 것이라 주장했다. 저서에 『대학설(大學說)』과 『역설(易說)』, 『춘추설(春秋說)』, 『예설(禮說)』, 『교식거우(交食擧隅)』, 『반농인시(半農人詩)』 등이 있다.

원문 蓋五色之黑・黃・蒼・赤, 必以素爲之介, 猶五德之仁・義・智・信, 必以禮爲之閑. 且禮者, 五德之一德, 猶素者五色之一色. 以禮制心, 復禮爲仁; 禮失而采, 禮云禮云. 太素者, 質之始也, 則素爲質. 後素者, 繪之功也, 則素爲文. 故曰"素以爲絢".

역문 오색 가운데 검은색[黑]・노란색[黃]・푸른색[蒼]・붉은색[赤]은 반드시 흰색[素]을 중개(仲介)로 삼는데, 이는 마치 오덕 가운데 인(仁)・의(義)・지(智)・신(信)이 반드시 예(禮)를 경계로 삼는 것과 같다. 또 예란 오덕 가운데 첫 번째 덕인데, 이는 마치 흰색이 오색 중에서 첫 번째 색인 것과 같다. 예로써 마음을 제어해서 예로 돌아가는 것이 인(仁)을 행하는 것이며,[174] 예가 없어지면 꾸미게 되어[175] 예이니 예이니 하는 것이다. 태소(太素)란 바탕의 시작이니[176] 흰색이 바탕이 된다. 흰색을 뒤에 칠한다는 것은 그림을 그리는 일이니 그렇다면 흰색이 무늬가 된다. 그러므로 "흰색을 칠하여 무늬로 삼는다."라고 한 것이다.

원문 素也者, 萬物之所成終而所成始也. 故履初素, 賁上白. 素者, 履之始, 白者, 賁之終. 然則"忠信之人, 可以學禮." 何謂也? 忠而無禮, 則愿也; 信而無禮, 則諒也. 愿則愚, 諒則賊. 不學禮, 而忠信喪其美也. 是故畵繢以素成, 忠信以禮成.

역문 흰색이라고 하는 것은 만물이 끝맺음을 이루는 곳인 동시에 시작을 이루는 곳이다. 그러므로 발걸음의 처음은 소박함이고,[177] 꾸밈의 최상

---

174 유보남은 『논어』「안연」의 "克己復禮爲仁"을 "자기를 다스려 예로 돌아가는 것이 인을 행하는 것이다."라고 해석한다.

175 『전한서』 권64하, 「엄주오구주부서엄종왕가전제34하(嚴朱吾丘主父徐嚴終王賈傳第三十四下)」.

176 『열자(列子)』 권1, 「천서(天瑞)」.

은 흰색이다.[178] 소박함[素]은 걷기의 시작이고, 흰색은 꾸밈의 마침이다. 그렇다면 "성실하고 진실한 사람이라야 예를 배울 수 있다."[179]라는 것은 무슨 말인가? 성실하되 예가 없으면 삼가게 되고,[180] 진실하되 예가 없으면 작은 신의만 지키게 된다.[181] 삼가면 어리석고, 작은 신의만 지키면 도를 해친다. 예를 배우지 않으면 성실함과 진실함은 그 아름다움을 잃는다. 그러므로 그림을 그리는 일은 흰색을 칠함으로써 완성되는 것이며, 성실함과 진실함은 예로써 완성되는 것이다.

원문 素者, 無色之文, 禮者, 無名之樸. <u>老子</u>不知, 以爲忠信之薄. 宮立而五音淸, 甘立而五味平, 白立而五色明, 禮立而五德純. 故曰: "大文彌樸, 孚似不足, 非不足也, 質有餘也." "起予者", 「晉語」, "世相起", <u>韋</u>「注」, "起, 扶持也." 『漢石經』 "起予"下無 "者"字.

역문 흰색[素]은 색 없는 무늬이고, 예(禮)는 이름 없는 통나무이다. 노자(老子)는 알지도 못하면서 충신(忠信)이 엷은 것이 예라고 생각했다.[182] 궁

---

177 『주역』「이(履)」: 초구는 소박하게 걸어 나아가니 허물이 없을 것이다.[初九, 素履往. 无咎.]
178 『주역』「비(賁)」: 상구는 꾸밈이 희니 허물이 없을 것이다.[上九, 白賁, 无咎.]
179 『예기』「예기(禮器)」.
180 『맹자집주(孟子集注)』「진심하(盡心下)」 37장의 「주」에 "향원(鄕原)은 유식한 자가 아니다. 원(原)은 원(愿)과 같으니, 『순자』에 원각(原愨)이라는 글자를 모두 원(愿)으로 읽으니, 삼가는 사람을 이른다. 그러므로 향리의 이른바 원인(愿人)을 향원이라 이른다. 공자는 덕(德) 같으면서도 덕이 아니기 때문에 덕을 해친다고 여긴 것이다.[鄕原, 非有識者. 原, 與愿同. 『荀子』原愨字, 皆讀作愿, 謂謹愿之人也. 故鄕里所謂愿人, 謂之鄕原. <u>孔子</u>以其似德而非德, 故以爲德之賊.]"라고 했다.
181 『논어』「헌문(憲問)」에 "필부필부(匹夫匹婦)가 작은 신의를 지키기 위해 스스로 도랑[溝瀆]에서 목매어 죽어서 자기를 알지 못하게 하듯이 하겠는가[豈若匹夫匹婦之爲諒也, 自經於溝瀆而莫之知也?]"라고 했다.
182 『도덕경(道德經)』 38장: 예라는 것은 충신(忠信)이 엷은 것이며, 어지러움의 우두머리이다.

(宮)이 확립되매 오음(五音)이 맑아지고, 단맛이 성립되매 오미(五味)가 고르며, 흰색이 수립되매 오색이 분명해지고, 예가 확립되매 오덕이 순일해진다. 그러므로 "가장 큰 무늬는 고목나무처럼 질박해서 진실로 부족한 것 같지만 부족한 것이 아니라 질(質)이 지나친 것이다."[183]라고 한 것이다.

"나를 돕는 자[起予者]"

『국어(國語)』「진어(晉語)」에 "대대로 서로 돕는다[世相起]"라고 했는데, 위소(韋昭)의 「주」에 "기(起)는 돕는다[扶持]는 뜻이다."[184]라고 했다. 『한석경』에는 "기여(起予)" 아래 "자(者)" 자가 없다.

- 「注」, "繪畫"至"成之".

- 正義曰: 『說文』, "繢, 織餘也. 一曰畫也." 此卽畫繢之義. 「考工記」, "設色之工, 畫・繢・鍾・筐・㡛." 又曰: "畫繢之事雜五色." 是繢爲畫文. 至『說文』"繪"訓"五采繡", 與畫繢爲設色不同. 然許君"繪"下引『論語』作"繪", 而"繢"下無文. 洪氏頤煊『讀書叢錄』謂許從『古論』, 鄭從『魯論』. 若然, 則許解『論語』爲"五采繡", 與鄭異矣.

○ 「주」의 "회화(繪畫)"부터 "성지(成之)"까지.

○ 정의에서 말한다.

『설문해자』에 "회(繢)는 토끝[織餘][185]이다. 일설에는 그림[畫]이라고도 한다."[186]라고 했으니, 이것이 바로 그림을 그린다는 뜻이다. 「고공기」에 "색(色)을 만드는 직업은 화인(畫人)

[夫禮者, 忠信之薄, 而亂之首.]

183 『태현경(太玄經)』 권4, 「종영지곤(從迎至昆)」.

184 『국어(國語)』 권10, 「진어4(晉語四)」 위소(韋昭)의 「주」.

185 토끝[織餘]: 베를 짠 끄트머리.

186 『설문해자』 권13: 회(繢)는 토끝[織餘]이다. 사(糸)로 구성되었고 귀(貴)가 발음을 나타낸다. 호(胡)와 대(對)의 반절음이다.[繢, 織餘也. 從糸貴聲. 胡對切.]

과 회인(繢人)과 종사(鍾師)와 광인(筐人)과 망인(幎人)이다."[187]라고 했고, 또 "화인과 회인의 일은 다섯 가지 색을 배합하는 것이다."[188]라고 했는데, 이때의 회(繢)는 무늬를 그린다는 뜻이다.

『설문해자』에서 "회(繪)"의 뜻을 "다섯 가지 채색의 실을 모아 수를 놓는다는 뜻이다."[189]라고 한 것에 이르면, 화인과 회인이 색을 만든다는 것과는 같지 않다. 그러나 허군은 "회(繪)" 자 아래 『논어』를 인용하면서 "회(繪)" 자를 썼고, "회(繢)" 자 아래는 이 글자가 없다. 홍이훤(洪頤煊)[190]은 『독서총록(讀書叢錄)』에서 허신은 『고논어』를 따르고, 정현은 『노논어(魯論語)』를 따랐다고 했는데, 만약 그렇다면 허신이 『논어』를 해석한 것은 "다섯 가지 색의 실을 모아 수를 놓은 것"이 되니, 정현의 설과는 다르다.

---

187 『주례』「동관고공기상(冬官考工記上)」.
188 『주례』「동관고공기상」.
189 『설문해자』권13: 회(繪)는 다섯 가지 채색의 실을 모아 수를 놓는다는 뜻이다. 『서경』「우서(虞書)」에 "산(山)과 용(龍)과 화충(華蟲)으로 수를 놓는다." 했고 『논어』에 "수를 놓는 일은 흰 바탕을 마련한 뒤에 놓는다."라고 했다. 사(糸)로 구성되었고 회(會)가 발음을 나타낸다. 황(黃)과 외(外)의 반절음이다.[繪, 會五采繡也. 「虞書」曰: "山龍華蟲作繪." 『論語』曰: "繪事後素." 從糸會聲. 黃外切.] 『논어』 경문에서는 "회(繪)"를 그림을 그린다는 뜻으로 해석했기 때문에 "그림 그리는 일은 흰색을 뒤에 칠한다."라고 해석하였으나, 『설문해자』에서는 실로 수를 놓는다는 뜻으로 해석했으니, 자수를 놓는 일은 흰 천 위에다가 수를 놓는 일이므로 "흰 바탕을 마련한 뒤에 놓는다."라고 해석했다.
190 홍이훤(洪頤煊, 1765~1833): 청나라 절강 임해(臨海) 사람. 자는 정현(旌賢)이고, 호는 균헌(筠軒) 또는 권방노인(倦舫老人)이다. 가경(嘉慶) 6년(1801) 공생(貢生)이 되고, 신현지현(新縣知縣) 등을 지냈다. 손성연(孫星衍)에게 수학했고, 완원(阮元)과 학문을 토론했다. 경훈(經訓)에 뛰어났고, 천문과 지리에도 밝았다. 학문은 정현(鄭玄)의 설을 종주(宗主)로 삼았는데, 역산(曆算)과 금석(金石)에도 밝았다. 스승 손성연을 위해 『손씨서목(孫氏書目)』을 편찬했다. 저서에 『예경궁실문답(禮經宮室問答)』과 『공자삼묘기주(孔子三廟記注)』, 『경전집림(經典集林)』, 『효경정주보증(孝經鄭注補證)』, 『홍범오행기론(洪範五行紀論)』, 『제사고이(諸史考異)』, 『한지수도소증(漢志水道疏證)』, 『독서총록(讀書叢錄)』, 『평진관독비기(平津館讀碑記)』, 『관자의증(管子義證)』 등이 있다.

원문 『書』「益稷」, "日·月·星·辰·山·龍·華蟲作繪." 鄭「注」, "繪讀曰繪." 鄭以裳用繡, 則衣用繪, 故破讀從繪. 此「注」訓"畵文", 亦當有"繪讀曰繪"四字, 作『集解』時删之耳. 惠氏士奇『禮說』, "畵繪之事, 代有師傳, 秦廢之, 而漢·明復古, 所謂'斑間賦白, 疏密有章', 康成蓋目覩之, 必非臆說."

역문 『서경』「익직(益稷)」에 "해와 달과 별[星辰]과 산과 용과 화충(華蟲)을 그림으로 그린다."라고 했는데, 정현의 「주」에 "회(繪)는 회(繪)의 뜻으로 읽어야 한다."라고 했으니, 정현은 치마에는 수를 놓고 웃옷에는 그림을 그리기 때문에 파독(破讀)[191]해서 회(繪)의 독음을 따른 것이다. 여기의 「주」에서 "무늬를 그리는 것[畵文]"이라고 한 것도 "회(繪)는 회(繪)의 뜻으로 읽어야 한다[繪讀曰繪]"라는 네 글자가 있어야 하지만, 『논어집해(論語集解)』를 지을 때 삭제한 것일 뿐이다. 혜사기의 『예설』에 "화인과 회인의 일은 대대로 스승의 전수가 있었는데, 진(秦)나라 때 폐하여졌다가, 한(漢)나라와 명(明)나라 때 복고되었으니, 이른바 '색칠한 사이에 흰색을 칠하니, 성긴 것이 고와져 문채가 있다.'[192]라는 것을 강성(康成: 정현)은 아마도 눈으로 본 듯하니, 반드시 억측해서 한 말은 아닐 것이다."[193]라고 했다.

---

[191] 파독(破讀): 같은 글자의 뜻이 서로 다름으로 인하여 두 가지 이상의 독음이 있을 경우, 습관상 가장 일반적인 독음 이외의 독음.

[192] 『문선(文選)』「경복전부(景福殿賦)」. 당나라 이선의 「주」에 "『광아(廣雅)』에 '반(斑)은 나눈다[分]는 뜻이다.'라고 했다. 모장(毛萇)의 『시전(詩傳)』에 '부(賦)는 편다[布]는 뜻이다.'라고 했다. 「고공기」에 '화회(畵繪)의 일은 붉은색과 흰색을 문채[章]라 한다.'라고 했다.[『廣雅』曰: '斑, 分也.' 毛萇『詩傳』曰: '賦, 布也.' 「考工記」曰: '畵繪之事, 赤與白謂之章.']"라고 했다.

[193] 『예설』권14, 「고공기(考工記)」.

원문 按「考工記」言"畵繢雜五色", 五色者五采, 卽靑·赤·黃·白·黑, 此「注」 所云"衆色"也. 「考工」云: "靑與白相次也, 赤與黑相次也, 玄與黃相次也." 是言布衆色之次. 又云: "凡畵繢之事後素功." 鄭「注」, "素, 白采也. 後布 之, 爲其易漬汙也." 惟不爲衆采漬汙, 乃可成文.

역문 「고공기」에서 "화인과 회인은 다섯 가지 색을 배합한다."라고 한 것을 살펴보니, 다섯 가지 색이란 오채(五采)로서 바로 푸른색과 붉은색과 노란색과 흰색과 검은색으로 여기의 「주」에서 말한 "여러 색[衆色]"[194]이다. 「고공기」에 "푸른색과 흰색이 서로 이어지고, 붉은색과 검은색이 서로 이어지며, 검은색과 노란색이 서로 이어진다."[195]라고 했는데, 이는 여러 색을 칠하는 순서를 말한 것이다. 또 "화인과 회인의 일은 흰색 칠하는 일을 나중에 한다."[196]라고 했는데, 정현의 「주」에 "소(素)는 흰색인데, 그것을 나중에 칠하는 것은 쉽게 더럽혀지기 때문이다."[197]라고 했으니, 오직 여러 가지 색에 물들거나 더럽혀지지 않아야 결국엔 무늬를 이룰 수 있는 것이다.

원문 『禮』「注」與此「注」義相足矣. 素加而衆采以明. 采者, 禮之文也. 鄭以美女雖有美質, 須加禮以成之. 『詩』所云"素", 猶之繪事, 亦後加素也. 美質須禮以成, 則子夏言"禮後?" 重禮而非輕禮矣.

역문 『주례』의 「주」와 이곳의 「주」는 뜻이 서로 충족된다. 흰색을 더하고 여러 가지 채색[衆采]으로 분명하게 한다. 채색[采]이란 예(禮)의 문채[文]

---

194 『논어정의』에는 "衆采"로 되어 있는데, 본문의 「주」에 따라 "衆色"으로 고쳤다.
195 『주례』「동관고공기상」.
196 『주례』「동관고공기상」.
197 『주례주소』 권40, 「동관고공기상(冬官考工記上)·화궤(畵繢)」.

이다. 정현은 비록 아무리 아름다운 자질을 가진 미녀라 하더라도 반드시 예를 더해서 그 아름다움을 완성시켜야 한다고 생각했던 것이다. 『시경』에서 말한 "흰색을 칠함[素]"은 그림 그리는 일과 같으니, 역시 흰색 칠하기를 나중에 하는 것이다. 아름다운 자질이라 하더라도 반드시 예로써 완성해야 하니, 자하가 "예가 뒤입니까?"라고 한 것은 예를 중(重)히 여긴 것이지, 예를 가볍게 여긴 것이 아니다.

● 「注」, "予我"至"言詩".

● 正義曰: "予我", 『爾雅』「釋詁」文. 言"發明"者, 訓起爲發也. 顔子"亦足以發", 亦發明之意.

○ 「주」의 "여아(予我)"부터 "언시(言詩)"까지.

○ 정의에서 말한다.

"여(予)는 나[我]라는 뜻이다."라는 말은 『이아』「석고」의 글이다. "발명(發明)"이라는 말은 일으켜 드러나게 한다는 뜻이다. 안자(顔子)에 대해 "또한 충분히 드러내 밝힌다[亦足以發]"[198]라고 했으니 역시 발명의 뜻이다.

3-9

子曰: "夏禮, 吾能言之, 杞不足徵也, 殷禮, 吾能言之, 宋不足徵也. 【注】 包曰: "'徵', 成也. '杞'·'宋', 二國名, 夏·殷之後. 夏·殷之禮, 吾能說之, 杞·宋之君不足以成也." 文獻不足故也, 足, 則吾能徵之矣." 【注】 鄭曰: "獻, 猶賢也. 我不以禮成之者, 以此二國之君, 文章賢才不

---

[198] 『논어』「위정(爲政)」.

공자가 말했다. "하나라의 예를 내가 말할 수 있으나, 기나라는 증거로 삼기에 부족하고, 은나라의 예를 내가 말할 수 있으나, 송나라는 증거로 삼기에 부족하다. 【주】 포함이 말했다. "'징(徵)'은 이룬다[成]는 뜻이다. '기'와 '송'은 두 나라의 이름이니, 하나라와 은나라의 후예이다. 하나라와 은나라의 예를 내가 말할 수 있으나, 기나라와 송나라의 임금은 (나와 함께) 그것을 이루기에는 부족하다." 전적(典籍)과 현명한 사대부(士大夫)가 부족하기 때문이니, 충분하다면 내가 증거로 삼을 수 있을 것이다." 【주】 정현이 말했다. "헌(獻)은 현명함[賢]과 같다. 내가 예로써 그것을 완성시키지 못한 것은 이 두 나라의 임금에게 문장(文章)과 현명한 인재가 부족했기 때문이다."

원문 正義曰: "文", 謂典策, 獻, 謂秉禮之賢士大夫. 子貢所謂賢者識大, 不賢者識小, 皆謂獻也. 『禮』「中庸」云: "子曰: '吾說夏禮, 杞不足徵也, 吾學殷禮, 有宋存焉.'" 言只有宋存, 而文獻皆不足徵也. 又「禮運」云: "孔子曰: '吾欲觀夏道. 是故之杞, 而不足徵也. 吾得『夏時』焉; 我欲觀殷道. 是故之宋, 而不足徵也. 吾得『坤乾』焉.'" 『夏時』·『坤乾』, 皆文之僅存者.

역문 정의에서 말한다.

"문(文)"은 전적[典策]을 이르고, 헌(獻)은 예를 지키는 현명한 사대부를 이른다. 자공(子貢)의 이른바 현명한 사람은 큰 것을 기억하고, 현명하지 못한 사람은 작은 것을 기억한다는 것[199]이 모두 헌을 이른다. 『예기』

---

199 『논어』「자장」: 자공(子貢)이 말했다. "문왕과 무왕의 도(道)가 아직 땅에 떨어지지 않고 사람들에게 있다. 그리하여 현명한 자는 그 큰 것을 기억하고 있고, 현명하지 못한 자는 작은

「중용(中庸)」에 "공자가 말했다. "내가 하나라의 예를 말할 수 있으나, 그 후예인 기나라는 증거로 삼기에 부족하고, 내가 은나라 예를 배웠으니, 그 후예인 송나라는 그것을 보존하고 있다.'"[200]라고 했는데, 이는 단지 송나라가 존재하기만 할 뿐 문헌이 모두 증거로 삼기에는 부족했다는 말이다. 또 「예운」에 "공자가 말했다. '나는 하나라의 도를 보고 싶었다. 이 때문에 기나라에 갔지만, 증거로 삼기에는 부족했다. 나는 거기에서 『하시(夏時)』라는 하나라의 책력을 얻었다. 나는 은나라의 도를 보고 싶었다. 이 때문에 송나라에 갔지만 증거로 삼기에는 부족했다. 나는 거기에서 『곤건(坤乾)』이라는 은나라의 점서(占書)를 얻었다.'"[201]라고 했는데, 『하시』와 『곤건』은 모두 전적 중에서 겨우 남아 있는 것들이다.

원문 夫子學二代禮樂, 欲斟酌之損益, 以爲世制, 而文獻不足, 雖能言之, 究無徵驗. 故不得以其說著之於篇, 而只就周禮之用於今者, 爲之考定而存之. 『中庸』云: "考諸三王而不繆." 以周監二代, 周禮存, 則夏・殷之禮可推而知. 故通言考也. 又云: "上焉者, 雖善無徵, 無徵不信, 不信民弗從."「注」云: "徵或爲證." 所謂徵驗也. 此鄭存異本, 視徵成之義爲長.

역문 공자는 하나라와 은나라 2대(二代)의 예악을 배워 덜고 보탠 것을 짐작해서 세제(世制)로 삼으려 했지만 문헌이 부족했기 때문에 비록 2대의

것을 기억하고 있어서 문왕과 무왕의 도를 가지고 있지 않음이 없으니, 선생님께서 어디에서인들 배우지 않으셨겠으며 또한 어찌 일정한 스승이 있으셨겠는가?[子貢曰: "文・武之道, 未墜於地, 在人, 賢者識其大者, 不賢者識其小者, 莫不有文・武之道焉, 夫子焉不學, 而亦何常師之有?"]

200 『예기』「중용(中庸)」 또는 『중용』 제28장. 『논어정의』에 "學夏禮"로 되어 있는데, 『예기』「중용」과 『중용장구(中庸章句)』를 근거로 "說"로 고쳤다.

201 『예기』「예운(禮運)」.

예악을 말할 수는 있어도 끝내 증거[徵驗]로 삼을 만한 것이 없었다. 그러므로 그 설명을 책으로 저술하지 못하고 다만 지금 사용하고 있는 주나라의 예를 좇아서 상고하여 결정하고 보존했을 뿐이다. 『중용』에 "삼왕(三王)에게 상고해 보아도 틀리지 않는다."[202]라고 했는데, 주나라는 2대를 겸하였기 때문이니, 주나라의 예가 보존되었다면 하나라와 은나라의 예를 미루어 알 수 있다. 그러므로 통틀어서 상고한다고 말한 것이다. 또 "앞 시대의 것은 비록 좋으나 증거로 삼을 만한 것이 없으니, 증거로 삼을 만한 것이 없기 때문에 믿기지 않고, 믿기지 않기 때문에 백성들이 따르려 하지 않는다."[203]라고 했는데, 「주」에 "징(徵)은 더러 증(證)으로도 쓴다."[204]라고 했으니, 이른바 증거[徵驗]이다. 이는 정현이 다른 판본을 가지고 있는 것으로, 징(徵)을 이룬다[成]는 뜻이라고 한 것보다 더 낫다.[205]

원문 民之所徵, 皆在文獻. 故文獻不足, 則不能徵之. 『漢書』「藝文志」, "古之王者, 世有史官, 左史記言, 右史記事, 事爲『春秋』, 言爲『尙書』, 帝王靡不同之. 周室旣微, 載籍殘缺, 仲尼思存前聖之業, 乃稱曰'夏禮吾能言之'云云. 以魯周公之國, 禮文備物, 史官有法. 故與左丘明觀其史記, 據行

---

202 『중용』제29장.

203 『중용』제29장.

204 『예기주소』권53, 「중용(中庸)」정현의 「주」. 『예기주소』에는 "徵或爲證"까지만 정현의 「주」인데, 중화서국(中華書局)에서 발행한 고유수(高流水) 점교(點校)의 『논어정의』에는 "所謂徵驗也."까지를 「주」의 내용으로 표점하였다. 『예기주소』를 근거로 고쳤다.

205 정현이 『예기주소』「중용」의 「주」에서는 徵을 證으로 보아 증거[徵驗]라고 했으니, 『논어』「팔일」의 「주」에서, "내가 예로써 그것을 완성시키지 못한 것[我不以禮成之者]"이라고 했는데, 여기서는 징(徵)을 이룬다[成]는 뜻으로 보는 것보다 더 낫다는 말이다.

事, 仍人道, 因興以立功, 就敗以成罰, 假日月以定曆數, 藉朝聘以定禮
樂." 據『漢』「志」, 是夫子此言, 因修『春秋』而發, 『春秋』亦本周禮也.

역문 백성들이 증거로 삼는 것은 모두 문헌에 있다. 따라서 문헌이 부족하
면 증거를 댈 수 없다. 『전한서』「예문지(藝文志)」에 "옛날의 제왕(帝王)
은 대대로 사관(史官)이 있어서 좌사(左史)는 언어(言語)를 기록하고 우사
(右史)는 사건(事件)을 기록했으니, 사건은 『춘추』가 되었고, 언어는 『상
서(尙書)』가 되었는데, 제왕이라면 그렇게 하지 않음이 없었다. 주나라
가 이미 쇠퇴하여 서적들이 온전하지 못하니 공자가 앞선 성인의 업적
을 보존하기로 생각하고, 이에 일컫기를 '하나라의 예를 내가 말할 수
있다.'라고 운운한 것이다. 노나라는 주공의 나라였기 때문에 예와 문물
이 빠짐없이 잘 갖추어졌고 사관에게는 법도가 있었다. 그러므로 좌구
명에게 주어 그 역사의 기록을 맡아보고, 행한 일을 근거로 사람의 도리
를 따르며, 흥함을 통해서 공적을 세우고, 실패한 것에 따라 벌을 받고,
일월(日月)을 빌려서 달력을 정하고, 조빙(朝聘)[206]을 바탕으로 예와 악을
정하게 했다."라고 하였다. 『전한서』「예문지」에 의거해 보면 공자의 이
말은 『춘추』를 지으면서 한 말로, 『춘추』 역시 주나라의 예를 근본으로
한 것이다.

---

206 조빙(朝聘): 옛날에 제후가 친히 가거나 혹은 사신을 파견하여 천자를 알현하는 것을 말한
다. 춘추(春秋)시대에는 정권이 패주(霸主)에게 있으므로 제후가 패주를 알현하였다. 『예
기』「왕제」에 "제후가 천자를 매년 한 번씩 소빙(小聘)을 하고, 3년마다 대빙(大聘)을 하고,
5년마다 한 번씩 조회에 나가 알현한다.[諸侯之於天子也, 比年一小聘, 三年一大聘, 五年一
朝.]"라고 했는데, 정현의 「주」에 "소빙은 대부(大夫)를 사절로 보내고, 대빙은 경(卿)을 사
절로 보내고, 조회에 나가 알현할 때에는 군주가 직접 간다.[小聘使大夫, 大聘使卿, 朝則君
自行.]"라고 했다.

원문 戴氏望『論語』「注」云: "王者存二王之後, 杞·宋於周, 皆得郊天, 以天子禮樂祭其始祖. 受命之王, 自行其正朔服色, 備其典章文物. 周衰, 杞爲徐·莒所脅, 而變於夷, 宋三世內娶, 皆非其國之故. 孔子傷其不用賢, 以致去禮, 故言俱不足徵以歎之."

역문 대망(戴望)[207]의 『논어주(論語注)』에 "왕이 우왕(禹王)과 탕왕(湯王)의 후손을 존속시키고 있었으므로, 기나라와 송나라는 주나라에서 모두 천신에게 교제(郊祭)를 지낼 수 있었고, 천자의 예악으로 그 시조를 제사 지낼 수 있었다. 천명을 받은 왕은 본래 자신의 정삭(正朔)[208]과 복색(服色)을 시행하고, 전장(典章)과 문물(文物)을 갖춘다. 주나라가 쇠하자 기나라는 서(徐)나라와 거(莒)나라에게 위협을 당하다가 오랑캐로 변하고, 송나라는 나라 안에서 동성 간에 장가들었으니, 모두 그 나라의 옛 풍속이 아니다. 공자는 그들이 현자를 등용하지 않아 예를 저버리게 된 것을 안타까워했기 때문에 모두 증거로 삼기에 부족하다는 말로 탄식을 한 것이다."라고 했다.

● 「注」, "徵成"至"之後".

---

207 대망(戴望, 1837~1873): 청나라 절강 덕청(德淸) 사람. 자는 자고(子高)이다. 동치(同治) 연간에 강녕서국(江寧書局) 교감(校勘)이 되었다. 안원(顏元)의 학문을 좋아했으며, 진환(陳奐)에게 성음(聲音), 훈고(訓詁)를 배웠다. 뒤에 송상풍(宋翔風)에게 『춘추공양전(春秋公羊傳)』을 배워 상주학파(常州學派)의 계승자가 되었다. 저서에 『논어주(論語注)』와 『관자교정(管子校正)』, 『안씨학기(顏氏學記)』, 『적마당유집(謫廮堂遺集)』 등이 있다.

208 정삭(正朔): 왕자(王者)가 새로 건국(建國)하면 반드시 달력을 고쳐 천하에 반포하여 그 달력이 통치권이 행하여지는 영역에서 쓰이도록 함. 하나라는 인월(寅月)로 세수(歲首)를 삼았으니 인통(人統)이 되고, 은나라는 축월(丑月)로 세수를 삼았으니 지통(地統)이 되고, 주나라는 자월(子月)로 세수를 삼았으니 천통(天統)이 된다.

● 正義曰: 鄭注「中庸」云: "徵, 猶明也. 吾能說夏禮, 顧杞之君不足與明之也." 注「禮運」云: "徵, 成也. 無賢君, 不足與成也." 成‧明同義, 亦包此「注」意也. 『史記』「陳杞世家」, "杞東樓公者, 夏后禹之苗裔也. 周武王封之於杞, 以奉夏后氏祀." 「宋世家」, "微子開者, 殷帝乙之首子, 而紂之庶兄也. 代殷後, 奉其先祀, 國于宋." 是杞‧宋爲二國名, 夏‧殷之後也. 杞初封卽今開封府杞縣, 後遷東國, 與齊‧魯地近. 宋都商丘, 卽今歸德府治商丘縣.

○ 「주」의 "징성(徵成)"부터 "지후(之後)"까지.

○ 정의에서 말한다.

정현은 「중용」을 주석하면서 "징(徵)은 밝힌다[明]는 뜻과 같다. 내가 하나라의 예를 말할 수 있지만 기나라의 임금을 살펴보니 함께 그것을 밝히기에는 부족하다는 말이다."[209]라고 했고, 「예운」을 주석하면서는 "징(徵)은 이룬다[成]는 뜻이다. 현명한 임금이 없어서 함께 이루기에는 부족하다는 말이다."[210]라고 했는데, 이룬다[成]는 것이나 밝힌다[明]는 것이나 뜻이 같으니, 역시 이 장에 대한 포함 「주」의 의미와 같다. 『사기』「진기세가(陳杞世家)」에 "기나라의 동루공(東樓公)이라는 사람은 하후우(夏后禹)의 후손이다. 주나라 무왕이 그에게 기(杞) 지역을 봉토로 주어서 하후씨의 제사를 받들게 했다."라고 했고, 「송세가(宋世家)」에는 "미자(微子) 개(開)는 은나라의 왕이었던 제을(帝乙)의 큰아들이며, 주왕(紂王)의 배다른 형[庶兄]이다. 은 왕조의 후사로 대체되어 조상의 제사를 받들고 송나라를 건국했다."라고 했으니, 이 기와 송은 두 나라의 이름이 되고, 하나라와 은나라의 후예이다. 기나라가 처음에 봉해진 곳은 바로 지금의 개봉부(開封府) 기현(杞縣)인데, 뒤에 동국(東國)으로 옮겼으니 제나라‧노나라와 영토가 가까웠다. 송나라는 상구(商丘)에 도읍하였으니, 바로 지금의 귀덕부(歸德府)로서 상구현(商丘縣)을 다스렸다.

● 「注」, "獻猶"至"故也".

● 正義曰: 『爾雅』「釋言」, "獻, 聖也." 郭「注」, "諡法曰: '聰明睿智曰獻.'" 『書』「益稷」, "萬邦黎獻." 某氏「傳」, "獻, 賢也." 此「注」云: "猶賢"者, 據『說文』, "獻本宗廟犬名羹獻", 與"賢"義

209 『예기주소』 권53, 「중용」 정현의 「주」.
210 『예기주소』 권21, 「예운」 정현의 「주」.

絶遠. 「注」以"獻"爲"儀"之叚借, 故曰"猶賢".

『爾雅』「釋詁」, "儀, 善也." 『詩』「文王」"宣昭義問", 毛「傳」, "義, 善也." "義"·"儀"字同. 『書』「大誥」"民獻有十夫", 伏生「傳」作"民儀". 『周官』「司尊彝」「注」"獻讀爲犧", 又讀爲"儀", 皆"獻"·"儀"通用之證. 此段氏玉裁說, 見『尙書撰異』. 鄭以"獻"指杞·宋之君. 「禮運」「注」云: "謂無賢君也." 又「中庸」「注」云: "君雖善, 善無明徵, 則其善不信也." 言君雖善無明徵, 卽是文獻不足, 『禮』「注」與此「注」相發.

o 「주」의 "헌유(獻猶)"부터 "고야(故也)"까지.

『이아』「석언」에 "헌(獻)은 성스럽다[聖]는 뜻이다."라고 했는데, 곽박의 「주」에 "시법(諡法)에 '총명하고 지혜로움을 헌(獻)이라 한다.' 했다."[211]라고 하였다. 『서경』「익직」에 "만방(萬邦)의 여러 백성 중에 현명한 자[萬邦黎獻]"라는 표현이 있는데, 어떤 사람의 「전(傳)」에 "헌(獻)은 현명하다[賢]는 뜻이다."[212]라고 했다. 여기의 「주」에 "현명함과 같다"라고 했는데, 『설문해자』에 의거하면, "헌(獻)"은 "종묘에 드리는 개 이름이 갱헌(羹獻)이다.[213]라고 한 데서 기원했으니, "현명하다[賢]"는 뜻과는 절대적으로 멀다. 「주」에서는 "헌(獻)"을 "의(儀)"의 가차(叚借)로 보았기 때문에 "현명함과 같다"라고 한 것이다.

『이아』「석고」에 "의(儀)는 착하다[善]는 뜻이다."라 했고, 『시경』「문왕(文王)」에 "착한 명성(名聲)을 펴서 밝힌다."라고 했는데, 모형의 「전」에, "의(義)는 착하다[善]는 뜻이다."[214]라고 했으니, "의(義)"와 "의(儀)"는 같은 글자이다. 『서경』「대고(大誥)」에 "백성 중에 10명의 착한 지아비[民獻有十夫]"라고 했는데, 복생(伏生)의 『상서대전(尙書大傳)』에는 "민의(民儀)"로 되어 있다. 『주관』「사준이(司尊彝)」의 「주」에 "헌(獻)"은 "희(犧)"의 뜻으로 읽어야 한다고 했고, 또 "의(儀)"의 뜻으로 읽어야 한다[215]라고 했으니, 모두 "헌(獻)"과 "의(儀)"가 통용

---

211 『이아주소』권2, 「석언제2(釋言第二)」 곽박의 「주」.

212 『상서주소(尙書注疏)』권4, 「우서(虞書)·익직(益稷)」 공영달의 「전」에 같은 표현이 있다.

213 『설문해자』권10: 헌(獻)은 종묘에 드리는 개 이름이 갱헌(羹獻)이다. 살찐 개를 바친다. 견(犬)으로 구성되었고, 권(鬳)이 발음을 나타낸다. 허(許)와 건(建)의 반절음이다.[獻, 宗廟犬名羹獻. 犬肥者以獻之. 從犬鬳聲. 許建切.]

214 『모시주소』권23, 「대아(大雅)·문왕지십(文王之什)·문왕(文王)」.

215 『주례주소』권20, 「춘관종백상·사준이(司尊彝)」「주」.

되었다는 증거이다. 이에 대한 단옥재의 설명이, 『고문상서찬이(古文尚書撰異)』에 보인다. 정현은 "헌(獻)"을 기나라와 송나라의 임금을 가리키는 것이라고 했다. 「예운」의 「주」에 "현명한 임금이 없다는 말이다.[謂無賢君也.]"²¹⁶라고 했고, 또 「중용」의 「주」에 "임금이 비록 선(善)하더라도 선이 분명한 증거가 없으면 그 선은 믿지 않는다."²¹⁷라고 했는데, 임금이 비록 선하다 하더라도 분명한 증거가 없는 것이 바로 문헌(文獻)이 부족하다는 말이니, 『예기』의 「주」와 여기의 「주」가 서로 발명(發明)이 된다.

3-10

子曰: "禘自旣灌而往者, 吾不欲觀之矣."【注】孔曰: "禘祫之禮, 爲序昭·穆. 故毀廟之主及群廟之主, 皆合食於太祖廟. 灌者, 酌鬱鬯灌於太祖以降神也. 旣灌之後, 列尊·卑, 序昭·穆, 而魯逆祀, 躋僖公, 亂昭·穆. 故不欲觀之矣."

공자가 말했다. "체(禘)제사는 이미 강신(降神)한 뒤부터의 의식은 나는 보고 싶지 않다."【주】공안국이 말했다. "체제(禘祭)와 협제(祫祭)의 예는 소(昭)와 목(穆)의 순서를 살피기 위함이다. 그러므로 훼철한 사당[毀廟]²¹⁸의 신주와 여러 사당[群廟]의 신주를 모두 태조의 사당[太祖廟]에 모셔 놓고서 합사(合祀)한다. 관(灌)은 울창주(鬱鬯酒)를 떠서 태조의 사당 앞의 땅에 부어 신(神)을 내리게 하는 의식이다. 이미 강신한 뒤에는 존(尊)·비(卑)를 나열하고 소·목의 순서를 정하는데, 노나라는 순서를 바꾸어 제사하여, 희공(僖公)의 신주를 민공(閔公)

---

216 『예기』「예운」의 「주」에 이러한 표현은 없다. 다만, 『예기주소』의 정현의 「주」에 "현명한 임금이 없어서 함께 이루기에는 부족하다는 말이다.[無賢君, 不足與成也.]"라고 했다.
217 『예기주소』 권53, 「중용」「주」.
218 훼묘(毀廟): 5대조 이상의 신주를 태묘(太廟: 종묘)로 옮겨 봉안하는 것.

의 신주 위로 올려 소·목을 어지럽혔다. 그러므로 보고 싶어 하지 않은 것이다."

원문 正義曰: 禘禮之說, 千古聚訟. 今求之『禮經』, 參以諸儒之論, 爲之說曰:
『爾雅』「釋天」云: "禘, 大祭也." 言大祭者, 殷人夏祭曰禘, 至周以夏祭爲
禴, 而以禘爲殷祭之名, 故言大也. 禘行於夏, 與祫行於秋, 在四時之間,
故「司尊彝」謂之"間祀". 『儀禮』「喪服」「傳」, "大宗者, 尊之統也. 諸侯及
其太祖, 天子及其始祖之所自出."『禮記』「喪服小記」, "王者禘其祖之所
自出, 以其祖配之, 而立四廟."「注」, "高祖以下, 與始祖而五."「大傳」,
"禮, 不王不禘, 王者禘其祖之所自出, 以其祖配之." 始祖者, 始封之祖. 周
始后稷, 則以稷爲始祖也. 稷之所自出者, 嚳也. 故「祭法」言周人禘嚳也.
『孝經』曰: "孝莫大於嚴父, 嚴父莫大於配天, 則周公其人也. 昔者, 周公郊
祀后稷以配天, 宗祀文王於明堂以配上帝." 郊是祭天, 而以稷配; 宗是祭
上帝, 而以文王配, 此周公嚴父之義, 「禮三本」所謂"王者天太祖"也. 此與
宗廟之祀后稷·文王異, 禮, 宗廟不得配天配上帝也.

역문 정의에서 말한다.

체제사의 예에 대한 설은 아주 오랜 세월 동안 취송(聚訟)[219]되었다. 이
제 『예경』을 연구하고 여러 유학자들의 의논을 참고해서 말하면 다음
과 같이 말할 수 있다.

『이아』「석천」에 "체(禘)는 큰 제사[大祭]이다."라고 했다. 큰 제사라는

---

[219] 취송(聚訟): 여러 설(說)을 가지고 분분히 서로 다투어 정론(定論)이 없는 것을 이른다.『후
한서(後漢書)』권35,「조포열전(曹褒列傳)」에 "예(禮)를 따지는 사람이 모인 것을 이름하여
취송이라 하니, 서로 이의를 제기하면 끝내 붓을 놓을 수 없다.[會禮之家, 名爲聚訟, 互生疑
異, 筆不得下.]"라고 하였다.

말은, 은나라 사람들은 여름에 지내는 제사를 체(禘)라고 했는데, 주나라 때 이르러 여름에 지내는 제사를 약(禴)이라 하고, 체제사를 은나라 제사의 이름으로 삼았기 때문에 크다고 말한 것이다. 체제사는 여름에 거행하니 가을에 거행하는 협(祫)제사와 더불어 사시(四時)의 사이에 있기 때문에 『주례』「춘관종백상(春官宗伯上)·사준이」에서는 그것을 "간사(間祀)"라고 했다. 『의례』「상복(喪服)」의 「전」에 "대종(大宗)은 높은 혈통이다. 제후는 그들의 태조(太祖)에게까지 제사를 올리고, 천자는 그들의 시조(始祖)가 나온 하늘에까지 제사를 올린다."[220]라고 했다. 『예기』「상복소기(喪服小記)」에 "왕자(王者)는 그 시조가 나온 하늘에 체제사를 지내고, 그 시조를 여기에 배향하여 4묘(四廟)[221]를 세운다."라고 했는데, 「주」에 "고조 이하니, 시조까지 5묘(五廟)이다."[222]라고 했다. 『예기』「대전(大傳)」에 "예(禮)에 천자[王]가 아니면 체제사를 지내지 못하니, 왕자는 그 시조가 나온 하늘에 체제사를 지내고, 그 시조를 여기에 배향한다."라고 했다.

시조(始祖)란 처음 봉해진 조상이다. 주나라의 시작은 후직(后稷)이니, 후직을 시조로 삼은 것이다. 후직이 나온 곳은 제곡(帝嚳)이다. 그러므로 『예기』「제법」에서 주나라 사람이 제곡에게 체제사를 지냈다고 말한 것이다.[223] 『효경』에 "효(孝)는 부모를 엄중히 받드는 것보다 큰 것이 없고, 부모를 엄중히 받드는 것은 하늘과 짝지어 배향하는 것보다 큰 것이 없으니, 주공이 바로 그런 사람이다. 옛날에 주공은 후직에게 교(郊)제사

---

220 『의례주소』권11,「상복(喪服)」의「전」.
221 4묘(四廟): 고조·증조·조부·아버지까지 사친(四親)의 사당.
222 『예기주소』권32,「상복소기(喪服小記)」정현의「주」.
223 『예기』「제법」: 주나라 사람은 제곡(帝嚳)에게 체제 지내고 후직(后稷)을 교제에 배향하며, 문왕을 조로 삼고 무왕을 종으로 삼았다.[周人禘嚳而郊稷, 祖文王而宗武王.]

를 지냄으로써 하늘과 짝지어 배향하였고, 명당(明堂)에서 문왕에게 종사(宗祀)를 지냄으로써 상제(上帝)와 짝지어 배향하였다."[224]라고 했다. 교는 하늘에 지내는 제사인데 후직을 짝지어 배향했고, 종(宗)은 상제에게 지내는 제사인데 문왕을 짝지어 배향했으니, 이는 주공이 부모를 엄중하게 받든 뜻으로, 『대대례기(大戴禮記)』「예삼본(禮三本)」의 이른바 "왕자는 태조를 하늘로 받든다."라는 것이다. 이것은 종묘에서 후직과 문왕에게 제사 지낸 것과는 다르니, 예에 종묘에서는 하늘과 짝하여 배향하거나 상제와 짝하여 배향할 수 없다.

원문 『中庸』言武・周之達孝云: "郊・社之禮, 所以事上帝也; 宗廟之禮, 所以祀乎其先也." 又言, "明乎郊・社之禮, 禘嘗之義." "宗廟"・"禘嘗", 互文見義, 此與郊・社無與, 而解者多混爲一, 誤矣.

역문 『중용』에 무왕과 주공의 달효(達孝)[225]를 말하면서 "하늘에 제사하는 교제사와 땅에 제사하는 사(社)제사는 상제를 섬기는 것이고, 종묘의 예는 선조에게 제사 지내는 것이다."[226]라고 했고, 또 "교제사와 사제사의 예와 체제와 상제의 뜻을 잘 안다."라고 했는데, "종묘"와 "체상(禘嘗)"은 호문(互文)[227]해서 뜻을 드러낸 것으로, 여기에는 호문을 같이 쓰고 교제사와 사제사는 호문을 같이 쓰지 않아서 해석하는 사람들이 섞어서 하

---

224 『효경』「성치장(聖治章)」.

225 달효(達孝): ① 한결같고 변(變)함 없는 효도(孝道). ② 만인(萬人)이 효행(孝行)이라고 인정(認定)할 만한 효도(孝道).

226 『중용』 제19장.

227 호문(互文): 앞뒤의 문구에서 각기 교차 생략하고, 상호 보충하는 수사(修辭) 방식. 또는 두 개 이상의 문장이나 구절이 서로 뜻이 통해서 상호 보완하여 전체의 문의를 완전하게 통하도록 하는 문체.

나라고 생각하는 자들이 많은데, 잘못이다.

원문 『周官』「大宗伯」, "以肆·獻·祼享先王, 以饋食享先王, 以祠春享先王, 以禴夏享先王, 以嘗秋享先王, 以烝冬享先王." 鄭「注」以肆獻祼爲祫, 饋食爲禘, 其祭大於時祭, 故列於上, 卽「司尊彝」所謂"追享·朝享"也.

역문 『주관』「대종백」에 "익은 것[肆]과 날것[獻], 강신주[祼]로 돌아가신 왕들을 배향하고, 궤사(饋食)²²⁸로 돌아가신 왕들을 배향하며, 봄 제사인 사(祠)로 돌아가신 왕들을 배향하고, 여름 제사인 약으로 돌아가신 왕들을 배향하고, 가을 제사인 상(嘗)으로 돌아가신 왕들을 배향하며, 겨울 제사인 증(烝)으로 돌아가신 왕들을 배향한다."²²⁹라고 했는데, 정현의 「주」에 익은 것[肆]과 날것[獻], 강신주[祼]로 협제(祫祭)를 지내고 궤사로 체제를 지내는데, 그 제사가 시제(時祭)보다 크기 때문에 앞에 열거한 것이라고 하니, 바로 「사준이」의 이른바 "추향(追享)"과 "조향(朝享)"²³⁰이다.

원문 天子三年喪畢, 新主將入廟, 有禘祭, 謂之吉禘, 『春秋』所書"吉禘"是也. 有吉禘則亦有吉祫. 何休『公羊解詁』謂"禮, 禘祫從先君數, 遭祫則祫, 遭禘則禘"是也. 其常祭, 則三歲一祫, 五歲一禘, 所謂"五年再殷祭"也. 禘大祫小, 故『春秋』所記, 『爾雅』所載, 俱有禘無祫. 劉歆遂以禘·祫爲一祭二名, 禮無差降, 誤也.

　「大傳」曰: "大夫士有大事, 省於其君, 干祫及其高祖." 祫下及大夫·士,

---

228 궤사(饋食): 기장밥을 올리는 제사.
229 『주례』「춘관종백상·대종백」.
230 『주례』「춘관종백상·사준이」. "봄·여름·가을·겨울의 간사[間祀]인 추향과 조향.[凡四時之間祀, 追享·朝享.]" 추향(追享)은 추제(追祭)이며 천묘(遷廟)의 군주에게 일이 있을 때 복을 청하는 일. 조향(朝享)은 조수(朝受)이며 정사를 묘(廟)에서 받는 일.

而禘則不王不禘, 祫是合已遷未遷廟之主祭於大廟, 然止及始祖, 不及始
祖之所自出. 又何休『公羊解詁』謂, "禘, 功臣皆祭." 是禘大於祫. 惟漢宗
廟之祭, 有祫無禘, 故漢儒多以祫大於禘也.

　禘是天子宗廟之祭, 魯得用之者, 「祭統」曰: "昔者周公旦有勳勞於天下,
周公既沒, 成王 · 康王追念周公之所以勳勞者, 而欲尊魯, 故賜之重祭, 外
祭則郊 · 社是也, 內祭則大嘗禘是也. 夫大嘗禘, 升歌「淸廟」, 下而管「象」,
朱干玉戚, 以舞「大武」, 八佾以舞「大夏」, 此天子之樂也, 康周公, 故以賜
魯也."

역문 천자가 삼년상을 마치고 장차 새로운 신주를 사당에 모시려 할 때 체
제를 지내는데, 그것을 길체(吉禘)라 하니, 『춘추』에 기록된 "길체"[231]가
이것이다. 길체가 있으면 역시 길협(吉祫)도 있다. 하휴의 『춘추공양해
고(春秋公羊解詁)』에 "예에 체제사와 협제사는 선군(先君)의 돌아가신 날
짜의 수를 헤아려 협제에 해당하면 협제를 지내고, 체제에 해당하면 체
제를 지낸다."라고 한 것이 이것이다. 일반적인 제사면 3년에 1번 협제
를 지내고, 5년에 1번 체제를 지내니, 이른바 "5년 동안 두 번 성대한 제
사[殷祭]를 지냈다."[232]라는 것이다. 체제는 크고 협제는 작기 때문에 『춘
추』에 기록된 것과 『이아』에 실린 것은 모두 체제는 있지만 협제는 없
다. 그리하여 유흠(劉歆)[233]은 마침내 체제와 협제를 같은 제사인데 이름

---

231 『춘추』 「민공(閔公)」 2년 5월 기사에 "여름 5월 을유일에 장공(莊公)에게 길체를 지냈다.[夏
　　五月乙酉, 吉禘于莊公.]"라고 했다.

232 『춘추공양전』 「문공(文公)」 2년.

233 유흠(劉歆, 기원전 53?~기원전 23): 전한 말기 패현(沛縣) 사람. 자는 자준(子駿)인데, 나중
　　에 이름을 수(秀), 자를 영숙(穎叔)으로 고쳤다. 유향(劉向)의 아들이다. 젊었을 때 『시경』
　　과 『서경』에 정통했고, 글을 잘 지었다. 성제(成帝) 때 황문랑(黃門郎)이 되어 아버지와 함
　　께 많은 서적들을 교정했다. 나중에 왕망을 죽이려다가 음모가 발각되자 자살했다. 『좌씨춘

이 두 가지이므로 예에 차등이 없다고 여겼는데, 잘못이다.

『예기』「대전」에 "대부는 대사(大事)가 있을 때 그 임금에게 여쭙고, 간협(干祫)²³⁴은 그 고조에까지 미친다."라고 했는데, 협제는 아래로 대부와 사에게까지 미치고, 체제는 왕이 아니면 체제를 지내지 않으니, 협제는 이미 천묘(遷廟)를 했거나 아직 천묘하지 않은 신주를 합해서 태묘에서 제사 지내지만, 그러나 시조에까지 미칠 뿐, 시조가 나온 곳까지는 미치지 않는다. 또 하휴의 『공양해고』에 "체제는 공신(功臣)이 모두 제사 지낸다."라고 했으니, 이에 체제가 협제보다 크다는 것이다. 오직 한(漢)나라 때만 종묘의 제사에 협제만 있고 체제가 없었기 때문에 한대의 유학자들은 많이들 협제가 체제보다 크다고 여겼다.

체제는 천자가 종묘에서 지내는 제사인데, 노나라에서는 체제를 쓸 수 있었던 것에 대해 『예기』「제통」에 "옛날에 주공 단이 천하에 큰 공로가 있었으므로, 주공이 죽은 뒤에 성왕과 강왕은 주공이 공로가 있음을 추념(追念)해서 노나라를 높이고자 했기 때문에 중대한 제사를 하사했으니, 외제(外祭)는 하늘에 제사하는 교제사와 땅에 제사하는 사제사가 이것이고, 내제(內祭)는 대상(大嘗)과 대체(大禘)가 이것이다. 대상과 대체는 당 위에 올라가 「청묘(淸廟)」 시를 노래하고 당에서 내려와 「상무(象

추(左氏春秋)』와 『모시(毛詩)』, 『일례(逸禮)』, 『고문상서』를 존중하여 학관(學官)에 전문박사(專門博士)를 두기 위해 학관 박사들과 논쟁을 벌였지만 이루지 못하고 하내태수(河內太守)로 전출되었다. 궁정의 장서를 정리하고 육예(六藝)의 여러 서적을 7종으로 분류한 『칠략(七略)』을 썼다. 『칠략』의 내용은 상당수가 『전한서』「예문지(藝文志)」로 편입되었다. 그 밖에 『삼통역보(三統曆譜)』를 지었고, 명나라 사람이 편집한 『유자준집(劉子駿集)』이 있다.

234 간협(干祫): 협제(祫祭)의 일종의 특례(特例)로서, 멀고 가까운 선조들의 신주를 한데 모아 태묘에서 합제(合祭)를 올리는 것을 말한다.

舞)」의 악곡을 관악(管樂)으로 연주하며, 붉은 방패와 옥도끼를 들고서 「대무」의 악곡에 맞추어 춤을 추고, 여덟 줄[八佾]로 「대하」의 악곡에 맞추어 춤을 추니, 이것은 천자의 예악이다. 주공을 존중하였기 때문에 노나라에 이를 하사한 것이다."라고 했다.

원문 「明堂位」曰: "季夏六月, 以禘禮祀周公於太廟, 牲用白牡, 尊用犧·象·山罍, 鬱尊用黃目, 灌用玉瓚·大圭. 薦用玉豆雕篹, 爵用玉琖仍雕, 加以璧散·璧角. 俎用梡嶡. 升歌「淸廟」, 下管「象」, 朱干玉戚, 冕而舞「大武」, 皮弁素積, 裼而舞「大夏」. 昧, 東夷之樂也; 任, 南蠻之樂也. 納四夷之樂於太廟, 言廣魯於天下也." 此周公廟得有禘禮, 出自成·康所賜也.

역문 『예기』「명당위」에 "늦여름[季夏] 6월에 태묘에서 체제사의 예로 주공을 제사 지냈는데 희생으로 흰 수소를 쓰고, 술잔은 희준(犧尊)과 상준(象尊)[235]과 산뢰(山罍)[236]를 쓰며, 울창주를 담는 잔[鬱尊]은 황목준(黃目尊)[237]을 쓰고, 강신(降神)할 때는 옥찬(玉瓚)[238]과 대규(大圭)[239]를 썼다. 음

---

235 준용희상(尊用犧象): 『예기주소』「명당위(明堂位)」의 「소」에는 "춤추는 봉황의 그림을 그리고 상아(象牙)로 장식한 것이다." 했고, 『춘추좌씨전』「정공」 11년 「소(疏)」에는 "희상은 주기(酒器)로 희준(犧尊)과 상준(象尊)인데, 희준은 비취로 장식한 것이고, 상준은 봉황 모양으로 만든 것이다." 했으며, 『삼례도(三禮圖)』에는 "희준은 소 그림을 그린 것이고, 상준은 코끼리 그림을 그린 것이다." 했다.

236 산뢰(山罍): 하(夏)나라 우왕(禹王)의 술잔으로, 뢰(罍)라는 것은 구름과 우레가 널리 혜택을 베풂이 인군(人君)이 은혜를 여러 신하들에게 미치게 함과 같음을 취하여 형상한 것이다. 구름 낀 모양의 멧부리와 뇌문(雷紋)을 표면에 새겨 넣은 그릇. 제례(祭禮)에 현주(玄酒)나 앙제[앙齊: 앙주(앙酒)]를 담는 데 쓴다.

237 황목준(黃目尊): 사람의 눈 모양을 새겨 넣어 황동으로 만든 술 그릇.

238 옥찬(玉瓚): 옥으로 만든 술 그릇.

239 대규(大圭): 옥으로 장식한 주전자에 들어가는 홀 모양의 자루.

식을 올릴 때는 옥두(玉豆)²⁴⁰와 조산(雕簋)²⁴¹을 사용하고, 술을 올릴 때는 옥잔잉조(玉瓚仍雕)²⁴²를 쓰며, 술잔[加]은 벽산(璧散)과 벽각(璧角)을 쓰고, 도마는 완궐(梡嶡)²⁴³을 썼다. 당 위에 올라가 「청묘」 시를 노래하고 당에서 내려와 「상무」의 악곡을 관악으로 연주하며, 붉은 방패와 옥도끼를 들고, 면류관을 쓰고서 「대무」의 악곡에 맞추어 춤을 추고, 사슴 가죽으로 만든 관[皮弁]을 쓰고 주름진 흰 비단 하의[素積]에 석의(裼衣)를 걸치고 「대하」의 악곡에 맞추어 춤을 추었다. 매(眛)는 동이(東夷)의 음악이고 임(任)은 남만(南蠻)의 음악인데 사이(四夷)의 음악을 태묘에 바친 것은 노나라를 천하에 넓혔음을 말하는 것이다."라고 했는데, 이는 주공의 사당에서 체제사의 예를 가질 수 있었던 것은 성왕과 강왕이 하사함으로부터 나온 것이라는 말이다.

원문 『詩』 「閟宮」云: "秋而載嘗, 夏而楅衡." 載嘗卽嘗祭, 楅衡卽禘祭, 「祭統」所云 "大嘗禘" 也. 毛彼傳云: "諸侯夏禘則不礿, 秋祫則不嘗, 惟天子兼之." 此謂魯當禘·祫之年, 則廢一時祭. 言諸侯者, 據魯稱之. 他國諸侯, 雖有特祀, 不得名禘, 且用其禮也. 若然, 魯大祭皆成·康所賜. 而 「禮運」 載孔子言以魯郊·禘非禮, 又歎周公其衰者, 此夫子譏伯禽之失, 不當受賜, 亦以郊禘禮大故也.

역문 『시경』 「비궁(閟宮)」에 "가을에 상(嘗)제사를 지내고, 여름에는 체제사

---

240 옥두(玉豆): 옥으로 장식한 제기.
241 조산(雕簋): 무늬를 아로새겨 넣은 제기.
242 옥잔잉조(玉瓚仍雕): 옥으로 만든 작은 잔.
243 완궐(梡嶡): 상고시대에 제사용 희생물을 진열해 놓았던 그릇이다. 완(梡)은 순임금 때 쓰던 예기로, 네발을 붙여서 만들었고, 궐(嶡)은 하나라 때 쓰던 예기로, 발에다 횡목(橫木)을 덧붙였다.

를 지낸다.[秋而載嘗, 夏而楅衡.]"²⁴⁴라고 했는데, 재상(載嘗)은 바로 상제이고, 복형(楅衡)은 바로 체제이니,²⁴⁵ 「제통」에서 말한 "대상"과 "대체"이다. 모씨의 이 부분에 대한 「전」에는 "제후는 여름에 체제를 지냈으면 약제를 지내지 않고, 가을에 협제를 지냈으면 상제를 지내지 않으니, 오직 천자만이 그것을 겸한다."²⁴⁶라고 했는데, 이는 노나라에서 체제사와 협제사를 지내는 해를 당해서는 한 계절의 제사를 폐했다는 말이다. 제후라고 말한 것은 노나라의 입장에서 일컬은 것으로, 다른 나라의 제후들은 비록 특별한 제사가 있더라도, 체제라고 명명하거나 또는 그 예를 사용할 수 없다. 만약 그렇다면 노나라의 큰 제사는 모두 성왕과 강왕이 하사한 것이다. 그런데도 『예기』「예운」에 공자가 노나라에서 교제와 체제를 지낸 것은 예가 아니라고 한 말과, 또 주공의 도(道)가 쇠퇴했다는 탄식을 기재했는데, 이는 공자가 백금(伯禽)의 잘못을 비난한 것으로,²⁴⁷ 마땅히 성왕과 강왕의 하사를 받지 않았어야 했으니, 역시 교제와 체제의 예가 크기 때문이다.

---

244 『시경』「노송 · 비궁(閟宮)」.

245 주희의 『시경집전(詩經集傳)』「주」에는 "복형(楅衡)은 소의 뿔에 설치하는 것이니, 소가 떠받는 것을 저지하는 것이다. 『주례』「봉인(封人)」에 '무릇 제사에는 희생(犧牲)인 소를 꾸며서 복형(楅衡)을 설치한다.' 한 것이 이것이다. 가을에 장차 상제사(嘗祭祀)를 지낼 터인데 여름에 소에게 복형을 하는 것은 미리 챙김을 말한 것이다.[楅衡, 施於牛角, 所以止觸也. 『周禮』「封人」云: '凡祭, 飾其牛牲, 設其楅衡.' 是也. 秋將嘗而夏楅衡其牛, 言夙戒也.]"라고 했다.

246 『모시주소』권29, 「노송(魯頌) · 경지십(駉之什) · 비궁(閟宮)」.

247 백금(伯禽, ?~?)은 주공의 맏아들로 성왕이 상엄(商奄)의 땅과 은민(殷民) 6족(族)으로 백금을 봉했는데, 나라 이름은 노(魯)라 하고, 곡부(曲阜)를 도읍으로 정했다. 46년 동안 재위했다. 노나라의 교제와 체제가 백금에게서부터 시작되었으므로 백금의 잘못을 비난한 것이라고 한 것이다.

『春秋』「閔公」二年二月, "吉禘于莊公." 時閔公年幼, 政在大夫, 始僭用
禘禮於群廟, 故『春秋』書而譏之. 僖公賢君, 復魯舊制, 終僖公世祇八年書
"禘于太廟", 若群廟未有書其僭者, 則意文・宣以後, 禮樂征伐出自大夫,
始踵前失而復僭之. 『春秋左氏』「昭」十五年, "禘于武宮." 廿五年, "禘于
襄公." 是群廟有禘矣. 「襄」十六年「傳」, "晉人曰: '寡君之未禘祀.'" 是晉
亦有禘矣. 魯禘本在六月, 而僖八年以七月, 昭十五年以三月, 定八年以十
月. 又「雜記」言, "七月而禘, 孟獻子爲之." 則僭竊之失, 不能有定制矣. 『史
記』「禮書」, "是以君臣朝廷尊卑貴賤之序, 下及黎庶車輿衣服宮室飮食嫁
娶喪祭之分, 事有宜適, 物有節文. 仲尼曰: '禘自旣灌而往者, 吾不欲觀之
矣.' 周衰, 禮廢樂壞, 大小相踰, 管仲之家, 兼備三歸." 如史公說, 則不欲
觀爲魯僭禘, 此禘明在群廟矣.

역문 『춘추』「민공」 2년 2월에 "장공(莊公)에게 길체(吉禘)를 지냈다."라고
했는데, 당시에 민공은 나이가 어려 정치가 대부의 손에 달려 있었고,
처음으로 여러 사당에서 체제의 예를 참람되게 사용했으므로『춘추』에
기록하여 비판한 것이다. 희공은 현명한 군주로서 노나라의 옛 제도를
회복시켰지만, 희공 생전에는 단지 희공 8년 때 "태묘에서 체제를 지냈
다."라고 기록했으니, 만약 여러 사당에 그 참람함을 기록한 것이 없었
다면 아마도 문공(文公)과 선공(宣公) 이후에는 예악(禮樂)과 정벌(征伐)이
대부(大夫)로부터 나와 비로소 전에 실패한 전철을 밟아 다시 참람했을
것이다. 『춘추좌씨전』「소공」 15년에, "무궁(武宮)에서 체제를 지냈다."
라고 했고 25년에는 "양공에게 체제를 지냈다."라고 했는데, 이는 여러
사당에 체제가 있었다는 말이다. 「양공」 26년의 「전」에 "진(晉)나라 사
람이 말했다. '우리 임금께서 아직 체제를 지내지 못하셨다.'"라고 했는
데, 이는 진나라에도 체제가 있었다는 것이다. 노나라의 체제는 본래
6월에 있는데, 희공 8년에는 7월에 지냈고, 소공 15년에는 3월에 지냈

으며, 정공 8년에는 10월에 지냈다. 또 『예기』「잡기하」에 "7월에 체제를 지냈는데, 맹헌자(孟獻子)가 치렀다."라고 했는데, 그렇다면 이는 참절(僭竊)한 잘못으로 정해진 제도가 있지 못했던 것이다.

『사기』「예서(禮書)」에 "이런 까닭에 조정에서 군신 간의 높고 낮음과 귀하고 천함의 순서로부터, 아래로 백성의 수레와 의복, 집, 음식, 혼례, 상례, 제례의 명분에 이르기까지 일에는 마땅함이 있고, 사물에는 절문(節文)이 있는 것이다. 공자가 말했다. '체제사는 이미 강신한 뒤부터의 의식은 나는 보고 싶지 않다.' 주나라가 쇠하여 예가 폐기되고 악이 무너지니, 대인·소인 할 것 없이 서로 법도를 넘어서 관중의 집에서는 세 명의 아내[三歸]²⁴⁸를 겸비하게 되었다."라고 했는데, 사마천의 말대로라면 노나라가 체제사를 참절함을 보고 싶지 않았다는 것이니, 이렇듯 체제사는 분명 여러 사당에 있었던 것이다.

원문 莊氏述祖『別記』, "宗廟有灌, 天子諸侯之禮同也.「明堂位」, '季夏六月, 以禘禮祀周公於太廟, 鬱尊用黃目, 灌用玉瓚大圭.'「郊特牲」曰: '黃目, 鬱氣之上尊也.' 鄭「注」, '黃目, 黃彝也. 周所造, 於諸侯爲上也.'「正義」云: '「明堂位」"灌尊, 夏后氏以雞彝, 殷以斝, 周以黃目." 天子則黃彝之上, 有雞彝·斝彝, 備前代之器, 諸侯但有黃彝, 故曰"於諸侯爲上"也.' 又

---

248 삼귀(三歸): 성(姓)이 다른 세 여자에게 장가들어 살던 저택(邸宅)이라는 뜻으로서, 성이 다른 세 여자를 아내로 맞아들이는 것을 말함. 춘추시대 제나라 관중(管仲)은 한꺼번에 성이 다른 세 명의 정실을 두기도 했다. 전하여 시문이 사치스러울 정도로 화려하기만 하고 법도를 무시한 참람한 느낌마저 든다는 것을 암시하는 표현으로 사용하기도 한다. 『논어』「팔일」에 "어떤 사람이 물었다. '관중은 검소합니까?' 공자가 대답했다. '관씨는 세 명의 아내를 두었고, 관직의 일을 겸직시키지 않았으니, 어찌 검소할 수 있겠는가?[或曰: '管仲儉乎?' 曰: '管氏有三歸, 官事不攝, 焉得儉?']"라고 했다.

『周禮』「司尊彝·職」曰: '春祠夏禴, 祼用雞彝·鳥彝, 秋嘗冬烝, 祼用斝彝·黃彝. 追享·朝享, 祼用虎彝·蜼彝.' 今魯禘灌用黃彝, 不備前代之器, 從諸侯禮也. 至迎牲以後, 朝踐再獻之時, 則白牡山罍, 兼用四代之禮, 其餘可以類推, 故夫子曰: '吾不欲觀之矣.'"

역문 장술조(莊述祖)[249]의 『별기(別記)』에, "종묘에 강신의 의식이 있는데, 천자와 제후의 예가 같다. 『예기』「명당위」에 '늦여름 6월에 태묘에서 체제사의 예로 주공을 제사 지냈는데, 울창주를 담는 잔[鬱尊]은 황목준을 쓰고, 강신할 때는 옥찬과 대규를 썼다.'라고 했고, 『예기』「교특생」에는 '황목(黃目)은 울창주를 담는 최상의 술잔[尊]이다.'라고 했는데, 정현의 「주」에 '황목(黃目)은 황이(黃彝)[250]이다. 주나라 때 만든 것으로 제후에게는 최상이 된다.'[251]라고 했다. 『예기정의』에 '「명당위」에 "강신할 때의 술잔[灌尊]으로 하후씨는 계이(雞彝)를 썼고 은나라는 가(斝)를 썼으며 주나라는 황목을 썼다."라고 했는데, 천자는 황이를 최상으로 삼지만 계이와 가이(斝彝)도 있었으니, 이전 시대의 주기(酒器)를 갖추고 있었고,

---

249 장술조(莊述祖, 1751~1816): 청나라 강소 무진(武進) 사람. 자는 보침(葆琛)이고, 호는 진예(珍藝)이다. 장배인(莊培因)의 아들이다. 백부 장존여(莊存與)에게 배워 금문경학을 위주로 했다. 『상서대전(尙書大傳)』과 『일주서(逸周書)』, 『백호통의』 등을 교정하여 천구(舛句)와 와자(訛字), 일문(佚文), 탈간(脫簡) 등을 바로잡았다. 문자학에도 능통해 고주문자(古籒文字), 전주해성(轉注諧聲) 및 『설문해자』의 편방체례(偏旁體例)를 고증했으며, 『이아』, 『광운』을 고증하여 『설문해성(說文諧聲)』을 편찬했다. 저서에 『상서고금고증(尙書古今考證)』과 『하소정경전고석(夏小正經傳考釋)』, 『모시고증(毛詩考證)』, 『모시주송구의(毛詩周頌口義)』, 『오경소학술(五經小學述)』, 『설문고주소(說文古籒疏)』, 『제자직집해(弟子職集解)』, 『역대재적족징록(歷代載籍足徵錄)』 등이 있다. 학문은 유봉록(劉逢祿), 송익풍(宋翔風) 등에 의해 계승되었다.

250 황이(黃彝): 종묘에 늘 비치된 주기(酒器) 중의 하나. 계이(鷄彝)·조이(鳥彝)·황이(黃彝)·호이(虎彝)·유이(蜼彝)·가이(斝彝)의 여섯 가지가 있다.

251 『예기주소』 권26, 「교특생(郊特牲)」 정현의 「주」.

제후는 다만 황이만 있었을 뿐이므로 "제후에게는 최상이 된다."라고
한 것이다.' 또 『주례』「사준이·직(職)」에 '봄에 지내는 사제사와 여름에
지내는 약제사에는 강신할 때 계이와 조이(鳥彝)를 사용하고, 가을에 지
내는 상제사와 겨울에 지내는 증(烝)제사에는 강신할 때 가이와 황이를
사용한다. 추향(追享)과 조향(朝享)에는 강신할 때 호이(虎彝)와 유이(蜼
彝)를 사용한다.'라고 했다. 그런데 지금 노나라에서 체제사를 지내면서
강신에 황이를 사용하고, 이전 시대의 주기를 갖추지 않았으니, 제후의
예를 따른 것이다. 희생(犧牲)을 맞이한 다음 조천(朝踐)²⁵²에서 두 번째
잔을 올릴 때 희생으로 흰 수소를 쓰고 술잔은 산뢰를 쓰며, 아울러 4대
(四代)를 제사하는 예를 썼으니 그 나머지는 유추(類推)해 볼 수 있기 때
문에 공자가 '나는 보고 싶지 않다.'라고 한 것이다."라고 했다.

원문 案, 凌氏曙『典故覈』, "天子宗廟禮有九獻, 魯亦如之. 君灌爲一獻, 夫人
灌爲再獻. 旣灌之後, 君出迎牲視殺, 而薦血·腥於堂爲朝獻, 是三獻·四
獻. 薦孰于室爲饋食, 是五獻·六獻. 獻尸食畢, 而君與夫人醊酳尸, 是七
獻八獻. 賓長酳尸, 是爲九獻. 九獻之後, 又有加爵其間, 有獻祝宗·獻
賓·獻卿·大夫·士, 及餕而禮畢."

역문 살펴보니, 능서의 『사서전고핵』에 "천자가 종묘에서 지내는 제사의
예는 9헌(九獻)을 올리는데, 노나라에서도 똑같이 하였다. 임금이 강신
하는 것이 일헌(一獻)이 되고, 부인(夫人)이 강신하는 것이 재헌(再獻)이
되며, 강신이 끝난 뒤에 임금이 나아가 희생을 맞이해서 죽이는 것을
살피고, 사당에서 피와 날것을 올리는 것이 조헌(朝獻)이 되는데, 이것

---

252 조천(朝踐): 제사 지내는 의식 중 한 절차로, 제사 지내는 날 아침 일찍이 사당에 희생을 올
리고 술잔을 올리는 의식.

이 3헌과 4헌이다. 내실[室]에서 익힌 희생을 올리는 것이 궤사(饋食)가
되니 이것이 5헌과 6헌이다. 시동에게 잔을 올리고 먹기를 마치면, 임금
과 부인은 모두 술을 따라 시동에게 입을 가시게 하는데, 이것이 7헌과
8헌이다. 빈객 중에 연장자가 술을 따라 시동에게 입을 가시게 하는데,
이것이 9헌이 된다. 9헌을 마치고 나면 또 그사이에 첨작을 하는데, 축
종(祝宗)에게 잔을 올리고, 빈객에게 잔을 올리며, 경과 대부와 사에게
잔을 올리는 예가 있고, 남은 음식을 먹는 데 미쳐 예를 마친다."라고
했다.

원문 然則灌者, 祭禮之始. 故「祭統」言"獻之屬, 莫重於祼也." 鄭此「注」云:
"禘祭之禮, 自血·腥始." 鄭以灌後卽迎牲視殺, 而薦血薦腥爲三獻四獻之
禮, 言此者, 明旣灌而往往爲此禮也. 禘禮自血·腥始, 則血·腥前尙非禘
禮. 鄭「注」本非全文, 其義或如莊氏所云矣.「郊特牲」「疏」引崔氏云: "周
禮之法, 宗廟以祼地爲始." 又引熊氏云: "凡大祭竝有三始, 祭宗廟以樂爲
致神始, 以灌爲歆神始, 以腥爲陳饌始." 是血·腥前當有二始, 鄭以致神·
歆神與他祭同, 未用禘禮, 故不數之也.

역문 그렇다면 강신이란 제례(祭禮)의 시작이다. 그러므로 『예기』「제통」에
"바치는 것 중에서는 강신 때 바치는 술[祼酒]보다 더 중한 것이 없다."라
고 한 것이다. 정현은 여기의 「주」에서 "체제의 예는 피와 날것을 올리
는 것으로부터 시작된다."²⁵³라고 했는데, 정현은 강신한 뒤에 바로 희생

---

253 『논어정의』, 『논어주소』, 『논어집주대전』, 『논어집해의소』의 「팔일」에는 정현의 이 언급
이 보이지 않고, 정현의 『예기정의(禮記正義)』 권24, 「예기(禮器)」와 『예기주소』 권24, 「예
기(禮器)」, 그리고 『주례주소』 권5, 「천관총재하(天官冢宰下)」 등에 "정현이 『논어』를 주석
하면서 '체제사의 예는 피와 날것으로부터 시작된다.'라는 말은 날고기에는 피가 있다는 말
이다.[鄭注『論語』云: '禘祭之禮, 自血·腥始'者, 謂腥肉有血.]"라는 표현이 보인다.

을 맞이해서 죽이는 것을 살펴서 피를 올리고 날것을 올리는 것을 3헌과 4헌의 예라고 하였으니, 이렇게 말한 것은 강신을 마치고 나서 왕왕이 예가 있었음을 밝힌 것이다. 체제사의 예가 피와 날것으로부터 시작된다면 피와 날것을 올리기 전에는 아직 체제사의 예가 아니다. 정현의「주」가 본래 온전한 문장은 아니지만, 그 뜻은 아마도 장술조가 말한 것과 같을 듯싶다. 『예기』「교특생」의 「소」에는 최영은(崔靈恩)[254]이 말한 것을 인용해서 "주나라의 예법은 종묘에서는 땅에 강신주를 붓는 것을 시작으로 삼는다."[255]라고 했고, 또 웅안생(熊安生)[256]을 인용해서 "모든 큰 제사는 다 세 번의 시작이 있으니, 종묘에 제사할 때는 음악을 신을 부르는[致神] 시작으로 삼고, 강신을 흠신(歆神)[257]의 시작으로 삼으며, 날것의 희생을 제찬을 진설하는[陳饌] 시작으로 삼는다."[258]라고 했다. 이는

---

254 최영은(崔靈恩, ?~?): 남조 양(梁)나라 청하(淸河) 무성(武城) 사람. 젊어서부터 학문에 전념해 오경(五經)을 두루 배웠고, 삼례(三禮)와 삼전(三傳)에 정통했다. 경전의 이치를 분석하여 경사(京師) 유자(儒者)들의 존경을 받았다. 계주자사(桂州刺史)까지 올랐다. 저서에 『모시집주(毛詩集注)』와 『집주주례(集注周禮)』, 『주관례집주(周官禮集注)』, 『삼례의종(三禮義宗)』, 『좌씨경전의(左氏經傳義)』, 『좌씨례(左氏例)』, 『춘추좌씨전입의(春秋左氏傳立義)』, 『춘추신선유전론(春秋申先儒傳論)』, 『춘추경전해(春秋經傳解)』, 『경전해(經傳解)』, 『춘추서(春秋序)』, 『공양곡량문구의(公羊穀梁文句義)』 등이 있었지만 모두 전하지 않는다.

255 『예기주소』 권25, 「교특생」 최영은의 「소」.

256 웅안생(熊安生, 498?~ 578): 북조 북주(北周) 장락(長樂) 부성(阜城) 사람. 자는 식지(植之)이다. 오경(五經)에 정통했고, 삼례(三禮)에 특히 밝았다. 북제(北齊) 때 국자박사(國子博士)가 되었다. 북주의 사자(使者) 윤공정(尹公正)과 함께 『주례』의 의문점 수십 가지에 대해 변석(辨析)했는데, 공정하여 탄복을 받았다. 저서에 『예기의소(禮記義疏)』와 『주례의소(周禮義疏)』, 『효경의소(孝經義疏)』 등이 있었지만 지금은 전하지 않고, 『옥함산방집일서』에 『예기웅씨의소(禮記熊氏義疏)』만 실려 있다.

257 흠신(歆神): 신으로 하여금 그 제사를 흠향하게 하는 것. 『춘추좌전주소』 권38, 「양공」 27년 12월의 「주」에 "흠(歆)은 흠향한다[享]는 뜻이니, 신으로 하여금 그 제사를 흠향하게 하는 것이다.[歆, 享也, 使神享其祭.]"라고 했다.

피와 날것을 올리기 전에 마땅히 두 가지 시작이 있다는 말인데, 정현은 치신과 흠신은 다른 제사에서도 똑같이 하고, 아직 체제사의 예를 쓰지 않았기 때문에 치신과 흠신의 수를 세지 않은 것이다.

원문 『易』「觀」, "盥而不薦." 馬融「注」, "盥者, 進爵灌地以降神也, 此是祭祀盛時, 及神降薦牲, 其禮簡略, 不足觀也. 祭祀之盛, 莫過初盥降神. 故孔子曰: '禘自旣灌而往者, 吾不欲觀之矣.'" 虞翻 · 王弼略同. 案, 灌後禮文其繁, 不知何故以爲簡略, 且聖人致敬盡禮, 亦斷不因簡略而遂云不欲觀也. 此義非是.

역문 『주역』「관괘(觀卦)」에 "관이불천(盥而不薦)"이라고 했는데, 마융의 「주」에 "관(盥)이란 잔을 올려 땅에 부어 신을 강림하게 하는 것인데,259 이는 제사를 성대하게 치를 때 신이 강림하고 희생을 바침에 미쳐 그 예가 간략해서 볼 만한 것이 없다. 제사의 성대함은 처음에 울창주를 부어 신을 강림하게 하는 것보다 더 나은 게 없다. 그러므로 공자가 '체제사는 이미 강신한 뒤부터의 의식은 나는 보고 싶지 않다.'라고 한 것이다."260라고 했다. 우번(虞翻)과 왕필(王弼)도 대략 같다.

　살펴보니, 울창주를 땅에 부은 뒤의 예문(禮文)이 매우 번거로운데, 무슨 까닭에 간략하다고 했는지, 그리고 성인은 공경을 다하고 예를 극진히 하니, 역시 결단코 간략함을 따르지 않았을 터인데, 마침내 보고 싶지 않다고 말했는지 모르겠다. 이 뜻은 옳지 않다.

---

258 『예기주소』 권26, 「교특생」, 웅안생의 「소」.

259 관이불천(盥而不薦): 『주역전의대전(周易傳義大全)』에 정이(程頤)는 "관(盥)은 손으로 울창주 잔을 땅에 부어 신을 구하는 때이다.[盥, 手酌鬱鬯於地, 求神之時也.]" 했고, 주희는 "관(盥)은 장차 제사 지내려 하면서 손을 깨끗이 씻는 것이다.[盥, 將祭而潔手也.]"라고 했다.

260 『주역집해』 권5, 「관(觀)」.

- 「注」, "禘祫"至"之矣".

- 正義曰: "序"者, 順也. "昭穆"者, 父子之次也. 『周官』「小宗伯」, "掌建國之神位, 辨廟祧之昭

   穆." 昭之言明, 穆之言敬. 周自後稷之子爲昭, 孫爲穆, 傳至文王爲穆, 武王爲昭, 成王又爲

   穆也. 「注」言此者, 欲見禘祫之禮, 毁廟及群廟主皆合食於太祖廟, 故有昭穆, 當序之也.

- ○ 「주」의 "체협(禘祫)"부터 "지의(之矣)"까지.

- ○ 정의에서 말한다.

   "서(序)"는 순서[順]이다. "소목(昭穆)"이란 부모와 자식의 차례이다. 『주관』「소종백(小宗伯)」

   에 "나라의 신위(神位)를 세우고, 묘(廟)와 조(祧)[261]의 소와 목을 분변하는 일을 관장한다."

   라고 했다. 소(昭)는 밝다[明]는 말이고 목(穆)은 공경[敬]이라는 말이다. 주나라는 후직의 아

   들부터 소가 되고, 손자는 목이 되는데, 문왕에 와서는 목이 되고 무왕은 소가 되며 성왕이

   또 목이 된다. 「주」에서 이것을 말한 것은, 체제와 협제의 예는 훼철한 사당의 신주와 여러

   사당의 신주를 모두 태조의 사당에 모셔 놓고서 합사(合祀)하기 때문에 소와 목이 있으니 마

   땅히 순서를 살펴야 함을 보여 주고자 한 것이다.

원문 『說文』, "祫, 大合祭先祖親疏遠近也. 禘, 諦祭也." 以序昭穆, 當審諦之

也. 故崔靈恩說, "禘以審諦昭穆, 序列尊卑." 禘者, 諦也, 第也. 是其義也.

『公羊』「文」二年「傳」, "大祫者何? 合祭也. 其合祭奈何? 毁廟之主陳於太

祖, 未毁廟之主皆升, 合食於太祖." 此僞孔所本. 祫旣合食, 知禘亦合食,

故祫禘竝當審諦昭穆也.

역문 『설문해자』에 "협(祫)은 친하거나 소원하거나 멀거나 가까운 모든 선

조를 크게 모아서 지내는 제사이다."[262]라고 했고, 또 "체(禘)는 제사를

---

261 묘(廟)와 조(祧): 조천(祧遷)하지 아니한 신주를 모시는 사당이 묘(廟)이고, 조천한 신주를

   모시는 사당이 조(祧)이다.

살핀다[諦祭]는 뜻이다."263라고 했다. 소와 목의 순서를 살필 때에는 마
땅히 자세히 살펴야 한다. 그러므로 최영은이 말하길 "체제는 소와 목을
자세히 살핌으로써 존비(尊卑)의 서열을 정한다." 했으니, 체(禘)란 살핀
다[諦]는 뜻이며 순서를 정한다[第]는 뜻인 것이다. 이것이 바른 뜻이다.
『춘추공양전』「문공(文公)」 2년의 「전」에 "대협(大祫)이란 무슨 뜻인가?
합쳐서 제사 지낸다는 뜻이다. 합쳐서 제사 지낸다는 것은 무엇인가?
훼철한 사당의 신주는 태묘에 진열하고, 아직 훼철하지 않은 사당의 신
주는 모두 올려서 태조의 사당에 모셔 놓고서 합사한다."라고 했는데,
이것을 위공(僞孔)이 근거로 한 것이다. 협제가 이미 합사이니, 체제 역
시 합사임을 알 수 있다. 따라서 협제와 체제는 모두 소와 목을 자세히
살피는 것에 해당하는 것이다.

원문 「郊特牲」, "周人尚臭, 灌用鬯臭, 鬱合鬯, 臭陰達於淵泉. 灌以圭璋, 用
玉氣也." 「注」云: "灌謂以圭瓚酌鬯, 始獻神也." 又「祭統」, "君執圭瓚灌
尸, 大宗執璋瓚亞灌." 灌尸卽是灌神. 故皇「疏」引鄭氏『尙書傳』「注」云:
"灌是獻尸, 尸乃得獻, 乃祭酒以灌地也." 是也.

역문 『예기』「교특생」에 "주나라 사람들은 향기를 숭상하여, 술을 따를 때
울창주의 향을 사용하는데, 울금초(鬱金草)에 검은 기장으로 담근 술[鬯]

---

262 『설문해자』 권1: 협(祫)은 친하거나 소원하거나 멀거나 가까운 모든 선조를 크게 모아서 지
   내는 제사이다. 시(示)와 합(合)으로 구성되었다. 『주례』에 "3년에 1번 협제를 지낸다." 했
   다. 후(侯)와 협(夾)의 반절음이다.[祫, 大合祭先祖親疏遠近也. 從示合. 『周禮』曰: "三歲一
   祫." 侯夾切.]
263 『설문해자』 권1: 체(禘)는 제사를 살핀다[諦祭]는 뜻이다. 시(示)로 구성되었고, 제(帝)가 발
   음을 나타낸다. 『주례』에 "5년에 1번 체제를 지낸다."라고 했다. 특(特)과 계(計)의 반절음
   이다.[禘, 諦祭也. 從示帝聲. 『周禮』曰: "五歲一禘." 特計切.]

을 합해서 향이 지하의 황천에 도달하게 한다. 술을 따를 때 울창주를 규장(圭璋)으로 떠서 땅에 붓는 것은 옥의 기운이 서리게 하기 위함이다.”라고 했는데, 「주」에 “술을 따른다[灌]는 것은 규찬(圭瓚)으로 울창주를 떠서 처음으로 신에게 바치는 것을 이른다.”[264]라고 했다. 또 『예기』「제통」에 “군주가 규찬을 잡고 시동에게 술을 따르거든 태종(太宗)이 장찬(璋瓚)을 잡고 아관(亞灌)을 한다.”라고 했는데, 시동에게 술을 따름은 곧 신에게 술을 따르는 것이다. 그러므로 황간의 「소」에서는 정현의 『상서대전』의 「주」를 인용해서 “술을 따른다[灌]는 것은 시동에게 술을 바치는 것이니, 시동은 이에 올린 술을 받아 곧바로 제주(祭酒)를 담아 땅에 술을 따르는 것이다.”[265]라고 했는데, 옳다.

원문 言“鬱鬯”者,「郊特牲」云“鬱合鬯”, 與下“蕭合黍稷”, 皆謂二物.『詩』「江漢」, “秬鬯一卣.” 毛「傳」, “秬, 黑黍也; 鬯, 香草也, 築煮合而鬱之曰鬯.”「春官 · 鬯人」「注」, “鄭司農云: ‘鬯, 香草.’”「王度記」, “天子以鬯, 諸侯以薰, 大夫以蘭芝, 士以蕭, 庶人以艾.” 是鬯爲香草也. 毛「傳」“合而鬱之”, 此鬱爲鬱積, 不以鬱爲香草也.

역문 “울창(鬱鬯)”

『예기』「교특생」에 “울금초에 검은 기장으로 담근 술[鬯]을 합한다.”라고 했는데, 그 아래에 “쑥에 서직(黍稷)을 배합한다.”라고 한 것과 더불어 모두 두 가지 물건을 이른다. 『시경』「강한(江漢)」에 “검은 기장 술 한 동이[秬鬯一卣]”라는 표현이 있는데, 모형의 「전」에 “거(秬)는 검은 기장[黑黍]이고, 창(鬯)은 향초(香草)인데, 쌓아서 함께 불에 태워 겹쳐서 쌓은 것

264 『예기주소』 권26, 「교특생」 정현의 「주」.
265 『논어집해의소』 권2, 「논어팔일제3」 황간의 「소」.

을 창(鬯)이라 한다."266라고 했다. 「춘관(春官)·창인(鬯人)」의 「주」에 "정사농(鄭司農)은 '창(鬯)은 향초이다.'라고 했다."267라고 하였다. 「왕도기」에 "천자는 향초[鬯]를 쓰고 제후는 훈초(薰草)를 쓰며 대부는 난초와 지초[蘭芝]를 쓰고 사는 맑은 대쑥[蕭]을 쓰며 서인은 쑥[艾]을 쓴다."라고 했으니, 이때의 창은 향초가 된다. 모형의 「전」에서 "합이울지(合而鬱之)"라고 했는데, 이때의 울(鬱)은 겹쳐서 쌓는다[鬱積]는 뜻이 되니, 울(鬱)을 풀[草]로 본 것이 아니다.

원문 「春官·鬱人」, "凡祭祀賓客之祼事, 和鬱鬯以實彝而陳之." 「注」, "築鬱金煮之, 以和鬯酒. 鄭司農云: '鬱, 草名. 十葉爲貫, 百二十貫爲築, 以煮之鐎中, 停于祭前. 鬱爲草若蘭.'" 二鄭竝以鬱爲草, 與毛異義.

『說文』, "鬯, 以秬釀鬱艸, 芬芳攸服, 以降神也. 鬱, 芳艸也. 十葉爲貫, 百廿貫, 築以煮之爲鬱. 一曰'鬱鬯, 百草之蔘. 遠方鬱人所貢芳草, 合釀之以降神. 鬱, 今鬱林郡也.'" 許以鬯爲芬芳, 卽毛·鄭以鬯爲香草之義. 鬱與鬱同, 當卽鬱金. 其解鬱二說, 前說與先鄭合, 後說則兼備異聞. 惟鬱爲百草之華, 故『春秋繁露』「執贄篇」以暢爲百香之心. "暢"與"鬯"同. 又『白虎通』「考黜篇」, "鬯者, 以百艸之香·鬱金合而釀之, 成爲鬯." 均與許後說略同也. 魯逆祀在文二年, 兄弟異昭穆, 今躋僖在閔上, 故曰"亂昭穆". 注義不從, 故亦略之, 不具釋焉.

역문 「춘관·울인(鬱人)」에 "모든 제사에서 빈객이 강신하는 일에 울창주를 빚어 술단지에 채워서 진설한다."268라고 했는데, 「주」에 "울금을 다

---

266 『모시주소』 권25, 「대아·탕지십(蕩之什)·강한(江漢)」의 「전」.
267 『주례주소』 「춘관종백상·창인(鬯人)」의 「주」.
268 『주례』 「춘관종백상·울인(鬱人)」.

져서 불에 달여 창주(鬯酒)와 섞는다. 정사농은 '울금[鬱]은 풀 이름이다. 10닢이 1관(貫)이 되고 120관이 1축(築)이 되는데,[269] 이것을 초두[鐎][270] 에 넣고 달여서 제사 전까지 묵혀 둔다. 울금은 풀이 난초와 같다.'라고 했다."[271] 하였으니, 정현이나 정사농 모두 울(鬱)을 풀로 본 것으로, 모형 과는 뜻을 달리한다.

『설문해자』에 "창(鬯)은 검은 기장을 써서 울초(鬱艸)로 빚은 술인데, 그 향기를 널리 퍼뜨려 신을 강림하게 하는 것이다."[272]라고 했고, 또 "울 (鬱)은 향기가 나는 풀[芳艸]이다. 10닢이 1관이 되는데, 120관을 쌓아서 달이면 울(鬱)이 된다. 일설에는 '울창(鬱鬯)은 온갖 풀의 꽃이다. 먼 지방 인 울(鬱) 땅의 사람들이 조공으로 바쳤던 향기나는 풀인데, 이것을 합 해서 술을 빚어 신을 강림하게 했다. 울 땅은 지금의 울림군(鬱林郡)이 다.'라고 한다."[273]라고 했다. 허신은 창을 향기[芬芳]라고 여겼으니, 바로

---

269 이 부분은 오류가 있는 듯하다. 중국 척관법(尺貫法)에도 무게의 단위로 축(築)이 쓰이지 않고, 또 『주례』 「춘관종백상·울인」의 소주(小注)에 "120관(貫)이 1축(築)이 된다는 것은 어 느 글에서 나왔는지 모르겠다.[百二十貫爲築者, 未知出何文.]"라고 했는데, 아래 『설문해자』 에서 "120관을 쌓아서 달이면 울주가 된다.[百卅貫, 築以煮之爲鬱]"라고 한 것을 보면 "爲" 자가 연문(衍文)인 듯싶다.

270 초두[鐎]: 액체를 데우는 데 사용했던 용기의 일종으로, 주전자 형태의 몸통에 다리가 셋이 달리고 손잡이가 붙어 있는 형태이며, 재료는 청동을 사용하여 만들었다.

271 『주례주소』 권19, 「춘관종백상·울인」 정현의 「주」.

272 『설문해자』 권5: 창(鬯)은 검은 기장을 써서 울초(鬱艸)로 빚은 술인데, 그 향기를 널리 퍼뜨 려 신을 강림하게 하는 것이다. 거(凵)로 구성되었으며, 거(凵)는 그릇을 뜻한다. 가운데는 알곡의 모양을 형상화했으며, 비(匕)는 퍼 올리는 도구이다. 『역(易)』에 "숟가락과 울창주를 잃지 않았다."라고 했다. 창(鬯)부에 속하는 한자는 모두 창(鬯)의 의미를 따른다. 축(丑)과 양(諒)의 반절음이다.[鬯, 以鬯釀鬱艸, 芬芳攸服, 以降神也. 從凵. 凵, 器也. 中象米, 匕, 所以 扱之. 『易』曰: "不喪匕鬯." 凡鬯之屬皆從鬯. 丑諒切.]

273 『설문해자』 권5: 울(鬱)은 향기가 나는 풀[芳艸]이다. 10닢이 1관(貫)이 되는데, 120관을 쌓 아서 달이면 울(鬱)이 된다. 구(臼)와 멱(冖)과 부(缶)와 창(鬯)으로 구성되었다. 삼(彡)은 그

모형과 정사농이 창을 향초라고 여긴 것과 뜻이 같다. 울(鬯)은 울(鬱)과 같으니 당연히 울금(鬱金)이다. 울(鬯)을 해석한 두 가지 설명 중, 앞의 설명[274]은 정사농의 설명과 부합하고, 뒤의 설명[275]은 달리 들은 것을 겸비한 것이다.

오직 울금만이 온갖 풀의 꽃이 된다. 그러므로 『춘추번로』 「집지(執贄)」에서는 창(暢)을 모든 향기의 중심으로 삼았는데 "창(暢)"과 "창(鬯)"은 같은 것이다. 또 『백호통의』 「고출(考黜)」에 "창(鬯)이란 온갖 풀의 향과 울금을 합해 술을 빚어 숙성시키면 울창주[鬯]가 된다."라고 했는데, 똑같이 허신의 뒤의 설명과 대략 같다. 노나라에서 순서를 바꾸어 제사 지낸 것은 문공 2년의 일로서 형제간에는 소목을 달리하는 것인데, 이제 희공의 신주를 민공의 신주 위로 올렸기 때문에 "소·목을 어지럽혔다"라고 한 것이다. 주석의 뜻은 따르지 않으므로 역시 생략하고 구체적으로 해석하지 않는다.

3-11

或問禘之說, 子曰: "不知也. 【注】孔曰: "答以不知者, 爲魯諱." 知其說者之於天下也, 其如示諸斯乎!" 指其掌. 【注】包曰: "孔子謂或

장식이다. 일설에는 "울창(鬱鬯)은 온갖 풀의 꽃이다. 먼 지방인 울(鬱) 땅의 사람들이 조공으로 바쳤던 향기나는 풀인데, 이것을 모아 술을 빚어 신을 강림하게 했다. 울(鬱) 땅은 지금의 울림군(鬱林郡)이다. 우(迂)와 물(勿)의 반절음이다.[鬱, 芳艸也. 十葉爲貫, 百艹貫築以煮之爲鬱. 從臼一缶鬯. 彡, 其飾也. 一曰: "鬱鬯, 百艸之鬱. 遠方鬱人所貢芳艸, 合釀之以降神. 鬱, 今鬱林郡也." 迂勿切.]

274 『설문해자』의 울(鬱)의 설명 중 "芳艸"부터 "其飾也"까지.

275 『설문해자』의 울(鬱)의 설명 중 "一曰" 이하 "鬱林郡也"까지.

어떤 사람이 체제사의 의의를 묻자, 공자가 말했다. "모르겠소. 【주】 공안국이 말했다. "모른다고 대답한 것은 노나라를 위해 숨긴 것이다." 그 의의를 아는 자는 천하를 다스리는 것이 여기에 올려놓고 보는 것과 같을 것이오." 하면서 손바닥을 가리켰다. 【주】 포함이 말했다. "공자가 어떤 사람에게 일러 말하기를 '체제사의 예의 의의를 아는 자는 천하의 일에 대해 손바닥 안의 물건을 지시하는 것 같을 것이다.'라고 했으니, 알기 쉽다는 말이다."

원문 正義曰: 夫子諱魯僭禘. 故答以不知. 而復廣其說於天下, 明爲王者之事, 非魯所得知也.「仲尼燕居」, "子曰: '郊社之義, 所以仁鬼神也; 嘗禘之禮, 所以仁昭穆也.'"又曰: "明乎郊社之義, 嘗禘之禮, 治國其如指諸掌而已乎."又「祭統」言四時之祭云: "禘者, 陽之盛也. 嘗者, 陰之盛也. 故曰'莫重於禘·嘗'. 古者於禘也, 發爵賜服, 順陽義也; 於嘗也, 出田邑, 發秋政, 順陰義也. 故曰: '禘·嘗之義大矣! 治國之本也, 不可不知也.' 明其義者君也; 能其事者臣也. 不明其義, 君人不全, 不能其事, 爲臣不全."

역문 정의에서 말한다.

공자가 노나라에서 체제사를 참람한 것을 숨겼다. 그러므로 모른다고 답하고 다시 그 의의를 천하로까지 넓혀 왕자(王者)의 일이 되므로 노나라에서 알 수 있는 것이 아님을 분명히 했다. 『예기』「중니연거」에 "공자가 말했다. '교제와 사제의 의의는 귀신(鬼神)을 사랑하기 위한 일이고, 상제와 체제의 예는 소와 목을 사랑하기 위한 일이다.'"라고 했고, 또 "교제와 사제의 의의와, 상제와 체제의 예에 밝으면 나라를 다스림이 손바닥에 있는 물건을 가리키는 것처럼 쉬울 뿐이다."라고 했다. 또 『예기』「제통」에 사시의 제사를 언급하면서 "체제는 양(陽)이 성(盛)한 것이고, 상제는 음(陰)이 성한 것이다. 그러므로 '체제와 상제보다 중한 것이 없다'라고 하는 것이다. 옛날에 체제를 지낼 때 작명(爵命)을 내리고 예복을 하사한 것은 양의 의리를 따른 것이고, 상제를 지낼 때 전읍(田邑)의 곡식을 내어서 백성을 진휼하고 죄인에 대한 형벌을 집행하는 것은 음의 의리를 따른 것이다. 그러므로 '체제와 상제의 의의가 크구나! 나라를 다스리는 근본이니 알지 못해서는 안 된다.'라고 한 것이다. 그 의의를 밝히는 자는 임금이고, 그 일을 능히 해내는 자는 신하이다. 그 의의를 밝히지 못하면 남에게 임금 노릇하더라도 완전하지 못하고, 그 일을 능히 해내지 못하면 신하 노릇을 하더라도 완전하지 못하다."라고 했다.

원문 『中庸』云: "宗廟之禮, 所以序昭穆也; 序爵, 所以辨貴賤也; 序事, 所以辨賢也; 旅酬下爲上, 所以逮賤也; 燕毛, 所以序齒也." 又曰: "郊社之禮, 所以事上帝也; 宗廟之禮, 所以祀乎其先也, 明乎郊社之禮, 禘嘗之義, 治國其如示諸掌乎." 諸文皆禘說之可知者. 鄭注「中庸」云: "示, 讀如'寘諸河干'之寘, 寘, 置也. 物而在掌中, 易爲知力者也." 此文無「注」, 意亦當同.

역문 『중용』에 "종묘의 예는 소와 목의 차례를 정하는 것이고, 관작에 따라 차례를 정하는 것은 귀천(貴賤)을 분별하는 것이며, 일을 차례로 맡기는 것은 현명함을 분별하는 것이고, 여럿이 서로 술을 권할 때 아랫사람이 윗사람을 위하여 술잔을 올림은 천한 이에게까지 미치게 하는 것이고, 잔치에서 머리털의 색깔대로 앉는 차례를 정하는 것은 나이순으로 차례를 정하는 것이다."[276]라고 하고. 또 "하늘에 제사하는 교제사와 땅에 제

---

[276] 『중용』 제19장.

사하는 사제사는 상제(上帝)를 섬기는 것이고, 종묘의 예는 선조에게 제사 지내는 것이니, 교제사와 사제사의 예와 체제사와 상제사의 의의를 잘 안다면, 나라를 다스리는 것은 손바닥에 올려놓고 보는 것처럼 쉬울 것이다."[277]라고 했는데, 여러 글들이 모두 알 만한 체제사의 의의이다. 정현은 「중용」을 주석하면서 "시(示)는 '하수 물가에 둔다[寘諸河干]'[278]라고 할 때의 치(寘)의 뜻으로 읽어야 하니, 치(寘)는 둔다[置]는 뜻이다. 손바닥 안에 있는 물건은 알아서 힘쓰기에 쉬운 것이다."[279]라고 했는데, 여기의 글에는 이 「주」가 없지만, 뜻은 또한 마땅히 같다.

원문 『宋書』「周朗傳」, "昔仲尼有言, 治天下若寘諸掌." 此或出鄭本. 古"寘"多作"示", 『易』「坎」上六, "寘於叢棘", 劉表「注」作"示". 『詩』「鹿鳴」, "示我周行", 鄭「箋」, "示當作寘"是也. 邢「疏」云: "指其掌'者, 弟子等恐人不知'示諸斯'謂指示何物, 故著此一句, 言是時夫子指其掌也." 『爾雅』「釋言」, "指, 示也." 謂人指有所向以告人也. 『說文』, "掌, 手中也." 『釋名』「釋形體」, "掌, 言可以排掌也."

역문 『송서』「주랑전(周朗傳)」에 "옛날 중니(仲尼)의 말 중에 천하를 다스림이 마치 손바닥 위에 올려놓고 보는 것처럼 쉽다."라고 했는데, 이 말은 아마도 정현본에서 나온 것인 듯싶다. 옛날에는 "치(寘)"를 "시(示)"로 쓰는 경우가 많았으니, 『주역』「감괘(坎卦)」 상육(上六)의 "가시나무 숲에 둔다.[寘于叢棘.]"라는 말이, 유표(劉表)[280]의 「주」에 "시(示)"로 되어 있다.

---

277 『중용』 제19장.

278 『시경』「국풍(國風)·위(魏)·벌단(伐檀)」에 "꿍꿍 박달나무를 베어 왔거늘, 하수 물가에 버려 두니, 하수가 맑고 또 물결이 일도다.[坎坎伐檀兮, 寘之河之干兮, 河水淸且漣猗.]"라고 했다.

279 『예기주소』 권52, 「중용」 정현의 「주」.

『시경』「녹명(鹿鳴)」의 "나에게 큰길을 놓아 준다[示我周行]"에 대해 정현의 「전」에 "시(示)는 마땅히 치(寘)가 되어야 한다."[281]라고 한 것이 이것이다. 형병의 「소」에 "'손바닥을 가리켰다.[指其掌.]'라는 이 구절은 공자의 제자들이 남들이 '시저사(示諸斯)'가 무슨 물건을 지시한 말인지 모를 것을 우려해서 이 한 구절을 첨가한 것이니, 이때 공자가 자기의 손바닥을 가리켰다는 말이다."[282]라고 했다. 『이아』「석언」[283]에 "지(指)는 보인다[示]는 뜻이다."라고 했는데, 사람의 손가락이 향하는 곳이 있어서 남에게 가리켜 준다는 말이다. 『설문해자』에 "장(掌)은 손바닥 안[手中]이라는 뜻이다."[284]라고 했고, 『석명』「석형체(釋形體)」에는 "장(掌)은 벼슬에 제수되어 관직을 맡을 수 있다는 말이다."라고 했다.

- 「注」, "答以不知者, 爲魯諱."
- 正義曰: 孔以諱卽逆祀之事.
- ○ 「주」의 "모른다고 대답한 것은 노나라를 위해 숨긴 것이다."

---

280 유표(劉表, 142~208): 후한 말기 산음(山陰) 고평(高平) 사람. 자는 경승(景升)이다. 조조(曹操)와 원소(袁紹)가 관도(官渡)에서 대치하고 있을 때 원소가 그에게 구원을 청했지만, 어느 쪽도 도와주지 않았다. 혼전에 가담하지 않고 주민을 돌보면서 조용히 자신을 지켰다. 저서에 『역주(易注)』와 『역장구(易章句)』, 『후정상복(后定喪服)』 등이 있다.

281 『모시주소』 권16, 「소아・녹명지십(鹿鳴之什)・녹명(鹿鳴)」 정현의 「전(箋)」.

282 『논어주소』「팔일」 형병의 「소」.

283 『논어정의』에는 "釋詁"로 되어 있다. 『이아』「석언」을 근거로 고쳤다.

284 『설문해자』 권12: 장(掌)은 손바닥 안[手中]이라는 뜻이다. 수(手)로 구성되었고 상(尙)이 발음을 나타낸다. 제(諸)와 양(雨)의 반절음이다.[掌, 手中也. 從手尙聲. 諸兩切.] 『설문해자주』에 "손에는 바닥도 있고 등도 있는데, 등이 밖에 있다면 바닥은 안에 있다. 그러므로 수중(手中)이라고 한 것이다.[手有面有背. 背在外則面在中. 故曰手中.]"라고 하였다. 『논어정의』에는 "掌中"으로 되어 있다. 『설문해자』를 근거로 고쳤다.

○ 정의에서 말한다.

공안국이 숨겼다고 생각하는 것은 바로 순서를 바꾸어 제사 지낸 일이다.

3-12

祭如在, 【注】 孔安國曰: "言事死如事生." 祭神如神在. 【注】 孔曰: "謂

祭百神." 子曰: "吾不與祭, 如不祭."【注】包曰: "孔子或出或病, 而不

自親祭, 使攝者爲之, 不致肅敬, 其心與不祭同."

선조(先祖)에게 제사를 지낼 때에는 선조가 계신 듯이 하였으며,

【주】 공안국이 말했다. "돌아가신 부모 섬기기를 살아 계신 부모 섬기듯이 했다는

말이다." 신(神)에게 제사 지낼 때에는 신이 계신 듯이 하였다. 【주】

공안국이 말했다. "온갖 신에게 제사 지낸다는 말이다." 공자가 말했다. "내가

제사에 참여하지 않으면 제사 지내지 않은 것과 같다."【주】 포함

이 말했다. "공자는 혹 출타를 하거나 질병으로 인해 몸소 친히 제사 지낼 수 없어서,

대리인을 시켜 대신 제사를 지내게 하면 엄숙함과 경건함을 다하지 못하여 그 마음

이 제사 지내지 않은 것과 같았다."

원문 正義曰: "祭如在"二句, 朱子以爲"此門人記孔子祭祀之誠意", 是也. 「祭

法」云: "大夫立三廟, 曰考廟, 曰王考廟, 曰皇考廟; 嫡士二廟, 曰考廟, 曰

王考廟; 官師一廟, 曰考廟; 庶士庶人無廟." 此周制也. 「王制」, "大夫三

廟, 一昭一穆. 與太祖之廟而三. 士一廟, 庶人祭於寢." 大夫廟制與「祭法」

異者, 『鄭志』答趙商以"「王制」爲夏·殷雜, 不合周制", 是也.

정의에서 말한다.

"선조에게 제사를 지낼 때에는 선조가 계신 듯이 하였다.[祭如在.]"라는 두 구절에 대해, 주자는 "이는 문인(門人)들이 공자가 제사 지낼 때의 정성스러운 뜻을 기록한 것이다."라고 했는데, 옳다. 『예기』「제법」에 "대부는 3묘(廟)를 세우니, 고묘(考廟)라 하고, 왕고묘(王考廟)라 하며, 황고묘(皇考廟)라고 한다. 적사(適士)는 2묘이니, 고묘라 하고 왕고묘라고 한다. 관사(官師)는 1묘인데 고묘라 한다. 서사(庶士)와 서인은 사당이 없다."라고 했는데, 이는 주나라의 제도이다. 『예기』「왕제」에 "대부는 3묘를 두니, 1소·1목과 태조의 묘를 합해서 3묘이다. 사는 1묘이고, 서인은 정침(正寢)에서 제사 지낸다."라고 했는데, 대부의 사당에 대한 제도가 「제법」과는 다른 것에 대해, 『정지(鄭志)』에서 조상(趙商)의 질문에 대답하기를 "「왕제」는 하나라와 은나라의 제도가 섞여서, 주나라의 제도와는 합치하지 않기 때문이다."[285]라고 했는데, 옳다.

鄭注「王制」"士一廟"云: "謂諸侯之中士·下士, 名曰官師者. 上士二廟." 如鄭所言, 上士卽嫡士, 是謂士之廟數, 殷·周同矣. 「祭法」又云: "大夫立三祀, 曰族厲, 曰門, 曰行. 庶士·庶人立一祀, 或立戶, 或立竈." 又「王制」, "大夫祭五祀." 鄭「注」, "五祀, 謂司命也, 中霤也, 門也, 行也, 厲也. 此祭謂大夫有地者, 其無地, 祭三耳." 孔「疏」申鄭意, 以此及「祭法」俱是周禮. 若「曲禮」"大夫祭五祀, 歲徧." 「注」以爲殷制, 不言有地無地之分. 又「曲禮」云: "士祭其先." 亦與周制士立二祀或立一祀異也. 五祀中, 司命屬天神, 中霤·門·行屬地示, 厲屬人鬼. 此文祭神統言五祀, 夫子是無地

---

285 『정지(鄭志)』 권중.

大夫, 亦止有三祀也.

역문 정현은 『예기』「왕제」의 "사는 1묘이다."라고 한 것에 주석을 달면서 "제후의 중사(中士)와 하사(下士)를 이르니, 이름하여 관사라고 하는 것이다. 상사(上士)는 2묘이다."[286]라고 했는데, 정현의 말대로라면 상사는 바로 적사이고, 이것은 사의 사당의 수를 말하는 것으로 은나라와 주나라가 똑같다. 「제법」에는 또 "대부는 3사(祀)를 세우니, 족려(族厲)라 하고, 문(門)이라 하며, 항(行: 길)이라 한다. 서사와 서인은 1사를 세우는데, 혹은 호(戶)를 세우기도 하고 혹은 조(竈)를 세우기도 한다."라고 했다. 또 「왕제」에 "대부는 5사에 제사 지낸다."라고 했는데, 정현의 「주」에 "5사란 사명(司命)·중류(中霤)·문·항·여(厲)를 말한다. 이 제사는 대부 중에 채지(采地)가 있는 자를 이르니, 채지가 없는 자는 3사에만 제사 지낸다."[287]라고 했으니, 공영달의 「소」는 정현의 뜻을 되풀이한 것으로, 여기의 주석과 「제법」은 모두 주나라의 예이다. 「곡례」에서 "대부는 5사에 제사를 지내되 한 해에 두루 다 한다."[288]라고 한 것과 같은 것은, 「주」에서 은나라의 제도라고 했는데, 채지가 있는지 없는지의 구분은 말하지 않았다. 또 「곡례」에 "사는 그 선조에게 제사를 지낸다."[289]라고 했는데, 역시 주나라의 제도에 사는 2사를 세우거나 혹은 1사를 세운다는 것과는 다르다. 5사 중에 사명은 천신(天神)에 속하고, 중류와 문과 항은 지시[地示: 지기(地祇), 지신(地神)]에 속하며, 여는 인귀(人鬼)에 속한다. 이 글에서 신에게 제사 지낸다는 것은 5사를 통틀어 말한 것인데, 공자는

---

286 『예기주소』 권12, 「왕제」 정현의 「주」.
287 『예기주소』 권46, 「제법(祭法)」 정현의 「주」.
288 『예기』「곡례하」.
289 『예기』「곡례하」.

채지가 없는 대부였으니, 역시 단지 3사만 있었을 뿐이다.

원문 『春秋繁露』「祭義篇」, "祭之爲言際也與察也. 祭然後能見不見. 見不見之見者, 然後知天命·鬼神. 知天命·鬼神, 然後明祭之意; 明祭之意, 乃能重祭事. 孔子曰: '吾不與祭, 祭神如神在.' 重祭事如事生. 故聖人於鬼神也, 畏之而不敢欺也, 信之而不獨任, 事之而不專恃. 恃其公, 報有德也, 幸其不私與人福也." 董釋祭神之義, 而引文有脫誤.

역문 『춘추번로』「제의(祭義)」에 "제사[祭]라는 말은 사귄다[際]는 뜻이며 살핀다[察]는 뜻이다. 제사를 지낸 다음에 드러나지 않은 것을 볼 수 있고, 드러나지 않은 것이 드러난 것을 본 뒤에 천명과 귀신을 안다. 천명과 귀신을 안 뒤에 제사의 의미를 분명하게 알고, 제사의 의미를 분명하게 알아야 이에 제사를 엄중히 지낼 수 있다. 공자는 '내가 제사에 참여하지 않으면, (제사 지내지 않은 것과 같다.)[290] 신에게 제사 지낼 때에는 신이 계신 듯이 하였다.'라고 했으니, 제사를 엄중히 지내기를 마치 살아 계신 부모를 섬기듯 한 것이다. 그러므로 성인은 귀신에 대해 경외하여 감히 속이지 못하고, 믿으면서 홀로 자임하지 않으며, 섬기되 오로지 의지하지만은 않는다. 그 공평함을 믿고 덕이 있음에 보답하며, 사사로이 남에게 복을 주지 않음을 다행으로 여긴다."라고 했다. 이는 동중서가 신에게 제사 지내는 의의를 설명한 것인데, 인용한 문장에 오탈자가 있다.

- 「注」, "言事死如事生."
- 正義曰: 『中庸』云: "事死如事生, 事亡如事存." 「祭義」云: "文王之祭也, 事死者如事生, 稱諱

---

290 『춘추번로』에는 "如不祭" 세 글자가 없으나, 『논어』「팔일」을 근거로 보충해서 해석하였다.

如見親, 如見親之所愛." 又云: "祭之日, 入室, 僾然必有見乎其位. 周還出戶, 肅然必有聞乎
其容聲. 出戶而聽, 愾然必有聞乎其歎息之聲." 又云: "進退必敬, 如親聽命, 則或使之也."
「注」云: "如居父母前, 將受命而使之."

○「주」의 "돌아가신 부모 섬기기를 살아 계신 부모 섬기듯이 했다는 말이다."

○ 정의에서 말한다.

『중용』에 "죽은 이를 섬기기를 살아 있는 이 섬기듯이 하고, 없는 이를 섬기기를 있는 이 섬
기듯이 한다."[291] 했고, 『예기』「제의(祭義)」에 "문왕은 제사를 지낼 때 죽은 사람 섬기기를
마치 살아 있는 사람처럼 하였고, 죽은 이의 이름자를 입에 올릴 때에는 마치 그 사람을 직접
보는 듯이 하였으며, 어버이가 사랑하는 것을 보는 것처럼 하였다."라고 했다. 또 "제삿날에
방에 들어가면 아련히[僾然] 자리에 모습이 보이는 것이 반드시 있고, 두루 돌아 문을 나오면
숙연히 그 음성이 들리는 것이 반드시 있고, 문을 나가 들으면 '휴!' 하고 탄식하는 소리가 들
리는 것이 반드시 있다."라고 했다. 또 "나아가고 물러날 때 반드시 경건하게 하고 마치 직접
부모의 말씀을 듣고 그에 따라 움직이고 있는 것처럼 해야 한다."[292]라고 했는데,「주」에 "마치
부모님 앞에 있으면서 장차 말씀을 듣고 그에 따라 움직이고 있는 것같이 한다는 말이다."[293]
라고 했다.

● 「注」, "孔子"至"祭同".

● 正義曰: "孔子或出"者, 孔子仕時, 如夾谷之會, 隨君在外, 是"或出"也. 『公羊』「桓」八年「傳」,
"春曰祠, 夏曰礿, 秋曰嘗, 冬曰烝. 士不及茲四者, 則冬不裘, 夏不葛." 何「注」, "士有公事,
不得及此四時祭者, 則不敢美其衣服, 蓋思念親之至也. 故孔子曰: '吾不與祭, 如不祭.'"

○「주」의 "공자(孔子)"부터 "제동(祭同)"까지.

○ 정의에서 말한다.

　"공자가 혹 출타를 하거나[孔子或出]"

291 『중용』 제19장.
292 『예기』 「제의(祭義)」.
293 『예기주소』 권47, 「제의(祭義)」 정현의 「주」.

공자가 벼슬할 당시 협곡(夾谷)에서의 회합[294]이나 임금을 수행해서 밖에 있었던 일과 같은 것이 "혹 출타를 하거나[或出]"이다. 『춘추공양전』「환공」 8년의 「전」에 "봄 제사를 '사'라 하고, 여름 제사를 '약'이라 하고, 가을 제사를 '상'이라 하고, 겨울 제사를 '증'이라 한다. 사가 이 네 가지를 지내지 못하면 겨울에 갖옷[裘]을 입지 않고, 여름에 갈옷[葛]을 입지 않는다." 라고 했는데, 하휴의 「주」에 "사로서 공적인 사무가 있어서 이 네 계절의 제사에 참여하지 못한 자는 감히 그 의복을 아름답게 할 수가 없으니, 어버이를 생각함이 지극한 것이다. 그러 므로 공자가 말하길 '내가 제사에 참여하지 않으면, 제사를 지내지 않은 것과 같다.'라고 한 것이다."[295]라고 했다.

원문 案『公羊』, 以士職卑, 有公事, 不能使人攝祭, 則廢祭也.「注」引『論語』 者, 謂孔子仕爲大夫, 有事, 故使人攝祭, 己未致其思念, 如不祭然, 則與 士廢祭同也.「特牲饋食禮」云: "特牲饋食之禮, 不諏日." 「注」, "士賤職 褻, 時至事暇可以祭, 則筮其日矣, 不如「少牢」大夫先與有司於廟門諏 丁・巳之日." 賈「疏」, "'時至事暇可以祭'者, 若祭時至, 有事不得暇, 則不 可以私廢公故也. 若大夫已上, 時至, 唯有喪, 故不祭, 自餘吉事, 皆不廢 祭. 若有公事及病, 使人攝祭. 故'『論語』「注」'云云."

역문 살펴보니 『춘추공양전』은, 사(士)는 직분이 낮기 때문에 공적인 업무 가 있어도 대리인을 시켜 대신 제사를 지내게 할 수 없으니, 제사를 폐 한다고 여긴 것이다. 하휴의 「주」에서 『논어』를 인용한 것은 공자가 벼

---

294 『춘추좌씨전』「정공」 10년에 따르면, 제 경공(齊景公)과 노 정공(魯定公) 사이에 이루어진 회합으로, 처음에는 제나라가 노나라를 얕보고서 망신을 주려고 모임을 주선하였으나, 공 자의 기지로 제나라가 오히려 낭패를 당하고는 점령하고 있던 노나라 땅을 돌려주며 사과 했다.

295 『춘추공양전주소』 권5,「환공(桓公)」 8년 하휴의 「주」.

슬하여 대부가 되었을 때 일이 있었기 때문에 대리인을 시켜 대신 제사를 지내게 했으나, 자기는 생각을 극진히 하지 못해서 마치 제사를 지내지 않은 것처럼 여겼으니, 사(士)가 제사를 폐한 것과 똑같았다는 말이다. 『의례』「특생궤사례(特牲饋食禮)」에 "특생궤사의 제례[296]를 행할 때에는 미리 날짜를 묻지 않는다."라고 했는데, 「주」에 "사는 천하여 직이 낮으므로 때가 이르고 일이 한가해서 제사 지낼 수 있으면 그 날짜를 점쳐서 잡는데, 「소뢰궤사례(少牢饋食禮)」에서 대부가 미리 유사(有司)와 더불어 묘문(廟門)[297]에 나아가 간지(干支)에 정(丁)과 기(己)가 들어간 날짜를 물어보는 것과는 같지 않다."라고 했는데, 가공언의 「소」에 "'때가 이르고 일이 한가해 제사 지낼 수 있다'는 것은, 제사를 지낼 때가 되었는데 일이 있어서 틈을 낼 수 없을 것 같은 경우에 사사로운 일로 인해 공무를 폐해서는 안 되기 때문이다. 만약 대부 이상의 존귀한 신분인 경우에 제사 지낼 때가 되면 오직 상고(喪故)가 있을 경우에만 제사 지내지 않으며, 그 나머지 길한 일인 경우에는 모두 제사를 폐하지 않는다. 만약 공적인 일이 있거나 질병이 있으면 대리인을 시켜서 대신 제사를 지내게 한다. 그러므로 '『논어』의 「주」'라고 운운한 것이다."[298]라고 했다.

---

296 특생궤사의 제례: 옛날 제례의 희생(犧牲)은, 소(牛)・양(羊)・돼지[豕]를 모두 쓰는 것을 태뢰(太牢), 양과 돼지를 쓰는 것을 소뢰(小牢), 돼지만 쓰는 것을 특생(特牲)이라고 한다. 특생궤사례는 제후의 사가 세시(歲時)를 만나면 돼지만을 써서 사당에서 죽은 부조(父祖)의 귀신에게 제사하거나 부조의 생전에 자손들이 음식을 올려 부조를 봉양하는 것을 말하고, 소뢰궤사례는 제후의 경대부가 양과 돼지를 써서 사당에서 죽은 부조의 귀신에게 제사하거나 부조의 생전에 자손들이 음식을 올려 부조를 봉양하는 것을 말한다.

297 묘문(廟門): 사당의 문[廟門]이다.

298 『의례주소』권15, 「특생궤사례(特牲饋食禮)」가공언의 「소」.

원문 又「祭統」云: "是故君子之祭也, 必身親涖之, 有故則使人可也. 雖使人也, 君不失其義者, 君明其義故也." 是君·大夫有病故, 皆得使人攝祭. 則賈以孔子爲大夫, 得使人攝祭, 與士異也. "不致肅敬其心"者, 言已未與祭, 肅敬之心, 無由而致, 故已有所歉也. 賈引『論語』「注」無姓名, 今鄭「注」輯本, 皆據「疏」列入, 但與包此「注」文同, 或賈卽引包氏也.

역문 또 『예기』 「제통」에 "그러므로 군자의 제사는 반드시 자신이 몸소 임해서 행해야 하지만, 연고가 있으면 사람을 시키는 것도 괜찮다. 비록 대리인에게 시킨다 해도 임금이 그 의를 잃지 않는 것은 임금이 그 의리에 밝기 때문이다."라고 했는데, 이는 임금이나 대부가 병고(病故)가 있으면 모두 대리인을 시켜 제사를 대신 지내게 할 수 있다는 말이다. 그렇다면 가공언은 공자가 대부이기 때문에 대리인을 시켜 제사를 대신 지내게 할 수 있으니, 사와는 다르다고 여긴 것이다.

"엄숙함과 경건함을 다하지 못하여 그 마음이[不致肅敬其心]"라고 한 것은 자기가 제사에 참여하지 않아 엄숙하고 경건한 마음을 극진히 할 수 없기 때문에 스스로 부족하게 여김이 있다는 말이다. 가공언이 인용한 『논어』의 「주」에는 성명(姓名)이 없고, 지금 정현 「주」의 집본(輯本)은 모두 「소」를 근거로 끼워 넣었으나, 단지 포함의 이 문장에 대한 「주」와 글이 같을 뿐이니, 아마도 가공언은 바로 포함의 주석을 인용한 듯싶다.

3-13

王孫賈問曰: "與其媚於奧, 寧媚於竈, 何謂也?" 【注】孔曰: "王孫賈, 衛大夫. 奧, 內也, 以喩近臣. 竈, 以喩執政. 賈, 執政者, 欲使孔子求昵之, 故微以世俗之言感動之也." 子曰: "不然. 獲罪於天, 無所禱也."

【注】孔曰: "天以喩君, 孔子拒之曰: '如獲罪於天, 無所禱於衆神.'"

왕손가(王孫賈)가 물었다. "'시동(尸童)에게 아첨하기보다는 차라리 신주(神主)에게 아첨하는 것이 더 낫다.'라고 하는데, 무슨 말인지요?"【주】공안국이 말했다. "왕손가는 위(衛)나라 대부이다. 오(奧)는 내(內)이니 가까운 신하를 비유한 것이고, 조(竈)는 정권을 잡은 사람[執政者]을 비유한 것이다. 왕손가는 집정자이기 때문에 공자로 하여금 자신에게 친압(親狎)하게 하고자 해서, 은미하게 세속의 말로써 공자를 감동시키려 한 것이다." 공자가 말했다. "옳지 않습니다. 하늘에 죄를 얻으면 빌 곳이 없습니다."
【주】공안국이 말했다. "하늘은 임금을 비유한 것이니, 공자가 그 말에 동의하지 않으면서 '하늘에 죄를 얻으면 뭇 신에게 빌 곳이 없는 것과 같다.'라고 말한 것이다."

원문 正義曰: 『御覽』五百廿九引鄭此「注」云: "王孫賈自周出仕於衛也." 案, 『白虎通』「姓名篇」, "王者之子稱王子, 王者之孫稱王孫. 故『春秋』有王子瑕, 『論語』有王孫賈." 是賈爲周王者孫也. 皇「疏」以賈爲靈王孫, 『廣韻』引『世本』·『通志』「氏族略」, 並以爲頃王之後. 梁氏玉繩『古今人表考』引『春秋分記』, 又以爲康叔子王孫年之後. 則以王孫爲氏, 本爲衛人, 非自周出仕, 與鄭氏異義, 非也. 下篇言衛靈之臣"王孫賈治軍旅", 是賈仕衛也.

역문 정의에서 말한다.

『태평어람(太平御覽)』 권529에 정현의 이 장에 대한 「주」를 인용하면서 "왕손가는 주나라에서 나와 위나라에서 벼슬했다."[299]라고 했는데, 살

---

[299] 『태평어람(太平御覽)』 권529, 「도기(禱祈)」에 『논어』「팔일」의 이 문장은 있으나, 정현의 「주」는 보이지 않고, 『논어집해의소』 권2, 「논어팔일제3」 황간의 「소」에 "왕손가는 주나라

펴보니, 『백호통의』「성명(姓名)」에 "왕의 아들을 일컬어 왕자(王子)라 하고, 왕의 손자를 일컬어 왕손(王孫)이라 한다. 그러므로 『춘추』에 왕자(王子) 하(瑕)가 있고,300 『논어』에는 왕손(王孫) 가(賈)가 있다."라고 했으니, 이 왕손가는 주나라 왕의 손자이다. 황간의 「소」에서는 왕손가를 주나라 영왕(靈王)의 손자라고 했고, 『광운』에서는 『세본(世本)』과 『통지』「씨족략(氏族略)」을 인용했는데 모두 주나라 경왕(頃王)의 후손이라고 했다. 양옥승(梁玉繩)301의 『한서고금인표고(漢書古今人表考)』에서는 『춘추분기(春秋分記)』를 인용해서, 또 강숙(康叔)302의 아들 왕손연(王孫年)의 후손이라고 했다. 그렇다면 왕손(王孫)을 씨(氏)로 여긴 것이니, 본래 위나라 사람이 되고, 주나라에서 나와 벼슬한 것도 아니어서, 정현과는 뜻을 달리하지만, 틀렸다. 아래 편에 위나라 영공(靈公)의 신하를 언급하면서 "왕손가가 군대를 다스린다."303라고 했으니, 이는 왕손가가 위나라에서 벼슬한 것이다.

원문 "媚"者, 『說文』, "媚, 說也." 「周語」, "若是乃能媚於神", 韋「注」同. 「曲禮」『釋文』, "意向曰媚." 『御覽』引鄭此「注」又云: "宗廟及五祀之神, 皆祭

에서 나와 위나라에서 벼슬했다.[賈自周出仕衛.]"라는 표현이 보인다.

300 『춘추』「양공(襄公)」 30년: 왕자 하(瑕)가 진(晉)나라로 달아났다.[王子瑕奔晉.]

301 양옥승(梁玉繩, 1744~1819): 청나라 절강 전당(錢塘) 사람. 자는 요북(曜北), 호는 간암(諫菴) 또는 청백사(淸白士)이다. 나이 마흔 전에 거자업(擧子業)을 포기하고 저술에 전념했다. 『상서』와 춘추삼전(春秋三傳)을 깊이 연구했고, 사학(史學)에 정통했다. 저서에 『별기(瞥記)』 7권과 『사기지의(史記志疑)』, 『한서고금인표고(漢書古今人表考)』, 『여자교보(呂子校補)』 2권, 『원호략(元號略)』 4권, 『지명광례(誌銘廣例)』 2권 등이 있다. 『사기지의』는 전대흔(錢大昕)이 사마천(司馬遷)의 공신(功臣)이라며 칭찬했다.

302 강숙(康叔): 주나라 문왕(文王)의 아들이며, 무왕(武王)의 동생으로 위(衛)나라를 세웠다.

303 『논어』「헌문」.

於奧, 室西南謂之奧也." 又云: "明堂媚其尊者. 夫'竈', 老婦之祭." 所見鄭
「注」, 非全文.「釋文」"奧, 鄭云'西南隅'." 亦節引也.『爾雅』「釋宮」云:
"西南隅謂之奧."『說文』, "奧, 宛也. 室之西南隅."

역문 "미(媚)"

　　『설문해자』에 "미(媚)는 기쁘게 한다[說]는 뜻이다."[304]라고 했고,『국
어』「주어(周語)」에 "이와 같이 해야 신을 기쁘게 할 수 있다."라고 했는
데, 위소의「주」에도 같다.『경전석문』「곡례(曲禮)」에는 "뜻이 향하는
것을 미(媚)라 한다."[305] 했다.『태평어람』에는 정현의 여기에 대한「주」
를 인용하면서 또 "종묘 및 5사의 신은 모두 오(奧)에서 제사하는데, 묘
실[室] 안 서남쪽을 오라 한다."[306] 했고, 또 "명당(明堂)에서 그 존귀한 자
를 기쁘게 한다. '조(竈)'는 노부(老婦)[307]에게 지내는 제사이다."[308]라고 했
는데, 정현의「주」에서 보이는 것은 전문(全文)이 아니다.『경전석문』에
"오는 정현이 말하길 '서남쪽 구석'이라고 했다."[309]라고 했는데, 역시 한
구절만 인용한 것이다.『이아』「석궁(釋宮)」에는 "서남쪽 구석을 오라 한
다." 했고,『설문해자』에는 "오(奧)는 움푹 들어갔다[宛]는 뜻이며, 방의
서남쪽 구석이라는 뜻이다."[310]라고 했다.

---

304 『설문해자』 권12: 미(媚)는 기쁘게 한다[說]는 뜻이다. 여(女)로 구성되었고 미(眉)가 발음을
　　나타낸다. 미(美)와 비(祕)의 반절음이다.[媚, 說也. 從女眉聲. 美祕切.]

305 『경전석문』 권11,「예기음의(禮記音義)・곡례제1(曲禮第一)」.

306 『태평어람』 권529,「도기」의「주」.

307 노부(老婦):『성호선생사설(星湖先生僿說)』 권24,「경사문(經史門)」에 "노부는 맨 처음 밥
　　짓는 일을 창시한 자이다. 노부라는 귀신이 찬(爨)과 조(竈)에 대해 공이 있었기 때문에 제
　　사를 지내는 것이다.[老婦, 先炊也. 老婦之神, 在於爨竈有功, 故祭之.]"라고 했다.

308 『태평어람』 권529,「도기」의「주」.

309 『경전석문』 권24,「논어음의・팔일제3」.

310 『설문해자』 권7: 오(奧)는 움푹 들어갔다[宛]는 뜻이며, 방의 서남쪽 구석이라는 뜻이다. 면

원문 『釋名』「釋宮室」, "室中西南隅曰奧. 不見戶明, 所在秘奧也." 凡室制以
奧爲尊. 故「曲禮」云: "爲人子者, 居不主奧." 明奧爲尊者所居, 故凡祭亦
於奧也.「少牢饋食禮」, "司宮筵于奧, 祝設几于筵上, 右之."「注」云: "布
陳神位也, 席東面近南爲右." 是宗廟之祭在於奧也. 其五祀, 若祭戶・祭
中霤, 亦在此. 若祭竈・祭門・祭行, 皆在廟門外室之奧. 故鄭「注」以爲宗
廟及五祀皆祭於奧也. 五祀者: 戶・中霤・竈・門・行也.「月令」「注」亦
云: "凡祭五祀於廟, 用特牲, 有主有屍, 皆先設席于奧." 孔「疏」以爲逸「中
霤禮」文, 則此「注」所云亦逸「中霤禮」說也.

역문 『석명』「석궁실(釋宮室)」에 "묘실[室] 안 서남쪽 구석을 오(奧)라 하는
데, 문으로 들어오는 밝은 빛이 보이지 않아 그 자리가 비밀스럽고 구석
졌다."라고 했는데, 묘실의 제도는 구석진 곳[奧]을 높은 자리로 여긴다.
그러므로 『예기』「곡례상(曲禮上)」에 "자식 된 자는 거처할 때 서남쪽 구
석[奧]을 차지하지 않는다."라고 했으니, 서남쪽 구석이 존귀한 자가 거
처하는 곳이 분명하기 때문에 모든 제사 역시 서남쪽 구석에서 지내는
것이다. 『의례』「소뢰궤사례」에 "사궁(司宮)이 묘실 서남쪽 구석에 돗자
리를 펴면, 축(祝)은 돗자리 위에 안석[几]을 설치하는데 오른쪽에 한다."
라고 했는데,「주」에 "신의 자리를 펴는 것이다. 자리가 동향[東西]일 때
남쪽 가까운 곳이 오른쪽이 된다."[311]라고 했으니, 이는 묘실 안의 서남
쪽 구석에서 종묘의 제사를 지냈다는 것이다. 5사 가운데 지게문[戶]과
중류에 지내는 제사 같은 것 역시 묘실 안 서남쪽 구석에서 지낸다. 부
뚜막[竈]과 문과 항에 대한 제사는 모두 묘문 외실(外室)의 서남쪽 구석에

(宀)으로 구성되었고, 권(羿)이 발음을 나타낸다. 오(烏)와 도(到)의 반절음이다.[奧, 宛也,
室之西南隅. 從宀羿聲. 烏到切.]

311 『의례주소』권16,「소뢰궤사례」정현의「주」.

서 제사를 지낸다.[312] 그러므로 정현의 「주」에 종묘 및 5사는 모두 서남쪽 구석에서 제사 지낸다고 한 것이다. 5사란 지게문·중류·부뚜막·문·항이다. 『예기』「월령(月令)」의 「주」에도 "사당에서 5사에 제사할 때 특생(特牲)[313]을 사용하고 신주를 모시고 시동이 있는데, 모두 먼저 서남쪽 구석에 돗자리를 설치한다."[314]라고 했는데, 공영달의 「소」에는 일실된 「중류례(中霤禮)」의 글이라고 여겼으니, 그렇다면 여기의 「주」에서 말한 것 역시 일실된 「중류례」의 설이다.

원문 『周官』「亨人」, "職外內饔之爨亨煮, 辨膳羞之物." 「注」, "爨, 今之竈, 主於其竈煮物." 『周官』·『儀禮』皆言"爨", 『論語』或言"竈", "爨"·"竈"古今語. 『釋名』「釋宮室」, "竈, 造也, 造創物食也." 日用飲食之竈, 其地經無明文. 若此言祭竈, 則在廟門外也. 「少牢禮」云: "雍爨在門東南, 北上, 廩爨在雍爨之北." 又「特牲」云: "牲爨在廟門外東南, 魚腊爨在其南, 皆西面. 饎爨在西壁." 「注」, "西壁, 堂之西牆下." 按, 牲爨·魚臘爨卽雍爨.

역문 『주관』「팽인(亨人)」에 "외옹(外饔)[315]과 내옹(內饔)[316]이 부엌에서 삶고

---

312 『예기주소』 권14, 「월령(月令)」 공영달의 「소」에 "조(竈)나 문(門)이나 항(行)에 대한 제사는 모두 묘문 밖에 있으니, 먼저 묘문의 서남쪽 구석에 돗자리를 설치한다. 비록 묘실이나 묘당이나 묘문은 구별이 있지만, 총괄해서 말하면 모두 묘(廟)라 하니, 이것은 은나라의 예이다.[若祀竈·祀門·祀行, 皆在廟門外, 先設席於廟門之奧. 雖廟室廟門有別, 總而言之, 皆謂之廟, 此殷禮也.]"라고 했다.

313 특생(特牲): 한 가지의 희생을 말하는데, 제후는 소 한 마리를, 대부는 돼지 한 마리를 쓰도록 했다.

314 『예기주소』 권14, 「월령」 정현의 「주」.

315 외옹(外饔): 궁 밖에서 지내는 제사에서 희생을 자르고 삶는 일을 관장하는 직책.

316 내옹(內饔): 왕과 왕후와 세자가 맛있게 먹을 수 있도록 고기를 자르고 삶아 오미를 조화시켜 불을 때 다시 요리하는 일을 관장하는 직책.

졸여 음식을 만들도록 주관하여 맛있는 찬과 맛없는 음식을 판단한
다."³¹⁷라고 했는데,「주」에 "찬(爨)은 지금의 부뚜막[竈]이니, 그 부뚜막
에서 음식물을 익히는 일을 주로 한다."³¹⁸라고 했다.『주관』과『의례』
에서는 모두 "찬(爨)"이라고 했는데,『논어』에서는 간혹 "조(竈)"라고 하
니, "찬(爨)"과 "조(竈)"는 고금어(古今語)³¹⁹이다.『석명』「석궁실」에 "조
(竈)는 만든다[造]는 뜻이니, 음식물을 만든다는 것이다."라고 했는데, 일
상적으로 마시고 먹는 것을 만드는 것은 그 장소가 경전에는 분명한 글
이 없다. 만약 이것이 부뚜막[竈]에 대한 제사를 말한 것이라면 묘문 밖
에 있는 것이다.『의례』「소뢰궤사례」에 "옹찬(雍爨)은 문의 동남쪽에 있
고 북쪽이 상석이다. 늠찬(廩爨)은 옹찬의 북쪽에 있다." 했고, 또『의례』
「특생궤사례」에 "생찬(牲爨)³²⁰은 묘문 밖 동남쪽에 있는데, 어석찬(魚腊
爨)³²¹은 그 남쪽에 있고 모두 서쪽을 향한다. 희찬(饎爨)³²²은 서벽(西壁)
에 있다."라고 했는데,「주」에 "서벽은 당의 서쪽 담장 아래이다."³²³라
고 했다. 살펴보니, 생찬과 어석찬이 바로 옹찬이다.

원문「特牲記」「注」, "舊說云: '宗婦祭饎爨, 亨者祭饔爨, 用黍肉而已, 無
籩·豆·俎.'" 此謂宗廟之祭, 尸卒食則設此祭以報功也. 饎爨祭於西堂下,

317『주례』「천관총재상(天官冢宰上)·팽인(亨人)」.
318『주례주소』권4,「천관총재상(天官冢宰上)·팽인(亨人)」 정현의「주」.
319 고금어(古今語): 기존 어휘가 있음에도 동일 개념을 지시하는 새로운 어휘가 생겨나 옛것을
    대체하거나 공존하는 말이나 글자.
320 생찬(牲爨): 희생을 익히는 곳.
321 어석찬(魚腊爨): 물고기와 포를 익히는 곳.
322 희찬(饎爨): 메기장밥과 찰기장밥을 짓는 곳.
323『의례주소』권15,「특생궤사례」 정현의「주」.

饔爨之祭在廟門外, 不言廩爨之祭, 疑廩爨卽饎爨之別設者也. 「禮器」,
"孔子曰: '臧文仲安知禮? 燔柴于奧.' 夫奧者, 老婦之祭也. 盛于盆, 尊于
瓶."「注」云: "奧當爲爨, 字之誤也. 或作竈. 禮, 尸卒食而祭饎爨, 饔爨也.
時人以爲祭火神, 乃燔柴. 老婦, 先炊者也. 盆·瓶, 炊器也. 明此祭先炊,
非祭火神, 燔柴似失之."如鄭所說, 是因祀廟而祭爨, 其祭卽在爨室, 不於
奧也. 其於奧者, 乃夏祭之禮, 卽此所云媚奧媚竈也.「月令」, "孟夏之月,
其祀竈."「注」, "祀竈之禮, 先席於門之奧, 東面設主於竈陘, 乃制肺及心
肝爲俎, 奠於主西. 又設盛於俎南, 亦祭黍三, 祭肺心肝各一. 祭醴三, 亦
旣祭徹之, 更陳鼎俎, 設饌於筵前, 迎尸, 如祀戶之禮."

역문 「특생궤사례」의 「주」에 "구설(舊說)에 '종부(宗婦)는 희찬에 제사 지내
고, 팽자(亨者)는 옹찬에 제사 지내는데 기장과 고기를 사용할 뿐 변두
(籩豆)와 도마[俎]는 없다.'라고 했다."324 하였는데, 이는 종묘의 제사를
이르는 것으로, 시동이 식사를 마치면 이 제사를 지내 공로에 보답하는
것이다. 희찬은 서쪽 당 아래서 제사 지내고 옹찬의 제사는 묘문 밖에서
지내는데, 늠찬의 제사를 말하지 않은 것은 아마도 늠찬이 바로 희찬의
제사를 별도로 지내는 것이기 때문인 듯싶다. 『예기』「예기」에 "공자가
말하길 '장문중(臧文仲)이 어찌 예를 알겠는가? 오에서 번시(燔柴)325로 제
사를 지냈다.'라고 했는데, 대저 이 오라고 하는 곳은 노부에게 제사 지
내는 곳이기 때문에 동이[盆]에 밥을 담고 병(瓶)에 술을 담는다."라고 했

---

324 『의례주소』 권15, 「특생궤사례」 정현의 「주」.
325 번시(燔柴): 하늘에 제사 지내는 예. 『이아』「석천」에, "하늘에 제사 지내는 것을 번시라고
한다.[祭天曰燔柴.]"라고 했는데, 형병의 「소」에 "하늘에 제사하는 예란 나무를 쌓은 다음 그
위에 생체(牲體)와 옥백(玉帛)을 올려놓고 불로 태워 그 냄새가 하늘에까지 오르게 한 것이
므로 하늘에 제사하는 것을 번시라 한다.[祭天之禮, 積柴以實牲體·玉帛而燔之, 使煙氣之達
於天, 因名祭天曰燔柴也.]"라고 했다.

는데, 「주」에 "오(奧)는 마땅히 찬(爨)으로 써야 하니 글자를 잘못 쓴 것이다. 간혹 조(竈)로 쓰기도 한다. 「특생궤사례」에 '시동이 식사를 마친 후에 희찬과 옹찬에 제사 지낸다.'라고 했는데, 당시 사람들은 화신에게 제사 지내는 것이라 여겨 이에 번시로 제사를 지낸 것이다. 노부는 맨 처음 밥 짓는 일을 창시한 자이다. 분(盆)과 병(甁)은 밥 짓는 그릇이다. 분명 이것은 맨 처음 밥 짓는 일을 창시한 자[先炊]에게 제사 지내는 것이지 화신에게 제사 지내는 것이 아니니, 번시로 제사 지낸 것은 잘못인 듯싶다."326라고 했다. 정현이 말한 대로라면 이는 사묘(祀廟)를 따라 찬에 제사하는 것이니, 그 제사는 바로 찬실(爨室)에서 지내는 것이지 오에서 지내는 것이 아니다.

오에서 지내는 것은 여름에 지내는 제사의 예이니, 바로 여기에서 말한 묘실의 서남쪽 구석에 있는 신[奧]을 기쁘게 하고 조왕신[竈]을 기쁘게 한다는 것이다. 『예기』「월령」에 "초여름인 음력 4월[孟夏之月]에 이달의 제사는 부엌에 제사한다."327라고 했는데, 「주」에 "부엌에 제사하는 예는 우선 묘실 서남쪽 구석에 돗자리를 설치하고, 동쪽을 향하여 부엌의 부뚜막에 신주를 진설하면 이에 폐(肺)와 심(心)과 간(肝)으로 만든 제수를 제조해서 도마[俎]에 담아 주인의 서쪽에 올린다. 또 도마 남쪽에 제수를 담아 진설하는데, 찰기장밥 세 그릇을 올려 제사하고, 폐와 심과 간을 각각 한 접시를 올려 제사하며, 단술 세 잔을 올려 제사하고, 또 제사가 끝나면 제수를 거두었다가 다시 솥[鼎]과 도마를 진설하고, 돗자리 앞에 제찬[饌]을 진설해서 시동을 맞이하는데, 마치 지게문에 제사하는 예와 같다."라고 했다.

---

326 『예기주소』권23, 「예기」정현의 「주」.
327 『논어정의』에는 "其祭竈"로 되어 있다. 『예기』「월령(月令)」을 근거로 "其祀竈"로 수정했다.

원문 孔「疏」, "‘祀竈之禮’以下, 皆逸「中霤禮」文. 云‘先席于門之奧’, 謂廟門外西室之奧. 云‘東面設主于竈陘’者, 謂設主於東面也. ‘竈陘’謂竈邊承器之物, 以土爲之. 云‘又設盛於俎南’者, 盛謂黍稷盛之於簋. 皇氏以爲此祭老婦, 盛於盆, 非其義也. 云‘旣祭徹之, 更陳鼎俎, 設饌筵前’者, 筵前謂初設廟門室奧之筵, 准「特牲」·「少牢」, 鼎當陳於廟門室之前, 稍東, 西向. 執俎者, 以俎就鼎, 或肉入, 設物筵前, 在葅醢之東, 其黍稷等, 設於俎南. 此惟云‘祭黍’, 或無稷也."

역문 공영달의 「소」에 "‘부엌에 제사하는 예’ 이하는 모두 일실된 「중류례」의 문장이다. ‘먼저 묘문의 서남쪽 구석에 돗자리를 설치한다’라는 말은 묘문 밖 서쪽 묘실의 서남쪽 구석을 이른다. ‘동쪽을 향하여 부엌의 부뚜막에 신주를 진설한다’라는 것은 동쪽을 향해 신주를 진설한다는 말이다. ‘조형(竈陘)’이란 부엌의 가장자리에 제기[328]를 올려놓는 물건을 이르는 것으로 흙으로 만든다. ‘또 도마 남쪽에 제수를 담아 진설한다’라고 했는데, 제수를 담는다는 말은 찰기장과 메기장을 제기[簋]에 담는다는 말이다. 황간은 이것은 노부에게 지내는 제사이니, 분(盆)에다 밥을 담는 것은 그 도리[義]가 아니라고 여겼다. ‘제사가 끝나면 제수를 거두었다가 다시 솥[鼎]과 도마를 진설하고, 돗자리 앞에 제찬[饌]을 진설한다’라고 했는데, 돗자리 앞이란 묘문 밖 묘실의 서남쪽 구석에 처음으로 진설한 돗자리라는 말로, 『의례』「특생궤사례」와 「소뢰궤사례」에 의거하면 솥은 마땅히 묘문 밖 서쪽 묘실 앞에 진설하는데, 조금 동쪽으로 옮겨 서쪽을 향하게 한다. 도마를 담당한 자가 도마를 가지고 솥에 나아가 고기를 얹어서[329] 들어와 돗자리 앞에 제물을 진설하는데, 절인 채소와 육

---

328 『논어정의』에는 "祭"로 되어 있으나, 『예기주소』 권15, 「월령」 공영달의 「소」를 근거로 "器"로 고쳤다.

장의 동쪽에 두고, 찰기장과 메기장 등은 도마 남쪽에 진설한다.[330] 여기[331]에는 오직 '찰기장밥을 올려 제사한다.'라고만 했으니, 어쩌면 메기장밥은 없었던 듯싶다."[332]라고 했다.

원문 案,「疏」所云"西室", 卽門外西堂之室, 竈在廟門東南, 故設主向西.『論語』祭奧‧祭竈連文, 指夏祭言, 與盆瓶之祭不同. 鄭注「禮器」破奧爲竈,『駁五經異義』云: "臧文仲燔柴於竈." 此「注」亦云: "夫竈, 老婦之祭." 皆自用所定之本. 鄭『駁異義』以竈神是老婦, 老婦卽先炊者, 雖夏祭與盆瓶之祭不同, 而竈神無異. 故此「注」亦引「禮器」之文, 其下必有辨別之語, 今已脫佚, 無由詳其說矣.

역문 살펴보니,「소」에서 말한 "서쪽 묘실[西室]"은 바로 문밖 서쪽 사당의 묘실이고, 부뚜막[竈]은 묘문 동남쪽에 있으므로 서쪽을 향하도록 신주를 진설한다.『논어』의 오에 지내는 제사와 조에 지내는 제사는 연문(連文)[333]으로 여름에 지내는 제사를 가리켜 말한 것이니, 분에 밥을 담고 병

---

329 『논어정의』에는 "或"으로 되어 있으나,『예기주소』권15,「월령」공영달의「소」와 송(宋)의 위식(衛湜, ?~?)이 찬(撰)한『예기집설(禮記集說)』권41의「주」에 "載"로 되어 있고, 또『의례주소』권2,「사혼례(士昏禮)」의「주」에 "도마[俎]는 제사 때 희생을 얹는 것이다.[俎, 所以載也.]"라고 했으니, "或" 자는 "載" 자의 잘못인 듯싶다.

330 이와 관련해서는『예기주소』권15,「월령」공영달의「소」와 송의 위식이 찬한『예기집설』권41의 "그 제사는 부엌에 지내는 제사인데 제사 지낼 때는 희생의 폐(肺)를 먼저 바친다.[其祀竈祭先肺.]"라고 한 곳의「주」에 "도마를 담당한 자가 도마를 가지고 솥에 나아가 고기를 실어서 들어와 돗자리 앞에 진설하는데, 절인 채소와 육장의 동쪽에 두고, 찰기장과 메기장 등은 도마 남북쪽에 진설한다.[執俎者, 以俎就鼎, 載肉入, 設於筵前, 在菹醢之東, 其黍稷等, 設於俎南北.]"라고 했다.

331 『예기』「월령」.

332 『예기주소』권15,「월령」공영달의「소」.

333 연문(連文): 두 글자를 나란히 써서 하나의 어휘를 이루는 것을 말한다.

에 술을 담아 지내는 제사와는 다르다. 정현은 「예기」를 주석하면서 오(奧) 자를 버리고 조(竈)라 했고,[334] 『박오경이의(駁五經異義)』에서는 "장문중이 부뚜막에서 번시로 제사를 지냈다."[335]라고 했으며, 여기의 「주」에서도 "조는 노부에게 지내는 제사이다."[336]라고 했는데, 모두 내키는 대로 정해진 판본을 사용한 것이다. 정현의 『박오경이의』에서는 조왕신[竈神]을 노부라고 했는데, 노부는 바로 맨 처음 밥 짓는 일을 창시한 자이니, 비록 여름에 지내는 제사와 분에다 밥을 담고 병에 술을 담아 지내는 제사가 다르더라도 조왕신은 다를 것이 없다. 그러므로 여기의 「주」에서도 역시 「예기」의 글을 인용하고 그 아래 반드시 변별하는 말을 두었는데 지금은 이미 탈락되고 일실되어 그 설명을 자세하게 살펴볼 길이 없다.

원문 奧·竈本一神. 時人以竈設主, 主者, 神之所棲, 親媚之, 易爲福也. 奧則迎尸祭之, 尸者, 人之象似, 非神所憑, 媚之或無益也. 賈仕衛, 有媚於衛君. 故引人言以自解說, 且疑夫子盡禮亦是媚, 故問夫子當明媚道也.

역문 묘실의 서남쪽 구석[奧]과 부뚜막[竈]은 본래 같은 신이다. 당시 사람들은 부뚜막에는 신주를 진설했는데, 신주란 신이 깃들어 있는 곳이니, 신을 친히 하고 기쁘게 하는 것이 복을 받기에 쉽다. 묘실 서남쪽 구석에서는 시동[尸]을 맞이해서 제사를 지내는데, 시동은 사람의 모습과 같지만 신이 의지하는 곳이 아니니, 시동을 기쁘게 해 봤자 혹여나 유익할

---

334 『예기주소』권22, 「예기」의 「주」에 "오(奧)는 마땅히 찬(爨)으로 써야 하니 잘못된 글자이다. 간혹 조(竈)로 쓰기도 한다.[奧當爲爨, 字之誤也. 或作竈.]"라고 했다.

335 『박오경이의(駁五經異義)』에는 이러한 표현이 없다.

336 『박오경이의』「조신(竈神)」 정현의 「주」.

것이 없다. 왕손가는 위나라에서 벼슬했으니, 위나라 임금에게 아첨함이 있었다. 그러므로 사람들이 하는 말을 인용해서 제멋대로 이해해서 설명하고, 또 공자가 예를 다하는 것 역시 아첨이라고 의심했기 때문에 공자도 당연히 아첨하는 방법을 분명히 알아야 하지 않겠느냐고 질문한 것이다.

원문 云"不然"者,『禮記大傳』「注」, "然, 如是也." 其言不是, 則深斥之, 故曰 "不然"也.『廣雅』「釋詁」, "獲, 得也." 此常訓.『墨子』「經上」, "辠, 犯禁 也."『說文』, "辠, 犯法也. 從辛從自. 言罪人蹙鼻苦辛之憂. 秦以辠似皇字, 改爲罪." 賈自周出仕衛, 必有獲罪周王者. 臣以君爲天, 故假天言之.

역문 "옳지 않습니다.[不然.]"

『예기대전(禮記大傳)』의 「주」에 "연(然)은 옳다[是]와 같다."[337]라고 했다. 그 말이 옳지 않으면 깊이 배척하는 것이기 때문에 "옳지 않다"라고 한 것이다.『광아』「석고」에, "획(獲)은 얻는다는 뜻이다."라고 했는데, 이것이 일반적인 해석이다.『묵자(墨子)』「경상(經上)」에 "죄(辠)는 법적으로 못 하게 하는 것을 범한다[犯禁]는 뜻이다."라고 했고,『설문해자』에는 "죄(辠)는 법을 범한다[犯法]는 뜻이다. 신(辛)으로 구성되었고 자(自)로 구성되었다. 죄를 지은 사람이 코를 찌푸리며 갖은 고초를 겪는 근심을 말한다. 진(秦)나라 때 죄(辠)를 황(皇) 자와 비슷하다고 해서 죄(罪)로 바꾸었다."[338]라고 했다. 왕손가는 주나라에서 나와 위나라에서 벼슬했

---

337 『예기주소』권34, 「대전(大傳)」 정현의 「주」.

338 『설문해자』권14: 죄(辠)는 법을 범한다[犯法]는 뜻이다. 신(辛)으로 구성되었고 자(自)로 구성되었다. 죄를 지은 사람이 코를 찌푸리며 갖은 고초를 겪는 근심을 말한다. 진(秦)나라 때 죄(辠)를 황(皇) 자와 비슷하다고 해서 죄(罪)로 바꾸었다. 조(徂)와 회(賄)의 반절음이다. [辠, 犯法也. 從辛從自, 言辠人蹙鼻苦辛之憂. 秦以辠似皇字, 改爲罪. 徂賄切.]

으니, 반드시 주왕(周王)에게 죄를 얻음이 있는 자이다. 신하는 임금을 하늘로 삼기 때문에 하늘을 빌려 말한 것이다.

원문 "禱"者, 『說文』云: "告事求福也." 『周官』「大祝」, "五曰禱", 是禱亦祭名. 『繁露』「郊祭篇」引此文說之云: "天者, 百神之大君也. 事天不備, 雖百神猶無益也." 是其義也.

역문 "빌다[禱]"

　『설문해자』에 "일을 아뢰어 복을 구한다는 뜻이다."[339]라고 했다. 『주관』「대축(大祝)」에 "다섯째는 도(禱)이다."[340]라고 했는데, 이때의 도(禱)는 또한 제사 이름이다. 『춘추번로』「교제(郊祭)」[341]에 「팔일」의 이 글을 인용하면서 말하길 "하늘은 모든 신 중에서 가장 큰 임금이다. 하늘을 섬기는 일이 갖추어지지 않으면 비록 모든 신에게 빌더라도 오히려 유익함이 없다."라고 했는데, 이것이 바로 그 뜻이다.

- 「注」, "奧內"至"執政".
- 正義曰: 『文選』「赭白馬賦」「注」引鄭注『尙書』云: "奧, 內也." 與此「注」合. 奧在室西南隅, 故爲內也. 內喩近臣, 當謂彌子瑕之類. 妄謂孔子主我, 衛卿可得, 故意孔子或媚之也. 奧居內, 則竈居外, 指外臣. 故云"竈喩執政."

---

339 『설문해자』권1: 도(禱)는 일을 아뢰어 복을 구한다는 뜻이다. 시(示)로 구성되었고 수(壽)가 발음을 나타낸다. 도(䙐)는 도(禱)의 혹자(或字)로서 생략된 자형이다. 도(䙼)는 도(禱)의 주문(籀文)이다. 도(都)와 호(浩)의 반절음이다.[禱, 告事求福也. 從示壽聲. 䙐, 禱或省. 䙼, 籀文禱. 都浩切.]
340 『주례』「춘관종백하·대축(大祝)」.
341 『논어정의』에는 "語"로 되어 있다. 『춘추번로』를 근거로 고쳤다.

○「주」의 "오내(奧內)"부터 "집정(執政)"까지.

○ 정의에서 말한다.

『문선』「자백마부(赭白馬賦)」의「주」에 정현이「상서(尙書)」를 주석하면서 "오(奧)는 안[內]이다."라고 한 것을 인용했는데, 여기의「주」와 일치한다. 오는 묘실의 서남쪽 구석에 있다. 그러므로 안이 된다. 안쪽은 가까운 신하를 비유하니 당연히 미자하(彌子瑕)와 같은 부류를 말한다. 그는 망령되게도 공자가 자기를 주인으로 삼으면 위나라 경(卿)의 자리를 얻을 수 있다고 여겼기 때문에 공자가 어쩌면 아첨한 것이라고 생각한 것이다. 오가 안에 있다면 조는 밖에 있으니, 밖에 있는 신하[外臣]를 가리킨다. 그러므로 "조(竈)는 정권을 잡은 사람[執政者]을 비유한 것이다."라고 한 것이다.

● 「注」, "天以喩君."
● 正義曰: 『爾雅』「釋詁」, "天, 君也." 『左』「宣」四年「傳」, "君, 天也." 孔以天喩君, 言人有妄求於君卽是得罪.

○「주」의 "하늘은 임금을 비유한 것이다.[天以喩君.]"

○ 정의에서 말한다.

『이아』「석고」에 "하늘[天]은 임금[君]이다."라고 했고, 『춘추좌씨전』「선공(宣公)」 4년의「전」에 "임금[君]은 하늘[天]이다."라고 했다. 공안국은 하늘을 임금에 비유해서, 사람들이 임금에게서 망령되게 구함이 있는 것이 바로 죄를 얻는 것임을 말하였다.

3-14

子曰: "周監於二代, 郁郁乎文哉! 吾從周." 【注】 孔曰: "監, 視也. 言周文章備於二代, 當從之."

공자가 말했다. "주나라는 2대(二代)의 예(禮)를 본보기로 삼았으

원문 正義曰:『說文』, "代, 更也." 言世相更變也. "二代"謂夏 · 殷. "郁郁", 文章貌. 『說文』, "馘, 有文章也." 『汗簡』謂『古論語』郁作"馘", 卽"馘"省. 『漢書』「禮樂志」, "王者必因前王之禮, 順時施宜, 有所損益, 卽民之心, 稍稍制作, 至太平而大備. 周監於二代, 禮文尤具, 事爲之制, 曲爲之防. 故稱 '禮經三百, 威儀三千.' 孔子美之曰: '郁郁乎文哉, 吾從周.'"

역문 정의에서 말한다.

『설문해자』에 "대(代)는 고친다[更]는 뜻이다."342라고 했으니, 세상이 서로 변경됐다는 말이다. "2대"는 하나라와 은나라이다. "욱욱(郁郁)"은 문채가 빛나는 모양이다. 『설문해자』에 "욱(馘)은 문채가 빛남[文章]이 있다는 뜻이다."343라고 했다. 『한간(汗簡)』에는 『고논어』에 욱(郁)이 "욱(馘)"으로 되어 있다고 했는데,344 바로 "욱(馘)"의 생략된 자형이다. 『전한서』「예악지」에 "제왕은 반드시 이전 왕조의 예를 바탕으로 때에 맞게 마땅함을 베풀어 빼고 더함이 있어야 하니, 백성들의 마음에 나아가 조금씩 제작해서 태평함에 이르러야 크게 갖추어진다. 주나라는 2대의 예

---

342 『설문해자』 권8: 대(代)는 고친다[更]는 뜻이다. 인(人)으로 구성되었고 익(弋)이 발음을 나타낸다. 도(徒)와 내(耐)의 반절음이다.[代, 更也. 從人弋聲. 徒耐切.]

343 『설문해자』 권7: 욱(馘)은 문채가 빛남[文章]이 있다는 뜻이다. 유(有)로 구성되었고 혹(或)이 발음을 나타낸다. 어(於)와 육(六)의 반절음이다.[馘, 有文章也. 從有或聲. 於六切.]

344 『한간(汗簡)』 권중지일(卷中之一), 「유(有)」: 욱(馘)은, 문채가 나는 모양[郁]이니, 『고논어』에 보인다.[馘, 郁, 見『古論語』.]

를 본보기로 삼았기 때문에 예문(禮文)이 더욱 갖추어져서 매사를 절제하고 곡진하게 방비하였다. 그러므로 '예경(禮經) 삼백(三百), 위의(威儀) 삼천(三千)'이라고 했으니, 공자께서 그것을 찬미해서 '찬란하구나, 문채 남이여! 나는 주나라를 따르겠다.'라고 하신 것이다."라고 했다.

원문 案, 「禮三本」云: "凡禮成於文, 終於隆. 故至備, 情文俱盡. 其次, 情文迭興." 周承二代, 有至備之文. 故夫子美其文盛也. 魯, 周公之後. 周公成文·武之德, 制禮作樂. 祝鮀言"伯禽封魯, 其分器有備物典冊." 典冊卽周禮, 是爲周所賜也. 故韓宣子謂"周禮盡在魯". 又孔子對哀公言, "文·武之道, 布在方策". 方策者, 魯所藏也. 『中庸』云: "吾學周禮, 今用之, 吾從周." "今"亦指魯. 夫子此言"吾從周", 是據魯所存之周禮言. 「禮運」, "孔子曰: '吾觀周道, 幽·厲傷之, 吾舍魯何適矣?'" 是言魯能存周禮也.

역문 살펴보니, 『대대례』「예삼본」에 "모든 예는 문채 나는 데서 이루어지고 융성한 데서 끝난다. 그러므로 예가 지극히 갖추어지면 정의(情意)나 문채가 모두 갖추어지는 것이다. 그다음에 정의와 문채가 번갈아 일어난다."라고 했다. 주나라는 2대를 계승했으므로 지극히 갖추어진 문채를 가지고 있다. 그러므로 공자는 그 문채의 융성함을 찬미한 것이다. 노나라는 주공의 후예이다. 주공은 문왕과 무왕의 덕을 완성시키고 예를 제정하였으며 음악을 창작했다. 축타(祝鮀)가 말하길 "백금을 노나라에 봉할 때 그 분기(分器)[345] 가운데 예물(禮物)을 갖춘 전책(典冊)이 있었다."라고 했는데, 전책은 바로 주나라의 예이니 이는 주나라가 하사한 것이다. 그러므로 한선자(韓宣子)는 "주나라 예법이 모두 노나라에 있

---

345 분기(分器): 제후를 봉할 때 나누어 주는 종묘의 보기(寶器).

다.”³⁴⁶ 했고, 또 공자가 애공에게 대답하면서 “문왕과 무왕의 도(道)가 서책[方策]에”³⁴⁷라고 했는데, 이 서책을 노나라가 소장하고 있었던 것이다.

『중용』에 “나는 주나라의 예를 배웠는데 지금 이것을 쓰고 있으니, 나는 주나라의 예를 따르겠다.”³⁴⁸라고 했는데, “지금[今]”이란 역시 노나라를 가리킨다. 공자가 여기에서 “나는 주나라를 따르겠다.”라고 한 것은 노나라가 보존하고 있는 주나라의 예를 근거로 한 말이다. 『예기』「예운」에 “공자가 말했다. ‘내가 주나라의 도를 보니, 유왕(幽王)과 여왕(厲王)이 무너뜨렸으니, 내가 노나라를 버리고 어디로 가겠는가?’”라고 했는데, 이는 노나라가 주나라의 예를 잘 보존하고 있음을 말한 것이다.

- 「注」, “監, 視也.”
- 正義曰: “監視”, 『爾雅』「釋詁」文. 『說文』, “監, 臨下也. 䁊, 視也.” 義微別, 今通用“監”.
- 「주」의 “감(監)은 본다[視]는 뜻이다.”
- 정의에서 말한다.

  “감(監)은 본다[視]는 뜻이다”라고 한 것은 『이아』「석고」의 글이다. 『설문해자』에 “감(監)은 아래로 임한다[臨下]는 뜻이다.”³⁴⁹라고 했고, 또 “감(䁊)은 본다[視]는 뜻이다.”³⁵⁰라고 했는

---

346 『춘추좌씨전』「소공」 2년에 보인다.
347 『중용』 제20장. 『중용』에는 “문왕과 무왕의 정치[文・武之政]”라고 되어 있다.
348 『중용』 제28장.
349 『설문해자』 권8: 감(監)은 아래로 임한다[臨下]는 뜻이다. 와(臥)로 구성되었고, 감(䘓)의 생략형이 발음을 나타낸다. 감(䁊)은 감(監)의 고문(古文)인데 언(言)으로 구성되었다. 고(古)와 함(銜)의 반절음이다.[監, 臨下也. 從臥, 䘓省聲. 䁊, 古文監從言. 古銜切.]
350 『설문해자』 권4: 감(䁊)은 본다 [視]는 뜻이다. 목(目)으로 구성되었고, 감(監)이 발음을 나타낸다. 고(古)와 함(銜)의 반절음이다.[䁊, 視也. 從目監聲. 古銜切.]

데, 뜻이 조금 다르나 지금엔 "감(監)"으로 통용된다.

3-15

子入太廟, 【注】包曰: "太廟, 周公廟. 孔子仕魯, 魯祭周公而助祭也."

공자가 태묘에 들어가, 【주】 포함이 말했다. "태묘는 주공의 사당이다. 공자가 노나라에서 벼슬할 때, 노나라가 주공의 제사를 지내자 제사를 도운 것이다."

● 「注」"太廟"至"祭也".

● 正義曰:「考工記」, "左祖右社."「注」, "祖, 宗廟."「小宗伯」, "掌建國之神位, 右社稷, 左宗廟."「注」云: "庫門內・雉門外之左右." 劉向『別錄』謂社稷・宗廟在路寢西, 與『周官』異. 陳氏奐『毛詩疏』謂爲殷禮, 是也.「王制」, "天子七廟, 三昭三穆, 與太祖之廟而七. 諸侯五廟, 二昭二穆, 與太祖之廟而五." 鄭「注」以爲周制.

○ 「주」의 "태묘(太廟)"부터 "제야(祭也)"까지.

○ 정의에서 말한다.

『주례』「고공기」에 "왼쪽은 종묘이고 오른쪽은 사직(社稷)이다."라고 했는데, 「주」에 "조(祖)는 종묘이다."[351]라 했고, 『주례』「소종백」에, "건국(建國)의 신위(神位)를 관장하는데, 오른쪽에 사직을 두고, 왼쪽에 종묘를 둔다."라고 했는데, 「주」에 "고문(庫門) 안과 치문(雉門)[352] 밖의 좌우이다."[353]라고 했다. 유향(劉向)[354]의 『별록(別錄)』에는 사직과 종묘가 노침

---

351 『주례주소』권41, 「동관고공기하(冬官考工記下)」정현의 「주」.

352 고문(庫門)・치문(雉門): 고대에 천자의 거소로 들어가기 위해서는 5문을 통과해야 했는데, 5문이란 바깥에서부터 고문(皋門)・고문・치문・응문(應門)・노문(路門) 등 다섯 개의 문

(路寢)[355]의 서쪽에 있다고 하니, 『주관』과는 다르다. 진환(陳奐)[356]의 『모시전소(毛詩傳疏)』
에는 은나라의 예라고 했는데, 옳다. 『예기』「왕제」에 "천자는 7묘(廟)를 두니, 3소 3목과 태
조의 묘를 합하여 7묘이다. 제후는 5묘를 두니, 2소 2목과 태조의 묘를 합하여 5묘이다."라고
했는데, 정현이 「주」에는 이것을 주나라의 제도라고 했다.

으로, 보통 황궁(皇宮)을 가리킨다. 제후의 문은 셋으로, 바깥에서부터 고문(庫門), 치문, 노
문이다. 그러나 이에 대해서는 여러 가지 이설(異說)이 있다.

353 『주례주소』 권19, 「춘관종백상 · 소종백(小宗伯)」 정현의 「주」.

354 유향(劉向, 기원전 77?~기원전 6): 전한 말기 패현 사람. 본명은 갱생(更生)이었는데, 성제
(成帝)가 즉위하자 임용되어 이름을 향(向)으로 바꾸었다. 자는 자정(子政)이다. 『춘추곡량
(春秋穀梁)』을 공부했고, 음양휴구론(陰陽休咎論)으로 시정(時政)의 득실을 논하면서 여러
차례 외척이 권력을 잡는 일에 대해 경계했다. 성선설, 성악설을 모두 부정했는데, 성 자체
에는 선악이 없으며, 외부의 자극이 있기 때문에 선악의 이동(異同)이 있게 된다고 주장했
다. 궁중 도서의 교감에도 노력하여 해제서 『별록(別錄)』을 만들어 중국 목록학의 비조로
간주된다. 춘추전국시대로부터 한나라 때 이르기까지 사람들의 언행을 분류하여 『신서(新
序)』와 『설원(說苑)』을 편찬했다. 『시경』과 『서경』에 나타난 여인들 중 모범과 경계로 삼
을 만한 사례를 모아 『열녀전(列女傳)』을 저술했다. 그 밖의 저서에 『홍범오행전(洪範五行
傳)』이 있다.

355 노침(路寢): 천자 · 제후의 정전(正殿). 임금의 정전.

356 진환(陳奐, 1785~1863): 청나라 강소 장주(長洲) 사람. 자는 탁운(倬雲)이고, 호는 석보(碩
甫) 또는 사죽(師竹)이며, 만호는 남원노인(南園老人)이다. 환파경학(皖派經學)의 계승자
로, 강원(江沅)에게 고학(古學)을 배웠고, 단옥재에게도 수학했다. 왕염손(王念孫), 왕인지
(王引之), 학의행(郝懿行), 호배휘 등과 교유했다. 왕인지의 『경의술문(經義述聞)』에 대해
이견을 제시했고, 호승공(胡承珙)을 위해 『모시후전(毛詩後箋)』을 지어 보충했다. 또한 학
의행의 『이아의소(爾雅義疏)』, 호배휘의 『의례정의(儀禮正義)』, 김악(金鶚)의 『구고록(求
古錄)』을 교열하여 간행했다. 『시경』에 조예가 깊어 『모시전소(毛詩傳疏)』를 지었는데, 모
전(毛傳)만을 해설하되 전한(前漢) 이전의 구설(舊說)을 널리 증명하여 그 뜻을 밝혔지만 정
현의 「전(箋)」은 쓰지 않았다. 정현의 「전」이 제시(齊詩)와 노시(魯詩), 한시(韓詩)의 삼가
시(三家詩)에 바탕을 둔 것이 많아 모전과 다르다는 사실을 밝히기 위해 『정씨전고증(鄭氏
箋考證)』을 지었다. 그 밖의 저서에 『모시설(毛詩說)』과 『모시음(毛詩音)』, 『모시전의류
(毛詩傳義類)』, 『시의류(詩義類)』, 『곡량일례(穀梁逸禮)』, 『공양일례고징(公羊逸禮考徵)』
등이 있다.

원문 『漢書』「韋玄成傳」, "禮, 王者始受命, 諸侯始封之君皆爲太祖. 以下, 五廟而迭毁." 周公是魯始封爲魯太祖, 故廟曰太廟也. 『公羊』「文」十三年「傳」, "周公稱太廟, 魯公稱世室, 群公稱宮. 周公何以稱太廟於魯? 封魯公以爲周公也." 『穀梁傳』略同. 「明堂位」, "太廟, 天子明堂. 山節藻梲, 復廟重檐, 刮楹達嚮. 崇坫康圭疏屛, 天子之廟飾也."

역문 『전한서』「위현성전(韋玄成傳)」에 "예에 제왕으로서 처음 천명을 받은 임금과 제후로서 처음 봉해진 군주는 모두 태조가 된다. 그 이하는 5묘를 두되, 번갈아 가면서 훼철[毁廟][357]한다."라고 했다. 주공은 노나라에 처음으로 봉해졌으니 노나라의 태조가 된다. 그러므로 묘를 일컬어 태묘라고 한 것이다. 『춘추공양전』「문공」13년의 「전」에 "주공은 태묘라 일컫고, 노공은 세실(世室)이라 일컬으며, 그 외의 여러 공[群公]은 궁(宮)이라 일컫는다. 주공은 노나라에서 어째서 태묘라 일컫는가? 노공을 처음 봉할 때 주공을 봉했기 때문이다."라고 했는데, 『춘추곡량전』도 대략 같다. 『예기』「명당위」에 "태묘는 천자의 명당(明堂)이다. 기둥 끝 두공(斗栱)에는 산(山) 모양을 조각하고 들보 위의 동자기둥에는 마름을 그렸으며, 지붕을 이중으로 하고 처마를 이중으로 하고, 서까래 밑에 부연을 달았으며, 기둥은 윤이 흐르고 창과 문이 서로 통한다. 잔을 올려놓는 대[坫]를 높게 해서 홀[圭]을 편안히 들어 두게 하며, 소병(疏屛)[358]이 있는데, 이는 모두 천자 사당의 장식이다."라고 했다.

원문 阮氏元『明堂論』, "魯之太廟, 猶周明堂中之淸廟也. 故『左氏傳』'取郜大鼎于宋, 納于太廟.' 臧哀伯卽'以淸廟茅屋'爲說, 明堂以茅蓋屋也. 魯,

---

357 훼묘(毁廟): 5대조 이상의 신주를 태묘(종묘)로 옮겨 봉안하는 것.
358 소병(疏屛): 문밖에 심는 나무.

侯國, 不得別立明堂, 其一切非常典禮, 皆於太廟行之." 言"孔子仕魯"者, 明孔子得入太廟也. 「雜記」云: "大夫冕而祭於公, 士弁而祭於公." 是大夫・士皆助君祭也. 朱子『集注』以此助祭在始仕時.

완원(阮元)의 『명당론(明堂論)』에 "노나라의 태묘는 주나라 명당 가운데 청묘(淸廟)와 같다. 그러므로 『춘추좌씨전』에 '송(宋)나라에서 고(鄗)나라의 큰 솥을 취해 와서 태묘에 들여놓았다.'라고 했는데, 장애백(臧哀伯)359은 곧바로 '청묘의 지붕은 띠로 인다.'라고 말했으니, 명당은 띠로 지붕을 덮는 것이다. 노나라는 후작의 나라이므로 별도로 명당을 세울 수 없으니, 그 일체(一切)가 대단한 전례(典禮)로 모두 태묘에서 거행되었다."라고 했다. "공자가 노나라에서 벼슬했다"라고 말한 것은, 공자가 태묘에 들어갈 수 있었다는 것을 밝힌 것이다. 『예기』「잡기상(雜記上)」에 "대부는 면(冕)을 착용하고 공소(公所)에서 제사하고, 사는 변(弁)을 착용하고 공소에서 제사한다."라고 했으니, 이는 대부와 사가 모두 임금의 제사를 도왔다는 것이다. 주자의 『논어집주(論語集注)』에는 이 제사를 도운 것은 공자가 처음 벼슬할 때 있었다고 했다.360

閻氏若璩『釋地』謂, "鄹人之子, 乃孔子少賤時之稱. 孔子年二十爲委吏, 二十一爲乘田吏. 委吏若『周官』委人, 共祭祀之薪蒸木材. 乘田吏若牛人, 凡祭祀共其牛牲之互, 與其盆簝以待事. 羊人, 凡祭祀, 飾羔, 割羊牲, 登其首." 皆有職於太廟也.

---

359 장애백(臧哀伯, ?~?): 본명은 장손달(臧孫達). 희성(姬姓) 장씨(臧氏)로 이름은 달(達)이며 시호가 애(哀)이다. 대부(大夫) 장희백(臧僖伯, ?~기원전 718)의 아들이며 노 효공(魯孝公, ?~기원전 769)의 손자로 춘추시대 노나라의 정경이 되어 노 은공, 노 환공, 노 장공을 섬겼다.

360 『논어집주』「팔일(八佾)」 주희의 「주」: 이는 아마도 공자가 처음 벼슬할 때 태묘에 들어가 제사를 도운 것인 듯하다.[此蓋孔子始仕之時, 入而助祭也.]

역문 염약거(閻若璩)의『사서석지(四書釋地)』에 "추(鄹) 땅 사람의 자식[鄹人之子]이란 바로 공자의 어리고 천할 때의 칭호이다. 공자는 나이 스물에 위리(委吏)가 되었고, 스물한 살 때 승전리(乘田吏)가 되었다. 위리는『주관』의 위인(委人)과 같으니 제사에 쓰이는 연료나 목재를 제공한다. 승전리는 우인(牛人)과 같으니, 모든 제사에서 그 희생으로 쓰는 소와 희생의 피를 담고 고기를 담는 제기를 제공해서 일을 기다린다. 양인(羊人)은 모든 제사에서 작은 양을 꾸미고 희생으로 쓸 양을 자르고 양의 머리를 바친다."라고 했는데, 모두 태묘에서 맡은 직책이 있다는 것이다.

每事問, 或曰: "孰謂鄹人之子知禮乎? 入太廟, 每事問!"【注】孔曰: "鄹, 孔子父叔梁紇所治邑. 時人多言孔子知禮, 或人以爲, 知禮者不當復問." 子聞之, 曰: "是禮也."【注】孔曰: "雖知之, 當復問, 愼之至也."

매사(每事)를 묻자, 어떤 사람이 말했다. "누가 추 땅 사람의 자식이 예를 잘 안다고 했는가? 태묘에 들어가 매사를 묻는데!"【주】공안국이 말했다. "추는 공자의 아버지 숙량흘(叔梁紇)이 다스리던 읍이다. 당시에 공자가 예를 안다고 말하는 사람이 많았는데, 어떤 사람은 예를 아는 자는 응당 다시 물어서는 안 된다고 생각한 것이다." 공자가 이 말을 듣고 말했다. "이것이 예이다."【주】공안국이 말했다. "비록 알고 있더라도 마땅히 다시 물어야 하니, 이렇게 하는 것은 삼가기를 지극히 하는 것이다."

원문 正義曰:『三蒼』云: "每, 非一定之辭也. 事, 謂犧牲·服·器, 及禮儀諸事也." 魯祭太廟, 用四代禮樂, 多不經見. 故夫子每事問之, 以示審愼.『論

衡』「知實篇」解此文云: "不知故問, 爲人法也." 是也. 莊氏述祖『別記』謂

"魯祭非禮, 夫子此問, 卽簿正祭器之事", 不知魯僭祀在群公廟, 不在太廟,

莊氏誤也. 閻氏若璩『釋地』引顧瑞屛說, "每事問, 當在宿齊時. 若正祭, 雍

雍肅肅, 無容得每事問也."

역문 정의에서 말한다.

『삼창(三蒼)』에 "매(每)는 한 번에 결정하지 않았다는 말이다. 사(事)는
희생과 제복[服]과 제기[器] 및 예의(禮儀)의 여러 가지 일을 이른다."라고
했다. 노나라에서 태묘에 제사 지낼 때 4대(四代)의 예악을 사용했는데,
대부분 보이지 않는다. 그러므로 공자가 매사를 질문하여 살피고 삼가
는 태도를 보인 것이다. 『논형(論衡)』「지실편(知實篇)」에 이 글을 해석하
면서 "모르기 때문에 질문해서 사람들의 본보기가 되었다."라고 했는데,
옳다. 장술조의 『별기』에 "노나라에서 제사 지낸 것은 예가 아니니, 공
자의 이 질문은 바로 문서상으로 제기(祭器)의 숫자와 제물(祭物)의 종류
를 바로잡은 일이다."라고 했는데, 이는 노나라에서 제사를 참람한 것이
군공(群公)의 사당에서 있었던 일이지 태묘에 있었던 일이 아니라는 걸
모른 것이니 장씨의 설은 잘못이다. 염약거의 『사서석지』에는 고서병
(顧瑞屛)[361]의 말을 인용해서 "매사를 물은 것은 마땅히 재계(齋戒)할 때
있었다. 만약 정제(正祭)였다면 차분하고 엄숙해서 매사를 묻는 것이 용
납될 수 없었을 것이다."라고 했다.

---

361 고서병(顧瑞屛, ?~1645?): 명나라 때 관리이자 학자. 강소 곤산현(昆山縣) 사람으로 이름은
석주(錫疇), 자는 구주(九疇), 서병(瑞屛)이다. 만력(萬曆) 47년(1619) 진사(進士) 출신으로,
벼슬은 검토(檢討), 국자제주(國子祭酒)를 지냈다. 저서로 『망감정사약(綱鑑正史約)』36권,
『진한홍문(秦漢鴻文)』25권, 『상서강의(尙書講意)』, 『천문역학(天文易學)』, 『고학휘찬(古
學彙纂)』, 『악일초(握日草)』, 『문휘고(文彙稿)』등이 있다.

- 「注」, "鄹, 孔子父叔梁紇所治邑."
- 正義曰:『說文』云: "郰, 魯下邑, 孔子鄉."『史記』「世家」, "孔子生魯 昌平鄉 陬邑." "陬"與"郰" 偏旁互易, 『論語』作"鄹", 當是或體. 杜注『左傳』云: "郰邑在魯縣東南堃城." 堃城在今曲阜 與鄒縣界.『水經』「泗水」「注」, "潹水又逕魯國 鄒山而西南流, 『春秋傳』所謂嶧山也. 邾文公 之所遷, 叔梁紇之邑也, 孔子生於此."
- ○「주」의 "추는 공자의 아버지 숙량흘이 다스리던 읍이다."
- ○ 정의에서 말한다.

  『설문해자』에 "추(郰)는 노나라 하읍(下邑)으로 공자의 고향이다."[362]라고 했고,『사기』「공 자세가(孔子世家)」에 "공자는 노나라 창평향 추읍(陬邑)에서 태어났다."라고 했으니 "추 (陬)"와 '추(郰)'는 글자의 좌변과 우방이 서로 바뀐 것이고,『논어』에는 "추(鄹)"로 되어 있으 니, 당연히 혹체자(或體字)이다. 두예는『춘추좌씨전』을 주석하면서 "추읍(郰邑)은 노현(魯 縣) 동남쪽 좌성(堃城)에 있다."[363]라고 했는데, 좌성은 지금의 곡부(曲阜)와 추현(鄒縣)의 경계에 있다.『수경(水經)』「사수(泗水)」의「주」에 "곡수(潹水)는 또 노국(魯國)의 추산(鄒 山)을 질러 서남쪽으로 흐르니,『춘추좌씨전』에서 말하는 역산(嶧山)이다. 주 문공(邾文公) 이 천도했던 곳이며, 숙량흘의 읍인데, 공자가 여기에서 태어났다."라고 했다.

『左』「昭」九年「疏」引『論語』作鄹人, 此由鄹・郰聲近, 地又相接, 故以 鄹爲卽叔梁紇邑. 實則『說文』"郰"是孔子鄉, 而鄹下但言"魯縣, 古邾國", 不爲孔子鄉, 則鄹・郰地異, 文亦異矣.『左』「襄」十年「傳」, "偪陽人啓門, 諸侯之士門焉. 郰人紇抉之, 以出門者." 杜「注」, "紇, 郰邑大夫, 仲尼父叔

---

362 『설문해자』권6: 추(郰)는 노나라 하읍(下邑)으로, 공자의 고향이다. 읍(邑)으로 구성되었고 취(取)가 발음을 나타낸다. 측(側)과 구(鳩)의 반절음이다.[郰, 魯下邑. 孔子之鄉. 從邑取聲. 側鳩切.]
363 『춘추좌전주소』권31,「양공」10년. 두예의「주」.

<u>梁紇也</u>." 與<u>孔</u>此「注」同.

역문 『춘추좌씨전』「소공」9년의 「소」에는 『논어』를 인용하면서 추(鄒) 땅의 사람이라고 했는데, 이는 추(鄒)와 추(郰)가 발음이 비슷하고, 지역 또한 서로 근접해 있기 때문에, 추(鄒)가 바로 숙향흘의 읍이라고 생각한 것이다. 실은 『설문해자』의 "추(郰)"가 공자의 고향이고, 추(鄒) 아래는 다만 "노나라의 고을인데, 옛날의 주(邾)나라이다."[364]라고만 되어 있으니 공자의 고향이 아니고, 그렇다면 추(鄒)와 추(郰)는 지역이 다르고 글자 또한 다르다. 『춘추좌씨전』「양공(襄公)」 10년의 「전」에 "핍양(偪陽) 사람이 성문을 열자 제후군(諸侯軍)이 성문을 공격하니, 추읍(郰邑) 사람 숙량흘이 두 손으로 내려오는 현문(懸門)을 떠받쳐 더이상 내려오지 못하게 하고서 성안으로 들어갔던 군사들을 탈출시켰다."라고 했는데, 두예의 「주」에 "흘(紇)은 추읍(郰邑)의 대부이고, 중니의 아버지 숙량흘이다."[365] 했으니, 공안국의 이 문장에 대한 「주」와 같다.

원문 『潛夫論』「志氏姓」云: "<u>伯夏</u>生<u>叔梁紇</u>, 爲<u>郰</u>大夫, 故曰<u>郰叔紇</u>." 是"<u>郰</u>人"爲<u>郰</u>大夫, <u>漢</u>人相傳有此說也. 『左傳』<u>孔</u>「疏」云: "古稱邑大夫, 多以邑冠人." <u>邢</u>「疏」引『左傳』"<u>新築</u>人<u>仲叔于奚</u>"證之, 是也. <u>段氏玉裁</u>『說文』「注」, "謂<u>郰</u>人, 是舉所居之地, 非爲所治邑. <u>郰</u>大夫之文, 始見<u>王肅</u>私定『家語』. <u>孔氏</u>『論語』「注」, 乃<u>肅</u>輩僞托者, 似不足信." <u>段氏</u>此辨甚是. 然其誤自『潛夫』已然, 亦非始<u>王肅</u>也.

---

364 『설문해자』 권6: 추(鄒)는 노나라의 고을인데 옛날의 주(邾)나라이고, 제전욱(帝顓頊)의 후예가 봉해진 곳이다. 읍(邑)으로 구성되었고 추(芻)가 발음을 나타낸다. 측(側)과 구(鳩)의 반절음이다.[鄒, 魯縣, 古邾國, 帝顓頊之後所封. 從邑芻聲. 側鳩切.]

365 『춘추좌전주소』 권31, 「양공」 10년. 두예의 「주」.

역문 『잠부론(潛夫論)』「지씨성(志氏姓)」에 "백하(伯夏)가 숙량흘을 낳았는데 추읍(鄹邑)의 대부가 되었으므로 추숙흘(鄹叔紇)이라고 부른다."라고 했는데, 이는 "추인(鄹人)"이 추읍(鄹邑)의 대부가 되었다는 것으로, 한대의 사람들이 서로 전하는 말 중에 이러한 이야기가 있었던 것이다. 『춘추좌씨전』 공영달의 「소」에 "옛날 읍의 대부를 지칭할 때, 대체로 읍명(邑名)을 사람 앞에 붙였다."366라고 했고, 형병의 「소」에는 『춘추좌씨전』의 "신축인(新築人) 중숙우계(仲叔于奚)"라는 말을 인용해서 증명했는데 옳다.367 단옥재의 『설문해자주』에 "추인(鄹人)이라고 한 것은 살던 지역을 거론한 것이지 다스리던 읍이 아니다. 추읍의 대부라는 글은 왕숙이 사사롭게 정리한 『공자가어(孔子家語)』에 처음 보이니, 공안국의 『논어』「주」를 결국은 왕숙의 무리가 위탁(僞托)한 것으로 족히 믿을 만한 것이 못 될 것 같다."라고 했는데, 단옥재의 이 변별이 대단히 옳다. 그러나 그 잘못은 『잠부론』에서부터 이미 그런 것이니, 역시 왕숙에게서 시작된 것은 아니다.

- 「注」, "雖知之, 當復問, 愼之至也."
- 正義曰: 「注」以夫子不知故問, 然云"每事", 容亦有所已知者, 今猶復問於人, 故爲愼也. 『繁

---

366 『춘추좌전주소』 권25, 「성공(成公)」 2년 공영달의 「소」에 "읍(邑)을 지키는 대부를 지칭할 때, 읍명(邑名)을 위에 붙여 모인(某人)이라고 호칭하였다.[大夫守邑, 以邑冠之, 呼爲某人.]"라고 했다.

367 『논어주소』「팔일」 형병의 「소」에 "『춘추좌씨전』「성공」 2년에 '신축인(新築人) 중숙우계(仲叔于奚)'라는 말이 보이는데, 두예의 '주'에 '우계(于奚)는 신축(新築)을 지키는 대부이다.'라고 한 것이 바로 이런 유이다.[『左傳』「成」二年云: '新築人仲叔于奚', 杜「注」云: '于奚, 守新築大夫.' 卽此類也.]"라고 했다.

露』「郊事對」義正如此.

○ 「주」의 "비록 알고 있더라도 마땅히 다시 물어야 하니, 이렇게 하는 것은 삼가기를 지극히 하
는 것이다."

○ 정의에서 말한다.

「주」에서는 공자가 몰랐기 때문에 질문한 것이라고 했는데, 그러나 "매사(每事)"라고 했으
니, 질문이 용납된 것 중에는 또한 이미 알고 있는 것이 있는데도 지금 오히려 다시 남에게
질문했기 때문에 삼감이 된다.[368] 『춘추번로』「교사대(郊事對)」의 뜻이 바로 이와 같다.

3-16

子曰: "射不主皮, 【注】 馬曰: "射有五善焉. 一曰和, 志體和; 二曰和容,
有容儀; 三曰主皮, 能中質; 四曰和頌, 合雅・頌. 五曰興武, 與舞同. 天子三侯,
以熊虎豹皮爲之, 言射者不但以中皮爲善, 亦兼取和容也."

공자가 말했다. "활쏘기에서 정곡을 명중시키는 것을 위주로 하
지 않는 것과 【주】 마융이 말했다. "활쏘기에 다섯 가지 미덕[善]이 있다. 첫째는
화(和)이니 뜻과 몸이 조화로운 것이고, 둘째는 화용(和容)이니, 예의에 맞는 몸가짐
이 있는 것이고, 셋째는 주피(主皮)니 과녁의 바탕에 명중시킬 수 있는 것이며, 넷째
는 화송(和頌)이니 아(雅)와 송(頌)의 음악에 부합하는 것이고, 다섯째는 흥무(興武)
니, 춤추는 동작과 같은 것이다. 천자는 과녁이 3가지인데 곰・범・표범의 가죽으로
만드니, 이것은 활을 쏘는 자가 다만 과녁을 적중시키는 것만을 미덕으로 여기지 않
고, 또한 몸이 조화로운 것[和]과 예의에 맞는 몸가짐[容]을 조화롭게 함을 아울러 취

---

[368] 앞에서 염약거가 『사서석지』에서 고서병의 말을 인용해서 "일일이 물은 것은 마땅히 재계
할 때 있었다. 만약 정제(正祭)였다면 차분하고 엄숙해서 일일이 묻는 것이 용납될 수 없었
을 것이다."라고 한 것에 대한 반박 글인 듯싶다.

원문 正義曰:『說文』, "皮, 剝取獸革者謂之皮." 舊說禮惟大射有皮, 所謂皮侯, 棲皮爲鵠者也. 賓射, 則用采侯, 畵布爲五采以爲正. 燕射・鄕射, 則畵布爲獸形以爲正, 皆不用皮也.

역문 정의에서 말한다.

『설문해자』에 "피(皮)란 짐승의 가죽을 벗겨 낸 것을 피(皮)라 한다."[369] 라고 했다. 구설에 따르면 예에 오직 대사에만 피(皮)가 있다고 하니, 이른바 피후(皮侯)라는 것으로, 가죽을 붙여서 정곡[鵠]을 만든 것이다. 빈사에서는 채후(采侯)를 사용하는데, 삼베에 다섯 가지 채색으로 그림을 그려 정곡[正]으로 삼는다. 연사와 향사는 삼베에 짐승 모양으로 그림을 그려 정곡[正]으로 삼는데, 모두 가죽을 쓰지 않는다.

원문 金氏榜『禮箋』辨之云: "梓人爲侯, 廣與崇方, 三分其廣而鵠居一焉. 凡侯, 未有不設鵠者. 大射之侯, 棲皮爲鵠, 鵠外以采畵之謂之正. 天子五重, 諸侯三重, 大夫・士再重. 燕射之侯, 天子・諸侯亦棲皮爲鵠, 大夫・士則畵布爲鵠. 大射・燕射異同如是. 「司裘」, '王大射, 則共虎侯・熊侯・豹侯, 設其鵠; 諸侯則共熊侯・豹侯; 卿・大夫則共麋侯, 皆設其鵠.' 「射人」,

---

369 『설문해자』 권3: 피(皮)는 짐승의 가죽을 벗겨 낸 것을 피(皮)라 한다. 우(又)로 구성되었고, 위(爲)의 생략된 형태가 발음을 나타낸다. 피(皮)부에 속하는 한자는 모두 피(皮)의 뜻을 따른다. 피(𡰟)는 피(皮)의 고문이다. 피(𠧗)는 피(皮)의 주문(籀文)이다. 부(符)와 기(羈)의 반절음이다.[皮, 剝取獸革者謂之皮. 從又, 爲省聲. 凡皮之屬皆從皮. 𡰟, 古文皮. 𠧗, 籀文皮. 符羈切.]

‘王以六耦, 射三侯五正; 諸侯以四耦, 射二侯三正; 卿・大夫以三耦射, 一侯二正; 士以三耦射, 豻侯二正.’「大射儀」, ‘公射大侯, 大夫射參, 士射幹.’ 三經皆謂大射之侯也. 司裘職主設鵠, 故不言正. 士卑, 又不掌設其鵠. 故鄭仲師「射人」「注」釋‘三侯爲虎・熊・豹, 二侯爲熊・豹’, 與「司裘職」‘所設鵠之侯爲一’, 明設正・鵠於一侯矣. 賈景伯『周禮』「注」云: ‘四尺曰正, 正五重, 鵠居其內, 而方二尺.’ 蓋假‘侯中六尺’明之, 與「梓人」‘三分其廣而鵠居一’數合. 此禮家相傳古義也. 據鵠言之爲皮侯, 據正言之爲采侯.”

역문 김방(金榜)[370]의 『예전(禮箋)』에서 이것을 변별해서 “목수[梓人]가 과녁을 만드는데 너비는 높이와 같고, 그 너비를 3분해서 곡(鵠)이 거기에서 한 자리를 차지한다. 모든 과녁은 정곡[鵠]을 만들어 놓지 않은 것이 없다. 대사의 과녁은 가죽을 붙여서 정곡을 만드는데 정곡 바깥쪽으로 채색으로 그림을 그린 것을 정(正)이라고 한다. 천자는 다섯 겹이고 제후는 세 겹, 대부와 사는 두 겹이다. 연사의 과녁은 천자와 제후는 역시 가죽을 붙여서 정곡을 만들고, 대부와 사는 베에 그림을 그려서 정곡을 만든다. 대사와 연사의 같은 점과 차이는 이와 같다. 『주례』「천관총재하(天官冢宰下)・사구(司裘)」에 ‘왕의 대사에서는 범 가죽으로 만든 과녁과 곰 가죽으로 만든 과녁, 표범 가죽으로 만든 과녁을 제공해서 정곡을 설치하고, 제후는 곰 가죽으로 만든 과녁과 표범 가죽으로 만든 과녁을 제공하고, 경과 대부는 고라니 가죽으로 만든 과녁을 제공해서 모두 거기

---

370 김방(金榜, 1735~1801): 청나라 안휘 흡현 사람. 자는 보지(輔之) 또는 예중(蕊中)이고, 호는 경재(檠齋)이다. 건륭 37년(1772) 장원으로 진사가 되고, 한림원 수찬(修撰)을 지냈다. 젊어서부터 문사(文詞)에 뛰어났다. 특히 삼례에 정통했는데, 오로지 정현을 조종으로 삼았다. 저서에 『주례』와 『의례』, 『예기』를 주해(註解)한 『예전(禮箋)』이 있다.

에 맞는 정곡을 설치한다.' 했고, 『주례』「하관사마상(夏官司馬上)・사인
(射人)」에는 '왕은 여섯 쌍의 사수[六耦]로 활을 쏘는데, 세 개의 과녁[三侯]
에 다섯 번을 쏘아 맞히고, 제후는 네 쌍의 사수[四耦]로 활을 쏘는데 두
개의 과녁[二侯]에 세 번을 쏘아 맞히며, 경과 대부는 세 쌍의 사수로 활
을 쏘는데 한 개의 과녁에 두 번을 쏘아 맞히고, 사는 세 쌍의 사수로 활
을 쏘는데 들개 가죽으로 만든 과녁[豻侯]에 두 번을 쏘아 맞힌다.'라고
했다. 『의례』「대사의」에는 '공은 대후(大侯)[371]에 쏘고, 대부는 참후(參
侯)[372]에 쏘고, 사는 간후(干侯)[373]에 쏜다.' 했는데, 3경(三經)은 모두 대사
의 과녁을 말한 것이다. 사구(司裘)의 직책은 정곡의 설치를 주로 하기
때문에 정(正)을 말하지 않았다. 사는 신분이 낮기 때문에 또 그 정곡의
설치를 담당하지 않는다. 그러므로 정중사(鄭仲師)[374]의 『주례』「하관사
마상・사인」의 「주」에서 '3후(三侯)는 범 가죽으로 만든 과녁과 곰 가죽
으로 만든 과녁, 표범 가죽으로 만든 과녁이며, 2후(二侯)는 곰 가죽으로
만든 과녁과 표범 가죽으로 만든 과녁'이라는 것과 『주례』「천관총재
하・사구」에서 '정곡을 설치한 과녁은 하나'라는 것을 해석하면서 하나
의 과녁에 정과 정곡을 설치한다는 것을 분명히 하였다. 가경백(賈景
伯)[375]의 『주례』「주」에 '넉 자[四尺] 되는 것을 정이라 하는데 정은 다섯

---

371 대후(大侯): 천자가 활을 쏠 때 사용하는 과녁으로, 정곡에 곰을 그려 넣었기 때문에 웅후
    (熊侯)라고도 한다.
372 참후(參侯): 천자 이하의 대부가 활을 쏠 때 사용하는 과녁으로, 가운데 표범이 그려져 있고
    바깥쪽에 사슴이 그려져 있다.
373 간후(干侯): 사가 활을 쏠 때 사용하는 과녁으로, 정곡과 바깥쪽에 모두 들개가 그려져 있다.
374 정중사(鄭仲師, ?~83?): 동한의 관리이자 경학자인 정중(鄭衆). 중사(仲師)는 그의 자이다.
    지금의 하남성(河南城) 개봉(開封) 사람으로 당시의 경학자들은 정중을 선정(先鄭), 정현을
    후정(後鄭)이라 불렀다. 중랑장(中郎將)과 대사농(大司農, 농림부장관) 등을 지냈기에 '정사
    농(鄭司農)'이라 부르기도 한다. 자세한 것은 「학이」의 각주 참조.

겹이고, 정곡이 그 안에 있으며 사방 두 자[二尺]이다.'라고 했는데, 이는 '과녁의 중(中)은 여섯 자[六尺]'라는 것을 가탁해서 밝힌 것으로, 『주례』「동관고공기하(冬官考工記下)·재인(梓人)」에서 '과녁의 너비를 셋으로 나누매 정곡이 1/3을 차지한다.'라고 한 것과 숫자가 일치한다. 이것이 예가(禮家)들이 서로 전한 고의(古義)이다. 정곡을 근거로 말한 것이 피후(皮侯)가 되고, 정을 근거로 말한 것이 채후(采侯)가 된다."라고 했다.

원문 又云: "燕射之侯, 尊卑皆張一侯.「鄉射記」, '凡侯, 天子熊侯白質; 諸侯麋侯赤質, 大夫布侯, 畵以虎豹; 士布侯, 畵以鹿豕. 凡畵者丹質.' 熊·麋·虎·豹·鹿·豕之侯, 咸取名於鵠.「記」言大夫·士布侯用畵, 則熊侯·麋侯棲皮爲鵠, 對文見異矣. 鄉射之禮, 所以習射上功, 當張麋侯二正, 與大射同. 賓射之禮, 以親故舊朋友張獸侯, 與燕射同歟."

역문 또 "연사에서의 과녁은 존귀하거나 비천하거나 모두 하나의 과녁을 펼친다. 『의례』「향사례·기(記)」에 '과녁은 천자는 곰 가죽으로 만든 과녁에 흰 바탕이고, 제후는 고라니 가죽으로 만든 과녁에 붉은 바탕이며

---

375 가경백(賈景伯, 30~101): 후한 부풍(扶風, 섬서성) 평릉(平陵) 사람 가규(賈逵)이다. 경백(景伯)은 그의 자이다. 약관의 나이에 오경(五經)의 본문과 『좌씨전』을 암송했고, 대하후(大夏侯)의 『상서(尙書)』를 가르쳤으며, 곡량(穀梁)의 학설에도 정통했다. 명제(明帝) 영평(永平) 연간에 『춘추좌씨전해고(春秋左氏傳解詁)』와 『국어해고(國語解詁)』를 저술하여 바쳤다. 또 『춘추좌씨전』과 참위(讖緯)를 결합한 글을 올려 박사(博士)에 올랐다. 장제(章帝) 때는 금문경학자 이육(李育)과의 논쟁을 통해 고문경전의 지위를 높였다. 천문(天文)에 조예가 깊어 장제 원화(元和) 2년(85)부터 화제 영원(永元) 4년(92) 사이에 이범(李梵), 이숭(李崇) 등과 『사분율(四分律)』을 정정하는 작업을 시행해 천문에 관한 여러 가지 문제들을 해결했다. 구양(歐陽)과 대소하후(大小夏侯)의 『고문상서(古文尙書)』의 이동(異同)이라든지 제노한(齊魯韓) 삼시(三詩)와 『모시』의 이동을 밝혔다. 『경전의고(經傳義詁)』와 『논란(論難)』을 저술하여 뒷날 마융과 정현 등이 고문경서의 학문을 대성할 수 있는 길을 닦아 놓았다. 저술이 많았지만 대부분 없어졌고, 청나라 사람이 편집한 문집이 남아 있다.

대부는 삼베로 만든 과녁인데 범이나 표범이 그려져 있고, 사는 삼베로 만든 과녁인데 사슴이나 돼지가 그려져 있다. 모든 그림은 붉은 바탕이다.'라고 했는데 곰·고라니·범·표범·사슴·돼지의 가죽으로 만든 과녁은 모두 정곡에서 이름을 취한다. 「향사례·기」에 대부와 사는 삼베로 만든 과녁에 그림을 사용한다고 했으니, 그렇다면 곰 가죽으로 만든 과녁과 고라니 가죽으로 만든 과녁은 가죽을 오려 붙여서 정곡을 만든 것이니, 이는 문장을 대구(對句)로 써서 차이를 드러낸 것이다. 향사의 예는 활쏘기를 익혀 공을 높이기 위함이니 당연히 고라니 가죽으로 만든 과녁을 펼치고 두 번을 쏘아 맞히는데, 대사례와 같다. 빈사의 예는 오래된 친구와 벗을 친히 해서 짐승의 가죽으로 만든 과녁을 펼치는데, 이는 연사례(燕射禮)와 같을 듯싶다."라고 했다.

원문 案, 金說甚核. 「齊·猗嗟」詩, "終日射侯, 不出正兮." 則正·侯同爲一侯審矣. 『詩』「賓筵」「疏」引『周禮』鄭衆·馬融「注」, 皆謂正在鵠內. 惟正在鵠內, 故『詩』以射不出正, 誇爲技藝. 則金氏引賈景伯以正在鵠外, 非也. 天子諸侯無鄕射禮, 「鄕射記」所言熊侯·麋侯云云, 皆指燕禮. 故金氏引以證燕射也.

역문 살펴보니, 김방의 설명이 매우 자세하다. 『시경』「국풍(國風)·제풍(齊風)·의차(猗嗟)」에 "종일토록 과녁[侯]에 활을 쏘아도 정곡[正]을 벗어나지 않네."라고 했으니, 정(正)과 후(侯)가 똑같이 하나의 과녁임이 분명하다. 『시경』「소아(小雅)·보전지십(甫田之什)·빈지초연(賓之初筵)」의 「소」에 『주례』의 정중(鄭衆)과 마융의 「주」를 인용했는데, 모두 정(正)이 곡(鵠) 안에 있다고 했다. 정이 곡 안에 있기 때문에 『시경』「국풍·제풍·의차」에서 활을 쏘아도 정을 벗어나지 않는다고 하여 과녁을 맞히는 기술을 자랑한 것이다. 그렇다면 김방이 인용한 가경백의 정이 곡 밖에 있다는 말은 잘못이다. 천자와 제후는 향사례가 없으니, 「향사례·기」에서 말한 웅후(熊侯)니 미후(麋侯)니 운운한 것은 모두 연례(燕禮)를 가리킨다. 그러므로 김방이 인용해서 연사임을 증명한 것이다.

원문 凡禮射主皮, 但主於中, 不尙貫革. 故「鄕射禮」"不貫不釋", 鄭「注」, "貫, 猶中也." 明中卽是貫, 非如賈「疏」以爲貫穿也. 不貫不釋爲主皮, 若不主皮者, 則以人力或弱, 不能及侯, 則不中皮, 而比於禮樂, 亦必取之也. 「樂記」言, "武王克殷, 貫革之射息." 此軍射貫穿, 不可以說禮射.

역문 모든 예사(禮射)[376]는 정곡을 명중시키는 것을 위주로[主皮] 하지만, 다만 과녁에 명중시키는 것을 주로 하지 가죽을 꿰뚫는 것을 숭상하지는 않는다. 그러므로 『의례』 「향사례」에서 "명중하지 않으면 계산하지 않는다.[不貫不釋]"라고 한 것에 대해, 정현의 「주」에 "관(貫), 명중[中]과 같다."[377]라고 하여 명중[中]이 관(貫)임을 분명히 했으니, 가공언의 「소」에서 꿰뚫는 것[貫穿]으로 본 것과는 같지 않다. 명중하지 않으면 계산하지 않는 것이 정곡에 명중시키는 것을 주로 하는 것이 되니, 정곡에 명중시키는 것을 위주로 하지 않는 것으로 말할 것 같으면, 사람의 힘이 혹 약해서 과녁에 다다를 수 없으면 정곡을 명중시키지 못하지만, 그래도 예악(禮樂)에 맞으면 또한 반드시 계산을 했다는 말이다. 『예기』 「악기」에 "무왕이 은나라를 이기매 가죽을 꿰뚫는 활쏘기가 종식되었다."라고 했는데, 이는 군대 활쏘기의 꿰뚫는 것이니, 이것을 가지고 예사를 말할 수는 없다.

---

376 예사(禮射): 대사·빈사·연사.
377 『의례주소』 권7, 「향사례」 정현의 「주」.

- 「注」, "射有"至"容也."

- 正義曰: 馬此「注」據鄉射言. 鄉射者, 行射於鄉. 所以賓興賢能, 至射之明日, 鄉大夫復以鄉 射之禮五物詢衆庶, 詢其稍能習者, 以備後次之賓興. 此見周官鄉大夫之職. 五物者, 五事也. 馬云"五善", 謂五物爲善也.

○ 「주」의 "사유(射有)"부터 "용야(容也)."까지

○ 정의에서 말한다.

마융의 이 「주」는 향사를 근거로 말한 것이다. 향사란 고을에서 행해지던 활쏘기이다. 지방 의 어질고 재능 있는 자를 빈례(賓禮)로 천거하기 위한 것으로, 활쏘기를 한 다음 날이 되면 향대부들이 다시 향사례의 5물[378]을 가지고 대중에게 묻는데,[379] 점점 잘 익히는 자를 물어 서 다음에 빈례로 천거할 인재를 대비하는 것이다. 이는 『주관』「향대부(鄉大夫)」[380]의 직책 에 보인다. 5물이란 5사(五事)인데, 마융은 "5선(五善)"이라고 했으니, 5물을 미덕[善]으로 삼는다는 말이다.

원문 凌氏廷堪『鄉射五物考』, "一曰和, 二曰容, 三曰主皮, 四曰和容, 五曰興 舞, 此五物之序也. 前既云'和'·'容', 後復曰'和容', 人多不得其解. 昔之說 一曰和二曰容者, 鄭司農曰: '和謂閨門之內行, 容謂容貌.' 鄭康成曰: '和 載六德, 容包六行說.' 四曰和容者, 杜子春'讀和容爲和頌, 謂能爲樂也.' 又馬融『論語』「注」, '一曰和, 志體和; 二曰和容, 有容儀; 四曰和頌, 合 雅·頌.' 此皆因經文和·容前後再見, 故强生異義. 至主皮之射, 說者尤爲

---

378 5물(五物): 화(和)·용(容)·주피(主皮)·화용(和容)·흥무(興舞)이다. 화는 가정 안에서의 행실, 용은 용모, 주피는 활을 잘 쏨, 화용은 동작이 음악의 절주에 맞음, 흥무는 육무(六舞) 를 출 수 있음을 이른다.

379 향사례를 거행해서 활쏘는 자의 태도가 5물에 부합하는 자를 대중에게 묻는다는 말이다.

380 『주례』「지관사도상(地官司徒上)·향대부(鄉大夫)」.

聚訟, 考『周官』明云'退而以鄉射之禮五物詢眾庶.' 則五者固在鄉射禮之
中, 不在鄉射禮之外也. 蓋'一曰和・二曰容'者, 卽「鄉射禮」之'三耦射'也.
'獲而未釋獲', 但取其容體比於禮也. 是爲第一次射. '三曰主皮'者, 卽「鄉
射禮」之'三耦', 及賓・主人・大夫眾耦皆射也. 司射命曰'不中不釋', 蓋取
其中也. 故謂之'主皮'. 馬氏『論語』「注」以主皮爲能中質, 是也, 是爲第二
次射. '四曰和容・五曰興舞'者, 卽「鄉射禮」之樂節射也. 司射命曰'不中
不釋', 旣取其容體比禮, 又取其節比於樂也. 比於禮, 故謂之和容. 蓋如前
三耦射也. 比於樂, 故謂之興舞, 取其應鼓節也. 故前已言和・容, 此復言
和容也, 是爲第三次射. 「鄉射記」'禮射不主皮', 鄭「注」, '不主皮者, 貴其
容體比於禮, 其節比於樂, 不待中爲雋也.' 蓋古經師相傳之解, 指第三次
射而言, 深得經意. 不主皮爲第三次射, 不鼓不釋: 則主皮爲第二次射, 不
貫不釋可知矣. 時至春秋之末, 鄉射但以不貫不釋爲重, 而容體比於禮節,
比於樂, 不復措意, 故孔子歎之, 以爲古禮仍有不主皮之射也. 或者是謂
「鄉射記」云'主皮之射'者, 勝者又射, 不勝者降, 則似鄉射之外, 更有此射
者, 此殊不然. 「鄉射記」所云, 卽指第二次射也. 凡經所未言, 見於記者甚
多, 不獨主皮之射一節也. 又『禮經釋例』云: '案「鄉射禮」, "始射獲而未釋
獲", 謂初射也. 又云: '復釋獲', 謂再射也, 又云: '復用樂行之', 謂三射也.
射皆三次, 不獨鄉射, 卽大射亦然, 但節文小異耳. 射必三次者, 「大射儀」
「注」云: '君子之於事, 始取苟能, 中課有功, 終用成法, 敎化之漸也.' 射用
應節爲難, 孔子曰: '射者何以聽? 循聲而發, 發而不失正鵠者, 其唯賢者
乎!' 以樂節射者, 卽禮射也, 所謂'其容體比於禮也, 其節比於樂也.' 然則
射以應節爲上, 中侯次之, 故『論語』曰: '射不主皮, 古之道也.'"案, 凌說
是也.

역문 능정감의 『향사오물고(鄉射五物考)』에 "첫째를 화라 하고, 둘째를 용
(容)이라 하며, 셋째를 주피라 하고, 넷째를 화용이라 하며, 다섯째를 흥

무(興舞)라 하니, 이것이 5물의 순서이다. 앞에서 이미 '화(和)'와 '용(容)'

을 말하고, 뒤에 다시 '화용(和容)'이라고 했는데, 그 이유를 모르는 사람

들이 많다. 옛날에 첫째를 화라고 둘째를 용이라 한다고 말한 것에 대해

정사농은 '화는 가정 안에서의 행실을 이르고, 용은 용모를 이른다.'³⁸¹라

고 했고, 정강성(鄭康成)은 '화는 육덕(六德)을 겸한 것이고,³⁸² 용은 육행

(六行)을 포함해서 말한 것이다.³⁸³'³⁸⁴라고 했다. 넷째를 화용이라 한다는

것에 대해 두자춘(杜子春)은 '화용(和容)은 화송(和頌)으로 읽어야 하니, 음

악을 잘하는 것을 이른다.'³⁸⁵라고 했다.

또 마융의 『논어』「주」에는 '첫째는 화이니 뜻과 몸이 조화로운 것이

고, 둘째는 화용이니, 예의에 맞는 몸가짐이 있는 것이고, 넷째는 화송

이니, 아(雅)와 송(頌)의 음악에 부합하는 것이다.'³⁸⁶라고 했는데, 이는

모두 경문의 화와 용이 앞뒤로 거듭 보이기 때문에 억지로 다른 뜻을 만

들어 낸 것이다. 정곡에 명중시키는 것을 주로 하는[主皮] 활쏘기에 이르

면 설명하는 사람들마다 더욱 논란을 불러일으키는데, 『주관』을 살펴

---

381 『주례주소』권11, 「지관사도상(地官司徒上)·향대부(鄕大夫)」 가공언의 「소」에 보인다.

382 화재육덕(和載六德): 육덕(六德)은 지(智: 사리에 밝음)·인(仁: 사람을 사랑함)·성(聖: 모
든 이치에 통달함)·의[義: 모든 일을 시의(時宜)에 맞게 결단함]·충(忠: 마음을 다함)·화
(和: 너무 강하지도 유하지도 않고 조화를 이룸)인데, 화가 맨 뒤에 있으므로 앞의 지·인·
성·의·충을 실었다고 한 것이니, 곧 화가 지·인·성·의·충을 겸했다는 말이다.

383 용포육행(容包六行): 육행(六行)은 효(孝: 효도)·우(友: 우애)·목(睦: 종족과 화목함)·인
(姻: 외친과 친목함)·임(任: 벗 사이에 신의가 있음)·휼(恤: 가난한 자를 구휼함)인데, 효
가 맨 앞에 있으므로 뒤의 우·목·인·임·휼을 포함했다는 말이다. 정현은 용(容)을 효
(孝)로 해석하였다.

384 『주례주소』권11, 「지관사도상·향대부」 정현의 「주」.

385 『주례주소』권11, 「지관사도상·향대부」 정현의 「주」.

386 『논어정의』에는 "二曰容, 有容儀; 四曰和容"이라고 되어 있으나, 『논어주소』와 『논어집해
의소』 및 본문의 「주」을 근거로 "二曰和容, 有容儀; 四曰和頌, 合雅頌."으로 고쳤다.

보면 분명히 '물러나 향사례의 5물을 가지고 대중에게 묻는다.'라고 했으니, 다섯 가지는 진실로 향사례 가운데 있는 것이지 향사례 이외에 있는 것이 아니다.

'첫째를 화라 하고 둘째를 용이라 한다'라는 것은 바로 『의례』「향사례」의 '세 쌍의 사수로 활을 쏘는 것[三耦射]'이다. '명중이라고 말은 하되 점수로 계산하지 않는다.'[387]라고 했으니, 이는 다만 그 용모와 몸의 자세가 예에 맞는 것을 취한 것이다. 이것이 제1차 활쏘기가 된다.

'셋째를 주피라 한다'라는 것은 바로 「향사례」의 '세 쌍[三耦]'과 손님[賓]·주인·대부가 여럿이 쌍을 이루어 모두 활을 쏘는 것이다. 사사가 명하여 '명중하지 않으면 계산하지 않는다.'라고 하는 것은 대체로 명중[中]을 취하는 것이다. 따라서 이것을 일러 '주피'라고 한 것이다. 마융의 『논어』「주」에서 주피를 과녁의 바탕에 명중시킬 수 있는 것이라고 한 것이 이것이다. 이것이 제2차 활쏘기가 된다.

'넷째를 화용이라 하고 다섯째를 흥무라고 한다'라는 것은 바로 「향사례」의 음악과 절주에 맞춰 활쏘는 것이다. 사사가 명하여 '명중하지 않으면 계산하지 않는다.'라고 했지만, 이미 그 용모와 몸의 자세가 예에 맞는 것을 취하고, 또 절주가 음악에 맞는 것을 취한 것이다. 예에 맞기 때문에 화용이라 한다. 이는 대체로 앞의 세 쌍의 사수로 활쏘기 하는 것과 같다. 음악[樂]에 맞기 때문에 흥무라고 한 것이니, 이는 북소리의 절주에 응함을 취한 것이다. 그러므로 앞에서 이미 화와 용을 말하고 여기에서 다시 화용이라고 말한 것이니, 이것이 제3차 활쏘기가 된다.

『의례』「향사례·기」에 '예사는 정곡을 명중시키는 것을 위주로 하지

---

387 『의례』「향사례」와 「대사의」에 보인다.

않는다.'라고 했는데, 정현의 「주」에 '정곡을 명중시키는 것을 위주로 하지 않는다는 것은, 그 용모와 몸의 자세가 예에 맞고, 그 절주가 음악에 맞는 것을 귀하게 여기고, 명중시키기를 기다려 표준으로 삼지 않는다.'[388]라고 했다. 대체로 옛날 경사(經師)가 서로 전한 해석은 제3차 활쏘기를 가리켜 말한 것으로 경의 의미를 매우 잘 이해한 것이다. 정곡을 명중시키는 것을 위주로 하지 않는 것은 제3차 활쏘기가 되는데, 북의 절주에 맞지 않으면 계산하지 않는다. 정곡을 명중시키는 것을 위주로 하는 것은 제2차 활쏘기가 되니, 명중하지 않으면 계산하지 않는다는 것을 알 수 있다. 춘추시대 말기에 이르면 향사는 단지 명중하지 않으면 계산하지 않는 것만 중시해서 용모와 몸의 자세가 예절에 맞고 음악에 맞더라도 다시는 염두에 두지 않았기 때문에 공자가 탄식하면서 고례(古禮)에는 여전히 정곡을 명중시키는 것을 위주로 하지 않는 활쏘기가 남아 있었다고 여긴 것이다. 어떤 사람들은 이에 대해 『의례』 「향사례ㆍ기」에서 말한 '주피의 활쏘기'란 승리한 자는 또 활을 쏘고 승리하지 못한 자는 당 아래로 내려가는 것이니, 향사(鄕射) 외에 다시 이러한 활쏘기가 있었던 것 같다고 하는데, 이는 절대로 그렇지 않다. 「향사례ㆍ기」에서 말한 것은 바로 제2차 활쏘기를 가리키는 것이다. 경(經)에서 말하지 않은 것 중에 기(記)에서 보이는 것이 매우 많으니, 유독 정곡을 명중시키는 것을 위주로 하는 활쏘기 한 구절뿐만이 아니다. 또 『예경석례』에 '「향사례」를 살펴보니 "처음으로 활을 쏘아 과녁을 맞히면 맞힌 것을 점수로 계산하지 않는다"'라고 한 것은 첫 번째 활쏘기를 이르는 것이다. 또 '다시 쏘아서 맞히면 점수를 계산한다'라고 한 것은 두 번째 활쏘기를

---

388 『의례주소』 권5, 「향사례」 정현의 「주」.

이르는 것이고, 또 '다시 쏘아서 맞히면 음악을 연주한다'라고 한 것은 세 번째 활쏘기를 이르는 것이다. 활쏘기는 모두 3차에 걸쳐서 하는데, 향사뿐만이 아니라 대사 역시 그렇지만 다만 절문(節文)이 조금 다를 뿐이다.

활쏘기를 반드시 3차까지 하는 이유는, 『의례』「대사의」의 「주」에 '군자는 일에 있어서 처음에는 참된 능력을 취하고, 중간에는 공(功)이 있는지를 따지며, 끝에는 완성된 법을 쓰니, 교화가 점차적으로 무젖어 든다.'[389]라고 했다. 활쏘기에서는 절주에 맞추는 것을 어려운 것으로 여기므로, 공자는 '활을 쏘는 자는 어떻게 듣는가? 음악 소리를 좇아서 화살을 놓되, 화살을 놓아서 정곡을 맞히는 자, 오직 그만이 현자일 것이다!'[390]라고 했다. 음악의 절주에 맞추어 활쏘는 것이 바로 예사이니, 이른바 '그 용모와 자세가 예에 맞고, 그 절주가 음악에 맞는다.'라는 것이다. 그렇다면 활쏘기는 절주에 맞는 것을 최상으로 삼고 과녁에 적중시키는 것을 그다음으로 삼기 때문에 『논어』에서 '활쏘기에서 정곡을 명중시키는 것을 위주로 하지 않는 것이 옛날의 도이다.'라고 한 것이다." 라고 하였다.

원문 案, 凌說是也. 竊以射皆三次, 則賓射·燕射亦當同, 惜無文以明之. 鄭注「鄕射記」以禮射爲大射·賓射·燕射, 不數鄕射, 此其疏也. 若然, 『論語』"射不主皮", 當兼凡禮射, 而凌氏專指鄕射者, 正據馬氏此「注」五物之詢爲鄕大夫, 且擧鄕射明諸禮射得通之也.

역문 살펴보니, 능정감의 설이 옳다. 가만히 생각해 보건대, 활쏘기를 모두

---

389 『의례주소』 권7, 「대사의」 정현의 「주」.
390 『예기』 「사의(射義)」.

3차에 걸쳐 치른다면 빈사나 연사 역시 마땅히 같을 것이지만 안타깝게
도 그것을 증명할 만한 문헌이 없다. 정현은 『의례』「향사례 · 기」를 주
석하면서 예사를 대사 · 빈사 · 연사라고 생각하고, 향사를 숫자로 세지
않았는데, 이것이 그의 엉성한 점이다. 만약 그렇다면 『논어』의 "활쏘
기에서 정곡을 명중시키는 것을 위주로 하지 않는다.[射不主皮.]"라는 말
은 마땅히 모든 예사를 겸해서 한 말인데, 능정감이 오로지 향사라고 지
목한 것은 바로 마융의 이 부분에 대한 「주」에서 향사례의 5물을 가지
고 대중에게 묻는 것이 향대부가 한 것이라고 한 것과, 또 향사를 거론
하면서 여러 예사에 통할 수 있다고 밝힌 것을 근거로 한 것이다.

원문 云"一曰和, 志體和; 二曰和容, 有容儀"者, "和容", "和"字當衍, 志體言
其體, 容儀言其容, 所謂"容體比於禮也." 云"三曰主皮, 能中質"也者, 質謂
侯中受矢之處, 卽「鄕射記」所云白質 · 赤質, 丹質也. 「賓筵詩」"發彼有
的", 毛「傳」, "的, 質也." 『荀子』「勸學篇」"質的張而弓矢至焉", 質 · 的二
名一物. 鄭衆 · 馬融注 『周禮』, 並以質四寸, 居於正之內是也.

역문 "첫째는 화이니 뜻과 몸이 조화로운 것이고, 둘째는 화용이니, 예의에
맞는 몸가짐이 있는 것이다."

"화용"의, "화" 자는 당연히 연문(衍文)이고, 지체(志體)는 그 몸[體]을 말
한 것이며, 용의(容儀)는 그 용모[容]를 말한 것이니, 이른바 "용모와 자세
가 예에 맞는다."라는 것이다.

"셋째는 주피니, 과녁의 바탕에 명중시킬 수 있는 것."

질(質)은 과녁의 가운데 화살을 받는 곳을 이르니, 바로 「향사례 · 기」
에서 말한 백질(白質) · 적질(赤質), 단질(丹質)이라는 것이다. 『시경』「소
아 · 상호지십(桑扈之什) · 빈지초연(賓之初筵)」에 "화살을 쏘아 저 과녁을
맞힌다."라고 했는데, 모형의 「전」에 "적(的)은 질(質)이다."[391]라고 했고,

『순자』「권학편(勸學篇)」에는 "과녁이 펼쳐지매 활과 화살이 그곳으로 이른다."라고 했으니, 질과 적은 같은 물건인데 명칭이 다른 것이다. 정중과 마융은 『주례』를 주석하면서 둘 다 질(質)은 네 치[四寸]이고 정(正) 안쪽에 있다고 했는데, 옳다.

원문 云"四曰和頌, 合雅 · 頌"者, 此與杜子春讀同, 以和爲合, 容爲頌也. 此馬自用其所據『周禮』之義, 亦可通也. 云"五曰興武, 與舞同"也者, 『左氏春秋』"以蔡侯獻舞歸", 『穀梁』作"獻武", 又「禮器」"詔侑武方", 「注」云: "武當爲無, 聲之誤也." 鄭彼「注」以武爲聲誤, 馬此「注」以武與舞同, 則以二字通用, 與鄭異也.

역문 "넷째는 화송이니 아와 송의 음악에 부합하는 것이다."

이것은 두자춘이 읽은 것과 같으니, 화(和)를 합(合)의 의미로 보고 용(容)을 송(頌)으로 본 것이다. 여기에서 마융은 스스로 그가 근거로 삼았던 『주례』의 뜻을 적용시켰는데, 역시 통할 수 있다.

"다섯째는 흥무니 춤추는 동작과 같은 것이다."

『춘추좌씨전』에 "채후(蔡侯)가 헌무(獻舞)를 데리고 돌아갔다.[蔡侯獻舞歸.]"392라고 한 것이 『춘추곡량전』에는 "헌무(獻武)로 되어 있고", 또 「예기」에 "조(詔)와 유(侑)는 일정하게 정해진 방향이 없다.[詔侑武方.]"라고 했는데, 「주」에 "무(武) 자는 마땅히 무(無)393 자가 되어야 하니 소리가 같아서 잘못된 글자이다."라고 했다. 정현은 「예기」에 대한 「주」에서

---

391 『모시주소』 권21, 「소아 · 보전지십 · 빈지초연」.

392 『춘추좌씨전』 「장공」 10년.

393 『예기주소』 권24, 「예기」 정현의 「주」. 『예기주소』에는 "武當爲無"로 되어 있다. 『논어정의』에는 "舞"로 되어 있는데, 정현의 「주」에는 "無"로 되어 있으므로, 이를 근거로 "舞"를 "無"로 고쳤다.

무(武) 자를 소리가 같아서 잘못된 글자로 보았지만, 마융의 여기에 대한 「주」에서는 무(武)와 무(舞)를 같은 글자로 보았는데,[394] 그렇다면 두 글자를 통용되는 것으로 본 것이니, 정현과는 다르다.

원문 云"天子有三侯, 以熊·虎·豹皮爲之"者, 天子無鄕射, 此假天子大射之侯言之, 明此主皮亦棲皮爲侯也. 不及諸侯以下者, 文見「司裘」, 可推而知也. 以熊·虎·豹皮爲侯, 則鄭彼「注」謂"以虎·熊·豹·麋之皮飾其側"者, 蓋未然也. 若鄭注「鄕大夫」"五物"以主皮爲張皮射之無侯, 尤非是也. 云"亦兼取和容"者, 卽"一曰和"·"二曰容", 不及"和頌"·"興武", 於義未備, 當用凌說補之也.

역문 "천자는 과녁이 3가지인데, 곰·범·표범의 가죽으로 만든다."

천자는 향사가 없으니, 이것은 천자의 대사에서의 과녁을 빌려서 말하여 이 주피 역시 가죽을 붙여서 과녁을 만듦을 밝힌 것이다. 제후 이하의 사람들에 대해서는 언급하지 않았지만 글이 『주례』「천관총재하·사구」에 보이니 유추해 보면 알 수 있다. 곰·범·표범의 가죽으로 과녁을 만든다면, 정현이 「사구」의 「주」에서 "범·곰·표범·고라니의 가죽으로 그 주변을 장식한다"라고 말한 것은 대체로 옳지 않다. 정현이 「향대부」의 "5물"을 주석하면서 정곡에 명중시키는 것을 주로 하는[主皮] 활쏘기를 과녁 없는 활쏘기에서 펼쳐 놓은 가죽이라고 했는데, 더욱 옳지 않다.

"또한 몸이 조화로운 것[和]과 예의에 맞는 몸가짐[容]을 조화롭게 함을

---

394 『논어주소』 권3, 「팔일제3」 형병의 「소」에 마융을 인용해서 "무(武) 자는 마땅히 무(無) 자가 되어야 하니 소리가 같아서 잘못된 글자이다[武當爲舞, 聲之誤也.]"라고 되어 있는데, "無"와 "舞" 역시 발음이 같아서 잘못된 것인 듯하다.

아울러 취했다.”

“첫째는 화라 한다.”라느니, “둘째는 용이라 한다.”라느니 해 놓고,
“화송”과 “홍무”를 언급하지 않았는데, 의미상 미비하니 능정감의 설을
이용해서 보충함이 마땅하다.

爲力不同科, 古之道也.”【注】馬曰: “爲力, 力役之事, 亦有上中下, 設
三科焉, 故曰‘不同科’.”

힘으로 부역하는 일에 등급을 똑같이 정하지 않는 것이 옛날의
도(道)이다.”【주】마융이 말했다. “위력(爲力)은 힘으로 부역하는 일인데, 역시
상·중·하가 있으므로 세 등급을 설정하기 때문에 ‘등급을 똑같이 정하지 않는다’라
고 한 것이다.”

- 「注」, “爲力”至“同科”.

- 正義曰: 云“爲力, 力役之事”者, 爲猶效也, 言效此力役之事, 卽孟子所云“力役之征”也. 云“亦
有上·中·下, 設三科焉”者, 『說文』, “科, 程也.” 『廣雅』「釋言」, “科, 條也. 科, 品也.” 『周
官』「小司徒」, “上地家七人, 可任也者家三人; 中地家六人, 可任也者二家五人; 下地家五人,
可任也者家二人.” 「注」云: “‘可任’, 謂丁强任力役之事也.” 是上地·中地·下地有三科. 又
「均人」云: “凡均力政, 以歲上下, 豊年則公旬用三日焉, 中年則公旬用二日焉, 無年則公旬用
一日焉.” 亦以年分三科, 皆此「注」義所具也. 春秋時, 徵發頻仍, 興築無已, 不復循三科之制,
故孔子思古之道也. 劉敞『七經小傳』不從此「注」, 謂“不主皮者, 以力不同之故”, 則主皮之射
爲尚力, 其說亦通.

○ 「주」의 “위력(爲力)”부터 “동과(同科)”까지.

○ 정의에서 말한다.

"위력(爲力)은 힘으로 부역하는 일[力役之事]이다."

"위(爲)"는 바친다[效]는 뜻과 같으니, 이 힘으로 부역하는 일을 바친다는 말이니, 바로 맹자가 말한 "힘으로 부역하는 세금"[395]이다.

"역시 상·중·하가 있으므로 세 등급을 설정한다."

『설문해자』에 "과(科)는 거리의 단위[程]이다."[396]라 했고, 『광아』「석언」에는 "과(科)는 한 갈래 한 갈래로 나눈 단위[條]이다. 과(科)는 등급[品]이다."라고 했다. 『주관』「소사도(小司徒)」에 "상품의 전지(田地)는 가족 일곱 사람 중에 그 일을 맡길 만한 자가 한 집에 세 사람인 집에 주고, 중품의 전지는 가족 여섯 사람 중에 그 일을 맡길 만한 자가 두 집을 아울러서 다섯 사람인 집에 주며, 하품의 전지는 가족 다섯 사람 중에 그 일을 맡길 만한 자가 한 집에 두 사람인 집에 준다."[397]라고 했는데, 「주」에 "'맡길 만하다[可任]'는 것은 장정에게 힘으로 부역하는 일을 강제로 맡긴다는 말이다."[398]라고 했으니, 이는 상지(上地)와 중지(中地)와 하지(下地)의 세 등급이 있는 것이다. 또 『주례』「지관사도하(地官司徒下)·균인(均人)」에 "무릇 인력 동원[力政]을 균등하게 실시하되, 그해 농사의 작황에 따라 인력 동원의 정도를 올리거나 내리는데 풍년에는 공순(公旬)[399]으로 3일을 쓰고, 평년작[中年]에는 공순으로 2일을 쓰며, 흉년[無年]에는 공순으로 1일을 쓴다."라고 했으니, 역시 한 해 농사의 작황에 따라 3등급으로 나눈 것으로, 모두 여기 「주」의 뜻에 갖추어져 있는 것이다. 춘추시대에는 징발이 거듭 이어지고, 토목과 건설 작업이 끝이 없어 다시는 3등급의 제도를 따르지 않았기 때문에 공자가 옛날의 도를 생각했던 것이다. 유창(劉敞)[400]의 『칠경소전(七經小傳)』에는 이 「주」

---

395 『맹자(孟子)』「진심하(盡心下)」.

396 『설문해자』권7: 과(䅏)는 거리의 단위[程]이다. 화(禾)로 구성되었고 두(斗)로 구성되었다. 두(斗)란 용량[量]의 단위이다. 고(苦)와 화(禾)의 반절음이다.[䅏, 程也. 從禾從斗. 斗者, 量也. 苦禾切.]

397 『주례』「지관사도상·소사도(小司徒)」.

398 『주례주소』권11, 「지관사도상·소사도(小司徒)」 정현의 「주」.

399 공순(公旬): 옛날의 백성들이 통치자를 위해서 무상으로 제공하던 강제 노역.

400 유창(劉敞, 1019~1068): 중국 북송 임강군(臨江軍) 신유(新喩) 사람. 자는 원보(原父)이고,

---

를 따르지 않고, "정곡을 명중시키는 것을 위주로 하지 않는 이유는 힘이 같지 않은 까닭 때문이다."라고 했는데, 정곡을 명중시키는 것을 위주로 하는[主皮] 활쏘기는 힘을 숭상하기도 하니 그 설 역시 통한다.

호는 공시(公是)이다. 박학하고 『춘추』에 정통했는데, 전주(傳注)에 얽매이지 않았다. 한유의 설을 비판적으로 검토했다. 저서에 『칠경소전(七經小傳)』과 『춘추권형(春秋權衡)』, 『춘추전(春秋傳)』, 『춘추의림(春秋意林)』, 『춘추전설례(春秋傳說例)』, 『공시집(公是集)』 등이 있다. 동생 유반(劉攽), 아들 유봉세(劉奉世)와 함께 『한서표주(漢書標注)』를 저술했다.

논어정의 권4

論語正義卷四

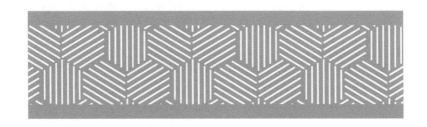

子貢欲去告朔之餼羊,【注】鄭曰:"牲生曰餼. 禮, 人君每月告朔於廟有
祭, 謂之朝享. 魯自文公始不視朔. 子貢見其禮廢, 故欲去其羊." 子曰:"賜
也! 爾愛其羊? 我愛其禮."【注】包曰:"羊存猶以識其禮, 羊亡, 禮遂
廢."

자공(子貢)이 초하루를 알릴 때 빈객(賓客)에게 제공해서 접대하
는 양을 없애려고 하자,【주】정현(鄭玄)이 말했다. "살아 있는 희생을 희
(餼)라 한다. 예에 임금이 매달 초하루를 알릴 때 조묘(朝廟)에서 제사를 지내니, 이
를 조향(朝享)이라 한다. 노(魯)나라는 문공(文公) 때부터 비로소 시삭(視朔)[1]하지 않
았다. 자공은 그 예가 폐지된 것을 보았기 때문에 그 양을 없애고자 한 것이다." 공
자(孔子)가 말했다. "사(賜)야! 너는 그 양을 아끼느냐? 나는 그 예
를 아낀다."【주】포함(包咸)이 말했다. "양이 남아 있으면 그래도 그 예를 기억
할 수 있지만, 양마저 없애면 예가 마침내 없어질 것이다."

● 正義曰:『白虎通』「三正篇」, "朔者, 蘇也, 革也. 言萬物革更於是, 改統焉."「四時篇」, "朔之
言蘇也. 明消更生, 故言朔."『說文』, "朔, 月一日始蘇也."『書』「大傳」, "夏以平旦爲朔, 殷
以雞鳴爲朔, 周以夜半爲朔." 謂夏用寅時, 殷用丑時, 周用子時也.『史記』「曆書」, "三王之
正若循環, 窮則反本. 天下有道, 則不失紀序; 無道, 則正朔不行於諸侯. 幽 · 厲之後, 周室

1 　시삭(視朔): 천자(天子)가 매년 계동(季冬)에, 다음 해 12월의 책력(冊曆)을 제후(諸侯)에게
반포하면, 제후가 이것을 받아서 선조(先朝)의 종묘(宗廟)에 간직해 두고 매달 초하루에 종
묘에서 고한 후 그 달의 책력을 꺼내어 나라 안에 반포하는 일.

微, 陪臣執政, 史不記時, 君不告朔." 君謂天子, 正朔不行, 則天子不復告也. 『漢書』「五行

志」, "周衰, 天子不班朔." 「律曆志」劉歆曰: "周道旣衰, 天子不能班朔." "班朔"卽告朔. 『史

記』言幽·厲之後, 是統東遷言之.

○ 정의에서 말한다.

『백호통의(白虎通義)』「삼정(三正)」에 "삭(朔)이란 소생한다[蘇]는 뜻이며 바뀐다[革]는 뜻

이니, 만물이 여기에서 바뀌기 때문에 여기에서 대일통(大一統)의 계통이 서게 된다는 말

이다."[2]라고 했다. 「사시(四時)」에서도 "삭(朔)이라는 말은 소생한다[蘇]는 뜻이다. 밝음이

사라졌다가 다시 생겨나기 때문에 삭이라 한다." 했다. 『설문해자(說文解字)』에는 "삭은 매

달 1일이 비로소 소생한다는 뜻이다."[3]라고 했다. 『상서대전(尙書大傳)』에 "하(夏)나라는 평

단(平旦)[4]으로써 초하루[朔]를 삼았고, 은(殷)나라는 닭이 울 때[雞鳴]로써 초하루를 삼았으

며, 주(周)나라는 자정 전후[夜半]로써 초하루를 삼았다."[5]라고 했으니, 하나라에서는 인시

(寅時)로써 초하루의 시작을 삼았고, 은나라는 축시(丑時)로써 초하루의 시작을 삼았으며,

주나라는 자시(子時)로써 초하루의 시작을 삼았다는 말이다. 『사기(史記)』「역서(曆書)」에

"원래 삼왕(三王)의 정삭(正朔)[6]은 순환되어 마지막에 이르면 처음으로 다시 돌아오는 것이

---

2 『백호통의(白虎通義)』 권하, 「덕론하(德論下)·삼정(三正)」에는 "만물이 바뀌어 이에 정통
을 고친다는 말이다.[言萬物革更於是改統焉.]"라고 되어 있으나 『논어집해의소(論語集解義
疏)』, 『주역술(周易述)』, 『오례통고(五禮通考)』, 『고금율력고(古今律曆考)』 등의 인용문에
는 모두 "改"가 "故"로 되어 있다. 유보남 역시 "故"의 의미로 인용한 듯하여 고치지 않고 해
석했다.

3 『설문해자(說文解字)』 권7: 삭(朔)은 매달 1일이 비로소 소생한다는 뜻이다. 월(月)로 구성
되었고, 역(屰)이 발음을 나타낸다. 소(所)와 각(角)의 반절음이다.[朔, 月一日始蘇也. 從月
屰聲. 所角切.]

4 평단(平旦): 해뜰 무렵. 인시(寅時). 즉 새벽 3시부터 5시까지.

5 『상서대전(尙書大傳)』 권2, 「주서(周書)·주전(周傳)」.

6 정삭(正朔): 제왕이 새로 반포하는 역법(曆法). 새 왕조가 들어설 때 반드시 정삭을 개정하
였기 때문에 하(夏)·은(殷)·주(周)·진(秦) 및 한(漢) 초기의 정삭이 모두 각각 같지 않았
다가 한 무제(漢武帝) 이후로 농력(農曆)을 사용하였는데, 이는 하의 제도를 준용하여 건인
(建寅)의 달을 해의 첫머리로 삼았다. 『예기(禮記)』「대전(大傳)」에, "정삭을 개정하고 복색
(服色)을 바꿨다.[改正朔, 易服色.]"라고 하였는데, 공영달(孔穎達)의 「소」에 "정삭을 개정한

었다. 천하에 도가 있으면 세시절후의 순서를 잃지 않으며, 도가 없으면, 정삭이 제후(諸侯)들에게서도 거행되지 않는다. 유왕(幽王)과 여왕(厲王) 이후 주 왕실이 쇠약해져서 제후의 대부[陪臣]들이 정권을 장악하자 사관들도 대사를 기록할 때 월(月)과 일(日)을 분명히 적어 놓지 않았으며 군주들도 초하루를 알리는[告朔] 예를 거행하지 않았다."라고 했는데, 군주[君]란 천자(天子)를 이르니, 정삭을 거행하지 않았다는 것은 천자가 다시는 (태묘에서 초하루를) 알리지 않았다는 것이다. 『전한서(前漢書)』「오행지(五行志)」에 "주나라가 쇠약해지자 천자가 정삭을 반포하지 않았다." 했고 『전한서』「율역지(律曆志)」에서 유흠(劉歆)은 "주나라의 도가 이미 쇠약해지매 천자는 정삭을 반포하지 못하였다."라고 했는데, "반삭(班朔)"이 바로 고삭(告朔)이다. 『사기』에 유왕과 여왕 이후라고 했으니, 이것은 주나라가 동쪽으로 도읍을 옮긴 때까지를 통틀어 말한 것이다.

원문 先叔丹徒君『駢枝』曰: "告讀如字. 『周禮』「大史」, '正歲年以序事, 頒之於官府及都·鄙, 頒告朔於邦國.' 先鄭司農云: '頒讀爲班. 班, 布也, 以十二月朔告布天下·諸侯.' 『孔子三朝記』曰: '天子告朔於諸侯, 率天道而敬行之, 以示威於天下也.' 又數夏桀·商紂之惡曰: '不告朔於諸侯.' 『穀梁』「文」六年「傳」曰: '天子不以告朔.' 又十六年「傳」曰: '天子告朔於諸侯.' 然則'告朔'云者, 以上告下爲文, 不以下告上爲義. 天子所以爲政於天下, 而非諸侯所以禮於先君也. 餼之爲言乞也, 謂乞與也. 凡供給賓客, 或以牲牢, 或以禾米, 生致之皆曰餼. 『說文』, '氣, 饋客芻米也. 從米, 氣聲.' 或作餼. 其見於經傳者, 曰饔餼, 曰稍餼, 曰餼牢, 曰餼獻, 曰餼牽. 天子之於諸侯, 有行禮, 有告事. 行禮於諸侯, 若俯問·賀慶·脤膰·賵禬之屬, 大使

것은 정(正)은 연시(年始)를 말한 것이고 삭은 월초(月初)를 말한 것이다. 이는 왕자(王者)가 정사를 할 적에 나를 따라 시작해야 한다는 것을 천하에 보인 것이다.[改正朔者, 正謂年始; 朔謂月初. 言王者得政, 示從我始改.]"라고 하였다.

卿, 小使大夫. 告事於諸侯, 若冢宰布治, 司徒布敎, 司馬布政, 司寇布刑
之屬, 皆常事也. 以其爲歲終之常事, 又所至非一國, 故不使卿・大夫, 而
使微者, 行之以傳遽, 達之以旌節, 然後能周且速焉. 諸侯以其命數禮之,
或以少牢, 或以特羊而已. 幽王以後, 不告朔於諸侯, 而魯之有司循例供
羊, 至於定・哀之間猶秩之." 謹案, 此說最確.

역문 작고하신 종숙(從叔) 단도군(丹徒君)의 『논어변지(論語騈枝)』에서 말했
다. "고(告)는 본음대로 읽어야 한다. 『주례(周禮)』「대사(大史)」[7]에 '햇수
[歲年]를 바로잡아 모든 일을 순서에 따라 진행해서 관부(官府) 및 도(都)
와 비(鄙)에 반포하고, 온 나라[邦國]에 다음 해 열두 달의 초하루를 반포
해서 알린다.'[8] 했고, 정사농(鄭司農)은 '반(頒)은 반(班)의 뜻으로 읽어야
한다. 반(班)은 반포한다[布]는 뜻이니, 열두 달의 초하루를 천하와 제후
들에게 알리고 반포한다.'라고 했다. 『공자삼조기(孔子三朝記)』[9]에서 말했
다. '천자가 제후들에게 초하루를 알리는 것은 하늘의 도를 따라 경건하
게 그것을 행하여 천하에 위엄을 보이는 것이다.' 또 자주 하나라의 걸
(桀)과 상(商)나라 주(紂)의 악을 말하면서 '제후들에게 초하루를 알리지
않았다.'라고 했다. 『춘추곡량전(春秋穀梁傳)』「문공(文公)」 6년의 「전」에

---

7 『논어정의』에는 "太史"로 되어 있으나, 『주례(周禮)』「춘관종백하(春官宗伯下)」에는 "大史"로
   되어 있다. 『주례』를 근거로 "大史"로 고쳤다. 아래도 같다.

8 『주례』「춘관종백하・대사(大使)」.

9 『공자삼조기(孔子三朝記)』: 공자(孔子)가 노 애공(魯哀公)의 물음에 답한 말들을 기록한 것
   인데 세 번 애공에게 조현(朝見)했다는 뜻에서 붙여진 이름이다. 지금은 『대대례(大戴禮)』
   속에 들어 있다. 『전한서(前漢書)』「예문지(藝文志)」에 "『공자삼조』 7편[『孔子三朝』七篇]"
   이라 했으며 그 주에 "사고(師古)가 말했다. '지금 『대대례』에 그 한 편이 있으니, 대체로
   공자가 노 애공에게 대답한 말이다. 세 번 애공(哀公)을 조현(朝見)했기 때문에 삼조(三朝)
   라고 한다.'[師古曰: '今『大戴禮』有其一篇, 蓋孔子對魯哀公語也. 三朝見公, 故曰三朝.']"
   했다.

'천자가 초하루를 알리지 않았다.' 했고, 또 16년의 「전」에는 '천자가 제후들에게 초하루를 알렸다.'라고 했으니, 그렇다면 '고삭(告朔)'이라는 말은 윗사람이 아랫사람에게 알리는 말이지, 아랫사람이 윗사람에게 아뢴다는 뜻이 아니다. 천자가 초하루를 알림으로써 천하에 정치를 시행하는 것이지, 제후가 초하루를 아룀으로써 선군(先君)에게 예를 행하는 것이 아니다. 희(餼)라는 말은 빌린다[乞]는 뜻이니, 빌려준다[乞與]는 말이다. 무릇 빈객에게 무언가를 공급(供給)할 때, 혹은 생뢰(牲牢)¹⁰로써 하기도 하고 혹은 벼와 쌀로써 하기도 하는데, 산 채로 올리는 것을 모두 희(餼)라고 한다. 『설문해자』에 '기(氣)는 손님에게 고기¹¹와 곡식을 먹인다는 뜻이다. 미(米)로 구성되었고 기(气)가 발음을 나타낸다.'¹²라고 했는데, 더러 희(餼)로 쓰기도 한다. 경전에 보이는 것 중에는 옹희(饔餼)¹³라 하기도 하고, 초희(稍餼)¹⁴라 하기도 하며, 희뢰(餼牢)라고도 하고, 희헌(餼獻)이라고도 하며, 희견(餼牽)¹⁵이라고도 한다. 천자는 제후에 대해 예를 행함이 있고 일을 알림이 있다. 제후에게 예를 행할 경우, 안부를 묻거

---

10 생뢰(牲牢): 사직 제사에 희생(犧牲)으로 쓰는 짐승으로 소, 돼지, 양을 말한다. 대사(大祀)에는 대뢰(大牢: 소 1마리, 양 1마리, 돼지 1마리)를 쓰는데, 양 3마리와 돼지 3마리를 더 쓴다. 기고(祈告)와 보사(報祀)에는 돼지 1마리를 쓴다.

11 추(芻): 소나 양 등 꼴을 먹는 가축의 고기로 만든 음식.

12 『설문해자』 권7: 기(氣)는 손님에게 고기와 곡식을 먹인다는 뜻이다. 미(米)로 구성되었고 기(气)가 발음을 나타낸다. 『춘추좌씨전(春秋左氏傳)』 「환공(桓公)」 10년에 "제나라 사람이 제후에게 음식을 보냈다."라고 했다. 희(餼)는 기(氣)의 혹체자인데 식(食)으로 구성되었다. 희(槩)는 기(氣)의 혹체자인데 기(旣)로 구성되었다. 허(許)와 기(旣)의 반절음이다.[氣, 饋客芻米也. 從米气聲. 『春秋傳』曰: "齊人來氣諸侯." 餼, 氣或從食. 槩, 氣或從旣. 許旣切.]

13 옹희(饔餼): 옹(饔)은 희생을 죽인 것, 희(餼)는 살아 있는 희생으로, 고대 제후가 천자국을 빙문했을 때 죽인 희생과 살아 있는 희생으로 제후를 접대하던 대례(大禮)이다.

14 초희(稍餼): 초(稍)는 벼줄기의 끝이다.

15 희견(餼牽): 소, 양, 돼지와 같은 살아 있는 희생을 말한다.

나[俯問] 경사로운 일을 치하하거나[賀慶] 제사 지낸 뒤에 대신이나 왕족에게 음복(飮福)을 나누거나[脤膰]¹⁶ 봉회(賵繪)와 같은 등속들은 큰 예는 경(卿)을 시켜서 행하였고, 작은 일은 대부(大夫)를 시켜서 행하였다. 제후들에게 일을 알릴 경우, 총재(冢宰)가 다스림을 반포하고, 사도(司徒)가 가르침을 반포하며, 사마(司馬)가 정책을 반포하고, 사구(司寇)가 형법을 반포하는 것 같은 등속은 모두 일반적인 일이었다. 이것은 연말에 행하는 일반적인 일이 되고 또 다다르는 곳이 한 나라가 아니기 때문에 경이나 대부를 시키지 않고 미천한 자로 하여금 수레나 말로¹⁷ 행하게 하였고, 정절(旌節)¹⁸을 가지고 전달하게 했으니, 그런 뒤에야 두루두루 할 수 있었고 또 신속하게 행할 수 있었다. 제후는 그 명을 받은 수[命數]¹⁹로 예우했는데, 혹은 소뢰(少牢)²⁰를 쓰거나 혹은 한 마리의 양[特羊]을 쓸 뿐이었다. 유왕 이후 제후들에게 초하루를 알리지 않았지만 노나라의 유사들이 의례적으로 양을 바쳤는데, 정공(定公)과 애공(哀公) 사이에 이르러서는 오히려 차례로 시행되었다."라고 했다. 삼가 살펴보니, 이 설이 가장 정확하다.

원문 『書』「堯典」曰: "敬授民時." 授時, 卽頒官府·都·鄙之制. 其下"分

---

16 진번(脤膰): 종묘에 제사 지내는 고기인데, 날것을 진(脤)이라 하고, 익은 것을 번(膰)이라 한다. 왕족, 정승, 형제국에 나누어 주어 음복(飮福)하게 했다.

17 전거(傳遽): 수레나 말로 역(驛)에서 역으로 전달하는 일을 맡은 낮은 벼슬아치. 수레로 전달함을 전(傳), 말로 전달함을 거(遽)라 한다.

18 정절(旌節): 사신(使臣)들이 가지고 다니던 부절[符節, 왕이나 제후의 명령을 받았음을 증명하는 신표(信表)] 구실을 하던 깃발.

19 명수(命數): 관등(官等)의 일명(一命)에서 구명(九命)에 이르는 급수(級數).

20 소뢰(少牢): 나라에서 제사(祭祀) 지낼 때에 양(羊)을 통째로 제물로 바치던 일. 또는 그 양.

命"·"申命", 則所謂"頒告朔於邦國"也. 宋氏翔鳳說, "「月令」'季秋合諸侯制, 百縣爲來歲受朔日', 鄭「注」謂百縣與諸侯互文. 四方諸侯, 極於天下, 必三月而後畢達, 故以季秋行之, 非如鄭說'秦以建亥爲歲首, 於是歲終'也." 其說良是. 『周官』「大史」不言頒告朔在何時, 先鄭謂, "以十二月朔布告天下諸侯", 不知天下諸侯斷非一月所能畢達, 於義非也.

역문 『서경(書經)』「요전(堯典)」에 "경건하게 백성들에게 시기를 알려 준다.[敬授民時.]"라고 했는데 시기를 알려 준다[授時]는 것이 바로 관부(官府)와 도(都)·비(鄙)의 제도를 반포한다는 것이다. 그 아래 "나누어 명하다[分命]"·"거듭 명하다[申命]"라고 한 것이 이른바 "온 나라[邦國]에 다음 해 열두 달의 초하루를 반포해서 알린다."라는 것이다. 송상봉(宋翔鳳)은 "『예기(禮記)』「월령(月令)」에 '계추(季秋: 음력 9월)에 제후들의 제도를 총합하고, 모든 현에서는 내년을 위해 초하루[朔日]를 받는다.'21라고 했는데, 정현의 「주」에는 백현(百縣)과 제후(諸侯)를 호문(互文)22으로 보았다. 사방의 제후들이 천하의 끝까지 흩어져 있으니 반드시 3개월이 지난 후라야 모두 하달될 수 있기 때문에 계추에 시행한 것이지, 정현이 '진(秦)나라는 해월(亥月: 음력 10월)을 세수(歲首)로 삼으니, 여기에서 한 해가 끝난다.'라고 한 것과 같은 것은 아니다."라고 했는데, 이 설이 진실로 옳다. 『주관(周官)』「대사(大使)」에는 언제 초하루를 반포해서 알렸는지 말하지

---

21 『예기대전(禮記大傳)』권6,「월령(月令)」의 「주」에는 "석양왕씨가 말했다. '"합제후제백현(合諸侯制百縣)"을 정현(鄭玄)의 「주」에서는 "합제후제(合諸侯制)"로 구두를 끊었는데 따를 수 없다.'[石梁王氏曰: '"合諸侯制百縣", 「注」云: "合諸侯制"絶句, 不可從.']"라고 하면서 "合諸侯, 制百縣"으로 구두를 하였다.

22 호문(互文): 앞뒤의 문구에서 각기 교차 생략하고, 상호 보충하는 수사(修辭) 방식. 또는 두 개 이상의 문장이나 구절이 서로 뜻이 통해서 상호 보완하여 전체의 문의를 완전하게 통하도록 하는 문체.

않았는데, 정사농은 "12월 초하루에 천하의 제후들에게 포고(布告)했다."라고 했으니, 이는 천하의 제후들이 결코 1개월 만에 모두 하달될 수 있는 거리에 있는 것이 아님을 모른 것으로, 의리상 잘못이다.

원문 許氏『五經異義』, "諸侯歲遣大臣之京師, 受十二月之正." 此臆測, 於經傳無征. 天子頒告諸侯, 謂之告朔, 又謂之告月. 『春秋』「文公」六年, "閏月不告月, 猶朝於廟." 不告月, 王朝之禮失也. 猶朝於廟, 魯之未失禮也. 『公羊傳』, "不告月者, 不告朔也. 曷爲不告朔? 天無是月也. 閏月矣, 何以謂之天無是月? 非常月也." 『穀梁傳』, "不告月者何也? 不告朔也. 不告朔, 則何爲不言朔也? 閏月者, 附月之餘日也. 積分而成於月者也. 天子不以告朔, 而喪事不數也." 二『傳』意以天子閏月本不告朔, 『左氏』則以閏月不告朔爲非禮, 『左氏』義長. 蓋不告, 則諸侯或不知有閏也. 至以告朔爲天子告於諸侯, 三『傳』皆然, 無異義也.

역문 허신(許愼)의 『오경이의(五經異義)』에 "제후가 해마다 대신(大臣)을 서울[京師]로 가게 해서 열두 달의 정삭을 받게 했다."라고 했는데, 이것은 억측(臆測)으로 경전에 증거가 없다. 천자가 제후에게 반포해서 알리는 것을 고삭이라 하고 또 고월(告月)이라고도 한다. 『춘추(春秋)』「문공(文公)」6년에 "윤달에 초하루를 알리지 않고 오히려 태묘(太廟)에서 조향은 했다."라고 했는데, 초하루를 알리지 않은 것은 왕조의 예가 없어진 것이다. 그런데도 오히려 태묘에서 조향은 했으니, 노나라에서는 아직 예를 잃지 않은 것이다. 『춘추공양전(春秋公羊傳)』에 "고월하지 않았다는 것은 초하루를 알리지 않았다는 것이다. 어찌하여 초하루를 알리지 않은 것인가? 하늘에는 이 달이 없기 때문이다. 윤달인데, 어째서 하늘에는 이 달이 없다고 하는가? 정상적인 달이 아니기 때문이다."[23] 했고, 『춘추곡량전』에는 "고월하지 않았다는 것은 무엇인가? 초하루를 알

리지 않았다는 것이다. 초하루를 알리지 않았다면 어째서 삭이라고 말
하지 않은 것인가? 윤달이란 정상적인 달의 뒤에 붙은 남은 날이고, 나
누어진 것을 쌓아서 달을 이룬 것이기 때문이다. 천자가 초하루를 알리
지 않으면 상사(喪事)를 헤아리지 못한다."²⁴라고 했다. 『공양전』과 『곡
량전』 두 『전』에서는 천자가 윤달에는 본래 초하루를 알리지 않는다고
여겼고, 『춘추좌씨전(春秋左氏傳)』에서는 윤달이라고 해서 초하루를 알
리지 않는 것은 예가 아니라고 여겼으니, 『춘추좌씨전』의 의리가 더 의
미심장하다. 알리지 않은 것은 제후들이 아마도 윤달이 있었는지 몰랐
기 때문일 것이다. 초하루를 알리는 것을 천자가 제후들에게 알리는 것
이라고 여긴 것은 『공양전』·『곡량전』·『좌씨전』 세 『전』이 모두 그
러하고 이의(異義)가 없다.

원문 諸侯視天子所頒者而行之, 謂之視朔. 『左』「僖」五年「傳」, "春王正月辛
亥朔, 日南至. 公旣視朔, 遂登觀臺以望." 又「文」十六年「傳」, "夏五月,
公四不視朔." 是也. 又謂之聽朔. 「玉藻」, "天子玄端而朝日東門之外, 聽
朔於南門之外, 諸侯皮弁聽朔於太廟." 鄭「注」以南門爲明堂. 天子稱天而
治, 亦有聽朔之禮, 與諸侯同, 特天子聽朔於明堂, 諸侯則於廟耳. 於廟,
故又謂之朝朔. 『春秋』所云"猶朝於廟"是也. 其歲首行之, 謂之朝正, 『左』
「襄」二十九年「傳」"釋不朝正於廟"是也. 襄公以在楚不得朝正, 則是公在
國時必朝正矣. 朝正卽視朔. 當時天子猶頒告朔, 故魯視朔之禮尙未廢.

역문 제후가 천자가 반포한 것을 보고 시행하는 것을 시삭이라고 한다. 『춘
추좌씨전』「희공(僖公)」 5년의 「전」에 "봄 주왕(周王) 정월 신해삭(辛亥朔)

23 『춘추공양전(春秋公羊傳)』「문공(文公)」 6년.
24 『춘추곡량전(春秋穀梁傳)』「문공(文公)」 6년.

에 동지(冬至)가 들었다. 희공(僖公)이 이미 시삭하고 나서 드디어 관대(觀臺)에 올라 운무를 관망(觀望)했다." 했고, 또 「문공(文公)」 16년의 「전」에서는 "여름 5월에 노 문공(魯文公)이 넉 달째 시삭하지 않았다."라고 한 것이 이것이다. 『예기』「옥조(玉藻)」에 "천자는 현단복(玄端服)을 입고 춘분날 동문 밖에서 해에 제사하며 남문 밖에서 청삭(聽朔)[25]하며, 제후는 사슴 가죽으로 만든 관[皮弁]을 쓰고 태묘에서 청삭한다."라고 했는데, 정현의 「주」에서는 남문(南門)을 명당(明堂)이라고 했다. 천자가 하늘을 칭하며 다스릴 때도 청삭하는 예가 있는데, 제후의 예와 같고 다만 천자는 명당에서 청삭하고 제후는 태묘[廟]에서 청삭할 뿐이다. 태묘에서 청삭하기 때문에 또 조삭(朝朔)이라고도 한다. 『춘추』에서 말한 "그래도 태묘에서 조삭은 하였다."[26]라고 한 것이 이것이다. 그해의 첫머리[歲首]에 거행하면 이를 조정이라 하니, 『춘추좌씨전』「양공(襄公)」 29년의 「전」에 "태묘에서 조정하지 않은 이유를 해석한 것이다."라고 한 것이 이것이다. 양공(襄公)이 초(楚)나라에 있었기 때문에 조정하지 못한 것이니, 그렇다면 이는 양공이 나라에 있을 때에는 반드시 조정을 했다는 것이다. 조정이 바로 시삭이다. 당시에 천자가 오히려 초하루를 반포하여 알렸기 때문에 노나라에서도 시삭의 예가 여전히 폐해지지 않고 있었던 것이다.

원문 至定·哀之時, 天子益微弱, 告朔不行, 而魯之有司猶供餼羊, 故子貢欲去之. 『駢枝』謂"幽王以後, 天子不告朔", 此稍未審. 若然, 則『春秋』所書"視朔"者, 將安所視耶? 『春秋』言文公六年"閏月不告月", 未言常月不告月

---

25 청삭(聽朔): 시삭(視朔)과 같다.
26 『춘추』「문공」 6년.

也. 十六年始書"四不視朔", 則明謂天子告月而文公不視之也.

역문 정공과 애공 시대에 이르러 천자가 더욱 미약해지매 초하루를 알리는 일[告朔]이 시행되지 않았는데도 노나라의 담당자[有司]가 오히려 희생으로 쓰는 양[餼羊]을 바쳤기 때문에 자공이 없애려고 한 것이다. 『논어변지』에는 "유왕 이후 천자가 초하루를 알리지 않았다."라고 했는데, 이것은 약간 미심쩍다. 만약 그랬다면 『춘추』에 쓰인 "시삭(視朔)"이란 것은 장차 어디에서 보았다는 것인가? 『춘추』에는 문공 6년에 "윤달에 초하루를 알리지[告月] 않았다."라고 했으나, 아직 평달에 초하루를 알리지[告月] 않았다고는 말하지 않았다. 16년에 비로소 "넉 달째 시삭하지 않았다."라고 기록했으니, 그렇다면 이는 분명 천자는 초하루를 알렸지만 문공이 시삭하지 않았다는 말이다.

원문 何休『公羊』「注」, "『禮』, 諸侯受十二月朔政於天子, 藏於太祖廟, 每月朔朝廟, 使大夫南面奉天子命, 君北面而受之. 比時使有司先告朔, 謹之至也." 按: 何君先引『禮』, 至"比時"云云, 似何君引申之義. 所引『禮』當是『逸禮』, 未嘗言"告朔", 何君直以己意補入.

역문 하휴(何休)의 『춘추공양전』「주」에 "『예기』에 의하면 제후는 천자에게 열두 달의 책력과 정령을 받아 태조의 묘(廟)에 보관해 두었다가 매월 초하루 태묘에서 조향하고[朝廟], 대부로 하여금 남면(南面)하여 천자의 명을 받들게 하면 임금은 북면해서 받는다. 이때를 당하여 유사로 하여금 초하루를 알리게 하는 것은 삼가기를 지극히 하는 것이다."[27]라고 했다. 살펴보니 하군(何君)은 먼저 『예기』를 인용했는데, "이때를 당하여"

---

27 『춘추공양전주소(春秋公羊傳註疏)』 권13, 「문공(文公)」 6년 하휴(何休)의 「주」.

라고 운운한 데 와서는 하군이 『예기』를 인용하면서 의미를 확장시킨 듯하다. 인용한 『예기』는 당연히 『일례(逸禮)』로서 일찍이 "고삭"을 언급하지 않았으니, 하군이 직접 자기의 생각을 보충해서 넣은 것이다.

宋氏翔鳳『發微』本之, 反以『騈枝』所言爲非. 然君北面受朔, 是受之天子, 餼羊之禮, 將安所施? 宋君因謂"以羊祭是朝廟, 『論語』統朝廟於告朔, 以大告朔之禮", 則『春秋』言文公猶朝於廟, 其後朝廟未廢, 當卽殺牲以祭, 何以仍名爲餼, 而子貢且欲去之耶? 其亦未達於理矣.

송상봉의 『논어발미(論語發微)』는 이 설을 바탕으로 도리어 『논어변지』에서 말한 것이 잘못이라고 생각했다. 그러나 임금이 북면해서 초하루를 받는 것은 천자에게서 받는 것이니, 희양(餼羊)의 예를 장차 어디에 베풀겠는가? 송군(宋君: 송상봉)은 그로 인해 "양으로 제사하는 것이 조묘이고, 『논어(論語)』에서는 조묘를 고삭에 통합시켜 고삭의 예를 크게 만들었다"라고 했는데, 그렇다면 『춘추』에서 문공이 그래도 태묘에서 조삭은 했다고 말했으니, 그 후에도 아직 태묘에서 조삭하는 예가 폐해지지 않았고, 당연히 희생을 죽여서 제사 지냈는데, 어떻게 여전히 희라고 명명했겠으며, 자공도 그것을 없애고자 했겠는가? 그 역시 이치에 통하지 않는다.

金氏鶚『禮說』亦引『騈枝』辨之, 謂"『左傳』天子無頒朔事", 舍『大戴記』·『穀梁傳』之明文, 而欲求之『左傳』所未言, 過矣. "頒告朔于邦國", 載在「太史」, 而以"頒告朔"非卽"告朔", 義更不憭. 又謂"諸侯皆自爲曆. 故晉用夏正, 宋用殷正. 『左氏』言魯曆失閏, 又言司曆過, 是天子無頒朔事." 案, 諸侯受所頒每月之朔, 簡冊繁重, 容有錯亂, 魯曆之過, 正錄於此.

역문 김악(金鶚)의 『예설(禮說)』 역시 『논어변지』를 인용하여 변별하면서 "『춘추좌씨전』에는 천자가 초하루를 반포한 일이 없다."라고 했는데,『대대례(大戴禮)』와 『춘추곡량전』의 확실한 문장을 버리고, 『춘추좌씨전』에서 말하지도 않은 것을 추구하려고 했으니 지나친 잘못이다. "온 나라[邦國]에 다음 해 열두 달의 초하루를 반포하여 알린다"라는 말이 『주례』「춘관종백하(春官宗伯下)·태사(太史)」에 실려 있는데, "초하루를 반포해서 알림[頒告朔]"이 곧 "고삭"이 아니라고 했으니, 뜻이 더욱 명료하지 않다. 또 "제후들은 모두 책력을 만든다. 그러므로 진(晉)나라는 하나라의 정삭을 썼고, 송(宋)나라는 은나라의 정삭을 썼다.『춘추좌씨전』에는 노나라의 책력에서 윤달을 빼먹은 것을 말하고, 또 책력을 맡은 자가 잘못 계산한 것을 말했으니,[28] 이것이 천자가 초하루를 반포한 일이 없다는 것이다."라고 했다. 살펴보니, 제후는 반포된 매달 초하루를 받는데, 간책(簡冊)이 번거롭고 중복되어서 혹시라도 어지럽게 뒤섞일 수가 있었으니, 노나라 책력에서 잘못 계산한 것을 여기에서 바로잡아 기록한 것이다.

원문 「舜典」所以言天子巡守有協時月, 正日之事, 今以司曆過爲魯別爲曆, 非也. 至晉用周正, 見「蟋蟀」之詩. 宋爲殷後, 當用殷正, 以此致難, 均未當矣.『唐石經』"爾"作"女", 皇本作"汝".

역문 『서경』「우서(虞書)·순전(舜典)」에 천자가 순수(巡守)할 때 사시(四時)와 달을 맞추어 날짜를 바로잡는 일이 있음을 말했으니, 지금 책력을 담

---

28 『춘추좌씨전』「양공(襄公)」5년 「전」: 11월 초하루 을해일에 일식이 있었다. 이때 두병[斗柄: 진(辰)]이 신방(申方)을 가리키고 있었으니, 책력을 맡은 자가 잘못 계산하여 윤달을 두 번 넣어야 하는데 넣지 않았다.[十一月乙亥朔, 日有食之. 辰在申, 司曆過也. 再失閏矣.]

당한 자가 잘못 계산한 것을 가지고 노나라가 별도로 책력을 만들었다고 여기는 것은 잘못이다. 진나라에서 주나라의 정삭을 사용한 경우는 「실솔(蟋蟀)」[29]이라는 시에 보인다. 송나라는 은나라의 후예가 되니 은나라의 정삭을 쓰는 것이 당연하다. 이런 것으로 논란을 불러일으키는 것은 모두 온당치 못하다. 『당석경(唐石經)』에는 "이(爾)"가 "여(女)"로 되어 있고, 황간본에는 "여(汝)"로 되어 있다.

- 「注」, "禮人"至"其羊".
- 正義曰: 鄭此「注」非全文. 臧 · 宋輯本云: "牲生曰餼. 禮, 人君每月告朔於廟有祭, 謂之朝享也. 諸侯用羊, 天子用牛與. 以其告朔禮略, 故用特牛. 魯自文公始不視朔, 視朔之禮, 已後遂廢. 子貢見其禮廢, 故欲去其羊也."
- 「주」의 "예인(禮人)"부터 "기양(其羊)"까지.
- 정의에서 말한다.

정현의 여기에 대한 「주」는 전문(全文)이 아니다. 장용(臧庸)[30]과 송상봉의 집본(輯本)에 "살아 있는 희생을 희라 한다. 예에 임금이 매달 초하루를 알릴 때 조묘에서 제사를 지내니,

---

29 『시경(詩經)』「국풍(國風) · 당(唐) · 실솔(蟋蟀)」.

30 장용(臧庸, 1767~1811): 청나라 강소(江蘇) 무진(武進) 사람으로 학자이자 문학가이며, 고거학자(考據學者). 본명은 용당(鏞堂)이고, 자는 재동(在東) 또는 동서(東序)이다. 이름을 고친 뒤 자는 용중(用中) 또는 서성(西成)을 썼다. 실명(室名)이 배경(拜經)이다. 동생 장예당(臧禮堂)과 함께 노문초(盧文弨)를 사사했고, 전대흔(錢大昕), 단옥재(段玉裁), 왕영(王泳) 등과 학문을 논했다. 완원(阮元)를 도와 『경적찬고(經籍纂詁)』를 집성했고, 장림(臧琳)의 『경의잡기(經義雜記)』 체례(體例)에 의거해 『배경일기(拜經日記)』를 지었으며, 정현의 『역주(易注)』를 교감하여 『자하역전(子夏易傳)』을 저술했다. 그 밖의 저서에 『시이고(詩異考)』와 『월령잡설(月令雜說)』, 『효경고이(孝經考異)』, 『한시이기(韓詩異記)』, 『이아고주(爾雅古注)』, 『악기이십삼편주(樂記二十三篇注)』, 『설문구음고(說文舊音考)』, 『배경당문집(拜經堂文集)』 등이 있다.

이를 조향이라 한다. 제후가 양을 희생으로 썼다면 천자는 소를 썼을 것이다. 초하루를 알리는 예를 생략했기 때문에 한 마리의 소[特牛]를 썼을 것이다. 노나라는 문공 때부터 비로소 시삭하지 않았는데, 시삭의 예는 이후 마침내 폐지되었다. 자공은 그 예가 폐지된 것을 보았기 때문에 그 양을 없애고자 한 것이다.”라고 했다.

원문 考鄭此「注」, 其誤有四: 云“牲生曰餼”者, 「聘禮」主國“使卿歸饔餼五牢.” 鄭「注」, “餼, 生也.”『春秋傳』“餼臧石牛.” 服虔亦云“牲生”. 是牲生曰餼也. 然餼是供給賓客, 若己國宗廟, 牲生稱餼, 於經無徵. 且諸侯受朔政, 行禮於天子, 何得以一生羊爲敬? 其誤一也.

역문 정현의 이「주」를 살펴보니 네 가지 오류가 있다.

“살아 있는 희생을 희(餼)라 한다.”라고 한 것.

『의례(儀禮)』「빙례(聘禮)」에 “주인의 나라에서 경(卿)으로 하여금 옹희(饔餼) 오뢰(五牢)를 보내게 한다.”라고 했는데, 정현의「주」에 “희(餼)는 살아 있는 것이다.”[31]라고 했다. 『춘추좌씨전』「애공(哀公)」 24년의「전」에 “장석(臧石)에게 소 한 마리를 보냈다.[餼臧石牛.]”라고 했고, 복건(服虔)[32] 역시 “살아 있는 희생[牲生]”이라고 했는데, 이것은 살아 있는 희생

---

31 『의례주소(儀禮注疏)』권8,「빙례(聘禮)」정현의「주」. 정현의「주」에는 “희생을 죽인 것을 옹(饔)이라 하고, 살아 있는 것을 희(餼)라 한다.[牲殺曰饔, 生曰餼.]”라고 했다.

32 복건(服虔, ?~?): 후한 하남(河南) 형양(滎陽) 사람. 초명은 중(重) 또는 기(祇)이다. 자는 자신(子愼)이다. 태학(太學)에 들어가 수업했다. 효렴(孝廉)으로 천거되어 구강태수(九江太守)를 지냈다. 고문경학을 숭상하여 금문경학자인 하휴의 설을 비판했다. 저서에『춘추좌씨전해(春秋左氏傳解)』가 있는데, 동진(東晉) 때 그의 춘추좌씨학(春秋左氏學)이 학관(學官)에 세워졌으며, 남북조시대에는 그의 주석(注釋)이 북방에 성행했다. 그러나 공영달이『춘추정의(春秋正義)』를 저술할 때『춘추좌씨전』은 두예(杜預)의「주」만 채용함으로써 그의 주석은 없어지고 말았다. 『옥함산방집일서』에『춘추좌씨전해의(春秋左氏傳解誼)』와『춘추

을 희라 한다는 것이다. 그러나 희는 빈객(賓客)에게 공급하는 것이고, 자기 나라의 종묘에서 살아 있는 희생을 희라고 일컫는 것 같은 경우는 경전에 증거가 없다. 또 제후는 다음 해 12개월의 책력과 정령[朔政]을 받으면서 천자에게 예를 행하는데, 어떻게 한 마리의 살아 있는 양으로 공경의 예를 행할 수 있겠는가? 이것이 그 첫 번째 오류이다.

원문 云"禮, 人君每月告朔於廟有祭, 謂之朝享也"者, 此鄭君以意說禮, 非禮本文有如此也. 廟者, 太廟. 「玉藻」, "諸侯聽朔於太廟." 鄭注『周禮』, 何休注『公羊』, 皆云"祖廟", 卽謂太祖廟. 『穀梁傳』「注」以爲禰廟, 非也. 鄭氏以視朔爲告朔, 卽如其說, 告朔亦是行禮於天子, 無爲用祭. 若告朔後有祭廟之禮, 此直是祭廟. 魯廢告朔, 不必廢祭. 至朝享, 見『周禮』「司尊彝職」. 鄭駁『五經異義』謂"天子 · 諸侯告朔禮訖, 然後祭於宗廟." 則「祭法」所言天子月祭, 從祖廟下至考廟, 諸侯月祭, 自皇考以下是也. 此則月祭宗廟之禮, 與朝廟不同. 秦氏蕙田『五禮通考』, "祠 · 禴 · 烝 · 嘗 · 追享 · 朝享, 所謂六享也. 宗廟六享, 乃去禘祫不數, 而以請禱告朔足之, 已自不倫. 況月祭乃薦新之祭, 與告朔朝廟何與? 與朝享祫祭又何與? 聽朔在明堂, 月祭則在五廟, 朝廟行於每月, 朝享間於四時, 各有攸當, 何可混三者而一之耶?" 金氏鶚『禮說補遺』亦謂"朝廟, 禮之小者. 而朝享祼用虎彝 · 蜼彝, 朝踐用兩大尊, 再獻用兩山尊, 其禮其大, 非朝廟可知. 且朝享每月行之, 又不得謂四時之閒祀." 是秦氏 · 金氏皆不以鄭此「注」爲然也. 愚謂朝廟卽視朔, 歲首行之, 則爲朝正於廟. 若常月行之, 亦可云朝朔於廟. 今言朝廟,

---

성장설(春秋成長說)』, 『춘추좌씨고맹석아(春秋左氏膏盲釋痾)』 등의 저술이 수록되어 있으며, 황청경해속편(皇淸經解續編)에도 이이덕(李眙德)이 찬한 『춘추좌전가복주집술(春秋左傳賈服注輯述)』이 들어 있다.

不言朔者, 省文. 此專行之太祖廟, 與朝享截然不同. 不知鄭君可以牽合爲
一, 其誤二也.

역문 "예에 임금이 매달 초하루를 알릴 때 조묘에서 제사를 지내니, 이를
조향이라 한다."라고 한 것.

이것은 정군(鄭君: 정현)이 자의적으로 예를 설명한 것이지, 예의 본문
에 이와 같은 말이 있는 것이 아니다. 묘(廟)란 태묘(太廟)이다. 『예기』
「옥조」에 "제후는 태묘에서 청삭한다." 했는데 정현의 『주례』 주석과,
하휴의 『춘추공양전』 주석에는 모두 "조묘"라고 했으니, 바로 태조의
묘를 이른다. 『춘추곡량전』의 「주」에서는 아버지의 사당[禰廟]이라고
했는데, 틀렸다. 정씨는 시삭을 초하루를 알리는 것이라고 여겼는데, 바
로 그의 말대로라면 초하루를 알리는 것은 역시 천자에게 예를 행하는
것이니 제사를 지낼 필요가 없다. 만약 초하루를 알린 뒤에 조묘에서 제
사를 지내는 예가 있다면 이는 그냥 조묘에 제사를 지내는 것이다. 노나
라가 초하루를 알리는 예는 그만두었지만 제사까지 그만둘 필요는 없었
다. 조향에 대해서는 『주례』「춘관종백상(春官宗伯上)·사준이(司尊彝)」에
보인다. 정현은 『오경이의』를 반박하면서 "천자와 제후는 초하루를 알
리는 예가 끝나면, 그 뒤에 종묘에서 제사를 지낸다."라고 했는데, 그렇
다면 『예기』「제법(祭法)」에서 말한 천자의 월제(月祭)는 시조의 묘[祖廟]
로부터 내려가 아버지의 묘[考廟]에 이르고, 제후의 월제는 증조할아버
지 이하라고 한 것이 이것이다. 이것은 종묘에서 다달이 지내는 예이니,
태묘에서 조향하는 것[朝廟]과는 같지 않다.

진혜전(秦蕙田)[33]의 『오례통고(五禮通考)』에, "봄 제사[祠]·여름 제사

---

33 진혜전(秦蕙田, 1702~1764): 청나라 강소 금궤(金匱) 사람. 자는 수봉(樹峰) 또는 수풍(樹
灃)이고, 호는 미경(味經)이며, 시호는 문공(文恭)이다. 삼례(三禮)에 정밀했는데, 서건학

[禴]·겨울 제사[烝]·가을 제사[嘗]·간사(間祀)인 추향(追享)과 조향이 이른바 6향(六享)이다. 종묘의 6향은 체제[禘]와 협제[祫]는 빼고 세지 않고, 기도를 청하고 초하루를 알리는 것으로 만족하니 이미 그대로가 인륜이 아니다. 하물며 다달이 지내는 제사[月祭]는 바로 새로 나오는 과일이나 곡식, 생선 등을 바치는[薦新] 제사이니, 어떻게 조묘와 초하루를 알리는 [告朔] 예를 함께 하겠는가? 조향과 협제(祫祭)는 또 어찌하겠는가? 청삭은 명당에서 행하고, 다달이 지내는 제사[月祭]는 오묘(五廟)[34]에서 거행하며, 조묘는 매달 시행하고, 조향은 사시의 사이사이에 시행해서 각각 마땅함이 있는데, 어떻게 세 가지를 뭉뚱그려 하나로 만들어 버릴 수 있겠는가? 김악의 『예설보유(禮說補遺)』에서도 역시 "조묘는 작은 예이다. 조향에서 강신할 때 호이(虎彝)와 유이(蜼彝)[35]를 사용하고, 조천(朝踐)에서는 두 개의 대준(大尊)[36]을 사용하며, 재헌(再獻)에서는 두 개의 산준(山尊)을 사용하는데, 그 예와 그 크기는 조묘에서 알 수 있는 것이 아니다. 또 조향은 매달 시행하니, 또한 사시의 간사라 할 수도 없다."라고 했으니, 진해전이나 김악 모두 정현의 이 부분에 대한 「주」를 옳다고 여기지 않은 것이다.

내 생각에 조묘가 곧 시삭이고, 그해의 첫머리에 거행했다면 태묘에

(徐乾學)의 『독례통고(讀禮通考)』를 계승한 『오례통고』를 지었다. 『주역(周易)』에도 조예가 깊어 『주역상의일전(周易象義日箋)』을 저술했다. 그 밖의 저서에 『미경와류집(味經窩類集)』과 『관상수시(觀象授時)』 등이 있다.

34 오묘(五廟): 태조(太祖)의 종묘와 2소·2목.

35 중국 고대의 예기(禮器)로, 술을 담는 잔이다. 주로 6이(六彝)를 말하는데, 계이(雞彝)·조이(鳥彝)·황이(黃彝)·호이(虎彝)·유이(蜼彝)·가이(斝彝)가 그것이다.

36 역시 중국 고대의 예기(禮器)로, 주로 6준(六尊)을 말하는데, 희준(犧尊), 상준(象尊), 저준(箸尊), 호준(壺尊), 대준(大尊), 산준(山尊)이 그것이다.

서 조정하는 것이다. 만약 평달에 거행한다면 역시 태묘에서 조삭했다고 말할 수 있다. 지금 조묘는 말하고 삭을 말하지 않은 것은 글자를 생략한 것이다. 이것이 태조의 묘에서 멋대로 행해졌으니, 조향과는 전혀 같지 않다. 정군이 억지로 끌어다 합쳐서 하나로 만들 수 있을지는 모르겠지만, 이것이 그 두 번째 오류이다.

원문 云"諸侯用羊, 天子用牛與? 以其告朔禮略, 故用特牛"者, 此無文, 亦以意說之.「玉藻」「注」, "凡聽朔, 必以特牲告其帝及神, 配以<u>文王</u>·<u>武王</u>." 此言天子明堂之禮. 然其所云"天子用牛"者, 止以『論語』"餼羊"是諸侯禮, 故疑天子當用牛, 非有他證. 究之『論語』"餼羊", 是供待賓客之用, 非視朔所需, 其誤三也.

역문 "제후가 양을 희생으로 썼다면 천자는 소를 썼을 것이다. 초하루를 알리는 예를 생략했기 때문에 한 마리의 소[特牛]를 썼을 것이다."라고 한 것.

이것도 예에는 없는 문장이니 역시 자의적으로 설명한 것이다.「옥조」의「주」에 "청삭할 때에는 반드시 한 마리의 소로 그 제[帝: 오방제(五方帝)]와 그 신[(神: 오방신(五方神))]에게 고하고서 문왕(文王)과 무왕(武王)을 배향한다."[37]라고 했는데, 이것은 천자의 명당에서의 예를 말한 것이다. 그러나 여기에서 말한 "천자가 소를 썼다"라는 것은, 단지『논어』의 "희양(餼羊)"은 제후의 예이기 때문에 아마도 천자는 당연히 소를 썼을 것이라고 의심한 것일 뿐 다른 증거가 있는 것이 아니다. 이론으로 따지면『논어』의 "희양"은 빈객에게 제공해서 접대할 때 쓰던 것이지, 시삭에

---

37 『예기주소(禮記注疏)』권29,「옥조(玉藻)」정현의「주」.

서 수용되던 것이 아니니, 이것이 세 번째 오류이다.

云"魯自<u>文公</u>始不視朔, 視朔之禮已後遂廢"者, <u>萬氏斯大</u>『學春秋隨筆』, "<u>文公</u>十六年, '夏五月, 公四不視朔.' 不視者, 二月至五月耳. 六月以後, 復如初矣. 『公羊』云: '自是公無疾不視朔也.' 果爾, 則『經』不應有'四'字, 『經』有'四'字, 必非遂不視朔也." 『論語駢枝』云: "夫謂<u>文公</u>始不視朔者, 據十六年'夏五月, 公四不視朔'之文言之也. 夫四不視朔, 而謂之'始不視朔'可乎? '四不視朔', 曠也; '始不視朔', 廢也. 曠之與廢, 則必有分矣. 曠四月不視朔, 猶必詳其月數而具書之, 而況其廢乎? 變古易常, 『春秋』之所謹也. 初稅畝, 作丘甲, 用田賦, 皆謹而書之. 始不視朔, 豈得不書? <u>鄭君</u>此言出於『公羊』, 彼欲遷就其大惡諱·小惡書之例, <u>因虛</u>造此言爾. 如其說, 自十八年二月公有疾, 至十八年公薨, 竝閏月數之, 其爲不視朔者二十有六. 而『春秋』橫以己意爲之限斷, 書於前而諱於後, 存其少而沒其多, 何以爲信史乎?" 謹案, 二說皆足正『公羊』及鄭「注」之誤. 以『左』「襄」二十九年, "不朝正於廟"觀之, 可知<u>襄公</u>時, 天子告朔, 諸侯視朔, 其禮尙未廢. <u>鄭氏</u>誤依『公羊』, 不知辨正, 其誤四也.

"노나라는 문공 때부터 비로소 시삭하지 않았다. 시삭의 예는 이후 마침내 폐지되었다."라고 한 것.

만사대(萬斯大)[38]의 『학춘추수필(學春秋隨筆)』에 "문공 16년에, '여름

---

[38] 만사대(萬斯大, 1633~1683): 청나라 절강(浙江) 은현(鄞縣) 사람. 자는 충종(充宗)이고, 만호는 파옹(跛翁)이며, 학자들은 갈부선생(褐夫先生)이라 불렀다. 동생 만사동(萬斯同)과 함께 황종희(黃宗羲)에게 사사했다. 청나라의 과거에는 응시하지 않았다. 경학(經學)에 정통했는데, 모든 경전에 통하지 않으면 한 경전도 암송할 수 없고, 전주(傳注)의 잘못을 깨닫지 못하면 경전에 통할 수 없다고 생각했다. 또 경전으로 경전을 해석하는 방식은 전주의 잘못을 깨닫는 데 아무 도움도 되지 않는다고 주장했다. 특히 춘추학과 삼례(三禮), 예학을 깊이

5월에 노 문공이 넉 달째 시삭하지 않았다.'라고 했는데, 시삭하지 않은 것은 2월부터 5월까지였을 뿐이다. 6월 이후에는 다시 처음과 같아졌다.『춘추공양전』에 '본래 문공에게는 질병이 없었는데도 시삭하지 않은 것이다.'라고 했는데, 과연 그렇다면『춘추』에는 응당 '사(四)' 자가 있지 않아야 되는데,『춘추』에 '사(四)' 자가 있으니, 반드시 끝끝내 시삭하지 않은 것은 아니다."라고 했다.

『논어변지』에 "노나라 문공이 비로소 시삭하지 않았다는 말은 16년 '여름 5월에 노 문공이 넉 달째 시삭하지 않았다.'라는 문장을 근거로 한 말이다. 넉 달째 시삭하지 않았다고 해서 그것을 '비로소 시삭하지 않았다'라고 하는 것이 가능한가? '넉 달째 시삭하지 않았다'라는 것은 빼먹은 것이고, '비로소 시삭하지 않았다'라는 것은 폐지했다는 것이다. 빼먹었다는 것과 폐지했다는 것은 반드시 구분이 있다. 넉 달을 빼먹고 시삭을 하지 않았음에도 오히려 굳이 그 개월 수를 자세하게 갖추어서 기록했는데, 하물며 그것을 폐지함에 있어서이겠는가? 옛날의 도를 바꾸고 상도(常道)를 바꾸는 일은『춘추』에서 삼가는 바이다. 처음으로 전무(田畝)를 실측해서 징세한 일,[39] 구갑법(丘甲法)을 만든 일,[40] 전무에 따라 부세(賦稅)하는 제도를 시행[用]한 일[41]은 모두 삼가서 쓴 것이다. 처음으로

배워, 여러 학자의 설을 융합했고, 한송(漢宋) 학자들에 얽매이지 않았다.『주례(周禮)』가 주공(周公)의 작품이 아니라고 의심하여 후인들의 가탁이라고 보았다. 저서에『학춘추수필(學春秋隨筆)』10권과『학례질의(學禮質疑)』2권,『주관변비(周官辨非)』2권,『의례상(儀禮商)』,『예기우전(禮記偶箋)』등이 있다.

[39] 『춘추』「선공(宣公)」15년. 노나라가 처음으로 전부(田賦)의 제도를 고쳐 2/10를 징세하는 제도를 만든 것이다.

[40] 『춘추』「성공(成公)」원년 3월. 노나라가 초나라에 원군을 빌려 제나라를 토벌하려 하였으나, 초왕의 사망으로성공 초군이 출동하지 않았다. 그러므로 제나라가 토벌할 것이 두려워 노나라에서 처음으로 구갑법(丘甲法)을 만든 것이다.

시삭하지 않은 것인데 어찌 기록하지 않을 수 있겠는가? 정군의 이 말은 『춘추공양전』에서 나온 것인데, 그는 큰 악[大惡]은 숨기고[諱] 작은 악[小惡]은 기록하는 범례를 견강부회해서 억지로 맞추려고 하다 보니 그 때문에 이런 말을 헛되게 날조한 것일 뿐이다. 그의 말대로라면 16년 2월부터 노 문공은 질병에 걸려 18년에 이르러 공이 죽었으니, 윤달을 아울러 계산했을 때 그가 시삭하지 않게 된 것이 26개월이나 된다. 그런데도 『춘추』에서 멋대로 자기의 의도를 가지고 규정하고 단정 지어 앞에서는 썼다가 뒤에서는 숨기며, 적은 것은 보존하고 그 많은 것을 없앴다면 어찌 믿을 만한 사적(史籍)이 될 수 있겠는가?"라고 했다.

삼가 살펴보니, 두 설이 모두 충분히 『춘추공양전』과 정현「주」의 오류를 바로잡을 만하다. 『춘추좌씨전』「양공」 29년의 "태묘에서 조정하지 않았다."라는 것으로 살펴보면 노나라 양공 시대에도 천자는 초하루를 알렸고 제후는 시삭을 하였으니, 그 예가 아직 폐지되지 않았음을 알 수 있다. 정씨는 『춘추공양전』을 그릇되게 의거하면서도 잘잘못을 따져 변별해서 바로잡을 줄 몰랐으니 이것이 그 네 번째 오류이다.

원문 又案, 鄭「注」"始"本作"四", 見『公羊』「文」十六年「疏」所引. 然云"視朔

---

41 『춘추』「애공(哀公)」 12년에 "12년 봄에 전무(田畝)에 따라 부세하는 제도를 시행하였다.[十有二年春, 用田賦.]"라고 했는데, 명(明)의 호광(胡廣, 1370~1418) 등이 찬한 『춘추대전(春秋大全)』 권37, 「애공(哀公)」 12년의 「주」에 "전부의 제도는 집마다 한 사람씩 군역(軍役)에 나가니, 집마다 한 사람씩 군역에 나가는 것은 『관자(管子)』 내정(內政)의 법이다. 제후(諸侯)가 군대를 늘린 것은 제나라에서 시작하였고, 진(晉)나라가 그다음이었으니, 진나라의 주병제도(州兵制度)가 그것이다. 춘추 말엽에 노나라도 이 제도를 처음으로 시행하였다.[田賦之也者, 家一人也, 家一人, 『管子』內政之法也. 諸侯之益兵, 自齊始, 晉次之, 州兵是也. 春秋之季, 魯亦行之矣.]"라고 하였다.

之禮已後遂廢", 則鄭固謂文公始不視朔也.

역문 또 살펴보니, 정현 「주」의 "시(始)" 자는 본래 "사(四)"로 되어 있는데, 『춘추공양전』「문공(文公)」 16년의 「소」에 보인다.[42] 그러나 "시삭의 예가 이후부터 마침내 폐지되었다."라고 했으니, 그렇다면 정현은 진실로 문공 때 비로소 시삭하지 않았다고 생각한 것이다.

3-18

子曰: "事君盡禮, 人以爲諂也." 【注】孔曰: "時事君者多無禮, 故以有禮者爲諂."

공자가 말했다. "임금을 섬김에 예를 다하는 것을 사람들은 아첨이라고 여긴다." 【주】공안국(孔安國)이 말했다. "당시에 임금을 섬기는 자들이 대부분 무례(無禮)했기 때문에 예(禮)가 있는 것을 아첨이라고 여긴 것이다."

● 「注」, "時事"至"爲諂".

● 正義曰: 當時君弱臣强, 事君者多簡傲無禮, 或更僭用禮・樂, 皆是以臣干君. "盡禮"者, 盡事君之禮, 不敢有所違闕也. 時人以爲諂, 疑將有所求媚於君. 故王孫賈有媚奧媚竈喩, 亦以夫子是諂君也.

○ 「주」의 "시사(時事)"부터 "위첨(爲諂)"까지.

○ 정의에서 말한다.

---

42 『춘추공양전주소』권14, 「문공」16년의 「소」에 "정씨가 이르길 노나라는 문공 때부터 넉 달째 시삭하지 않았다.[鄭氏云: '魯自文公, 四不視朔.']"라고 되어 있다.

당시에는 임금의 세력이 약하고 신하의 세력이 강해서 임금을 섬기는 자들이 대부분 거만하고 무례하며 혹은 예(禮)와 악(樂)을 더욱 참용(僭用)했으니, 모두 신하로서 임금을 범한 것이다. "예를 다함[盡禮]"이란 임금을 섬기는 예를 다해서 감히 어기거나 빠뜨림이 없는 것이다. 당시 사람들이 아첨이라고 여긴 것은 장차 요구하려는 것이 있어서 임금에게 아첨했다고 의심한 것이다. 그러므로 왕손가가 시동(尸童)에게 아첨하기보다는 차라리 신주(神主)에게 아첨하는 것이 더 낫다고 비유한 것도 역시 공자가 임금에게 아첨했다고 여겼기 때문이다.

3-19

定公問, "君使臣, 臣事君, 如之何?"【注】孔曰: "定公, 魯君謚. 時臣失禮, 定公患之, 故問之." 孔子對曰: "君使臣以禮, 臣事君以忠."

정공이 물었다. "임금이 신하를 부리고 신하가 임금을 섬김에는 어떻게 해야 합니까?"【주】공안국이 말했다. "정공은 노나라 임금의 시호이다. 당시 신하들은 예를 잃었고, 정공은 이를 걱정했기 때문에 질문한 것이다." 공자가 대답했다. "임금이 예로써 신하를 부리면 신하는 충성으로써 임금을 섬깁니다."

- 「注」, "定公"至"問之".
- 正義曰: 定公名宋, 襄公之子, 昭公弟也. 『周書』「謚法解」, "大慮慈民曰定; 安民大慮曰定; 安民法古曰定, 純行不爽曰定." 是定爲謚也. 定公承昭公之後, 公室益微弱, 時臣多失禮於君, 故公患之, 言如何君使臣 · 臣事君, 將欲求其說以救正之. 爲此言者, 其在孔子將仕時乎?

○ 「주」의 "정공(定公)"부터 "문지(問之)"까지.

○ 정의에서 말한다.

정공은 이름이 송(宋)이고, 양공의 아들이며, 소공(昭公)의 아우이다. 『주서(周書)』「시법해(諡法解)」에 "큰 생각을 갖추고 백성을 사랑하는 것[大慮慈民]을 '정(定)'이라 하고, 백성을 편안하게 하고 큰 생각을 갖춘 것[安民大慮]을 '정(定)'이라 하며, 백성을 편안하게 하고 옛날의 도를 본보기로 삼는 것[安民法古]을 '정(定)'이라 하고, 행실을 순일하게 해서 어긋남이 없는 것[純行不爽]을 '정(定)'이라 한다."라고 했으니, 여기서 정공은 시호가 된다. 정공이 소공을 계승한 뒤로 공실(公室)이 더욱 미약해지자, 당시 신하들이 대부분 임금에게 예를 잃었다. 그러므로 정공이 이를 걱정해서 어떻게 임금이 신하를 부리고 신하가 임금을 섬겨야 하는지를 말하여 장차 그 대답을 구하여 이를 구제하고 바로잡고자 한 것이다. 이 말을 한 것은 공자가 막 벼슬할 때에 있었던 일인 듯싶다.

원문 焦竑『筆乘』, "晏子曰: '惟禮可以爲國. 是先王維名分, 絶亂萌之具也.' 定公爲太阿倒持之君, 故欲坊之以禮; 三家爲尾大不掉之臣, 故欲敎之以忠."

역문 초횡(焦竑)[43]의 『초씨필승(焦氏筆乘)』에 "안자[晏子: 안평중(晏平仲)]가 말했다. '오직 예만이 나라를 다스릴 수 있다. 이것은 선왕이 명분을 유지

---

43 초횡(焦竑, 1541~1620): 명나라 응천부(應天府) 강녕(江寧) 사람. 자는 약후(弱侯)고, 호는 담원(澹園)이다. 많은 책을 두루 읽었고, 전장(典章)에 밝았으며, 공문(古文)에도 능해 명가로 손꼽혔다. 나여방(羅汝芳)과 경정향(耿定向) 등에게서 학문을 배웠고, 이탁오(李卓吾)와 절친했다. 왕수인(王守仁)의 치양지설(致良知說)을 학문의 근본 입장으로 삼았다. 선학(禪學)의 관점에서 정호(程顥)의 불교 비판을 반박하면서, 불교에서 말하는 본래무일물(本來無一物)은 『중용(中庸)』의 미발(未發)과 같다고 주장, 유불(儒佛)의 조화를 시도했다. 저서에 『초씨필승(焦氏筆乘)』과 경전목록집 『국사경적지(國史經籍志)』는 중국 문헌학상 중요한 자료로 평가된다. 그 밖의 저서에 『노자익(老子翼)』과 『장자익(莊子翼)』, 『국조헌징록(國朝獻徵錄)』 등의 주석집과 시문집 『담원집(澹園集)』이 있다. 시호는 문단(文端)이다.

하고 혼란의 싹을 자르는 도구이다.' 정공은 신하에게 권병(權柄)을 빼앗
긴[太阿倒持]⁴⁴ 임금이었기 때문에 예로써 경계를 단단히 해서 다잡기를
바랐고, 3가(三家)는 세력이 커져 어찌할 수 없는[尾大不掉]⁴⁵ 신하가 되었
기 때문에 충(忠)으로 가르치고자 했다.”라고 하였다.

원문 俞氏正燮『癸巳類稿』, “君使臣以禮, 禮非儀也. 晉 女叔齊曰: ‘禮所以守
其國, 行其政令, 無失其民.’ 譏魯君公室四分, 民食於他, 不圖其終, 爲遠
於禮. 齊 晏嬰爲其君言陳氏之事, 亦曰‘惟禮可以已之. 家施不及國, 大夫
不收公利. 禮者, 君令臣共, 父慈子孝, 兄愛弟敬, 夫和妻順, 姑慈婦聽. 君
令而不違, 臣共而不貳, 父慈而敎, 子孝而箴, 兄愛而友, 弟敬而順, 夫和
而義, 妻柔而正, 姑慈而從, 婦聽而婉, 禮之善物也.’ 晉 女叔論昭公, 齊 晏
嬰告景公, 皆痛心疾首之言. 孔子事定公, 墮三都, 欲定其禮, 禮非恭敬退
讓之謂. 孔子告景公, 欲其君君臣臣, 若使定公承昭出之後, 慕謙退之儀,
是君不君矣. 天地間容有迂議, 然非孔子之言也.”

역문 유정섭(俞正燮)⁴⁶의 『계사류고(癸巳類稿)』에 “임금은 예로써 신하를 부

리니, 예는 태도[儀]가 아니다. 진(晉)나라의 여숙제(女叔齊)[47]는 '예는 나라를 지키는 것이고 정령을 행하여 민심을 잃음이 없게 하는 것이다.'[48]라고 했는데, 이는 노나라 임금이 공실을 넷으로 쪼개어 백성들이 3가에게 의지해서 먹는데도, 노나라 임금은 앞으로 닥칠 결과를 생각하지 않아 예에서 멀어지게 되었음을 비난한 것이다. 제(齊)나라의 안영(晏嬰)은 그 임금을 위해 진씨(陳氏)의 일을 말하면서 역시 '오직 예만이 (제나라가 진씨의 나라가 되는 것을) 방지할 수 있습니다. 예를 행하면 대부[家]의 시혜가 온 나라에까지 미치지 않고, 대부는 공공의 이익을 취하지 못합니다. 예란 임금은 명령하고 신하는 공손하며, 부모는 자애하고 자식은 효도하며, 형은 사랑하고 아우는 공경하며, 지아비는 온화하고 아내는 유순하며, 시어머니는 자애하고 며느리는 순종하는 것입니다. 임금은 명령을 내리되 도리에 어긋나지 않게 하고 신하는 공경하되 두 마음을 품지 않으며, 부모는 자애하되 가르치고 자식은 효도하되 간[箴][49]하며, 형은 사랑하되 우애하고, 아우는 공경하되 순종하며, 지아비는 온화하되

지만 주소(注疏)에 구애받지 않고 훈고와 고증을 중시하여 자득(自得)을 추구했다. 저서에 『설문부위교보(說文部緯校補)』와 『해국기문(海國紀聞)』, 『계사류고(癸巳類稿)』, 『계사존고(癸巳存稿)』 등이 있다. 『계사류고』는 그가 심혈을 쏟은 저작으로, 다루는 범위가 넓고 논한 내용 또한 탁월했다.

47 여숙제(女叔齊, ?~?): 춘추시대 진(晉)나라 사람. 대부(大夫)를 지냈다. 여제(女齊) 또는 사마후(司馬侯)라고도 한다. 노 소공(魯昭公)이 진나라에 오면서 교외(郊外)에서부터 위로하면서 바로 궤증(饋贈)을 올리니 진후(晉侯)가 그가 예를 안다고 칭찬했다. 이에 대해 여숙제가 그것은 단지 의식(儀式)일 뿐이지 예를 아는 것은 아니라고 말했다. 예라는 것은 나라를 지키고 정령(政令)을 시행하며 백성(百姓)을 잃지 않는 것이라고 말했다.

48 『춘추좌씨전』「소공」 5년.

49 『춘추좌전주소(春秋左傳註疏)』 권52, 「소공(昭公)」 26년의 「주」에 "잠(箴)은 간(諫)한다는 뜻이다.[箴, 諫也.]"라고 했다.

도의로써 아내를 인도하고, 아내는 유순하되 바른 도리로 남편을 섬기며, 시어미는 자애하면서도 며느리를 따르고, 며느리는 순종하여 시어미에게 온순한 것이 예 중에서 최고입니다.'⁵⁰라고 했다. 진나라의 여숙제가 소공을 논한 것이나 제나라의 안영이 경공에게 아뢴 것이나 모두 애통하고 지끈거리는 심정으로 한 말이다. 공자는 정공을 섬기면서 삼환(三桓)의 식읍인 세 도읍의 성(城)을 허물고 그 예를 안정시키려 했으니, 예란 공손하고 경건하며 물러나고 겸양함을 이르는 것이 아니다. 공자가 경공(景公)에게 아뢴 것은 그가 임금은 임금답고 신하는 신하답기를 바란 것이지, 만약 정공으로 하여금 소공을 승계한 뒤에 겸손한 태도를 염두에 두도록 한 것이라면, 이는 임금을 임금답지 못하게 한 것이다. 천지간에 세상 물정 모르는 의논이 있을 수는 있지만, 그러나 공자의 말은 아니다."라고 했다.

3-20

子曰: "「關雎」樂而不淫, 哀而不傷."【注】孔曰: "樂不至淫, 哀不至傷, 言其和也."

공자가 말했다. "『시경(詩經)』「관저(關雎)」는 즐거워하면서도 음란하지 않고, 슬퍼하면서도 상심하지 않는다."【주】 공안국이 말했다. "즐거워하면서도 음란한 데 이르지 않고 슬퍼하면서도 상심하는 데 이르지 않는 것은 조화로움을 말한 것이다."

---

50 『춘추좌씨전』「소공」 26년.

원문 正義曰: 鄭「注」云: "「關雎」, 「國風」之首篇. 樂得淑女, 以爲君子之好

仇, 不爲淫其色也. 寤寐思之, 哀世夫婦之道, 不得此人, 不爲減傷其愛

也." 按: 「關」雎爲「周南」首篇, 「周南」亦「國風」也. 毛「傳」云: "關關, 和

聲也; 雎鳩, 王雎也." 義本『爾雅』. 鄭君先學「魯詩」, 「魯」義今不傳.

역문 정의에서 말한다.

정현의 「주」에 "「관저」는 「국풍(國風)」의 수편(首篇)이다. 숙녀를 얻
어 군자의 좋은 짝으로 삼아 주는 것을 즐거워한 것이니, 여색에 음란하
게 빠지게 한 것이 아니다.[51] 자나 깨나 그를 생각해서 세상 부부의 도리
인 이 사람을 얻지 못함을 슬퍼하지만 그 사랑을 덜거나 해침이 되지 않
는다."[52]라고 했다. 살펴보니, 「관저」는 「주남(周南)」의 수편인데, 「주남」
역시 「국풍」이다. 모형(毛亨)의 「전」에 "관관(關關)은 조화로운 소리이
고, 저구(雎鳩)는 왕저(王雎)이다."라고 했는데, 이 뜻은 『이아(爾雅)』를
근거로 한 것이다. 정군은 먼저 「노시(魯詩)」를 배웠으나, 「노시」의 뜻
은 지금은 전하지 않는다.

원문 據毛說"淑女", 淑者, 善也. 后妃求此淑女, 以事君子, 謂三夫人以下也.

"君子"謂文王. "仇"與"逑"同. "仇"者, 匹也, "好逑"言思與之匹也. 后妃樂

得淑女, 有德有容, 以共事君子, 佐助宗廟之祭祀, 非爲淫於色也. "寤寐思

之", 謂『詩』言"寤寐求之, 求之不得, 寤寐思服"也. 『毛詩』「序」云: "「關雎」

樂得淑女以配君子, 憂在進賢, 不淫其色. 哀窈窕, 思賢才, 而無傷善之心

---

51 여자가 지나치게 총애를 구하는 것이 되지 않는다는 말이다. 『모시주소(毛詩注疏)』권1 「국
풍(國風)·주남(周南)·관저(關雎)」의 「소」에 "여자가 지나치게 총애를 구하는 것은 스스
로 그 색(色)을 지나치게 탐하는 것이다.[女過求寵, 是自淫其色.]"라고 하였다.

52 『논어집해의소』권2, 「논어팔일제3(論語八佾第三)」황간의 「소」에 보인다.

焉, 是「關雎」之義也."

역문 모형이 "숙녀(淑女)"를 설명한 것에 따르면, 숙(淑)은 선(善)하다는 뜻이다. 후비(后妃)가 이 선한 여자[淑女]를 구해서 군자를 섬기게 하려 한 것이니, 삼부인(三夫人)[53] 이하를 이른다. "군자(君子)"는 문왕을 이른다. "구(仇)"는 "짝[逑]"과 같다. "짝[仇]"이란 배필[匹]이라는 뜻이니, "좋은 짝[好逑]"이란 그에게 배필을 삼아 줄 것을 생각한다는 말이다. 후비가 숙녀를 얻어 덕성과 용모를 갖추어 함께 군자를 섬기고 종묘의 제사를 돕는 것을 즐거워한 것이니, 여색에 음란하게 빠지게 한 것이 아니다. "자나 깨나 그를 생각한다."라는 것은 『시경』에서 말하고 있는 "자나 깨나 그를 구하지만 구해도 얻지 못해서 자나 깨나 생각하고 그리워한다"라는 말이다. 『모시(毛詩)』「서」에 "「관저」는 숙녀를 얻어 군자에게 짝지어 줌을 즐거워하는 것이고, 근심이 어진 여자를 추천하는 데 있으니, 여색에 빠지게 한 것이 아니다. 요조숙녀(窈窕淑女)를 구하지 못함을 슬퍼하지만, 어진 인재를 생각하면서 선을 해치는 마음이 없는 것이니 이것이 「관저」의 의의(意義)이다."라고 했다.

원문 鄭彼「注」云: "哀, 蓋字之誤也. 當爲衷, 衷謂中心念之." 彼「注」破哀爲衷, 則鄭以「關雎」無哀義也. 此「注」云"哀世夫婦之道, 不得此人"者, "此人"卽淑女, 求之不得, 故爲可哀也. "不爲減傷其愛"者, 減者, 損也; 愛者, 心之所好也, 言雖不得此淑女, 而己愛好之心, 未嘗有所減傷, 則仍是哀思, 與『詩』「注」義異. 『鄭志』答劉琰問曰: "『論語』「注」, 人間行久, 義或

---

53 삼부인(三夫人): 『예기』「혼의(昏義)」에 "옛날에 천자(天子)의 황후(皇后)는 육궁(六宮)·삼부인(三夫人)·구빈(九嬪)·이십칠세부(二十七世婦)·팔십일어처(八十一御妻)를 세운다. [古者, 天子后立六宮·三夫人·九嬪·二十七世婦·八十一御妻, 順]"라고 했다.

宜然. 故不復定以遺後說." 是鄭注『論語』在前, 其後注『詩』, 已不用其舊義矣.

역문 정현은 『시경』「관저」의 「주」에서 "애(哀)는 아마도 오자(誤字)인 듯하다. 마땅히 '충(衷)' 자로 보아야 하니, 충(衷)이라는 것은 마음속으로 생각한다는 말이다."[54]라고 했는데, 그 「주」에서 애(哀) 자를 버리고 충(衷) 자로 봤다면, 정현은 「관저」에 슬퍼하는 뜻이 없다고 여긴 것이다. 여기의 「주」에서는 "세상 부부의 도리인 이 사람을 얻지 못함을 슬퍼한다."라고 했는데, "이 사람"이 곧 요조숙녀이니 구해도 얻지 못하기 때문에 슬퍼하게 된 것이다. "그 사랑을 덜거나 해침이 되지 않는다[不爲減傷其愛]"라고 한 것도, 감[減]이란 덜다[損]의 뜻이고, 애(愛)란 마음이 좋아하는 것이니, 비록 이 요조숙녀를 얻지 못해도 자기가 사랑하고 좋아하는 마음이 일찍이 덜거나 해침이 있지 않았다면 여전히 슬퍼하고 사모하는 것이니, 『시경』의 「주」와는 뜻이 다르다. 『정지(鄭志)』에 유염(劉琰)의 질문에 답하기를 "『논어』의 「주」에 대해서는 사람들 사이에서 오래 익숙해지면 뜻이 간혹 당연한 것처럼 되기도 한다. 그러므로 다시 고정(考定)해서 후설(後說)을 남기지는 않는 것이다."라고 했는데, 이는 정현이 『논어』를 주석한 일이 앞에 있었고, 그 뒤에 『시경』을 주석하면서는 이미 지나간 옛날의 뜻을 쓰지 않았다는 말이다.

원문 先從叔丹徒君『駢枝』以鄭「注」及『毛詩』篇義皆迂穴難通, 別爲之說曰: "『詩』有「關雎」, 『樂』亦有「關雎」, 此章特據『樂』言之也. 古之樂章, 皆三篇爲一. 『傳』曰: '「肆夏」之三, 「文王」之三, 「鹿鳴」之三.' 「記」曰: '「宵

---

54 『모시주소』 권1 「국풍·주남·관저」 정현의 「주」.

雅」肆三.'「鄉飲酒義」, '工入升歌三終, 笙入三終, 間歌三終, 合樂三終.' 蓋樂章之通例如此. 『國語』曰: 「文王」・「大明」・「綿」, 兩君相見之樂也.'『左傳』但曰'「文王」, 兩君相見之樂.' 不言「大明」・「綿」. 『義禮』'合樂「周南」「關雎」・「葛覃」・「卷耳」, 「召南」「鵲巢」・「采繁」・「采蘋」', 而孔子但言'「關雎」之亂', 亦不及「葛覃」以下, 此其例也. 『樂』亡而『詩』存, 說者遂徒執「關雎」一詩以求之, 豈可通哉? '樂而不淫'者, 「關雎」・「葛覃」也; '哀而不傷'者, 「卷耳」也. 「關雎」, 樂妃匹也; 「葛覃」, 樂得婦織也; 「卷耳」, 哀遠人也. 哀樂者, 性情之極致, 王道之權輿也. 能哀能樂, 不失其節, 『詩』之敎, 無以加於是矣. 「葛覃」之賦女工, 與「七月」之陳耕織一也. 季札聞歌「豳」而曰'美哉, 樂而不淫!', 卽「葛覃」可知矣." 謹案, 『騈枝』以「卷耳」"維以不永傷", 證"哀而不傷", 其義甚精. 「燕禮記」"升歌「鹿鳴」", 亦以「鹿鳴」統「四牡」・「皇皇者華」也. 「八佾」此篇皆言禮樂之事, 而「關雎」諸詩列於鄉樂, 夫子屢得聞之, 於此贊美其義, 他日又歎其聲之美盛"洋洋盈耳"也.

역문 작고하신 종숙 단도군의 『논어변지』에서는 정현의 「주」 및 『모시』편의 의미가 모두 동굴 속을 헤매듯 변화가 심해서 이해하기 어렵다고 여기고 별도로 다음과 같이 설명했다. "『시경』에 「관저」가 있고, 『악경(樂經)』에도 역시 「관저(關雎)」가 있는데, 이 장은 다만 『악경』을 근거로 말한 것이다. 옛날의 악장(樂章)은 모두 세 편을 한 악장으로 삼았다. 『춘추좌씨전』에 '「사하(肆夏)」 세 편, 「문왕(文王)」 세 편, 「녹명(鹿鳴)」 세 편'[55]이라 했고, 『예기』「학기(學記)」에 '『시경』「소아(小雅)」의 「녹명(鹿鳴)」・「사모(四牡)」・「황황자화(皇皇者華)」 등 세 편의 시를 익힌다.'라고

---

55 『춘추좌씨전』「양공」 4년.

했으며, 『예기』「향음주의(鄕飮酒義)」에 '악공이 들어가 당에 올라 세 편의 노래를 마치고, 생황[笙]을 부는 자가 들어가 세 편의 연주를 마치며, 번갈아 연주하여 세 편을 마치고 합하여 연주하여 세 편을 마친다.'라고 했으니, 대체로 악장의 통례(通例)가 이와 같다. 『국어(國語)』에 '『시경』의 「문왕(文王)」·「대명(大明)」·「면(綿)」은 두 나라 임금이 서로 만날 때의 음악이다.'[56]라 했고, 『춘추좌씨전』에서는 단지 '「문왕」은 두 나라 임금이 서로 만날 때의 음악'이라고만 하고, 「대명」과 「면」은 언급하지 않았다. 『의례』에서는 '음악을 합주하는데, 『시경』「주남」의 「관저」·「갈담(葛覃)」·「권이(卷耳)」와 「소남(召南)」의 「작소(鵲巢)」·「채번(采蘩)」·「채빈(采蘋)」을 합주한다.'[57]라고 했고, 공자는 다만 '『시경』「국풍·관저」의 마지막 악장'이라고만 하고 역시 「갈담」이하는 언급하지 않았으니, 이것이 그 용례다. 『악경』은 없어지고 『시경』만 남다 보니 이야기하는 자들이 마침내 다만 「관저」시 하나만 붙들고 추구하니 어찌 통할 수 있겠는가? '즐거워하면서도 음란하지 않음'은, 「관저」와 「갈담」의 의의이고, '슬퍼하면서도 상심하지 않음'은 「권이」의 의의이다. 「관저」는 배필[妃匹]을 즐거워한 것이고, 「갈담」은 아내를 얻어 길쌈하는 것을 즐거워한 것이며, 「권이」는 멀리 있는 사람을 슬퍼한 것이다. 슬퍼하고 즐거워하는 것은 성정(性情)의 극치이며 왕도(王道)의 시작[權輿][58]이다. 슬퍼할 수도 있고 즐거워할 수도 있지만 그 절개를 잃지 않았으니, 『시경』의

---

56 『국어(國語)』「노어하(魯語下)」.

57 『의례』「향사례(鄕射禮)」.

58 권여(權輿): 시작이라는 뜻이다. 저울을 만들 때는 저울대[權]를 먼저 만들고 수레를 만들 때는 수레의 판자[輿]부터 먼저 만드는 것에서 유래한 말이다. 『시경』「국풍·진(秦)·권여(權輿)」에 "아, 권여를 잇지 못함이여![于嗟乎不承權輿.]"라고 했는데, 『시경집전(詩經集傳)』의 「전」에 "권여는 시작[始]이라는 뜻이다.[權輿, 始也.]"라고 했다.

가르침이 이보다 더한 것이 없다. 「갈담」에서 여자의 일을 노래한 것은 「7월(七月)」에서 밭 갈고 길쌈하는 것을 노래한 것과 똑같다. 계찰(季札)[59]이 「빈풍(豳風)」을 노래하는 것을 듣고 '아름다워라, 즐거워하면서도 음란하지 않구나!'라고 했으니, 바로 「갈담」임을 알 수 있다."라고 했다. 삼가 살펴보니, 『논어변지』는 「권이」의 "길이 상심하지 않으리라."라고 한 것을 가지고 "슬퍼하면서도 상심하지 않음"을 증명했으니, 그 뜻이 매우 정밀하다.

『의례』「연례(燕禮)」의 「기」에 "당으로 오르면서 「녹명」을 노래 부른다."라고 했는데, 역시 「녹명」을 내세워 「사모」와 「황황자화」를 통합시킨 것이다.[60] 「팔일(八佾)」이 편은 모두 예악(禮樂)의 일을 말한 것이고, 「관저」 등의 여러 시는 향악(鄕樂)에 배열된 것인데, 공자가 자주 그것을 듣다가 여기에서는 그 의의를 찬미하였고, 다른 날에는 또 그 소리의 아

---

59 계찰(季札, ?~?): 춘추시대 오(吳)나라 공자(公子). 태백(太伯)이 오나라를 세운 후 14대 군주가 수몽(壽夢)인데, 오왕(吳王) 수몽의 네 아들 중 막내가 계찰이다. 공자찰(公子札) 또는 연릉(延陵)에 봉해져 연릉계자(延陵季子)라고도 한다. 계찰(季劄)이라고도 쓴다. 나중에 또 주래(州來)에 봉해져 연주래계자(延州來季子)라고도 한다. 아버지 수몽이 왕으로 세우려고 했지만 고사했다. 형 제번(諸樊)이 양보하려고 하자 또 사양했다. 제번이 죽자 그 형 여제(餘祭)가 왕위에 올랐다. 여제가 죽은 뒤 이매(夷昧)가 올랐다. 이매가 죽자 나라를 주려고 하니 피하여 받지 않아 이매의 아들 요(僚)가 즉위했다. 공자광(公子光)이 전제(專諸)를 시켜 요를 살해하고 스스로 왕위에 오르니, 이가 바로 합려(闔閭)다. 계찰이 비록 복종했지만 요의 무덤에 가서 곡을 했다. 현명하고 해박했으며, 여러 차례 중원(中原)의 제후들을 찾아 질문했는데, 안영(晏嬰), 자산(子産), 숙향(叔向) 등과 회견했다. 노나라에 가서 주악(周樂)을 관람했다. 서(徐)나라를 지났는데, 서나라의 임금이 그가 차고 있던 칼을 좋아했지만 여러 나라를 다니고 있는 중이라 미처 주지 못했다. 나중에 돌아와 보니 서나라 임금이 이미 죽어 그의 무덤 앞 나무에 칼을 걸어 놓고 떠났다.

60 「사모(四牡)」와 「황황자화(皇皇者華)」는 모두 『시경』「소아(小雅)·녹명지십(鹿鳴之什)」에 포함된 시이므로 「사모」와 「황황자화」를 「녹명」으로 대표해서 언급했다는 말이다.

름답고 성대함이 "쟁쟁하게 귀에 가득하다"라고 찬탄하였다.

3-21

哀公問社於宰我.

애공이 재아(宰我)에게 사직의 신주[社]에 대해 물었다.

원문 正義曰: 此有兩本, 『魯論』作"問主", 『古論』作"問社". 莊氏述祖輯本『白虎通』云: "祭所以有主者何? 言神無所依據, 孝子以主繼心焉. 『論語』云 '魯哀公問主於宰我'云云. 宗廟之主, 所以用木爲之者, 木有終始, 又與人相似也. 蓋題之以爲記, 欲令後有知者."

역문 정의에서 말한다.

이 장은 두 가지 판본이 있는데, 『노논어(魯論語)』에는 "신주에 대해 물었다[問主]"라고 되어 있고, 『고논어(古論語)』에는 "사(社)에 대해 물었다"라고 되어 있다. 장술조(莊述祖)는 『백호통의』을 집본(輯本)하면서 "제사에 신주가 있는 까닭은 어째서인가? 조상신[神]이 의거할 곳이 없기 때문에 효자(孝子)는 신주로써 마음을 잇는다. 『논어』에 '노나라 애공이 재아에게 신주에 대해 물었다.'라고 운운했는데, 종묘의 신주를 나무를 이용해 만드는 까닭은, 나무가 시작과 마침이 있어서 또한 사람과 서로 같기 때문이다. 글을 써서 기록을 남기는 것은 나중에 알아보는 사람이 있게 하려고 해서이다."라고 했다.

원문 『公羊』「文」二年「傳」, "主者曷用? 虞主用桑, 練主用栗. 用栗者, 藏主也." 何休「注」, "爲僖公廟作主也. 用桑者, 取其名與其麤稉, 所以副孝子之心. 埋虞主於兩階之間, 易用栗也. 夏后氏以松"云云. 『左』「文」二年『經』, "作僖公主." 杜「注」, "主者, 殷人以柏, 周人以栗." 孔「疏」引此文作"問主", 又引"張 · 包 · 周等竝爲廟主", 凡皆『魯論』義也.

역문 『춘추공양전』「문공」 2년의 「전」에 "신주는 무엇을 사용하는가? 우제(虞祭)의 신주는 뽕나무를 사용하고, 연제(練祭)의 신주는 밤나무를 사용한다. 밤나무를 사용하는 것은 신주를 보관하기 때문이다."라고 했는데, 하휴의 「주」에 "희공의 종묘를 위해 신주를 만든 것이다. 뽕나무를 사용한 것은 그 이름과 그 거 을 취해서 효자의 마음에 적합하게 하기 위해서이다. 우제의 신주를 두 계단 사이에 묻고, 밤나무를 사용해 신주를 바꾼다. 하후씨(夏后氏)는 소나무를 사용했다."[61]라고 운운했다. 『춘추좌씨전』「문공」 2년에 『춘추』 경문(經文)의 "희공의 신주를 만들었다."라고 한 곳의 두예의 「주」에 "신주를 은나라 사람들은 측백나무[柏]를 사용했고, 주나라 사람들은 밤나무[栗]를 사용했다."[62]라고 했다. 공영달(孔穎達)의 「소」에는 이 문장을 인용하면서 "신주에 대해 물었다[問主]"했고, 또 "장우(張禹) · 포함(包咸) · 주씨(周氏) 등은 모두 종묘의 신주[廟主]라고 했다."[63]라는 말을 인용했는데, 모두 다 『노논어』의 뜻이다.

원문 『說文』, "宔, 宗廟宔祏也. 從宀, 主聲." "宀者, 交覆深屋." 廟之象也. 今皆省寫作主. 其它祭祀, 所以依神者, 皆得名主, 叚借之義也. 『公羊』「注」

---

61 『춘추공양전주소』권13, 「문공(文公)」 2년 하휴의 「주」.

62 『춘추좌전주소』권17, 「문공(文公)」 2년 두예의 「주」.

63 『춘추좌전주소』권17, 「문공」 2년 공영달의 「주」.

言宗廟之主, "狀正方, 穿中央, 達四方, 天子長尺二寸, 諸侯長一尺." 『白
虎通』則云: "方尺, 或曰長尺二寸." 此其制也.

역문 『설문해자』에 "주(宔)는 종묘의 신주와 위패이다. 면(宀)으로 구성되
었고, 주(主)가 발음을 나타낸다."[64]라 했고, 또 "면(宀)은 지붕을 서로 교
차하여서 덮은 깊숙한 집이다."[65]라고 했는데, 종묘의 형상을 본뜬 것이
라는 말이다. 지금은 모두 면(宀)을 없애고 주(主)로 쓴다. 그 밖에 제사
에서 귀신이 의지하게 하는 것은 모두 신주[主]라고 명명할 수 있으니,
뜻을 가차(叚借)한 것이다. 『춘추공양전』「주」에 종묘의 신주에 대해 말
하면서, "모양은 정사각형이고 가운데를 파서 사방으로 통하게 하는데,
천자는 길이가 한 자 두 치이고 제후는 길이가 한 자이다."[66]라고 했고,
『백호통의』에서는 "사방 한 자인데, 혹은 길이가 한 자 두 치라고 한
다."[67] 했으니, 이것이 신주의 제도이다.

원문 鄭此「注」云: "主, 田主, 謂社主." 皇「疏」, "鄭『論』本云'問主'." 『釋文』,
"社如字, 鄭本作主." 『左』「文」二年「疏」"案, 『古論語』及孔‧鄭皆以爲社
主." 「禮器」‧「祭法」「疏」引『五經異義』云: '『論語』"哀公問社於宰我"
云云, 今『春秋公羊』說, "祭有主者, 孝子之主繫心, 夏后氏以松, 殷人以
柏, 周人以栗."『周禮』說, "虞主用桑, 練主用栗." 無夏后氏以松爲主之

---

64 『설문해자』 권7: 주(宔)는 종묘의 신주와 위패이다. 면(宀)으로 구성되었고, 주(主)가 발음
을 나타낸다, 지(之)와 유(庾)의 반절음이다.[宔, 宗廟宔祏. 從宀主聲. 之庾切.]

65 『설문해자』 권7: 면(宀)은 지붕을 서로 교차하여서 덮은 깊숙한 집이다. 상형(象形)자이다.
모든 면(宀)부에 속하는 글자는 다 면(宀)의 뜻을 따른다. 무(武)와 연(延)의 반절음이다.[宀,
交覆深屋也. 象形. 凡宀之屬皆從宀. 武延切.]

66 『춘추공양전주소』 권13, 「문공」 2년의 「주」.

67 『백호통의』에는 이러한 표현이 없다. 유보남이 무엇을 근거했는지 알 수 없다.

事. 許君謹案, 從『周禮』說, 『論語』所云謂社主也.' 鄭氏無駁, 從許義也."
是『古論』作"問社", 鄭君據『魯論』作"問主", 而義則從『古論』爲"社主", 亦
是依『周禮』說定之矣. 『白虎通』「社稷篇」, "王者所以有社稷何? 爲天下
求福報功. 人非土不立, 故封土立社, 示有土也." 又言社壇之制, "天子廣
五丈, 諸侯半之."

역문 정현은 여기의 「주」에서 "주(主)는 전주(田主)[68]이니, 사직의 신주[社主]
를 이른다."[69] 했고, 황간의 「소」에는 "정현이 주석한 『논어』본에는 '신
주에 대해 물었다[問主]'로 되어 있다."[70]라고 했다. 『경전석문(經典釋文)』
에는 "사(社) 본음대로 읽어야 하는데, 정현이 주석한 본에는 주(主)로 되
어 있다."라고 했다. 『춘추좌씨전』「문공」 2년의 「소」에 "살펴보니, 『고
논어』 및 공안국과 정현은 모두 사직의 신주[社主]라고 했다."라고 하였
다. 『예기』「예기(禮器)」와 「제법」의 「소」에서는 "『오경이의』에 '『논어』
에 "애공이 재아에게 사(社)에 대해 물었다."라고 운운했는데, 지금 『춘
추공양전』에서는, "제사에 신주가 있어서 효자는 신주로 마음을 이으
니, 하후씨는 소나무를 사용했고, 은나라 사람들은 측백나무를 사용했
으며, 주나라 사람들은 밤나무를 사용했다." 하고, 『주례』에는 "우제의
신주는 뽕나무를 사용하고, 연제의 신주는 밤나무를 사용한다."라고 했

---

68 전주(田主): 정약용(丁若鏞)의 『논어고금주(論語古今注)』 권2, 「팔일하(八佾下)」에 "사직의
    신을 지기[地示]라 하는데, 후토(后土)와 후직(后稷)이 그것이다. 지기의 제사에는 선성(先
    聖)을 함께 배향하는데, 구룡(句龍)과 주기(周棄)가 바로 그것이다. 전주란 이 지기와 선성
    외에 따로 나무 한 그루를 심어 그것으로써 전조신(田祖神)을 신주로 하는 것이다.[社稷之
    神, 本是地示, 后土·后稷, 是也. 地示之祭, 配以先聖, 句龍·周棄, 是也. 所謂田主者, 於地
    示·先聖之外, 別樹一木, 以主田祖之神.]"라고 했다.
69 『논어주소(論語注疏)』 권3, 「팔일제3(八佾第三)」의 소주(小注)에 보이는데, 『논어주소』에
    는 "鄭本作主, 云'主, 田主, 謂社."로 되어 있다.
70 『논어집해의소』 권2, 「논어팔일제3」 황간의 「소」.

지만 하후씨가 소나무를 사용해서 신주를 만든 일은 없다. 내가[許君][71] 삼가 생각해 보니, 『주례』에 따라 말하면, 『논어』에서 말한 것은 사직의 신주[社主]를 이른다.'라고 했는데, 정씨(鄭氏)가 반박한 것이 없으니,[72] 허신의 뜻을 따른 것이다."[73]라고 했다. 『고논어』에는 "사(社)에 대해 물었다"로 되어 있는데, 정군은 『노논어』를 근거로 "신주에 대해 물었다[問主]"라고 했으나, 의미는 『고논어』를 따라 "사직의 신주[社主]"라고 한 것이니, 역시 『주례』의 설을 따라 확정한 것이다. 『백호통의』「사직(社稷)」에 "왕이 사직(社稷)을 소유하는 까닭은 무엇인가? 천하를 위해 복을 구하고 공을 갚기 위함이다. 사람은 땅이 아니면 설 수 없기 때문에 땅을 봉하고 사직을 세워서 토지의 존귀함을 보이는 것이다."[74]라고 했다. 또 사직단[社壇]의 제도를 말하면서, "천자의 사직은 넓이가 5길[丈]이고 제후는 거기의 반이다."[75]라고 했다.

---

71 허신(許愼)을 가리킨다.

72 정현이 찬한 『박오경이의(駁五經異義)』에 허신의 말에 대한 반박이 없다.

73 『예기주소』 권46, 「제법(祭法)」 공영달의 「소」. 『예기』의 「소」에는 이와 유사한 내용이 없다.

74 『백호통의』「사직(社稷)」에는 "왕이 사직(社稷)을 소유하는 까닭은 무엇인가? 천하를 위해 복을 구하고 공을 갚기 위함이다. 사람은 땅이 아니면 설 수 없고, 곡식이 아니면 먹을 수 없지만, 토지는 너무 넓기 때문에 두루 다 공경을 표할 수 없고, 오곡은 종류가 너무 많아 일일이 다 제사를 지낼 수 없다. 그러므로 땅을 봉하여 사직을 세워서 토지의 존귀함을 보이고, 기장은 곡식 가운데 으뜸이기 때문에 곡식신을 봉하여 제사를 지내는 것이다.[王者所以有社稷何? 爲天下求福報功. 人非土不立, 非穀不食, 土地廣博, 不可徧敬也; 五穀衆多, 不可一一而祭也. 故封土立社, 示有土尊; 稷五穀之長, 故封稷而祭之也.]"라고 되어 있으므로 원본대로 해석했다.

75 『백호통의』「사직」에는 "天子之社稷, 廣五丈, 諸侯半之."라고 되어 있으므로 원본대로 해석했다.

원문 「祭法」, "王爲群姓立社曰大社, 王自爲立社曰王社, 諸侯爲百姓立社曰國社, 諸侯自爲立社曰侯社." 舊說大社・國社在庫門・雉門內之右, 王社・侯社在籍田. 據『周官』「小宗伯」, "掌建國之神位, 右社稷, 左宗廟." 右在西. 劉向『別錄』謂在路寢之西, 則大社也. 「周頌・載芟」「序」云: "春籍田而祈社稷也." 則王社也. 天子諸侯別有勝國之社, 爲廟屛戒, 與廟相近. 故『左氏』言"間于兩社", 亦以勝國社在東, 對在西之國社言也. 周受殷社曰亳社, 亳者, 殷所都也.『春秋』「哀公」四年, "六月, 亳社災", 李氏惇『群經識小』以爲哀公問宰我, 卽在此時, 蓋因復立其主, 故問之, 其說頗近理.

역문 『예기』「제법」에 "왕이 백관(百官)과 서민을 위해 세운 사(社)를 대사(大社)라 하고, 왕이 자신을 위해 세운 사를 왕사(王社)라 하며, 제후가 백성을 위해 세운 사를 국사(國社)라 하고, 제후가 자신을 위해 세운 사를 후사(侯社)라 한다." 했다. 구설(舊說)에 대사와 국사는 고문(庫門)과 치문(雉門)[76] 안 오른쪽에 있고, 왕사와 후사는 적전(籍田)[77]에 있었다고 한다. 『주관』「소종백(小宗伯)」에 의거하면, "건국의 신위(神位)를 관장하는데, 오른쪽은 사직을 두고 왼쪽은 종묘를 둔다."[78]라고 했는데, 오른쪽은 서쪽에 있다. 유향(劉向)의 『별록(別錄)』에는 노침의 서쪽에 있다고 하니, 그렇다면 이는 대사이다. 『시경』「주송(周頌)・재삼(載芟)」의 「서」에 "봄에 적전을 갈면서 사직에 풍년(豊年)을 기원하는 시(詩)이다."라고 했으

---

76 고문(庫門)・치문(雉門): 고대에 천자의 거소로 들어가기 위해서는 5문을 통과해야 했는데, 5문이란 고문(皐門)・치문・고문・응문(應門)・노문(路門) 등 다섯 개의 문으로, 보통 황궁(皇宮)을 가리킨다. 제후의 문은 셋으로, 바깥에서부터 고문(庫門), 치문, 노문이다. 그러나 이에 대해서는 여러 가지 이설(異說)이 있다.

77 적전(籍田): 임금이 몸소 농민을 두고 농사를 지어, 거두어들인 곡식으로 신에게 제사를 지내던 제전의 한 가지.

78 『주례』「춘관종백상(春官宗伯上)・소종백(小宗伯)」.

니, 그렇다면 이는 왕사이다. 천자와 제후는 별도로 바로 전대 왕조[勝
國][79]의 사직을 두고 종묘의 병풍으로 삼아 경계하였으니 종묘와 서로 가
까웠다. 그러므로 『춘추좌씨전』에서 "두 사(社) 사이에 있다"[80]라고 한
것도, 역시 동쪽에 있는 바로 전대 왕조의 사직을 가지고, 서쪽에 있는
국사에 상대해서 한 말이다. 주나라에서는 은나라의 사직을 받아서 박
사(亳社)라 했는데, 박(亳)은 은나라가 도읍했던 곳이다. 『춘추』「애공(哀
公)」 4년에 "6월에 박사에 화재가 발생했다."라고 했는데, 이돈(李惇)[81]은
『군경식소(群經識小)』에서 애공이 재아에게 질문한 것이 바로 이때에 있
었던 일로, 다시 그 신주를 세울 연유 때문에 질문한 것이라고 생각했는
데, 그의 설이 자못 이치에 가깝다.

원문 鄭云"田主"者, 『周官』, "大司徒之職, 邦國都鄙, 設其社稷之壇, 而樹之
田主."「注」, "田主, 田神, 后土·田正之所依也. 詩人謂之田祖." 案, 后
土, 社神; 田正, 稷神. 主以依神, 故樹田神之主, 而后土·田正憑焉. 『說

---

79 승국(勝國):『주례』「지관사도하(地官司徒下)·매씨(妹氏)」에 "무릇 남녀 간의 음탕한 일에
관한 송사는 승국의 사에서 다스린다.[凡男女之陰訟, 聽之於勝國之社.]"라고 하였는데, 정현
의 「주」에 "승국은 망한 나라이다.[勝國, 亡國也.]"라고 해석하였다. 이미 망해 버린 나라는
지금 세워진 나라의 입장에서 보면 이긴 대상이기 때문에 '승국'이라고 말한 것이다. 나중에
는 이로 말미암아 '전대의 왕조'를 가리키게 되었다.

80 『춘추좌씨전』「민공(閔公)」 2년의 「전」.

81 이돈(李惇, 1734~1784): 청나라 강소 고우(高郵) 사람. 자는 성유(成裕) 또는 효신(孝臣)이
다. 『시경』 및 『춘추』의 삼전(三傳)에 정통했으며, 역산(曆算)에도 조예가 깊었다. 저서에
여러 경전의 고의(古義)를 밝힌 『군경식소록(群經識小錄)』과 『복서론(卜筮論)』, 『상서고문
설(尙書古文說)』, 『모시삼조변(毛詩三條辨)』, 『대공장란간문(大功章爛簡文)』, 『명당고변
(明堂考辨)』, 『역대관제고(歷代官制考)』, 『좌전통석(左傳通釋)』, 『두씨장력보(杜氏長歷補)』,
『고공거제고(考工車制考)』, 『설문인서자이고(說文引書字異考)』, 『혼천도설(渾天圖說)』 등
이 있다.

文』, "社, 地主也. 從示土. 『春秋傳』曰: '共工之子句龍爲社神.'" 據『左傳』
則句龍爲后土, 配食於社, 故亦以爲社神矣.

역문 정현이 말한 "전주(田主)"라는 것은, 『주관』에 "대사도(大司徒)의 직책
은 큰 나라와 작은 나라, 도(都)와 비(鄙)에 그 사직의 제단을 설치하고
전주를 심는다."[82]라고 했는데, 「주」에 "전주란 전신(田神)으로 후토(后
土)와 전정(田正)이 의지하는 것이다. 시인(詩人)은 그것을 신농[田祖][83]이
라고 한다."[84]라고 했다. 살펴보니, 후토는 토지신[社神]이고 전정은 곡식
신[稷神]이다. 신주를 세워 신이 의지하도록 하기 때문에 전신의 신주를
세워서 토지신과 곡식신이 거기에 의지하게 한다. 『설문해자』에 "사(社)
는 땅의 주인[地主]이라는 뜻이다. 시(示)와 토(土)로 구성되었다. 『춘추전
(春秋傳)』에 '공공(共工)의 아들 구룡(句龍)이 토지신[社神]이 되었다.'[85] 한
다."[86]라고 하였다. 『춘추좌씨전』에 근거해 보면 구룡이 후토가 되어 사

---

82 『주례』「지관사도상(地官司徒下)・대사도(大司徒)」.

83 『시경』「소아・북산지십(北山之什)・보전(甫田)」과 「대전(大田)」에 "거문고와 비파를 타며
북을 쳐서 전조(田祖)를 맞이하여 단비를 기원한다.[琴瑟擊鼓, 以御田祖, 以祈甘雨.]"라 하고
"전조의 신은 이것을 잡아 불 속에 던질지어다.[田祖有神, 秉畀火火.]"라 했는데, 주희는 『시
경집전』에서 "전조는 선색(先嗇)으로, 처음 밭을 경작한 자를 이르니, 바로 신농이다.[田祖,
先嗇也, 謂始耕田者, 卽神農也.]"라고 했다.

84 『주례주소(周禮注疏)』 권10, 「지관사도상(地官司徒下)・대사도지직(大司徒之職)」 정현의
「주」.

85 『춘추좌씨전』「소공」 29년 「전」에는 "공공씨(共工氏)에게 아들이 있는데, 구룡(句龍)이라
한다. 후토가 되었는데, 그가 5사 중 2사이다. 후토는 토지신[社]이 되고, 직(稷)은 전정이
다.[共工氏有子, 曰句龍. 爲后土, 此其二祀也. 后土爲社, 稷田正也.]"라고 되어 있다.

86 『설문해자』 권1: 사(社)는 땅의 주인[地主]이라는 뜻이다. 시(示)와 토(土)로 구성되었다. 『춘
추전(春秋傳)』에 "공공(共工)의 아들 구룡이 토지신[社神]이 되었다."라고 하였다. 『주례』에
따르면 25가(家)가 사(社)가 되니, 각각 그 토양에 맞는 나무를 심는다. 사(社)는 사(社)의 고
문이다. 상(常)과 자(者)의 반절음이다.[社, 地主也. 從示土. 『春秋傳』曰: "共工之子句龍爲社
神." 『周禮』, 二十五家爲社, 各樹其土所宜之木. 社, 古文社. 常者切.]

에 배향되었기 때문에 또한 토지신으로 삼은 것이다.

원문 『史記』「仲尼弟子列傳」, "宰予, 字子我." 與齊闞止字同, 故史公誤以宰予死陳氏難也. 鄭『目錄』云: "宰予, 魯人."

역문 『사기』「중니제자열전(仲尼弟子列傳)」에 "재여는 자(字)가 자아(子我)이다."라고 했는데, 제(齊)나라의 감지(闞止)와 자가 같았기 때문에 사마천은 재여가 진씨(陳氏)의 난에서 죽었다고 오인했다. 정현의 『논어공자제자목록(論語孔子弟子目錄)』에는 "재여는 노나라 사람이다."라고 했다.

宰我對曰: "夏后氏以松, 殷人以柏, 周人以栗, 曰: '使民戰栗.'"【注】孔曰: "凡建邦立社, 各以其土所宜之木. 宰我不本其意, 妄爲之說, 因周用栗, 便云: '使民戰栗.'"

재아가 대답했다. "하후씨는 소나무를 사용하였고, 은나라 사람들은 측백나무를 사용하였으며, 주나라 사람들은 밤나무를 사용하였으니, (밤나무를 사용한 것은) 백성으로 하여금 두려워 떨게 하기 위함입니다."【주】공안국이 말했다. "나라를 세우고 사직을 세울 때 각각 그 토양에 맞는 나무를 심는다. 그런데 재아는 그 본뜻에 근본하지 않고 함부로 말을 만들어서, 주나라가 밤나무를 사용한 연유로 느닷없이 '백성으로 하여금 두려워 떨게 하기 위해서입니다.'라고 했다."

원문 正義曰: 『白虎通』云: "夏稱后者, 以揖讓受于君, 故稱后. 殷稱人者, 以行仁義, 人所歸往." 案, 『爾雅』「釋詁」, "后, 君也." 夏稱后, 復言氏者, 當

以世遠別異之也. 松・柏・栗, 皆木名, 所在有之, 此謂社主所用之木也.

역문 정의에서 말한다.

『백호통의』에 "하(夏)나라에 대해서 후(后)를 칭한 것은, 읍하고 사양하면서 순(舜)임금에게서 나라를 선양받았기 때문에 후(后)라 일컬었다. 은(殷)나라에 대해서 사람[人]이라고 일컬은 것은, 인의(仁義)를 행하여서 사람들이 돌아가 귀의했기 때문이다."[87]라고 했다. 살펴보니, 『이아』「석고(釋詁)」에 "후(后)는 임금[君]이라는 뜻이다."라고 했다. 하나라에 대해 후라고 일컫고 다시 씨(氏)를 말한 것은 마땅히 시대가 멀어져서 달리 구분한 것이다. 송(松)・백(柏)・율(栗)은 모두 나무 이름으로, 곳곳마다 있는데, 여기서는 사직의 신주로 사용되는 나무를 말한 것이다.

원문 『五經異義』曰: "夏后氏都河東, 宜松也; 殷人都亳, 宜柏也; 周人都灃鎬, 宜栗也." 「大司徒」, "設其社稷之壝而樹之田主, 各以其野之所宜木, 遂以名其社與其野." 「注」, "所宜木謂若松・柏・栗也. 若以松爲社者, 則名松社之野, 以別方面." 如彼「注」所言, 是夏后氏社樹・社主皆用松, 殷人社樹・社主皆用柏, 周人社樹・社主皆用栗也.

역문 『오경이의』에서 말했다. "하후씨는 하동(河東)에 도읍했으니 소나무가 토양에 맞고 은나라 사람들은 박 땅에 도읍했으니 측백나무가 토양에 맞으며, 주나라 사람들은 풍호(灃鎬)에 도읍했으니 밤나무가 토양에 맞다." 『주례』「지관사도상(地官司徒上)・대사도(大司徒)」에 "그 사직의

---

87 『백호통의』에는 이러한 표현이 보이지 않는다. 다만, 『예기집설(禮記集說)』 권15, 「단궁상 제3(檀弓上第三)」의 「주」에 "『백호통의』에 '하(夏)는 읍하고 사양함으로써 임금이 되었기 때문에 후(后)라 일컫고, 은(殷)나라와 주(周)나라는 인의(仁義)를 행하여 사람들이 돌아가 귀의했기 때문에 인(人)이라 일컬었다.'라고 했다.[『白虎通』云: '夏以揖遜爲君, 故稱后; 殷・周行仁義, 人所歸往, 故稱人.']"라는 표현이 보인다. 아마 유보남이 이것을 참조한 듯하다.

제단을 설치하고 전주를 심는데, 각각 그 들의 토양에 맞는 나무를 사용하고, 마침내 그 나무로써 그 사직과 들의 이름을 정한다."라고 했는데, 「주」에 "토양에 맞는 나무란 소나무[松]·측백나무[柏]·밤나무[栗] 같은 것을 이른다. 만약 소나무를 사직의 전주로 심었다면 소나무 사직의 들[松社之野]이라고 이름하여 그 구역[方面]을 구별한다."[88]라고 했는데, 정현의 「주」에서 말한 대로라면 하후씨 사직의 전주와 사직의 신주는 모두 소나무를 사용했고, 은나라 사람들 사직의 전주와 사직의 신주는 모두 측백나무를 사용했으며, 주나라 사람들의 사직의 전주와 사직의 신주는 모두 밤나무를 사용한 것이다.

원문 俞氏正燮『癸巳類稿』, "侯國社主用木依京師, 凡主皆然也.「大司徒」云: ‘設其社稷之壇而樹之田主, 各以其野之所宜木.’ 明周社樹非栗. 又云: ‘遂以名其社與其野.’ 若皆樹栗, 則天下皆栗社·栗野, 何勞名之?" 俞氏之意, 以松·柏·栗爲社主所用之木, 其社樹則各以其土之所宜, 不與社主同用一木, 其義視鄭爲長.

역문 유정섭의『계사류고』에 "제후국 사직의 신주로 사용하는 나무는 경사(京師)의 것에 의거하니, 모든 신주가 다 그러하다.『주례』「지관사도상·대사도」에, ‘그 사직의 제단을 설치하고 전주를 심는데, 각각 그 들의 토양에 맞는 나무를 사용한다.’ 했으니, 주나라 사직에 심었던 나무가 밤나무가 아님이 분명하다. 또 ‘그 나무로써 그 사직과 들의 이름을 정한다.’라고 했으니, 만약 모두 밤나무를 심었다면 천하가 모두 밤나무 사직[栗社]이나 밤나무 들[栗野]이었을 터이니, 이름 짓는 데 무슨 힘이 들

---

88 『주례주소』권10, 「지관사도상·대사도」 정현의 「주」.

었겠는가?"[89]라고 했다. 유씨의 생각은 소나무 · 측백나무 · 밤나무를 사직의 신주로 사용하는 나무로 삼고 그 사직의 전주로 심는 나무는 각각 그 토양에 맞는 나무를 사용해서, 사직의 신주와는 똑같이 하나의 나무를 사용하지 않는다는 것이니, 그 뜻이 정현보다 더 뛰어나다.

원문 『白虎通』云: "社稷所以有樹何也? 尊而識之, 使民望卽見敬之, 又所以表功也." 又引『尙書』逸篇曰: "大社唯松, 東社唯柏, 南社唯梓, 西社唯栗, 北社唯槐." 此皆社樹之制, 不定是一木, 亦當以其土所宜爾. 鄭以社主用木, 而「小宗伯」「注」又云: "社之主, 蓋用石爲之." 蓋者, 疑辭.

역문 『백호통의』에 "사직에 나무를 심는 것은 어째서인가? 존숭해서 기억하고, 백성들로 하여금 멀리서 바라보더라도 즉시 공경을 보이도록 하기 위해서이고, 또 공(功)을 표시하기 위해서이다."[90]라고 하였고, 또 『상서(尙書)』 일편(逸篇)을 인용해서 "태사(大社)에는 소나무를 심고, 동사(東社)에는 측백나무를 심으며, 남사(南社)에는 가래나무를 심고, 서사(西社)에는 밤나무를 심으며, 북사(北社)에는 홰나무를 심는다."[91]라고 했는데, 이는 모두 사직에 전주를 심는 제도로, 한 종류의 나무로만 한정한 것이 아니니, 역시 당연히 그 토양에 맞는 나무를 심었을 뿐이다. 정현은 사직의 신주는 나무를 사용한다고 해 놓고, 「소종백」의 「주」에서는 또 "사직의 신주는 아마도 돌을 사용해서 만들었을 것이다.[社之主, 蓋用石爲之.]"[92]라고 했는데, 개(蓋)는 의문사이다.

---

89 『계사류고』 권3, 「논어사주의(論語社主義)」.
90 『백호통의』 「사직」.
91 『백호통의』 「사직」.
92 『주례』 「춘관종백상 · 소종백」 정현의 「주」.

원문 惠氏士奇『禮說』, "案『宋史志』社以石爲主, 長五尺, 方二尺, 剡其上,
培其半. 先是州·縣社主不以石, 禮部以爲社稷不屋而壇, 當受霜·露·
風·雨以達天地之氣, 故用石主, 取其堅久, 請令州縣社主用石, 尺寸廣長,
半大社之制, 從之. 崔靈恩曰: '地産最實, 故社主用石.' 鄭「注」及孔「疏」
亦云然, 故宋人據以爲說. 『淮南』「齊俗訓」云: '有虞氏社用土, 夏后氏社
用松, 殷人社用石, 周人社用栗.' 然則石主始於殷, 周改以栗與? 『韓非子』
云: '夫社, 木而塗之, 鼠因自託也. 熏之則木焚, 灌之則塗阤, 故患社鼠.'
是古樹木爲社主而加塗焉, 所謂社用土者以此. 「小宗伯」, '大師立軍社.'
「肆師」, '師田祭社宗.' '社宗'者, 社主與遷主, 皆載於齊車者也. 秦·漢以
後, 載主未聞, 『春秋』鄭入陳, '陳侯擁社.' '擁社'者, 抱主以示服. 若後世
五尺之石主, 埋其半於地, 卽不便於載, 亦不可抱而持. 然則社主, 春秋以
前皆用木, 秦·漢以後或用石與."

案, 惠氏謂"秦·漢後社主用石", 其說甚是. 若『淮南子』"殷人以石", 與
『論語』文異, 此自傳聞之誤. 惠氏謂"石主始於殷", 不免爲『淮南』所惑. 社
是有壇無屋, 其木主平時藏於壇旁石室.

역문 혜사기(惠士奇)의 『예설(禮說)』에 "『송사지(宋史志)』를 살펴보니, 사직
에서는 돌로 신주를 만드니, 길이가 5자, 폭 2자이며 위는 뾰족하게 하
고 아래쪽은 반을 북돋운다. 이보다 앞서 주(州)나 현(縣)의 신주는 돌을
사용하지 않았는데, 예부(禮部)에서 사직은 지붕을 하지 않고 제단만 만
들어 마땅히 서리·이슬·바람·비를 직접 맞게 해서 하늘과 땅의 기운
이 서로 통하게 하기 때문에 돌 신주를 사용해 그 견고해서 오래 견딜
수 있음을 취해야 한다고 여겨, 주와 현의 사직의 신주를 돌을 사용해
너비와 길이를 1자 1치로 해서 태사의 신주 만드는 제도의 반으로 하도
록 명할 것을 청하였는데, 그것을 따랐다. 최영은(崔靈恩)이 말했다. '땅
에서 나오는 것이 가장 실(實)하기 때문에 사직의 신주는 돌을 사용한

다.' 정현의 「주」 및 공영달의 「소」 역시 그렇게 말했기 때문에 송(宋)나라 사람들은 이것을 근거로 말한 것이다. 『회남자(淮南子)』「제속훈(齊俗訓)」에 '유우씨(有虞氏)는 사직에 흙을 사용했고, 하후씨는 사직에 소나무를 사용했으며, 은나라 사람들은 사직에 돌을 사용했고, 주나라 사람들은 사직에 밤나무를 사용했다.'라고 했는데, 그렇다면 돌로 만든 신주는 은나라에서 시작된 것인데, 주나라 때 밤나무로 고쳤다는 것인가? 『한비자(韓非子)』에 '사직은 나무를 세워 진흙을 발라 만들었으므로 쥐가 그로 인해 그곳에 의탁해서 살게 되는 것이다. 연기를 피우자니 나무가 탈 것 같고, 물을 붓자니 진흙이 무너질 것이므로 사직에 살고 있는 쥐를 근심하는 것이다.'[93]라고 했으니, 이는 옛날에는 나무를 심어 사직의 신주를 만들고 진흙을 발랐다는 것으로, 이른바 사직에 흙을 사용했다는 것은 이것 때문이다. 『주례』「춘관종백상·소종백」에 '크게 군사를 동원할 때 군중(軍中)의 사직[軍社]을 세운다.'라고 했고, 『주례』「춘관종백상·사사(肆師)」에는 '군사의 출병이나 사냥에서는 사직의 신주나 옮긴 신주에 제사한다.'[94]라고 했는데, '사종(社宗)'이란 사직의 신주[社主]와 옮긴 신주[遷主]로서 모두 황금으로 꾸민 수레[齊車]에 실려 있는 것들이다. 진(秦)나라와 한(漢)나라 이후로는 신주를 실었다는 것은 듣지 못했고, 『춘추』에 정(鄭)나라가 진(陳)나라를 침입하자, '진후(陳侯)가 사직의 신주를 안았다[擁社].'[95]라고 했는데, '옹사(擁社)'란 신주를 안고 항복(降服)의 뜻을 보인 것이다. 후세의 5자의 돌로 만든 신주로 말할 것 같

---

93 『한비자(韓非子)』권13, 「외저설우상(外儲說右上)」.

94 『주례』「춘관종백상·사사(肆師)」에는 "군사의 출병이나 사냥에서는 군중의 사직이나 옮긴 신주에 희생을 사용한다.[師甸用牲于社宗]"라고 되어 있는데, 정현의 「주」에 "사(社)는 군중의 사직이고 종(宗)은 옮긴 신주이다.[社, 軍社也; 宗, 遷主也.]"라고 했다.

95 『춘추』「양공(襄公)」 25년.

으면 그 반을 땅에다 묻는데, 수레에 싣는 것보다 불편하니, 역시 안아
서 지닐 수가 없다. 그렇다면 사당의 신주는 춘추시대 이전에는 모두 나
무를 사용했었고, 진나라나 한나라시대 이후에 혹 돌을 사용했을 것이
다."[96]라고 했다.

　살펴보니, 혜씨(惠氏)가 "진나라와 한나라 이후 사직의 신주는 돌을 사
용했다"라고 했는데, 그의 말이 매우 옳다. 『회남자』의 "은나라 사람들
은 돌을 사용했다"라는 말은 『논어』의 글과는 다르니, 이는 잘못 전해
들은 것으로부터 기인한 것이다. 혜씨의 "돌로 만든 신주는 은나라에서
시작되었다"라는 말은 『회남자』에 의해 미혹된 것에서 벗어나지 못한
것이다. 사직에 단(壇)은 있고 지붕은 없으니, 나무로 만든 신주는 평소
에는 단 옆의 석실(石室)에 보관해 둔다.

원문 『癸巳類稿』云: "社藏主石室, 『左傳』「莊」十四年『正義』謂'慮有非常火
災', 而「郊特牲」言'大社, 必受霜·露·風·雨以達天地之氣', 故藏主於壇
中石匣. 後世埋石不爲匣, 號之爲主." 又云: "'軍出, 取社主以行', 「小宗伯」
所謂'太師立軍社, 奉主車', 「大祝」所謂'太師宜於社'. 立社主, 定四年『左
傳』云: '君以軍行, 被社釁鼓, 祝奉以從.' 定知社主非樹矣. 鄭注「小宗伯」
云: '社主蓋用石.' 案鄭以軍社立主, 不宜空社而行, 當如守圭有瑑. 許愼
云: '今山陽俗祠有石主. 社故以土爲壇, 石是土類.' 或鄭以所見況之. 又
或鄭以『禮』行軍取遷廟主, 則社取殷石主, 非謂大社·王社·國社·侯社
主用石. 賈「疏」不曾明鄭意也."

역문 『계사류고』에 "사직에서는 신주를 석실에 보관하는데, 『춘추좌씨전』

---

96 『예설(禮說)』 권3, 「지관1(地官一)」.

「장공(莊公)」14년「정의(正義)」에 '비상(非常)한 화재를 염려한 것이다.'
했고,『예기』「교특생(郊特牲)」에 '태사에는 서리·이슬·바람·비를 직
접 맞게 하여 하늘과 땅의 기운이 서로 통하게 한다.'라고 했으니, 따라
서 신주를 단 속의 돌궤에 보관한다. 후세에 돌을 묻고 궤를 만들지 않고
그것을 호칭해서 신주라 했다."⁹⁷라고 하였다. 또 "'군사가 출병하면 사
직의 신주를 모시고 떠나는'⁹⁸ 것이니,「소종백」의 이른바 '크게 군대를
동원할 때 군중(軍中)의 사직[軍社]을 세우고 신주를 실은 수레를 받든다.'
라는 것이며,「대축(大祝)」의 이른바 '크게 군사를 동원할 때 마땅히 사
직에 고한다.'⁹⁹라는 것이다. 사직의 신주를 세우는 것에 대해,『춘추좌
씨전』정공 4년에 '임금이 군대를 거느리고 출정하는 경우에는 사직에
불제(祓除)¹⁰⁰하고 희생을 잡아 북에 피를 바르고서 대축(大祝)이 사직의
신주를 모시고 수행한다.'라고 했으니, 사직의 신주는 심어 놓은 나무가
아님을 정말로 알 수 있다. 정현은「소종백」을 주석하면서 '사직의 신주
는 아마도 돌을 사용해서 만들었을 것이다.[社主蓋用石]'¹⁰¹라고 했다. 살
펴보니, 정현이 군중의 사직에 신주를 세우는 것은 사직을 비우고 출정
하는 것을 옳지 않다고 여겼기 때문이니 마땅히 아로새김이 있는 옥새

97 『계사류고』권3,「논어사주의」.
98 『주례전경석원(周禮全經釋原)』권8,「춘관하(春官下)」의「주」에, "군사가 장차 출병을 하
  면 마땅히 사직에 제사하고 사직의 신주를 모시고 떠났다.[軍將出, 則宜祭于社, 取社主以
  行.]"라고 했다.
99 『주례』「춘관종백하·대축(大祝)」.
100 불제(祓除): 사귀(邪鬼)를 물리치는 제사.
101 『주례주소』권19,「춘관종백상·소종백」가공언(賈公彦)의「소」에 "정현 주석의 '사직의
  신주는 아마도 돌을 사용해서 만든 듯하다'라고 한 것은 정문(正文)이 없다. 그러므로 '아마
  도[蓋]'라고 해서 추측한 것이다.[鄭注, '社主蓋以石爲之', 無正文. 故云'蓋'以疑之也.]"라고
  했다.

를 지키듯 해야 한다는 것이다. 허신은 '지금 산양(山陽) 지방의 민속 사당[俗祠]에 돌로 만든 신주가 있다. 사직은 옛날에는 흙으로 단을 쌓는데, 돌은 흙의 종류이다.'라고 했는데, 아마도 정현은 이것을 보고 추측한 듯싶다. 또 혹 정현이 『예』로써 군대를 출병함에 천묘(遷廟)의 신주를 취한 것이라면, 사직에서 은나라의 돌로 만든 신주를 취했다는 말은 태사·왕사·국사·후사의 신주에 돌을 사용했다는 말이 아니다. 가공언(賈公彦)의 「소」에는 일찍이 정현의 뜻을 밝히지 않았다."[102]라고 했다.

원문 案, 兪氏謂"軍社用石主", 是就鄭意揣之, 與惠氏石主不便於載之說異, 當以惠說爲然. 其謂取殷石主, 則謂勝國之社主, 軍"不用命, 則戮於社", 罰之所施, 豈能操於亡國之神? 於義非也.

역문 살펴보니, 유씨의 "군중의 사직에서는 돌로 만든 신주를 사용한다"라는 말은 정현의 뜻에 나아가 미루어 헤아린 것으로, 혜씨의 돌로 만든 신주는 싣기에 불편하다는 말과는 다르니, 마땅히 혜사기의 말을 옳은 것으로 보아야 한다. 은나라의 돌로 만든 신주를 취한다고 한 것은 바로 전대 왕조의 사직의 신주를 말하는 것인데, 군대에서는 "명령을 따르지 않으면 사직에서 죽인다."[103]라고 했으니, 벌이 시행되는 곳에서 어찌 망한 나라의 신(神)을 붙들고 있을 수 있겠는가? 의리상 잘못이다.

원문 惠氏又云: "聖王建國營都, 必擇木之修茂者, 立以爲社位. 社位者, 社稷也. 『戰國策』'恒思有神叢', 蓋木之茂者神所憑, 故古之社稷, 恒依樹木. '漢高祖禱豐枌楡社', 社在枌楡鄕. 枌楡者, 白楡也, 社與鄕皆以樹名焉. 慕

---

102 『계사류고』 권3, 「논어사주의」.
103 『서경』 「하서(夏書)·감서(甘誓)」.

容皝遷於龍城, 植松爲社主. 蔡邕所謂'尊而表之, 使人望見, 則加畏敬也.'"

역문 혜씨는 또 "성왕(聖王)이 나라를 세우고 도읍을 만들 때, 반드시 길고 무성하게 자라는 나무를 골라 세워서 추위(蔽位)로 삼았는데, 추위란 사직이다.[104] 『전국책(戰國策)』에 '항사(恒思)[105]에 신총(神叢)[106]이 있다.'라고 했는데, 대체로 무성하게 자란 나무는 신이 의거하는 곳이기 때문에 옛날의 사직은 항상 심어진 나무에 의거하였다. '한(漢) 고조(高祖)가 풍현(豊縣)의 분유사(枌楡社)에서 제사 지냈다'[107]라고 했는데, 사직은 분유향(枌楡鄕)에 있다. 분유(枌楡)란, 흰 느릅나무이니, 사직과 고을이 모두 나무의 이름으로 이름을 삼은 것이다. 모용황(慕容皝)[108]이 용성(龍城)으로 옮겨 소나무를 심고 사직의 신주로 삼았다. 채옹(蔡邕)의 이른바 '높게 표시를 해서 사람들로 하여금 바라보면 더욱 경외(敬畏)하게 한다.'[109]라는 것이다."라고 했다.

원문 俞氏亦謂王侯以木爲社主, 民間自以樹爲田主, 引「檀弓」云: "古之侵伐者不斬祀." 「注」云: "祀, 神位有屋樹者." 『左傳』云: "陳侵鄭, 木伐井堙."

---

104 추위(蔽位): 총위(叢位)라고도 한다. 『묵자(墨子)』「명귀하(明鬼下)」에 "옛날 우(虞)·하(夏)·상(商)·주(周) 삼대의 성왕이 처음에 나라를 세우고 도읍을 만들 때, 반드시 나라의 반듯한 단을 골라 설치하여 종묘로 삼고, 반드시 길고 무성한 나무를 골라 세워서 사직을 삼았다.[昔者, 虞·夏·商·周三代之聖王, 其始建國營都日, 必擇國之正壇, 置以爲宗廟, 必擇木之修茂者, 立以爲蔽位.]"라고 했다.

105 항사(恒思): 송(宋) 포표(鮑彪)의 『전국책교주(戰國策校注)』와 포표가 주석한 『전국책(戰國策)』의 「주」에 따르면 지명이라고는 하나 미상. 상상의 지명일 것으로 여겨진다.

106 신총(神叢): 신목(神木)이다.

107 『사기(史記)』권28,「봉선서제6(封禪書第六)」.

108 모용황(慕容皝, 297~348): 16국시대 전연(前燕)의 초대 왕(재위 337~348).

109 『채중랑집(蔡中郞集)』권1,「독단(獨斷)」.

是近神皆有樹, 不獨社然也.『說苑』「奉使篇」楚使問齊大樹, 以立國久, 朝社樹大. 故孟子譏時人徒以喬木爲故國.『莊子』「人間世」云: "櫟無用則爲社."『淮南』「說林訓」云: "侮人之鬼者, 過社而搖其枝."『韓非』「外儲說」·『說苑』「政理篇」並云: "君亦見夫爲社者乎? 樹木而塗之." 並謂社樹爲神, 不別立主也.

역문 유씨 역시 왕후(王侯)는 나무로 사직의 신주를 만들고 민간(民間)에서는 본래 나무를 심어 전주로 삼는다고 하면서 「단궁(檀弓)」에서 "옛날에 남의 나라를 침략하고 정벌하는 자는 사직[社]의 나무를 베지 않았다."[110]라고 한 것과 「주」에서 "사(祀)는 신위(神位)에 지붕과 나무가 있는 것이다."[111]라고 한 것, 그리고 『춘추좌씨전』에서 "진(陳)나라가 정나라를 침벌할 때 수목을 베어 내고 우물을 메웠다."[112]라고 한 것을 인용했는데, 신(神)을 가까이하는 것은 모두 수목이 있고 사직만 덩그러니 세우지 않기 때문에 그런 것이다. 『설원(說苑)』「봉사(奉使)」에 초나라 사신이 제나라 왕에게 커다란 수목에 대해 질문했을 때, 나라를 세운 지 오래되었기 때문에 조정 사직의 나무가 크다고 했다. 그러므로 맹자(孟子)는 당시 사람들이 단지 큰 나무[喬木]가 있는 것만으로 역사가 오랜 나라로 여기는 것을 비난한 것이다.[113] 『장자(莊子)』「인간세(人間世)」에 "상수리나무[櫟]가 쓸모가 없으면 사직의 신목이 된다." 했고 『회남자』「설림훈(說林訓)」에 "남의 귀신을 업신여기는 자는 사직의 신목을 지나면서 그 가지를 흔

---

110 『예기』「단궁하(檀弓下)」.

111 『예기주소』 권9, 「단궁하(檀弓下)」 정현의 「주」.

112 『춘추좌씨전』「양공」 25년.

113 『맹자(孟子)』「양혜왕하(梁惠王下)」: 맹자가 제나라 선왕을 보고 말했다. "이른바 역사가 오랜 나라라는 것은 큰 나무가 있음을 말하는 것이 아니고, 대를 이어서 벼슬하는 신하가 있음을 말하는 것입니다.[孟子見齊宣王曰: '所謂故國者, 非謂有喬木之謂也, 有世臣之謂也.']"

든다."라고 했으며, 『한비자』「외저설(外儲說)」과 『설원』「정리(定理)」에
는 모두 "임금께서도 사직 짓는 것을 보셨겠지요? 나무를 세우고 진흙
을 바릅니다."¹¹⁴라고 했는데, 모두 사직에서는 나무를 심어 신으로 삼고
달리 신주를 세우지 않는다는 말이다.

원문 錢氏大昕『潛研堂文集』答或問曰: "神樹如『戰國策』神叢, 『莊子』櫟社
見夢之類, 皆虛誕不足信. 漢高祖禱枌楡社, 注家以枌楡爲鄕名, 非卽立
枌楡爲社神也. 社樹歲久, 或能爲祟, 愚民無知祠之, 閩·粤間此風尤甚,
三代以前無此等淫祀也." 據錢此言, 則惠氏兼存"社樹爲社主"之說, 於義
難通. 兪氏謂"民間以樹爲田主, 與王侯以木爲社主不同", 說亦岐誤, 今所
不從.

역문 전대흔(錢大昕)¹¹⁵의 『잠연당문집(潛研堂文集)』에서 혹자의 질문에 답하
기를 "신수(神樹)는 『전국책』의 신총(神叢)과 같고, 『장자』의 사직의 상
수리나무가 꿈속에 나타난 것과 같은 종류는 모두 허탄(虛誕)해서 족히

---

114 『설원(說苑)』 권7, 「정리(政理)」에는 "나무를 엮어서 진흙을 바른다.[束木而塗之.]"로 되어
　　있다.

115 전대흔(錢大昕, 1728~1804): 청나라 강소 가정(嘉定) 사람. 호는 죽정거사(竹汀居士)이고,
　　자는 효징(曉徵) 또는 신미(辛楣)이다. 어렸을 때부터 신동으로 불렸고, 15살 때 제생(諸生)
　　이 되었다. 건륭 16년(1751) 건륭제가 남쪽 지방에 순행했을 때 부(賦)를 바쳐 거인(擧人)으
　　로 천거, 내각중서(內閣中書)로 임용되었다. 이듬해 북경(北京)에 가서 서양의 수학과 천문
　　학, 중국의 역산서(曆算書)를 연구하여 『삼통술연(三統術衍)』을 저술했다. 한림원의 벼슬
　　을 역임하면서 『열하지(熱河志)』와 『속문헌통고(續文獻通考)』, 『속통지(續通志)』, 『대청일
　　통지(大淸一統志)』 등 칙찬서 편찬에 참가했다. 경사(經史)와 금석(金石), 문자, 음운, 천산
　　(天算), 여지(輿地) 등 여러 학문에 정통했고, 고사(考史)에 있어서는 청나라 제일이라는 평
　　을 들었다. 저서에 『이십이사고이(二十二史考異)』와 『십가재양신록(十駕齋養新錄)』, 『원
　　사예문지(元史藝文志)』, 『원사씨족표(元氏氏族表)』, 『항언록(恒言錄)』, 『의년록(疑年錄)』
　　등이 있는데, 『잠연당전서(潛研堂全書)』 안에 수록되어 있다.

민을 것이 못 된다. 한 고조가 분유사에서 제사 지낸 것에 대해 주석가들은 분유를 고을 이름으로 여겼으니, 바로 흰 느릅나무를 심어서 사직의 신으로 삼은 것이 아니다. 사직의 나무가 세월이 오래되면 간혹 숭배의 대상이 될 수도 있는데, 어리석은 백성들은 무지해서 그것을 사당으로 삼으니, 민(閩)나라와 월(粵)나라 사이에 이러한 풍습이 더욱 심했고, 삼대(三代) 이전에는 이러한 음사(淫祀)가 없었다."라고 했다. 전대흔의 이 말에 의거하면 혜씨의 "사직에 심어진 나무를 사직의 신주로 삼는다"라는 설도 아울러 가지고 있으니, 의미상 통하기 어렵다. 유씨는 "민간에서는 나무를 심어 전주로 삼으니, 왕후가 나무로 사직의 신주로 삼는 것과는 같지 않다"라고 했는데, 이 말 역시 잘못된 것이기 때문에, 이제는 따르지 않는다.

원문 栗爲戰栗者,『爾雅』「釋詁」, "戰·慄, 懼也." 戰本爭鬪之名, 人所懼也. 慄與栗同, 「黃鳥」詩, "惴惴其栗."『說文』卤部云: "㮚, 木也. 從木. 其實下垂, 故從卤. 徐巡說, '木至西方戰栗'." 案, 徐義卽本此文.『白虎通』更云: "夏后氏以松, 松者, 所以自悚動; 殷人以柏, 柏者, 所以自迫促; 周人以栗, 栗者, 所以自戰栗." 何休『公羊』「注」又云: "松猶容也, 想見其容貌而事之, 主人正之意也. 柏猶迫也, 親而不遠, 主地正之意也. 栗猶戰栗, 謹敬貌, 主天正之意也." 皆本此文而附會之.

역문 율(栗)이 두려워 떨게 한다는 뜻이 된 것.

　『이아』「석고」에 "전(戰)과 율(慄)은 두려워한다[懼]는 뜻이다."라고 했는데, 전(戰)은 원래 다투고 싸운다[爭鬪]는 명칭으로 사람들이 두려워하는 것이다. 율(慄)은 율(栗)과 같으니 「황조(黃鳥)」시에 "부르르 두려워한다."[116]라고 했다.『설문해자』조(卤)부에 "율(㮚)은 나무이다. 목(木)으로 구성되었다. 그 열매가 아래로 주렁주렁하기 때문에 조(卤)의 뜻을 따른

다.[117] 서순(徐巡)이 말하길 '나무가 서방(西方)에 이르자 두려워 떨었다.'
라고 한다."[118]라고 했다. 살펴보니 서순의 생각은 바로 『논어』「팔일」의
이 글을 근거로 한 것이다. 『백호통의』에는 다시 "하후씨는 소나무를
사용했는데, 소나무를 사용한 것은 스스로 두려워하며 감동하기 위함이
고, 은나라 사람들은 측백나무를 사용했는데, 측백나무를 사용한 것은
스스로 다가가 재촉하기 위함이며, 주나라 사람들은 밤나무를 사용했는
데, 밤나무를 사용한 것은 스스로 두려워 떨게 하기 위함이다."[119]라고
했고, 하휴는 『춘추공양전』「주」에서 또 "송(松)은 용모[容]와 같으니, 그
용모를 상상하면서 섬기는 것으로 인정(人正)[120]을 신주로 한다는 뜻이
다. 백(柏)은 다가간다[迫]는 뜻과 같으니, 친근히 하고 멀리하지 않는 것
으로, 지정(地正)을 신주로 한다는 뜻이다. 율(栗)은 두려워 떤다[戰栗]는
뜻과 같으니, 삼가고 경경한 모습으로 천정(天正)을 신주로 한다는 뜻이
다."[121]라고 했는데, 모두 이 글을 근거로 견강부회한 것이다.

---

116 『시경』「국풍 · 황조(黃鳥)」.

117 『설문해자』 권7 조(卥)부에 "조(卥)는 초목의 열매가 아래로 늘어져 주렁주렁한 모양이다.
　상형이다. 조(卥)부에 속하는 모든 한자는 다 조(卥)의 뜻을 따른다.[卥, 艸木實垂然. 象形.
　凡卥之屬皆從卥.]"라고 했다.

118 『설문해자』 권7.

119 『백호통의』에는 이러한 표현이 없다. 『송천집(松泉集)』 권20, 「설(說) · 잡설(雜說) · 부주
　(祔主)」에 "『白虎通』曰: 魯哀公問主於宰我, 我對曰: '夏后氏以松, 所以自竦動; 殷人以柏, 所
　以自迫促; 周人以栗, 所以自戰慄.'"이라는 표현이 보이는데, 유보남이 아마도 이 책을 인용한
　것인 듯싶다.

120 인정(人正) · 지정(地正) · 천정(天正): 하나라에서는 인월(寅月)을 사용하였으니 인정이 되
　고, 은나라에서는 축월(丑月)을 사용하였으니 지정이 되고, 주나라에서는 자월(子月)을 사
　용하였으니 천정이 된다.[夏以寅, 爲人正; 商以丑, 爲地正; 周以子, 爲天正也.](『논어집주(論
　語集註)』「위영공(衛靈公)」 주희의 「주」.)

121 『춘추공양전주소』 권13, 「문공」 2년 하휴의 「주」.

원문 復稱"曰"者, 箸其爲引申詞也. 皇本"戰栗"下有"也"字. 方氏觀旭『偶記』, "宰我'戰栗'之對, 胡安國作『春秋傳』引之. 用『韓非』書之說曰: '哀公問於仲尼曰: "『春秋』記隕霜不殺草, 李梅實, 何爲記之也?" 曰: "此言可殺也. 夫宜殺而不殺, 則李梅冬實. 天失其道, 草木猶干犯之, 而況君乎?"' 是故以天道言, 四時失其序, 則其施必悖, 無以統萬象矣; 以君道言, 五刑失其用, 則其權必喪, 無服萬民矣. 哀公欲去三桓, 張公室, 問社於宰我, 宰我對以使民戰栗, 蓋勸之斷也. 仲尼則曰: '成事不說, 遂事不諫, 旣往不咎.' 其自與哀公言, 乃以爲可殺, 何也? 在聖人, 則能處變而不失其常; 在賢者, 必有小貞吉 · 大貞凶之戒矣. 愚案, 此時哀公與三桓有惡. 觀『左傳』記公出孫之前, 遊於於阪, 遇武伯, 呼'余及死乎?' 至于三問, 是其杌陧不安, 欲去三桓之心, 已非一日. 則此社主之問與宰我之對, 君臣密語, 隱衷可想. 又社陰氣主殺, 「甘誓」云: '不用命, 戮于社.' 「大司寇」云: '大軍旅, 涖戮于社.' 是宰我因社主之義, 而起哀公威民之心, 本非臆見附會."

역문 다시 "왈(曰)"을 일컬은 것은 인용해서 거듭한 말임을 나타내는 것이다. 황간의 판본에는 "전율(戰栗)" 아래 "야(也)" 자가 있다. 방관욱(方觀旭)[122]의 『논어우기(論語偶記)』에 "재아의 '두려워 떨게 하기 위함[戰栗]'이라는 대답을 호안국(胡安國)[123]이 『호씨춘추전』을 저술하면서 인용했다.[124]

---

122 방관욱(方觀旭, ?~?): 중국 청나라시대 학자. 저서에 『논어우기(論語偶記)』가 있다.

123 호안국(胡安國, 1074~1138): 북송(北宋) 시기의 관리이자 경학자(經學者). 자는 강후(康侯)이고, 시호는 문정(文定)이며, 호연(胡淵)의 아들이다. 태학박사(太學博士)와 제거호남(提擧湖南), 성도학사(城都學事) 등을 역임했다. 그러나 명예와 이익을 외면하고 아부를 할 줄 몰라 채경(蔡京)과 경남중(耿南仲)의 미움을 받았다. 벼슬에서 물러나 형양(衡陽) 남악(南嶽)에서 거주하며 수신(修身)을 위한 학문을 바탕으로 경세치용(經世致用)을 주장하였는데, 특히 『춘추』에 정통했다. 1131년 상담현(湘潭縣) 은산(隱山)에서 차남 호굉(胡宏)과 더불어 벽천서당(碧泉書堂)을 열고, 호상학파(湖湘學派)를 개창했다. 왕안석(王安石)이 『춘추』를 폐하여 학관(學官)에 끼지 못해 『춘추』학이 쇠퇴한 것을 탄식하고, 20년을 연구하여 『호씨

또 『한비자』에서 말한 것을 인용해서 '애공이 중니에게 물었다. "『춘추』에 서리가 내렸는데도 풀이 시들지 않고, 오얏과 매실이 열린 것을 기록했는데, 어째서 기록했습니까?" 공자가 대답했다. "이것은 시들게 할 만한 것을 말한 것입니다. 마땅히 시들어야 하는데 시들지 않으면 오얏과 매실이 겨울에도 열매를 맺습니다. 하늘이 도를 잃으면 초목도 오히려 범하는데 하물며 임금에 있어서이겠습니까?"라고 했다. 이런 까닭에 천도(天道)로 말하면 사시가 순서를 잃으면 그 시행되는 것이 반드시 이치에 어긋나서 만상(萬象)을 통솔할 수 없고, 군도(君道)로 말하면 오형(五刑)이 올바로 사용되지 않으면 그 권세가 반드시 상하게 되어 만민을 복종시킬 수 없다. 애공은 삼환을 제거하고 공실의 권위를 신장시키고자 해서 재아에게 사직에 대해 질문한 것인데, 재아가 백성들로 하여금 두려워 떨게 하게 위해서라고 대답했으니, 이는 권면함이 끊어져 버린 것이다. 그러므로 중니가 '이루어진 일인지라 설명하지 않으며, 끝난 일인지라 말하지 않으며, 이미 지나간 일인지라 탓하지 않겠다.'라고 한 것이다. 그가 스스로 애공과 함께 말하면서 죽일 만하다고 한 것은 어째서인가? 성인(聖人)의 입장에서는 상황에 따라 잘 처리해서 그 상도(常道)를 잃지 않을 수 있고, 현자(賢者)의 입장에서는 반드시 조금씩 바로잡으면 길하고 크게 바로잡으면 흉한 경계가 있다.[125][126] 내가 살펴보니,

---

춘추전(胡氏春秋傳)』30권을 저술했다. 그 밖의 저서에 『자치통감거요보유(資治通鑑擧要補遺)』100권과 『문집』15권 등이 있다. 시호가 문정(文定)이기 때문에 호문정공(胡文定公)으로 일컬어진다.

124 『호씨춘추전(胡氏春秋傳)』권13, 「희공하(僖公下)」.

125 『주역』「둔(屯)」 구오(九五)의 효사(爻辭). "구오는 은택을 어렵게 함이니, 조금씩 바르게 하면 길하고 크게 바르게 하면 흉하다.[九五, 屯其膏, 小貞吉, 大貞凶.]"

126 "哀公問於仲尼曰"부터 여기까지는 호안국의 『호씨춘추전』에는 같은 내용이 보이지 않고,

이 당시 애공은 삼환과 악연이 있었다. 『춘추좌씨전』에 애공이 도망가기 전에 능판(陵阪)에서 노닐다가 맹무백(孟武伯)을 만나, '내가 제명에 죽겠는가?' 하고 물었다. 심지어 세 번씩이나 질문했으니, 이는 그가 위태롭고 불안해서 삼환을 제거하려고 마음먹은 것이 이미 하루 이틀이 아니었다는 것이다. 그렇다면 이 사당의 신주에 대한 질문과 재아의 대답은 임금과 신하 사이의 비밀스러운 말과 은밀한 속마음이었다는 것을 상상해 볼 수 있다. 또 사직의 음기(陰氣)는 죽이는 것을 주로 하니, 『서경』 「하서(夏書)·감서(甘誓)」에 '명(命)을 따르지 않으면 사직에서 죽인다.' 했고 『주례』 「추관사구상(秋官司寇上)·대사구(大司寇)」에 '대대적인 군대의 출병이 있을 때에는 군중의 사직에 임해서 죄지은 자를 죽인다.' 했다. 이에 재아가 사직의 신주의 의리에 따라 애공이 백성들에게 위엄을 갖도록 하는 마음을 일으키게 한 것이니 본래는 근거도 없는 억지 견해로 견강부회한 것이 아니다."라고 했다.

- 「注」, "凡建邦立社, 各以其土所宜之木."
- 正義曰: 『公羊』 「疏」 謂 『古論語』 及 孔·鄭皆以爲社主, 今觀 孔 「注」 無社主義, 蓋 『集解』 刪節
  失之矣.
- 「주」의 "나라를 세우고 사직을 세울 때 각각 그 토양에 맞는 나무를 심는다."
- 정의에서 말한다.
  『춘추공양전』의 「소」에 『고논어』 및 공안국과 정현은 모두 사직의 신주로 여긴다고 했는데,
  지금 공안국의 「주」를 살펴보면 사직의 신주라는 뜻이 없으니, 아마도 『논어집해(論語集解)』

송의 이명복(李明復)이 찬한 『춘추집의(春秋集義)』, 원의 왕극관(汪克寬)이 찬한 『춘추호전부록찬소(春秋胡傳附錄纂疏)』, 명의 호광 등이 찬한 『춘추대전』, 명의 담약수(湛若水)가 찬한 『춘추정전(春秋正傳)』에 같은 내용이 보인다.

에서 삭제하고 없앤 것 같다.

子聞之, 曰: "成事不說, 【注】 包曰: "事已成, 不可復解說." 遂事不諫, 【注】 包曰: "事已遂, 不可復諫止." 旣往不咎." 【注】 包曰: "事已往, 不可復追咎. 孔子非宰我. 故歷言此三者, 欲使愼其後."

공자가 이 말을 듣고 말했다. "이루어진 일인지라 설명하지 않으며, 【주】 포함이 말했다. "일이 이미 이루어졌으니, 다시 해설할 수 없다." 끝난 일인지라 말하지 않으며, 【주】 포함이 말했다. "일이 이미 끝났기 때문에, 다시 중지하도록 간할 수 없다." 이미 지나간 일인지라 탓하지 않겠다. 【주】 포함이 말했다. "일이 이미 지났으므로 다시 지나간 허물을 나무랄 수 없다. 공자는 재아를 옳지 않다고 여겼다. 그러므로 차례로 이 세 가지를 말해서 그로 하여금 앞으로 조심하게 하려 한 것이다."

원문 正義曰: 夫子時未反魯, 聞宰我言, 因論之也. 方氏觀旭『偶記』, "成事·遂事, 必指一事而言. 『左氏』「襄」十年「傳」, '知伯曰: "女成二事而後告予."'「注」, '二事, 伐偪陽, 封向戌.' 可爲『論語』'成事'之證. 緣哀公與宰我俱作隱語, 謀未發洩, 故亦不顯言耳. 其對立社之旨, 本有依據. 是以夫子置社主不論, 但指其事以責之, 蓋已知公將不沒於魯也."

역문 정의에서 말한다.

공자는 당시 아직 노나라로 돌아오지 않은 상태에서 재아가 말한 것을 듣고 그로 인해 논한 것이다. 방관욱의 『논어우기』에 "이루어진 일

[成事]이니, 끝난 일[遂事]이니 하는 것은 반드시 모두 한 가지 일을 가리 켜 한 말이다.『춘추좌씨전』「양공」10년의 「전」에 '지백(知伯)이 말했 다. "그대들은 두 가지 일을 이룬 뒤에 나에게 보고하라."'라고 했는데, 「주」에 '두 가지 일이란 복양(偪陽)[127]을 치고 향술(向戌)을 봉(封)하는 일 이다.'[128]라고 했으니,『논어』의 '이루어진 일[成事]'의 증거로 삼을 만하 다. 애공이 재아와 함께 은밀하게 이야기를 나누어 도모한 것이 아직 발 설되지 않았기 때문에 역시 말의 의도가 드러나지 않았을 뿐이다. 재아 가 사직을 세우는 취지를 대답한 것은 본래 근거를 가지고 있는 것이므 로 공자도 사직의 신주를 설치하는 것에 대해서는 논하지 않고 단지 그 일을 지적해서 꾸짖은 것이니, 아마도 공자는 이미 애공이 장차 노나라 에서 죽음을 맞이하지 못할 것임을 알았을 것이다."라고 했다.

원문 今案, "成事"·"遂事", 當指見所行事. "旣往", 當指從前所行事. 竊疑旣 往指平子言. 平子不臣, 致使昭公出亡, 哀公當時必援平子往事以爲禍本, 而欲聲罪致討, 所謂旣往咎之者也. 然而祿去公室, 政在大夫, 已非一朝一 夕之故. 哀公未知使臣當以禮, 又未能用孔子, 遽欲逞威洩忿, 冀以收已去 之權, 勢必不能, 故夫子言此以止之. 蓋知哀公之無能爲, 而不可輕於擧 事, 此雖責宰我, 亦使無禮於君者知所懲戒而改事君矣.『爾雅』「釋詁」, "咎, 病也."『詩』「伐木」「傳」, "咎, 過也." 引申之, 凡有所過責於人, 亦曰咎.

역문 이제 살펴보니, "이루어진 일[成事]"과 "끝난 일[遂事]"은 당연히 눈앞에

---

127 복양(偪陽): 춘추시대 나라 이름.『춘추좌전주소』「양공(襄公)」10년의 경문(經文)에 "여름
　　5월 갑오일에 복양을 멸하였다.[夏五月甲午, 遂滅偪陽.]"라고 했는데, 그 주에 "복양의 국성
　　은 운(妘)인데, 지금의 팽성(彭城) 부양현(傅陽縣)이다.[偪陽, 妘姓國, 今彭城傅陽縣也.]"라
　　고 하였다.
128 『춘추좌전주소』권31, 「양공」2년 「전」의 두예의 「주」.

서 벌어지고 있는 일을 가리키는 것이고, "이미 지나간 일[旣往]"은 당연히 종전에 벌어진 일을 가리키는 것이다. 가만히 생각해 보니 "지나간 일[旣往]"은 계평자(季平子)를 가리켜서 한 말이다. 계평자는 신하답지 못해서 소공(昭公)으로 하여금 도망치게 하는 일을 저질렀고,[129] 애공은 당시에 굳이 계평자의 과거사를 끌어들여 모든 화의 근본으로 생각하고 그의 죄를 성토하면서 토벌하고 싶었으니, 이것이 이른바 이미 지나간 일을 허물한다는 것이다. 그러나 관작과 봉록[爵祿]을 주는 권한이 공실에서 떠나고, 정치권력이 대부에게 있게 된 것[130]이 이미 하루아침이나 하루저녁에 일어난 변고가 아니다. 애공은 신하를 마땅히 예로써 부려야 함을 모르고 또 공자를 제대로 등용하지도 못했으면서 갑자기 위엄을 굳히고 분노를 쏟아 내려고 이미 떠나 버린 권력을 거둬들이기를 바랐으니, 형세가 반드시 불가능한 것이었기 때문에 공자가 이렇게 말함으로써 그만두게 한 것이다. 애공이 제대로 하지 못할 줄 알았고, 가벼이 거사(擧事)를 일으켜서도 안 되니, 이것이 비록 재아를 꾸짖은 것이긴 하지만 또한 임금을 섬김에 있어 무례한 자로 하여금 징계할 바를 알아 임금 섬기는 예를 고치게 한 것이다. 『이아』「석고」에 "구(咎)는 병통[病]이라는 뜻이다."라고 했고, 『시경』「벌목(伐木)」의 「전」에서는 "구(咎)는 허물[過]이라는 뜻이다."[131]라고 했는데, 이 의미가 확장되어 사람을 책망하는 모든 것을 또한 허물[咎]이라고 한다.

---

129 소공은 삼환이 함께 공격하자 제나라로 달아났고, 나중에 진(晉)나라로 갔다. 진나라가 건후(乾侯)에서 살게 했는데, 8년을 살다 죽었다.

130 『논어』「계씨(季氏)」: 공자가 말했다. "관작과 봉록[爵祿]을 주는 권한이 공실에서 떠난 지 5대가 되었고, 정치권력이 대부에게 넘어간 지 4세가 되었다. 그래서 저 삼환의 자손들이 미약해진 것이다.[孔子曰: "祿之去公室, 五世矣; 政逮於大夫, 四世矣. 故夫三桓之子孫微矣."]

131 『모시주소』권16, 「소아(小雅)·녹명지십(鹿鳴之什)·벌목(伐木)」의 「전」.

- 「注」, "事已成, 不可復解說."

- 正義曰: 言說以解之也. <u>焦氏循</u>『補疏』, "說讀若脫, '解脫'與'諫止'互明." 案, 解說, "說"字, 卽 "成事不說"之"說", 經注似宜讀本字.

○ 「주」의 "일이 이미 이루어졌으니, 다시 해설할 수 없다."

○ 정의에서 말한다.

　말로 이해시킨다는 것이다. 초순(焦循)의 『논어보소(論語補疏)』에 "설(說)은 탈(脫) 자와 같은 음으로 읽으니, '해탈(解脫)'과 '간지(諫止)'는 서로 의미를 밝혀 준다."라고 했다. 살펴보니, 해설(解說)의 "설(說)" 자는 바로 "성사불설(成事不說)"이라고 할 때의 "설(說)"이니, 경의 주석은 본래 글자대로 읽는 것을 옳게 여긴 것 같다.

- 「注」, "事已遂, 不可復諫止."

- 正義曰: 『廣雅』「釋詁」, "遂, 竟也." 言其事雖將成勢, 將遂竟, 不可復諫止之也. 『說文』, "諫, 証也." 証者, 正其失也. 『白虎通』「諫諍篇」, "諫者, 間也, 更也. 是非相間, 革更其行也."

○ 「주」의 "일이 이미 끝났기 때문에 다시 중지하도록 간할 수 없다."

○ 정의에서 말한다.

　『광아(廣雅)』「석고(釋詁)」에 "수(遂)는 끝났다[竟]는 뜻이다."라고 했으니, 그 일이 비록 장차 세력을 이루고, 장차 끝을 이루더라도 다시 그것을 중지하도록 간할 수 없다는 말이다. 『설문해자』에 "간(諫)은 증(証)의 뜻이다.[132]라고 했는데, 증(証)이란 그 잘못을 바로잡는 것이다. 『백호통의』「간쟁(諫諍)」에 "간(諫)이란 틈이 벌어진다[間]는 뜻이며, 고친다[更]는 뜻이니, 옳고 그름이 서로 틈이 벌어졌을 때, 그 행위를 개혁하고 고치는 것이다."라고 했다.

---

132 『설문해자』 권3: 간(諫)은 간한다[証]는 뜻이다. 언(言)으로 구성되었고, 간(柬)이 발음을 나타낸다. 고(古)와 안(晏)의 반절음이다.[諫, 証也. 從言柬聲. 古晏切.]

子曰: "管仲之器小哉!" 【注】 言其器量小也.

공자가 말했다. "관중(管仲)의 그릇이 작구나!" 【주】 그의 그릇과 도량
[器量]이 작다는 말이다.

원문 正義曰: 『史記』「管晏列傳」, "管仲 夷吾者, 潁上人也." 『左』「閔」元年
「疏」, "管氏, 仲字, 謚敬, 名夷吾." 『史記』太史公曰: "管仲世所謂賢臣,
然孔子小之. 豈以周道衰微, 桓公旣賢, 而不勉之至王, 乃稱霸哉?" 『新序』
「雜事篇」, "桓公用管仲則小也. 故至於霸而不能王. 故孔子曰: '小哉!管
仲之器.' 蓋善其遇桓公, 惜其不能以王也."

역문 정의에서 말한다.

『사기』「관안열전(管晏列傳)」에 "관중 이오(夷吾)라는 사람은, 영상(潁
上) 지방 사람이다."라고 했다. 『춘추좌씨전』「민공(閔公)」 원년의 「소」
에 "관(管)은 씨(氏)이고, 중(仲)은 자(字)이며, 시호[謚]는 경(敬)이고, 이름
은 이오(夷吾)이다."라고 했다. 『사기』에서 태사공(太史公)이 말했다 "관
중은 세상에서 말하는 현신(賢臣)이지만 공자는 그를 소인으로 여겼다.
어찌 아무리 주나라의 도가 쇠미해졌다고 해서 제나라 환공(桓公)이 이
미 현명한 군주였음에도 왕도(王道)에 이르도록 힘쓰지 않고 결국엔 패
자(霸者)로 칭하게 했단 말인가?" 『신서(新序)』「잡사(雜事)」에 "환공은 관
중을 등용했으니 소인이다. 그러므로 패자에는 이르렀지만 왕도에는 이
르지 못했다. 그러므로 공자가 '작구나! 관중의 그릇이.'라고 한 것이니,
그가 환공을 만난 것은 잘된 일이었지만 그가 환공으로 하여금 왕도를

이루도록 하지 못한 것을 애석하게 여긴 것이다."라고 했다.

원문 案, 霸與伯同. 王 · 伯之分, 天子 · 諸侯之異稱也. 王季 · 文王, 當殷世
爲西伯, 伯豈不美之名哉? 特桓公伯道未純, 故當世多羞稱之. 今謂管仲
器小, 由於桓公稱霸, 非矣.

역문 살펴보니, 패(霸)는 패(伯)와 같다. 왕(王)과 패(伯)의 구분은 천자와 제
후의 다른 칭호인 것이다. 왕계(王季)와 문왕(文王)은 은나라 시대 때 서
패(西伯)[133]가 되었으니, 패(伯)가 어찌 불미스러운 이름이겠는가? 다만
환공의 패도(伯道)가 순수하지 못했기 때문에 당시의 세상에서는 대다수
가 그렇게 일컫는 것을 부끄러워한 것이다. 지금 관중의 그릇이 작다고
한 것이 환공을 패자로 일컫게 한 데서 연유했다는 말은 잘못이다.

원문 『春秋繁露』「精華篇」, "齊桓仗賢臣之能, 用大國之資, 於柯之盟, 見其
大信, 一年而近國之君畢至. 至於救邢 · 衛之事, 見存亡繼絶之義, 而明年
遠國之君畢至. 其後矜功, 振而自足, 而不修德. 故楚人滅弦而志弗憂,
江 · 黃伐陳而不往救, 損人之國而執其大夫, 不救陳之患而責陳不納, 不
復安鄭, 而必欲迫之以兵, 功未良成而志已滿矣. 故曰'管仲之器小哉'. 自
是日衰, 九國叛矣."

역문 『춘추번로(春秋繁露)』「정화(精華)」에 "제나라 환공이 현명한 신하의 능
력을 믿고 큰 나라라는 밑천을 이용해서 가(柯) 땅의 맹약에서 큰 신뢰
를 보이자, 1년 만에 가까운 나라의 군주들이 모두 이르렀다.[134] 심지어

---

133 "西伯"은 일반적으로 "서백"으로 읽으나, 유보남이 여기서 "伯"과 "霸"를 같은 뜻으로 봄에
　　따라 유보남의 의도에 맞춰 "서패"로 읽었다.
134 『춘추공양전』「장공(莊公)」 13년의 경문에 "겨울에 장공(莊公)이 제후(齊侯)와 회합하여 가

형(邢)나라와 위(衛)나라를 구원해 준 일에 이르러서는 멸망하게 된 나라를 존속시키고 끊어졌던 대(代)를 이어 주는 의리[義]를 보이자, 그다음 해에는 먼 나라의 군주들까지 모두 이르렀다.[135] 하지만 그 후로는 공로만 자랑하고 위세를 떨치며 스스로 만족해서 덕을 닦지 않았다. 그러므로 초나라 사람이 현(弦)나라를 멸망시켰는데도 마음으로 근심하지 않았고,[136] 강(江)나라와 황(黃)나라가 진(陳)나라를 정벌했는데도 가서 구원해 주지 않고 오히려 남의 나라를 손상시키고 그 나라의 대부를 체포하며,[137] 진나라의 우환을 구제하지 않고 진나라를 책망하고 받아들여

(柯) 땅에서 맹약을 맺었다.[冬, 公會齊侯, 盟于柯.]"라고 했는데, 「전」에 "환공의 신뢰가 천하에 드러난 것은 가 땅의 맹약에서부터 비롯되었다.[桓公之信著乎天下, 自柯之盟始焉.]"라고 했다.

135 『춘추공양전』「민공(閔公)」 원년의 경문에 "원년이다. 경신년 봄 주왕(周王) 정월에 제인(齊人)이 형(邢)나라를 구원하였다.[元年. 庚申春王正月, 齊人救邢]"라고 하였고, 「희공(僖公)」 원년의 경문에 "원년이다. 봄 주왕 정월에 제나라 군사와 송나라 군사, 조나라 군사가 섭북(聶北)에 주둔하여 형나라를 구원하였다.[元年. 春王正月, 齊師宋師曹師次于聶北, 救邢.]"라고 했으며, 또 여름 6월에 "제나라 군사와 송나라 군사, 조나라 군사가 형나라에 성을 쌓았다.[齊師宋師曹師城邢]"라고 했으며, 「희공」 2년에 "2년 봄 주왕 정월에 초구(楚丘)에 성을 쌓았다.[二年春王正月, 城楚丘.]"라고 했는데, 「전」에 "위로는 천자가 없고 아래로는 방백이 없어 천하의 제후들이 서로가 서로를 멸망시키는 자가 있는데도 환공이 구제해 주지 못했다면 환공은 그것을 부끄럽게 여겼을 것이다. 그렇다면 누가 성을 쌓았는가? 환공이 쌓았다.[上無天子, 下無方伯, 天下諸侯有相滅亡者, 桓公不能救, 則桓公恥之也. 然則孰城之? 桓公城之.]"라고 했고, 또 "위로는 천자가 없고 아래로는 방백이 없어 천하의 제후들이 서로가 서로를 멸망시키는 자가 있을 때 힘으로라도 구제할 수 있으면 구제하는 것이 옳다.[上無天子, 下無方伯, 天下諸侯有相滅亡者, 力能救之, 則救之可也.]"라고 했다.

136 『춘추』「희공(僖公)」 5년: 초인(楚人)이 현(弦)나라를 멸망시키니, 현자(弦子)가 황(黃)나라로 도망갔다.[楚人滅弦, 弦子奔黃.]

137 『춘추좌씨전』「희공(僖公)」 4년 경문에 "가을에 강인(江人)·황인(黃人)과 진(陳)나라를 정벌하였다.[秋, 及江人黃人伐陳.]"라고 했는데, 두예의 「주」에 "제나라의 명을 받아 진나라의 죄를 친 것인데 모의에 참여한 것으로 글을 만든 것은 이때 제나라는 가지 않고 노나라로 하

주지 않았으며,[138] 다시는 정나라를 편안하게 해 주지 않았고 반드시 군사력으로 핍박하려 했으니,[139] 공이 훌륭하게 이루어지지도 않았는데 마음속으로는 이미 만족하였던 것이다. 그러므로 '관중의 그릇이 작다'라고 한 것이다. 이로부터 날마다 쇠약해져서 아홉 나라의 제후국들이 제나라를 배반하게 된 것이었다."라고 했다.

원문 『法言』「先知篇」, "或曰: '齊得夷吾而伯, 仲尼曰"小器". 請問大器.' 曰: '大器猶規 · 矩 · 準 · 繩乎. 先自治而後治人, 謂之大器.'" 此皆以管仲驕矜失禮爲器小, 無與於桓公稱霸之是非也.

역문 『법언(法言)』「선지편(先知篇)」에 "어떤 사람이 물었다. '제나라는 이오(관중)를 얻어 패자가 되었는데도 공자는 "그릇됨이 작다"고 했습니다.

여금 정벌을 주관하게 했기 때문이다. 여모(與謀)의 예는 「선공(宣公)」 7년에 보인다.[受齊命討陳之罪, 而以與謀爲文者, 時齊不行, 使魯爲主, 與謀例在「宣」七年.]라고 했다.

138 『춘추공양전』「희공」 4년 경문에 "제인(齊人)이 진(陳)나라 원도도(袁濤塗)를 잡았다.[齊人執陳 袁濤塗.]라고 했는데, 「전」에 "도도의 죄가 무엇인가? 군대의 도를 피한 것이다. 군대의 도를 피했다는 것은 무엇인가? 도도가 환공에게 이르기를 '군주께서는 이미 남쪽의 이(夷)를 굴복시켰는데, 어찌하여 군사를 되돌리지 않고 바다를 따라 동쪽으로 이동해서 동이(東夷)를 복종시키고 또 돌아가려고 하시는 것입니까?'라고 하자, 환공이 '옳다.'라고 하고는 이에 군사를 돌려 바닷가를 따라 동쪽으로 가다가 크게 늪지대에 빠지게 되었다. 이에 환공이 돌아보면서 도도를 붙잡았다.[濤塗之罪何? 辟軍之道也. 其辟軍之道奈何? 濤塗謂桓公曰: '君旣服南夷矣, 何不還師, 濱海而東, 服東夷且歸?' 桓公曰: '諾.' 於是還師, 濱海而東, 大陷于沛澤之中. 顧而執濤塗.]라고 했다.

139 『춘추공양전』「희공」 6년의 경문에 "여름에 희공(僖公)이 제후(齊侯) · 송공(宋公) · 진후(陳侯) · 위후(衛侯) · 조백(曹伯)과 연합해 정(鄭)나라를 정벌하여 신성(新城)을 포위하였다.[夏, 公會齊侯 宋公 陳侯 衛侯 曹伯伐鄭, 圍新城.]라고 했는데, 「전」에 "읍(邑)은 포위했다고 말하지 않는 것인데, 여기에서 포위했다고 한 것은 어째서인가? 핍박했기 때문이다.[邑不言圍, 此其言圍何? 疆也.]라고 했고, 「주」에 "제나라 환공이 패주로서 강제로 핍박하여 의리가 없음을 미워한 것이다.[惡桓公行霸, 疆而無義也.]라고 했다.

큰 그릇에 대해 묻기를 청합니다.' 다음과 같이 대답했다. '큰 그릇이란 원을 그리는 컴퍼스, 모난 것을 그리는 곱자, 수평을 재는 수준기, 직선을 그리는 먹줄과 같은 사람일 것이다. 먼저 자신을 다스린 뒤에 남을 다스리는 자를 큰 그릇이라 한다.'"라고 했는데, 이는 모두 관중이 교만하고 자긍심이 많으며 예를 잃었기 때문에 그릇이 작다고 여긴 것이지, 환공을 패자라고 일컫게 한 것이 옳은지 그른지와는 상관이 없다.

원문 程氏瑤田『論學小記』, "事功大者, 必有容事功之量, 堯則天而民無能名, 蓋堯德如天, 而卽以天爲其器. 夫器小者, 未有不有功而伐者也. 其功大者, 其伐益驕, 塞門反坫, 越禮犯分, 以驕其功, 蓋不能容其事功矣. 吾於管仲之不知禮, 而得器小之說矣. 享富貴者, 必有容富貴之量, 舜·禹之有天下而不與, 蓋舜·禹之德亦如天, 亦卽以天爲其器. 夫器小者, 未有不富貴而淫者也. 其富貴愈顯者, 其淫益張, 三歸具官, 窮奢極侈, 以張其富, 蓋不能容其富貴矣. 吾於管仲之不儉, 而得器小之說矣."

역문 정요전(程瑤田)[140]의 『논학소기(論學小記)』에 "일의 공이 큰 사람은 반드

---

140 정요전(程瑤田, 1725~1814): 청나라 안휘 흡현(歙縣) 사람. 초명은 역(易)이고, 자는 역전(易田) 또는 역주(易疇), 백역(伯易)이며, 호는 양당(讓堂) 또는 줍하(葺荷), 줍옹(葺翁), 줍랑(葺郞), 양천과객(讓泉過客), 양천노인(讓泉老人), 수장인(壽丈人) 등이다. 대진(戴震), 김방(金榜)과 함께 강영(江永)에게 수학했다. 명물(名物)과 훈고(訓詁)에 정통했고, 고증(考證)에 뛰어났다. 의리(義理)와 제도(制度), 훈고(訓詁), 명물(名物), 성률(聲律), 상수(象數) 등을 상세히 고증한 『통예록(通藝錄)』과 경사(經史)를 근거로 정현의 『예기주(禮記注)』를 바로잡은 『의례상복문족징기(儀禮喪服文足徵記)』를 저술했다. 그 밖의 저서에 『우공삼강고(禹貢三江考)』와 『주비구수도주(周髀矩數圖注)』, 『의례경주의직(儀禮經注疑直)』, 『종법소기(宗法小記)』, 『해자소기(解字小記)』, 『논학소기(論學小記)』, 『논학외편(論學外篇)』, 『고공창이소기(考工創異小記)』, 『성률소기(聲律小記)』, 『경절고의(磬折古義)』, 『석궁소기(釋宮小記)』, 『구혁강리소기(溝洫疆里小記)』 등이 있다.

시 일의 공을 받아들일 만한 국량이 있는데, 요(堯)임금은 하늘을 본받아 백성들이 무어라 형언할 수 없었으니,[141] 대체로 요임금의 덕이 하늘과 같은 것이 바로 하늘로써 그 그릇을 삼은 것이다. 그릇이 작은 사람은 공이 있지 않은 것은 아니지만 자랑하는 사람이다. 그 공이 큰 사람은 그 자랑이 더욱 교만해서 임금만이 병풍으로 문을 가릴 수 있는데, 자기도 병풍으로 문을 가리고, 임금만이 두 나라의 우호를 위한 만남에 술잔을 내려놓는 잔대를 둘 수 있는데, 자기도 잔대를 두어 예를 벗어나고 분수를 범하여서 자신의 공을 교만하게 굴기 때문에, 그 일의 공을 용인할 수 없는 것이다. 나는 관중이 예를 알지 못하는 것에서 그릇이 작다는 이야기를 이해할 수 있었다. 부귀를 누리는 자는 반드시 부귀를 받아들일 만한 국량이 있는데, 순(舜)임금과 우(禹)임금은 천하를 소유하고도 개의치 않았으니, 순임금과 우임금의 덕 역시 하늘과 같으므로 역시 하늘로써 그 그릇을 삼은 것이다. 그릇이 작은 사람은 부유하고 귀하지 않은 것은 아니지만 음란한 자이다. 그 부귀함이 더욱 드러나는 사람은 그 음란함도 더욱 커져서 세 명의 아내[三歸]를 두고 관리의 인원수를 다 채워[具官] 사치가 극에 달하여서 자신의 부유함을 키웠으니, 그의 부귀를 용인할 수 없는 것이다. 나는 관중이 검소하지 못한 데서 그릇이 작다는 이야기를 이해할 수 있었다."라고 했다.

원문 惠氏棟『九經古義』, "『管子』「小匡篇」, '施伯謂魯侯, "管仲者, 天下之賢人也, 大器也".' 蓋當時有以管仲爲大器者, 故夫子辨之."

---

141 『논어』「태백」: 공자가 말했다. "위대하도다. 요(堯)의 임금 노릇 하심이여! 우뚝하도다. 오직 하늘만이 위대한데, 오직 요만이 하늘을 본받으셨다! 넓고도 넓도다. 백성들이 무어라 형용하지 못하는구나![子曰: 大哉. 堯之爲君也! 巍巍乎. 唯天爲大, 唯堯則之! 蕩蕩乎. 民無能名焉]]

역문 혜동(惠棟)의 『구경고의(九經古義)』에 "『관자(管子)』「소광(小匡)」에 '시백(施伯)이 노후(魯侯)에게 이르길, "관중이라는 자는, 천하의 현명한 사람이며 큰 그릇입니다."라고 했다.'라고 하니, 당시에 관중을 큰 그릇으로 여기는 자가 있었기 때문에 공자가 이것을 변별한 것이다."[142]라고 했다.

或曰: "管仲儉乎?"【注】包曰: "或人見孔子小之, 以爲謂之大儉." 曰: "管氏有三歸, 官事不攝, 焉得儉?"【注】包曰: "三歸, 娶三姓女. 婦人謂嫁曰歸. 攝, 猶兼也. 禮, 國君事大, 官各有人; 大夫兼竝, 今管仲家臣備職, 非爲儉."

어떤 사람이 물었다. "관중은 검소합니까?"【주】포함이 말했다. "어떤 사람이 공자가 관중의 그릇이 작았다고 하는 것을 보고, 관중이 크게 검소하다는 말로 여긴 것이다." 공자가 말했다. "관씨는 세 명의 아내를 두었고, 관직의 일을 겸직시키지 않았으니, 어찌 검소할 수 있겠는가?"
【주】포함이 말했다. "삼귀(三歸)는 성씨(姓氏)가 다른 세 여자를 아내로 삼은 것이다. 부인이 시집가는 것을 '귀(歸)'라 한다. 섭(攝)은 겸(兼)과 같다. 예에 의하면 나라의 임금은 일이 많기 때문에 각각의 관직마다 각각의 담당자가 있지만 대부는 겸임시켜야 하는데, 지금 관중은 직무마다 가신(家臣)을 두루 갖추고 있으니 검소한 것이 아니다."

---

142 『구경고의(九經古義)』 권16, 「논어고의(論語古義)」.

원문 正義曰: 皇本"焉得儉"下有"乎"字.

역문 정의에서 말한다.

황간의 판본에는 "언득검(焉得儉)" 아래 "호(乎)" 자가 있다.

- 「注」, "三歸"至"爲儉".

- 正義曰:「東周策」, "齊桓公宮中七市, 女閭七百, 國人非之. 管仲故爲三歸之家, 以掩桓公非, 自傷於民也." 『列子』「楊朱篇」, "管仲之相齊也, 君淫亦淫, 君奢亦奢." 竝謂管仲取女之事, 包所本也.

- 「주」의 "삼귀(三歸)"부터 "위검(爲儉)"까지.

- 정의에서 말한다.

   「동주책」에 "제나라 환공이 궁중에다 일곱 개의 저자를 개설하고, 7백 군데의 여려(女閭)[143] 를 차리자 백성들이 비난하였다. 이에 관중이 일부러 삼귀라는 집을 지어 환공을 엄호해 주고, 스스로 백성들로부터 비난을 받았다."[144]라고 했다. 『열자(列子)』「양주(楊朱)」에 "관중이 제나라에서 재상을 지낼 때, 군주가 음란하면 같이 음란하고 군주가 사치하면 역시 같이 사치했다."라고 했는데, 둘 다 관중이 여자를 취한 일을 말한 것으로 포함의 「주」는 여기에 근거한 것이다.

원문 先考典簿君『秋槎雜記』, "天子·諸侯取妻班次有三: 嫡也, 姪也, 娣也. 天子娶后, 三國媵之, 國三人, 竝后本國爲十二女: 諸侯娶夫人, 二國媵之, 竝夫人本國爲九女. 本國之媵, 從夫人歸於夫家者也. 二國之媵, 或與夫人同行. 『春秋』「成」八年, '冬, 衛人來媵'; 九年'春二月, 伯姬歸於宋'是也.

---

143 여려(女閭): 화류(花柳)의 거리. 성매매 업소.

144 『전국책』 권1, 「동주(東周)」.

或後夫人行, 九年‘夏, 晉人來媵’; 十年‘夏, 齊人來媵’是也. 其本國歸女爲一次, 二國各一次, 故曰‘三歸’.『左傳』云: ‘同姓媵之, 異姓則否.’ 包云‘三姓女’, 非也." 謹案,『白虎通』謂"卿·大夫一妻二妾, 不備姪娣", 言不兼備也. 二妾同妻以嫁日偕行, 無三歸禮.

역문 선친 전부군(典簿君)의 『추사잡기(秋槎雜記)』에 "천자와 제후가 아내를 맞이하는 반열의 차례[班次]는 세 가지가 있으니, 정실[嫡]·정실의 조카[姪]·정실의 동생[娣]이다. 천자가 왕후를 맞이할 때는 성씨가 같은 세 나라에서 딸을 잉첩(媵妾)으로 보내는데, 각 나라마다 세 사람씩 보내니, 왕후의 본국과 합해서 모두 12명의 여자에게 장가를 들게 된다. 제후가 부인을 맞이할 때는 두 나라에서 딸을 잉첩으로 보내니, 부인의 본국과 합해서 모두 9명의 여자에게 장가를 들게 된다. 본국의 잉첩은 부인(夫人)을 따라 남편의 집으로 시집을 가는 것이다. 두 나라의 잉첩은 간혹 부인과 동행하기도 한다. 『춘추』「성공(成公)」 8년에 ‘겨울에 위(衛)나라 사람이 여인을 데리고 와서 잉첩으로 주었다.’라고 한 것과 9년에 ‘봄 2월에 백희(伯姬)가 송(宋)나라로 시집갔다.’라고 한 것이 이것이다. 더러는 부인의 뒤에 가기도 하는데, 『춘추』「성공」 9년에 ‘여름에 진(晉)나라 사람이 여인을 데리고 와서 잉첩으로 주었다’라고 한 것과 10년에 ‘여름에 제나라 사람이 여인을 데리고 와서 잉첩으로 주었다.’라고 한 것이 이것이다. 그 본국에서 여인을 시집보내는 것이 1차(次)가 되고, 두 나라에서 각각 1차씩 시집을 보내므로 ‘삼귀(三歸)’라고 한 것이다. 『춘추좌씨전』에 ‘성씨가 같은 나라[同姓國]는 딸을 잉첩으로 보내지만, 성씨가 다른 나라[異姓國]는 그렇게 하지 않는다.’[145]라고 했으니, 포함이 ‘성씨

---

145 『춘추좌씨전』「성공(成公)」 8년의 「전」.

가 다른 세 여자'라고 한 것은 잘못이다."라고 했다. 삼가 살펴보니, 『백호통의』에 "경과 대부는 한 명의 아내와 두 명의 첩을 두는데, 본처의 조카[姪]나 동생[娣]은 첩실로 채우지 않는다."[146]라고 했는데, 본처의 조카와 여동생을 아울러 잉첩으로 갖추지 않았다는 말이다. 두 첩은 아내와 같이 시집가는 날 함께 가니 삼귀의 예는 없다.

원문 <u>俞氏正燮</u>『癸巳類稿』, "諸侯三宮, 「祭義」, '葍三宮之夫人.' 『公羊傳』, '以有西宮, 亦知諸侯之有三宮也.' 卿·大夫·士一宮, 『禮』云: '命士以上, 父子異宮'是也. 『左傳』云: '<u>衛太叔疾</u>使人誘其初妻之娣, 寘于<u>犁</u>, 而爲之一宮, 如二妻.' <u>管子</u>則三人者皆爲妻. 『列女傳』, '<u>衛</u>君死, 弟立, 謂夫人曰: "<u>衛</u>, 小國也. 不容二庖."' 今<u>管子</u>則有三庖. 古者夫家餘子受田懸殊, 立一妻, 則多一室家禮節之費, <u>管子</u>家有三宮之費, 故曰'焉得儉?'" <u>俞氏</u>此言與先考說相輔. 而雜引<u>鄭文公</u>娶於<u>芈·姜·江·蘇</u>, 及<u>魯文</u>二妃·<u>齊桓</u>三夫人諸文說之, 則皆列國驕淫之事, 多娶異姓, 與諸侯不再娶之禮相違. 故『左氏』備文譏之, 不得援以說昏制也.

역문 유정섭의 『계사류고』에 "제후는 3궁(三宮)을 두니, 『예기』「제의(祭義)」에 '3궁의 부인을 뽑는다.' 했고, 『춘추공양전』에 '서궁(西宮)이 있다고 했으니, 역시 제후가 3궁을 가지고 있었음을 알 수 있다.'[147]라고 했다. 경과 대부와 사는 1궁(一宮)이니, 『예기』「내칙(內則)」에 '명사(命士) 이상부터는 부자(父子)가 모두 궁을 달리한다.'라고 한 것이 이것이다. 『춘추좌씨전』에 '위(衛)나라 태숙(太叔) 질(疾)이 내시로 하여금 전처의 동생을 유인해 데리고 오게 하여 그 여자를 이읍(犁邑)에 안치(安置)하고서 그 여

---

146 『백호통의』「덕론하·가취(嫁娶)」.
147 『춘추공양전』「희공」 20년의 「전」.

자를 위해 1궁을 지어 살게 하니, 마치 두 아내가 있는 것 같았다.'148라고 했는데, 관중[管子]은 세 사람을 모두 아내로 삼았다. 『열녀전(列女傳)』에 '위나라 임금이 죽고 아우가 즉위하자 선부인(宣夫人)에게 청하여 아뢰었다. "위나라는 작은 나라입니다. 두 개의 주방[二庖: 2궁을 의미함]을 수용할 수 없습니다."'라고 했는데, 지금 관중은 세 개의 주방을 소유하고 있다. 옛날에는 한 가정의 가장[夫家]과 아직 성년이 되지 않은 젊은이[餘子]가 받는 밭의 이랑 수는 현저하게 달랐고, 한 명의 아내를 맞이하면 한 가정의 예절의 비용이 더 많아지는데, 관중의 집안은 3궁의 낭비가 있었기 때문에 '어찌 검소할 수 있겠는가?'라고 한 것이다."라고 했다. 유씨의 이 말은 선친의 말씀과 서로 보완이 된다. 그런데, 정나라 문공(文公)이 미(芈)씨와 강(姜)씨, 강(江)나라와 소(蘇)나라에 장가든 것과 노나라 문공의 두 비[二妃]와 제나라 환공의 세 명의 부인에 관한 여러 문장을 섞어서 인용했으니, 그렇다면 모두 여러 나라들의 교만하고 음란한 일로서 대체로 다른 성씨의 나라로 장가든 것인데, 제후는 두 번 장가들지 않는다는 예와는 서로 어긋난다. 그러므로 『춘추좌씨전』에서는 자세히 기록해서 비판했으니, 이것을 끌어다 혼인의 제도를 말할 수는 없다.

원문 解"三歸"者, 言人人殊, 自包「注」外, 有可紀者. 俞氏樾『群經平議』, "『韓非子』「外儲說」, '管仲父出, 朱蓋靑衣, 置鼓而歸, 庭有陳鼎, 家有三歸.' 先云'置鼓而歸', 後云'家有三歸', 是所謂歸者, 卽以管仲言, 謂自朝而歸, 其家有三處也. 家有三處, 則鍾鼓‧帷帳不移而具, 故足見其奢. 且美女之

---

148 『춘추좌씨전』「애공」11년의 「전」.

充下陳者亦必三處如一, 故足爲女閭七百分謗, 而'娶三姓女'之說或從此出也.『晏子春秋』「雜篇」, '昔吾先君桓公有管仲, 恤勞齊國, 身老, 賞之以三歸.' 是又以三歸爲桓公所賜, 蓋猶漢世賜甲第一區之比. 故因晏子辭邑, 而景公擧此事以止之也. 其賞之在身老之後, 則'娶三姓女'之說可知其非矣. 下云'官事不攝', 亦卽承此而言. 管仲家有三處, 一處有一處之官, 不相兼攝, 是謂'不攝'.”

역문 "삼귀"를 해석한 것은 말이 사람마다 다르니, 포함의 「주」 외에도 기록할 만한 것이 있다. 유월(兪樾)[149]의 『군경평의(群經平議)』에 “『한비자』 「외저설」에 '관중부(管仲父)[150]가 외출할 때 수레에 붉은색 덮개에 푸른색 가리개를 했으며, 북을 울리며 돌아왔고, 뜰에는 세 발 달린 솥을 진열해 놓았으며, 집은 삼귀를 두었다.'[151]라고 했다. 먼저 '북을 울리며 돌

---

[149] 유월(兪樾, 1821~1907): 청나라 덕청성(德清城) 관향(關鄉) 남태촌(南埭村) 사람으로 자는 음보(蔭甫)이고, 호는 곡원거사(曲園居士)이다. 청나라 말기의 관리이자 학자, 문학가, 서법가(書法家)이다. 소주(蘇州) 자양서원(紫陽書院)과 상해(上海) 구지서원(求志書院)의 주강(主講)을 맡았고, 항주(杭州) 고경정사(詁經精舍)에서 가장 오래 주강을 지내 31년을 있었다. 도광(道光) 30년(1850)의 진사 출신으로 벼슬은 한림원편수(翰林院編修), 하남학정(河南學政) 등을 지냈으나, 벼슬을 그만두고 소주에 거주하면서 40여 년 동안 학술에 전념했다. 경학(經學), 제자학(諸子學), 사학(史學), 훈고학(訓詁學), 희곡(戲曲), 시사(詩詞), 소설(小說), 서법(書法) 등에 두루 능통하여 중국은 물론이고 일본과 한국 등지에서도 학생들이 많이 찾아왔다. 경전 연구는 왕염손과 왕인지 부자(父子)를 추종했고, 문하에서 장병린(章炳麟)이 배출되었다. 스스로 대요(大要)는 바른 구두(句讀)와 자의(字義)를 살피면서 고금의 가차(假借)에 정통한 것이라고 말했다. 저서는『군경평의(群經平議)』와『제자평의(諸子平議)』,『고서의의거례(古書疑義擧例)』3권을 완성했다. 그 밖의 저서도 아주 많아『다향실경설(茶香室經說)』과『춘재당수필(春在堂隨筆)』,『고경정사자과문(詁經精舍自課文)』,『빈맹집(賓萌集)』,『춘재당시편(春在堂詩編)』,『소부매한화(小浮梅閑話)』,『우태선관필기(右台仙館筆記)』,『다향실잡초(茶香室雜鈔)』등이 있다. 한 시대를 대표하는 학자로 명성이 멀리 일본까지 미쳤다.

[150] 관중부(管仲父): 옛날 제나라 환공의 관중(管仲)을 중부(仲父)라고 부르고 재상으로 존경했다.

아왔다' 하고 뒤에 '집에는 삼귀를 두었다'라고 했으니, 여기서의 이른바 귀(歸)란 바로 관중의 입장에서 한 말로 조정으로부터 돌아갔을 때 그의 집이 세 처소[三處]가 있었다는 말이다. 집에 세 처소가 있었다면, 종과 북과 장막은 옮기지 않고 다른 집에도 갖추어져 있는 것이기 때문에 충분히 그의 사치스러움을 알 수 있다.[152] 또 아래에 가득 늘어선 미녀(美女)들도 반드시 세 곳 모두 한결같을 것이기 때문에 충분히 여러가 7백 곳이나 된다는 비방을 받을 만하고, '성씨가 다른 세 여자를 아내로 삼았다'라는 설도 아마 여기에서 나온 듯하다. 『안자춘추(晏子春秋)』「잡(雜)」에 '옛날 우리 선군(先君)이신 환공께서 관중을 데리고 있으면서 제나라를 위해 노고를 아끼지 않음을 긍휼히 여겨, 그가 늙자 상으로 삼귀를 하사했습니다.'[153]라고 했는데, 이는 또 삼귀를 환공이 하사한 것으로 본 것이니, 대체로 한나라시대 때 훌륭한 저택 한 채를 내려 준[賜甲第一區] 예와 같다. 그러므로 안자가 봉읍을 사양함으로 인해 제나라 경공(景公)이 이 일을 거론하면서 만류한 것이다. 상을 하사한 일이 환공이 늙은 뒤에 있었던 일이라면 '성씨가 다른 세 여자를 아내로 삼았다'라는 말은 틀렸다는 것을 알 수 있다. 그다음에 '관직의 일을 겸직시키지 않았다'라는 것 역시 바로 이것을 이어서 한 말이다. 관중은 집이 세 곳이 있

---

151 『한비자』 권12, 「외저설좌하(外儲說左下)」.

152 유향(劉向)의 『신서(新序)』 「자사(刺奢)」에 "노나라 맹헌자가 진나라에 초빙을 받았다. 범선자가 그를 위해 술자리를 마련해서 세 번이나 자리를 옮겼으나 악기를 그대로 매달아 두고 옮겨 가지 않았으나 다른 방에도 악기가 갖추어져 있었다. 맹헌자가 말했다. '부유하군요! 집이.'[魯 孟獻子聘於晉. 宣子觴之三徙, 鐘石之懸不移而具. 獻子曰: '富哉! 家.']"라는 표현이 보인다.

153 『논어정의』에는 "外篇"이라고 되어 있으나, 『안자춘추(晏子春秋)』 「내편(內篇)·잡하(雜下)」의 내용이다. 아래의 「外篇」又云"이라고 한 내용 역시 「내편·잡하」의 문장인데, 유보남이 어떤 판본을 근거로 이 부분을 "外篇"이라고 한 것인지 확인할 수 없다.

었고, 한 곳마다 한 곳의 관직이 있었지만 서로 겸섭(兼攝)[154]하게 하지 않았는데, 이것을 일러 '겸직시키지 않았다[不攝]'라고 한 것이다."라고 했다.

원문 包氏愼言『溫故錄』, "『韓非子』, '管仲相齊, 曰: "臣貴矣, 然而臣貧." 桓公曰: "使子有三歸之家." 孔子聞之曰: "泰侈逼上!"'『漢書』「公孫弘傳」, '管仲相桓公, 有三歸, 侈儗於君.'「禮樂志」, '陪臣管仲・季氏三歸, 「雍」徹, 八佾舞庭.' 由此數文推之, 三歸當爲僭侈之事. 古'歸'與'饋'通.『公羊』「注」引『逸禮』云: '天子四祭四薦, 諸侯三祭三薦, 大夫・士再祭再薦.' 又云: '天子・諸侯・卿・大夫, 牛・羊・豕凡三牲曰"大牢"; 天子元士, 諸侯之卿・大夫, 羊・豕凡二牲曰"少牢". 諸侯之士特豕.' 然則'三歸'云者, 其以三牲獻與. 故班氏與季氏之舞佾・歌「雍」同稱.『晏子春秋』「內篇」, '公曰: "昔先君桓公以管子爲有功, 邑狐與穀, 以共宗廟之鮮, 賜其忠臣. 今子忠臣也, 寡人請賜子州." 辭曰: "管子有一美, 嬰不如也: 有一惡, 嬰弗忍爲也, 其宗廟養鮮." 終辭而不受.'「外篇」又云: '晏子老, 辭邑, 公曰: "桓公與管仲狐與穀, 以爲賞邑, 昔吾先君桓公有管仲恤勞齊國, 身老, 賞之以三歸, 澤及子孫. 今夫子亦相寡人, 欲爲夫子三歸, 澤及子孫."'合觀「內・外篇」所云, 則三歸亦出於桓公所賜.「內篇」言'以共宗廟之鮮', 而「外篇」言'賞以三歸', 則三歸爲以三牲獻無疑. 晏子以三歸爲管仲之一惡, 亦謂其侈擬於君."

역문 포신언(包愼言)의 『논어온고록(論語溫故錄)』에 "『한비자』에 '관중이 제나라의 재상이 되어 환공에게 말했다. "신이 귀한 신분이 되었습니다

---

154 겸섭(兼攝): 일정한 직무 외에 다른 직무를 겸함. 자기가 맡고 있는 일정한 직무 외에 다른 직무를 겸하여 맡다.

만, 가난합니다." 환공이 말했다. "그대로 하여금 삼귀의 집을 갖도록 해 주겠소." 공자가 이 말을 듣고 말했다. "오만방자함[155]이 지나쳐 임금을 위협할 정도이다!"[156]라고 했다. 『전한서』「공손홍전(公孫弘傳)」에 '관중이 환공의 재상이 되어 삼귀를 가지고 있었으니, 오만방자함이 임금에 비길 만하다.' 했고, 『전한서』「예악지(禮樂志)」에는, '배신(陪臣)인 관중과 계씨(季氏)는 삼귀를 두었고, 「옹(雍)」을 노래하면서 제사상을 거두었으며, 뜰에서 여덟 줄로 춤을 추었다.'라고 했으니, 이 몇 문장을 가지고 유추해 보면 삼귀는 당연히 참람되고 오만방자한 일이 된다. 옛날에 '귀(歸)' 자와 '궤(饋)' 자는 통용되었다. 『춘추공양전』의 「주」에는 『일례』를 인용하면서 '천자는 네 번의 제사와 네 번의 천신(薦新)[157]을 지내고, 제후는 세 번의 제사와 세 번의 천신을 지내며, 대부와 사는 두 번의 제사와 두 번의 천신을 지낸다.'[158] 하고, 또 '천자와 제후와 경과 대부는 소[牛]·양(羊)·돼지[豕]를 갖추어 모두 세 가지 희생을 바치는데 "태뢰(大

---

155 『한비자』에 나오는 이 부분의 전체 내용은 다음과 같다. "관중이 말했다. '신이 귀한 신분이 되었습니다만, 가난합니다.' 환공이 말했다. '그대로 하여금 삼귀의 집을 갖도록 해 주겠소.' 관중이 또 말했다. '신이 부유해졌습니다만, 신분이 낮습니다.' 환공은 그로 하여금 고씨와 국씨보다 높은 지위에 두게 하였다. 관중이 또 말했다. '신이 지위가 높아졌지만 좀 소원하 군요?' 이에 환공은 관중을 중부의 자리에 세웠다. 공자가 이 말을 듣고 비난하면서 말했다. '오만방자함이 지나쳐 임금을 위협할 정도이다![管仲相齊, 曰: '臣貴矣, 然而臣貧.' 桓公曰: '使子有三歸之家.' 曰: '臣富矣, 然而臣卑.' 桓公使立於高 · 國之上. 曰: '臣尊矣, 然而臣疏?' 乃立爲仲父. 孔子聞而非之曰: '泰侈偪上!]" "侈"에는 "거만하다"라는 뜻이 있기에 본문의 내용에 따라, "侈"를 "오만방자하다"라고 해석했다.

156 『한비자』 권12, 「외저설좌하」.

157 천신(薦新): 새로 농사지은 과일이나 곡식을 먼저 사직이나 종묘, 조상에게 감사하는 뜻으로 드리는 의식. 종묘에 천신하는 물품은 그 시기에 생산되는 산물을 천신하도록 규정하고, 그 밖에 새로운 물품이 진상되거나 외국에서 수입되었을 때 천신하는 것을 원칙으로 했다.

158 『춘추공양전주소』 권5, 「환공(桓公)」 8년의 「주」.

牢)"라 하고, 천자의 원사(元士)와 제후의 경과 대부는 양과 돼지를 갖추어 모두 두 가지 희생을 바치는데 "소뢰(少牢)"라고 한다. 제후의 사는 돼지 한 마리[特豕]를 바친다.'¹⁵⁹ 했다. 그렇다면 '삼귀'라고 하는 것은 세 가지 희생을 바치는 것인 듯싶다. 그러므로 반씨(班氏: 반고)가 「예악지」에서 계씨가 팔일무를 추고 「옹」 노래를 부른 것과 함께 일컬은 것이다. 『안자춘추』「내편·간상(諫上)」에 '제나라 경공이 말했다. "옛날 선군이신 환공께서 관자가 공이 있다고 여겨 호(狐) 땅과 곡(穀) 땅을 내려 주시고, 다만 종묘에 신선한 제물을 공급하면 되도록 하였으니, 충신에게 하사하신 것입니다. 지금 그대는 충신이니, 과인은 그대에게 주관(州款) 땅을 하사하기를 원하오." 안자가 사양하며 말하길, "관자는 한 가지라도 훌륭한 점이 있는데, 저는 그만 못하며, 한 가지라도 나쁜 점이 있는데, 저는 차마 하지 못하니, 그것은 바로 종묘에 신선한 희생을 바치기 위해 봉지를 받는 점입니다."라고 하고는 끝내 사양하고 받지 않았다.'라고 했다. 「외편(外篇)」에는 또 '안자가 늙음을 핑계로 봉읍을 사양하자 경공이 말했다. "환공께서 관중을 데리고 있으면서 제나라를 위해 노고를 아끼지 않음을 긍휼히 여겨, 그가 늙자 상으로 삼귀를 하사하여 혜택이 자손에게까지 미치게 하였습니다. 지금 선생께서도 과인을 도와주셨으니, 이에 삼귀를 내려 혜택이 자손에게까지 미치게 하고자 합니다."'라고 했으니, 「내편」과 「외편」에서 말한 것을 합해서 보면 삼귀는 역시 환공이 하사한 것에서 나왔다. 「내편」에서 '종묘에 신선한 제물을 공급하면 되도록 하였다'라고 하고, 「외편」에서는 '상으로 삼귀를 하사했다'라고 했으니 그렇다면 삼귀를 세 가지 희생을 바치는 것이라고 한

---

159 『춘추공양전주소』 권5, 「환공」 8년의 「주」.

것은 의심할 것이 없다. 안자가 삼귀를 관중의 한 가지 나쁜 점으로 여긴 것 역시 그의 오만방자함이 임금에 비길 만함을 이른다."라고 했다.

원문 案, 『平議』·『溫故錄』二說, 雖與此「注」異, 亦頗近理, 當竝著之. 若翟氏灝『考異』·梁氏玉繩『瞥記』, 據『管子』「輕重丁篇」, 以"三歸"爲地名, 則『管子』明言"五衢之民, 樹下談語, 專務淫遊, 終日不歸". "歸"是民歸其居, 豈得爲管仲所有, 而遂附會爲地名耶?

역문 살펴보니, 『군경평의』와 『논어온고록』의 두 해설이 여기의 「주」와 다르지만, 그래도 자못 근리(近理)하므로 아울러 기록해 둔다. 적호(翟灝)의 『사서고이(四書考異)』와 양옥승(梁玉繩)의 『별기(瞥記)』와 같은 경우, 『관자』「경중정(輕重丁)」을 근거로 "삼귀"를 지명(地名)이라고 했는데, 『관자』「경중정」에는 분명하게 "커다란 저잣거리[五衢]의 사람들이 나무 그늘 아래서 담소나 나누면서 오로지 음탕하게 노는 데 힘쓰느라 하루 종일 집에 돌아가지 않았다."라고 했으니, "귀(歸)"란 사람들이 그들의 거처로 돌아가는 것인데, 어찌 관중이 소유했다고 해서 마침내 견강부회하여 지명이라고 할 수 있겠는가?

원문 『說苑』「善說篇」, "桓公謂管仲'政卒歸子矣, 政之所不及, 唯子是匡', 仲故築三歸之臺, 以自傷於民." 此劉向誤解『東周策』之文. 毛氏奇齡『稽求篇』謂, "『國策』有宋 子罕·齊 管仲掩蓋君非二事. 宋君之非在築臺, 故子罕以扑築掩之; 齊桓之非在女市·女閭之多, 故管仲以三娶掩之. 若齊桓非在多女, 而仲以築臺掩之, 是遮甲而障乙." 其說極辨. 解者不察, 而擧魯莊公娶孟任, 築臺臨黨氏, 衛宣公納伋之妻, 作新臺河上, 以昏禮有築臺迎女事, 雜擧亂制, 入之古典, 殊爲不倫. 若秦 穆姬登臺而哭, 則天子·諸侯本有觀臺在雉門上, 故曰臺門. 『左傳』所載崔杼·季平子·孔悝宮內之臺,

皆是僭禮. 故「郊特牲」言"大夫僭臺門", 不及管仲. 而「雜記」言"管仲旅樹
反坫", 又不及臺門, 則管仲未僭臺門, 而三歸之非臺明矣.

역문 『설원』「선설(善說)」에 "환공이 관중에게 '정치는 결국 그대에게 귀속
되겠지만, 정치가 미치지 못하는 점에 있어서도 오직 그대가 이것을 바
로잡으시오'라고 했다. 관중은 그 까닭으로 삼귀의 대(臺)를 지어 백성들
에게 자신을 비난하게 했다."라고 했는데, 이는 유향이 『전국책』「동주」
의 글을 오해한 것이다. 모기령(毛奇齡)의 『논어계구편(論語稽求篇)』에,
"『전국책』에 송나라 자한(子罕)과 제나라 관중이 임금의 잘못을 은폐한
두 가지 일이 있다. 송나라 임금의 잘못은 누대를 지은 것에 있기 때문
에 자한이 매를 가지고 대의 축조를 감독하면서 임금의 잘못을 은폐하
려 했고,[160] 제나라 환공의 잘못은 여시(女市)와 여려를 많이 두었던 것에
있으므로 관중이 세 번 장가를 들어 환공의 잘못을 은폐하려 했다. 만약
제나라 환공의 잘못이 여자가 많다는 것에 있는데, 관중이 누대를 지어
그것을 은폐하려 했다면 이는 갑(甲)을 막고 을(乙)을 가리는 것이다."라
고 했는데, 모기령의 설명이 대단히 분명하다. 해석하는 자들이 살피지

---

160 『춘추좌씨전』「양공」 17년의 「전」에 "송나라 황국보(皇國父)가 태재(太宰)가 되어 평공(平
公)을 위해 대를 축조하니 농사의 수확에 방해가 되었다. 자한이 농사가 끝나기를 기다려 축
조하기를 청하니 평공은 허락하지 않았다. 대를 축조하는 역부(役夫)들이 노래하기를 "택문
(澤門)에 사는 피부가 흰 이는 우리를 부역에 징발하고, 읍내에 사는 피부가 검은 이는 우리
의 마음을 위로하시네."라고 하였다. 자한은 이 노래를 듣고 몸소 채찍을 들고서 축조하는
역부 사이를 순행하며 힘써 하지 않는 자들에게 채찍질을 하면서 "우리 같은 소인들도 모두
집이 있어 조습(燥濕)과 한서(寒暑)를 피하는데, 지금 임금님이 대 하나를 축조하시는데 빨
리 완성하지 않는다면 어찌 일을 했다고 할 수 있겠는가?宋皇國父爲大宰, 爲平公築臺, 妨
於農收. 子罕請俟農功之畢, 公弗許. 築者謳曰: '澤門之晳, 實興我役; 邑中之黔, 實慰我.' 子
罕聞之, 親執扑, 以行築者, 而抶其不勉者曰: '吾儕小人, 皆有闔廬, 以辟燥濕寒暑, 今君爲一
臺, 而不速成, 何以爲役? 謳者乃止.]"라고 했다.

않고 노나라 장공(莊公)이 맹임(孟任)에게 장가들려고 누대를 높이 쌓고 그 누대 위에서 당씨(黨氏)를 굽어본 일[161]과, 위(衛)나라 선공(宣公)이 급(伋)의 아내를 들이고 하수(河水) 가에 신대(新臺)를 지어 맞이한 일[162]을 거론하면서 혼례에 누대를 지어 여자를 맞이하는 일이 있었던 것을 가지고 어지러운 제도를 이것저것 열거해서 고전(古典)에 삽입하였으니, 대단히 잘못된 것이다. 진(秦)나라 목희(穆姬)가 누대에 올라가 통곡한 것[163]으로 말할 것 같으면, 천자와 제후는 본래 치문 위에 관대(觀臺)가 있기 때문에 대문(臺門)이라고 하는 것이다. 『춘추좌씨전』에 실려 있는 최저(崔杼)와 계평자와 공리(孔悝)의 궁성 안의 대는 모두 예를 참람한 것이다. 그러므로 『예기』「교특생」에서 "대부가 대문(臺門)을 참람했다."[164] 하고는 관중을 언급하지 않았다. 그런데 『예기』「잡기하(雜記下)」에서는 "관중이 길에는 나무를 세워 가리며, 반점을 두었다."라고 하면서 대문은 언급하지 않았는데, 그렇다면 관중이 대문을 참람한 것이 아니고, 삼귀는 누대가 아님이 분명하다.

원문 『癸巳類稿』云: "『管子』「權修」云: '地闢而國貧者, 舟輿飾, 臺榭廣, 賦斂厚也.' 「八觀」云: '臺榭相望, 上下相怨也.' 「臣乘馬篇」, '君立扶臺.' 則管仲實不築臺以傷於民." 此辨致確, 足以正『說苑』之誤.

역문 『계사류고』에 "『관자』「권수(權修)」에 '국토가 확장되었는데도 나라가

---

161 『춘추좌씨전』「장공(莊公)」 32년 「전」에 보인다.
162 『모시주소』 권3, 「국풍·패(邶)·신대(新臺)」의 「서(序)」에 보인다.
163 『춘추좌씨전』「희공」 15년 「전」에 보인다.
164 『예기』「교특생(郊特牲)」에는 "대문을 만들고 길에는 나무를 세워 가리며, 반점을 두고, 수놓은 보불과 중의 끝에 붉은 선을 두르는 것은 대부로서 예를 참람한 것이다.[臺門而旅樹反坫, 繡黼丹朱中衣, 大夫之僭禮也.]"로 되어 있다.

가난한 것은 군주의 배와 수레를 화려하게 꾸미고, 누대와 정자를 크게 지으며, 세금을 무겁게 거두기 때문이다.'라 했고, 「팔관(八觀)」에 '누대와 정자가 많아 서로 바라보면 조정과 백성이 서로 원망한다.'라고 했으며, 「신승마(臣乘馬)」에서는 '임금[165]이 부대(扶臺)[166]를 세웠다.'라고 했으니, 그렇다면 관중이 실제로 누대를 지어 백성들에게 비난을 받은 것은 아니다."라고 했는데, 이 변별이 매우 정확하니, 충분히 『설원』의 오해를 바로잡을 수 있다.

원문 云"婦人謂嫁曰歸"者,『說文』, "歸, 女嫁也." 婦人以夫爲家, 故謂其嫁曰歸. 「桃夭」詩"之子于歸"是也.

역문 "부인이 시집가는 것을 귀(歸)라 한다."

『설문해자』에 "귀(歸)는 여자가 시집간다[女嫁]는 뜻이다."[167]라고 했다. 부인은 남편의 집을 자기 집으로 삼기 때문에 시집가는 것을 일컬어 귀(歸)라고 한다. 『시경』「국풍 · 주남 · 도요(桃夭)」에서 "아가씨가 시집간다[之子于歸]"라고 한 것이 이것이다.

원문 云"攝猶兼也"者,『左氏傳』, "羊舌鮒攝司馬." 杜「注」"攝, 兼官也." 禮, 天子六卿, 諸侯三卿, 三卿下有小卿五人, 所謂下大夫五人也.『孟子』「告子下」言齊桓 葵丘之令曰"官事無攝", 是諸侯之臣不得兼攝. 故此「注」言

---

165 『논어정의』에 "諫立扶臺"로 되어 있다. 『관자』「신승마(臣乘馬)」를 근거로 "君"으로 고쳤다.
166 부대(扶臺): 제나라에 있던 누대의 이름. 제 환공이 농사철에 이 누대를 짓고 수리했다고 한다.
167 『설문해자』 권2: 귀(歸)는 여자가 시집간다[女嫁]는 뜻이다. 지(止)로 구성되었고, 부(婦)의 생략된 자형으로 구성되었다. 퇴(自)가 발음을 나타낸다. 귀(歸)는 주문(籒文)으로 생략된 자형이다. 거(擧)와 위(韋)의 반절음이다.[歸, 女嫁也. 從止. 從婦省. 自聲. 歸, 籒文省. 擧韋切.]

"國君事大, 官各有人"也. 若大夫事少, 家臣必當兼攝.「禮運」云:"大夫具官, 非禮也, 是謂'亂國'."鄭「注」, "臣之奢富, 儗於國君, 敗亂之國也."孔「疏」, "大夫若有地者, 則置官一人, 用兼攝群職, 不得官官各須具足如君也."如「疏」所言, 有地卿・大夫之家尙是兼官, 則無地卿・大夫之家亦兼官可知. 但置官多寡, 宜量事之煩簡, 未必有定額.「疏」但謂"置官一人", 於情事似不合.

역문 "섭(攝)은 겸(兼)과 같다."

『춘추좌씨전』에 "양설부(羊舌鮒)가 사마(司馬)를 겸직했다."[168]라고 했는데, 두예의「주」에 "섭(攝)은 관직을 겸임한다[兼官]는 뜻이다."[169]라고 했다. 예에 따르면 천자는 6경(六卿)을 두고 제후는 3경(三卿)을 두며 3경 아래 소경(小卿) 5인(五人)을 두니, 이른바 하대부(下大夫) 5인이다.[170] 『맹자(孟子)』「고자하(告子下)」에 제 환공의 규구(葵丘)의 명령을 언급하면서 "관직의 일을 겸직시키지 말라"라고 했으니, 제후의 신하는 겸직할 수 없다. 그러므로 여기의「주」에 "나라의 임금은 일이 많기 때문에 각각의 관직마다 각각의 담당자가 있다"라고 한 것이다. 대부와 같은 경우는 일이 적기 때문에 가신이 반드시 겸직을 담당해야 한다. 『예기』「예운(禮運)」에 "대부가 가신으로 관직의 정원을 모두 갖추는 것은 예가 아니

---

168 『춘추좌씨전』「소공」13년의「전」.

169 『춘추좌전주소』권46,「소공」13년 두예의「주」.

170 『예기』「왕제(王制)」에 "대국은 3경을 두는데 경은 모두 천자로부터 임명되고, 하대부 5인과 상사 27인을 둔다. 그다음 규모의 나라는 3경을 두는데, 2경은 천자로부터 임명되고, 1경은 그 군주로부터 임명되며, 하대부 5인과 상사 27인을 둔다. 소국은 2경을 두는데, 모두 그 군주로부터 임명되고, 하대부 5인과 상사 27인을 둔다.[大國三卿, 皆命於天子, 下大夫五人, 上士二十七人; 次國三卿, 二卿命於天子, 一卿命於其君, 下大夫五人, 上士二十七人; 小國二卿, 皆命於其君, 下大夫五人, 上士二十七人.]"라고 했다.

니, 이를 일러 '나라를 어지럽힌다'라고 한다."라고 했는데, 정현의 「주」
에 "신하의 사치와 부유함이 나라의 임금에 견줄 정도면 패란으로 망할
나라이다."[171]라고 했고, 공영달의 「소」에는 "대부로서 만약 땅을 가지
고 있는 자라면 관리 한 사람을 두고 여러 직책을 겸직시켜야 하니, 임
금처럼 관직마다 각각 반드시 인원수를 갖추어 충족시킬 수 없다."[172]라
고 했다. 「소」에서 말한 것처럼 땅을 소유한 경과 대부의 집안에서도
오히려 겸직을 했다면, 땅을 소유하지 않은 경과 대부의 집안에서도 겸
직했음을 알 수 있다. 다만 관리를 많이 두고 적게 두고는 일의 번거로
움과 간략함을 헤아림이 마땅하고, 반드시 일정한 인원수가 정해진 것
은 아니다. 「소」에 단지 "관리 한 사람을 둔다"라고 한 것은, 일의 실정
상 합당하지 않은 듯하다.

원문 包氏愼言『溫故錄』, "官事者, 事謂祭祀, 官謂助祭之官. 大夫不能備官,
故祭祀之時, 每以一官兼司數事. 「少牢禮」云: '司宮摡豆‧籩‧勺‧爵.'「注」
云: '大夫攝官, 司宮兼掌祭器也.'「疏」云: '下文司宮筵神席於奧, 此又掌
籩豆之等, 故鄭云攝官.' 彼『經』又云: '司馬刲羊, 司士擊豕.'「疏」云: '案
『周禮』鄭「注」, "司空奉豕". 司士乃司馬之屬官, 今不使司空者, 諸侯猶
兼官. 況士無官, 僕隷爲司馬‧司士兼其職可知., 故司士擊豕也.' 彼『經』
又云: '雍人陳鼎五.'「疏」云: '按「公食大夫」云: "甸人陳鼎." 鄭「注」云: "甸
人, 塚宰之屬, 兼亨人者". 此大夫雍人陳鼎者, 『周禮』甸人掌供薪蒸, 與
烹‧爨聯職相通. 是以諸侯無亨人, 故甸人陳鼎. 此大夫無甸人, 故使雍人
與亨人聯職.' 此大夫祭祀攝官, 見於經‧傳可考者. 管氏不攝, 蓋自同於諸

---

171 『예기주소』권21, 「예운(禮運)」정현의 「주」.
172 『예기주소』권21, 「예운」공영달의 「소」.

侯, 與三歸同爲宗廟僭侈之事." 案,『溫故錄』說亦通.

역문 포신언의『논어온고록』에 "관사(官事)라고 했는데, 사(事)는 제사(祭祀)를 이르고, 관(官)은 제사를 돕는 관리를 이른다. 대부는 관리를 모두 갖출 수 없기 때문에 제사 지낼 때 한 사람의 관리가 몇 가지 일을 아울러 맡는다.『의례』「소뢰궤사례(小牢饋食禮)」에 '사궁(司宮)이 두(豆)와 변(籩)과 국자[勺]와 술잔[爵]을 씻는다.'라고 했는데,「주」에 '대부는 관직을 겸직시켜야 하니, 사궁이 제기(祭器)를 아울러 담당한다.'[173] 했고,「소」에 '아래의 글에서는 사궁이 아랫목에 신의 자리를 깐다고 했는데, 여기서는 제기 등을 담당한다고 했기 때문에 정현이 관직을 겸직시킨다[攝官]라고 한 것이다.'[174]라고 했다.『의례』「소뢰궤사례」에는 또 '사마(司馬)는 양을 베고, 사사(司士)는 돼지를 잡는다.'라고 했는데,「소」에 '『주례』정현의「주」를 살펴보니 "사공(司空)이 돼지를 바친다."[175]라고 했으니, 사사는 바로 사마의 속관이며, 지금은 사공을 부리지 않고, 제후도 오히려 관직을 겸직시킨다. 더구나 사는 관리가 없으니, 노비가 사마나 사사가 되어 그 직책을 겸했음을 알 수 있다. 그러므로 사사가 돼지를 잡는 것이다.'[176]라고 했다. 이『경』의 같은 곳에서 또 '옹인(雍人)이 솥 다섯 개에 진설한다.'라고 했는데,「소」에 '『의례』「공사대부례(公食大夫禮)」를 살펴보니, "전인(甸人)이 솥을 진설한다."라고 했고, 정현의「주」에 "전인은 총재(冢宰)에 소속된 관리로, 팽인(亨人)의 직책도 겸직하는 자이다."라고 했다. 여기서 대부의 옹인은 솥을 진설하는 자이고,『주례』의

---

173 『의례주소』권16,「소뢰궤사례(小牢饋食禮)」정현의「주」.
174 『의례주소』권16,「소뢰궤사례」가공언의「소」.
175 『주례주소』권3,「천관총재상(天官冢宰上)・소재(小宰)」정현의「주」.
176 『의례주소』권16,「소뢰궤사례」가공언의「소」.

전인은 신중(薪蒸)[177]을 이바지하는 일을 담당하는데, 팽인이나 찬인(爨人)이 관련된 직책과 서로 통한다. 이런 까닭에 제후는 팽인이 없으므로 전인이 솥을 진설하는 것이다. 여기서, 대부는 전인이 없기 때문에 옹인과 팽인으로 하여금 직책을 연계하도록 하는 것이다.'라고 했다. 이처럼 대부의 제사에서 관직을 겸직시킨 일은 고증할 수 있는 것이 경(經)이나 전(傳)에 보인다. 관씨는 관직의 일을 겸직시키지 않았으니 대체로 자신을 제후와 동등하다고 여긴 것이고, 삼귀를 소유한 것과 더불어 똑같이 종묘를 참람하고 사치스럽게 꾸민 일이 된다."라고 했다. 살펴보니, 『논어온고록』의 이야기도 통한다.

"然則管仲知禮乎?"【注】包曰: "或人以儉問, 故答以安得儉, 或人聞不儉, 便謂爲得禮."

"그렇다면 관중은 예를 압니까?"【주】포함이 말했다. "어떤 사람이 검소하냐고 물었기 때문에 어찌 검소할 수 있겠느냐고 대답했는데, 어떤 사람이 검소하지 않다는 말을 듣고 이내 예를 안 것이 된다고 여겼다."

원문 正義曰: 皇本"然則"上有"曰"字.

역문 정의에서 말한다.

황간의 판본에는 "연즉(然則)" 앞에 "왈(曰)" 자가 있다.

---

177 신중(薪蒸): 땔나무로서 굵고 큰 것을 신(薪), 자잘하고 작은 것을 증(蒸)이라 한다.

- 「注」, "或人聞不儉, 便謂爲得禮."

- 正義曰:『左傳』曰: "儉, 德之共也." 儉是美德, 而或人以不儉爲得禮者.「山樞」之詩, 刺儉不中禮, 而晏子一狐裘三十年, 遣車一乘及墓而反, 有子譏其不知禮. 又晏子豚肩不掩豆, 澣衣濯冠而朝, 君子以爲隘, 是過於儉者不中禮也. 過儉爲不中禮, 故不儉疑爲得禮.

○ 「주」에서 "어떤 사람이 검소하지 않다는 말을 듣고 이내 예를 안 것이 된다고 여겼다."라고 한 것.

○ 정의에서 말한다.

『춘추좌씨전』에 "검소함[儉]은 덕 중에서 큰 것이다."[178]라고 했으니, 검소함이란 아름다운 덕인데, 어떤 사람이 검소하지 않음을 예를 안 것이라고 여긴 것이다.

『시경』「국풍 · 당(唐) · 산유추(山有樞)」의 시에서 검소함이 예에 맞지 않음을 풍자하였고, 안자는 한 벌의 여우가죽으로 만든 갖옷으로 30년을 입고, 견거(遣車) 1승(一乘)을 사용하며, 묘를 쓰자마자 돌아왔는데, 유자[有子: 유약(有若)]는 그가 예를 모른다고 비난했다. 또 안자가 선조를 제사 지내면서 제기를 가리지도 못할 정도의 작은 돼지 다리를 쓴 것과, 바랜 옷과 세탁한 갓을 쓰고 조회하자 군자는 그를 국량이 좁다고 여겼으니, 검소함에 지나침은 예에 맞지 않는다. 지나친 검소가 예에 맞지 않기 때문에 검소하지 않음이 예를 안 것이 된다고 생각한 것이다.

曰: "邦君樹塞門, 管氏亦樹塞門. 邦君爲兩君之好, 有反坫, 管氏亦有反坫. 【注】鄭曰: "人君別內外於門, 樹屛以蔽之. 反坫, 反爵之坫, 在兩楹之間. 若與隣國爲好會, 其獻酢之禮更酌, 酌畢則各反爵於坫上. 今管仲皆僭爲之, 如是, 是不知禮也." 管氏而知禮, 孰不知禮?"

---

178 『춘추좌씨전』「장공」 24년 「전」.

공자가 말했다. "나라의 임금이라야 병풍을 세워 문을 가릴 수 있는데, 관중도 또한 병풍을 세워 문을 가렸으며, 나라의 임금이라야 두 임금의 우호를 위한 자리에 술잔을 되돌려놓는 받침대를 둘 수 있는 것인데, 관중도 또한 술잔을 되돌려놓는 받침대를 두었으니, 【주】 정현이 말했다. "임금은 대문을 기점으로 삼아 안과 밖을 구별하는데, 병풍을 세워 문을 가린다. 반점(反坫)은 술잔을 되돌려놓는 받침대이니,[179] 두 기둥 사이에 있다. 가령 이웃 나라의 임금과 우호를 위한 회합을 할 경우 헌초(獻酢)[180]의 예를 거행하고서 다시 잔에 술을 쳐서 다 마시면 각각 잔을 받침대 위에 돌려놓는다. 그런데 지금 관중이 이 모든 것을 참람함이 이와 같으니, 이는 예를 알지 못한 것이다." 관씨가 예를 안다면 누구인들 예를 모르겠는가?"

원문 正義曰:『漢石經』"邦"作"國". 皇本"孰不知禮"下有"也"字.

역문 정의에서 말한다.

『한석경(漢石經)』에는 "방(邦)"이 "국(國)"으로 되어 있다. 황간의 판본에는 "숙부지례(孰不知禮)" 아래 "야(也)" 자가 있다.

- 「注」, "人君"至"禮也".
- 正義曰: 皇・邢『疏』本"人君別內外"十二字識在"兩楹之間"句下, 今正. 宋輯本有"樹, 屏也."

---

[179] 『논어정의』에는 "反爵之坫" 네 글자가 빠져 있다. 아래의 해설에 이 부분을 해설하고 있는 것을 보면 아마도 아마도 유보남이 정정 인용하면서 빠뜨린 듯하다. 『논어주소(論語注疏)』와 『논어집해의소(論語集解義疏)』 및 유보남의 해설을 근거로 보충해서 해석하였다.

[180] 헌초(獻酢): 한쪽이 잔을 권하고 상대가 마시고 술잔을 되돌림.

句在「注」首. 『爾雅』「釋宮」, "屛謂之樹." 「舍人」「注」云: "以垣當門蔽爲樹." 郭璞「注」云: "小牆當門中."『說文』, "屛, 蔽也."『蒼頡篇』, "屛, 牆也."「明堂位」「注」, "屛謂之樹, 今桴思也. 刻之爲雲氣·蟲·獸, 如今闕上爲之矣."『廣雅』「釋室」, "罘思謂之屛." 顏師古『漢·文紀』「注」, "罘罳, 謂連闕曲閣也. 以覆重刻垣墉之處, 其形罘罳然, 一曰屛也."『古今注』, "罘罳, 屛之遺象也. 漢 西京罘罳合版爲之, 亦築土爲之, 每門闕殿舍前皆有焉, 於今郡國廳前亦樹之."

○「주」의 "인군(人君)"부터 "예야(禮也)"까지.

○ 정의에서 말한다.

황간과 형병의『논어주소』판본에는 "인군별내외(人君別內外)"부터 이하 12자가 "양영지간(兩楹之間)" 구 아래 기록되어 있는데, 지금 바로잡는다.[181] 송상봉의 집본(輯本)에는 "수(樹)는 병(屛)이다."라는 구절이「주」의 첫머리에 있다.『이아』「석궁(釋宮)」에 "병(屛)을 수(樹)라 한다."라고 했는데,「사인(舍人)」의「주」에 "문과 마주 보도록 담장을 쌓아 가리는 것을 수(樹)라 한다."라고 했고,[182] 곽박(郭璞)의「주」에는 "문 가운데와 마주 보고 있는 작은 담장이다."라고 했다.『설문해자』에 "병(屛)은 가린다[蔽]는 뜻이다."[183]라고 했다.『창힐편(蒼頡篇)』에 "병(屛)은 담장[牆]이다."라고 했고,『예기』「명당위(明堂位)」의「주」에 "병(屛)

---

181 『논어주소』와『논어집해의소』에는 "정현이 말했다. '반점은 술잔을 되돌려놓는 받침대이니, 두 기둥 사이에 있다. 임금은 대문을 기점으로 삼아 안과 밖을 구별하는데, 병풍을 세워 문을 가린다.'[鄭曰: '反坫, 反爵之坫, 在兩楹之間. 人君別內外於門, 樹屛以蔽之.']"라고 되어 있다.

182 이 내용은『이아주소(爾雅注疏)』의「주」에는 보이지 않으며, 형병의「소」에 "李巡曰: '垣當門自蔽名曰樹.'"라고 되어 있고, "사인(舍人)"은『주례』「지관사도하·사인(舍人)」에 보이는 관직명인데,「사인」의「주」에도 역시 이러한 표현은 보이지 않는다. 다만『태평어람(太平御覽)』권185,「거처부13(居處部十三)·병(屛)」에 "『이아』에 '병(屛)을 수(樹)라 한다.'[『爾雅』曰: '屛謂之樹.']"라고 하고,「주」에 "「사인」에 '문과 마주 보도록 담장을 쌓아 가리는 것을 수(樹)라 한다.'라고 했다.[「舍人」曰: '以垣當門蔽爲樹.']"라고 되어 있으니, 아마도 유보남이『태평어람』을 보고 인용한 것인 듯하다.

183 『설문해자』권8: 병(屛)은 가린다[蔽]는 뜻이다. 시(尸)로 구성되었고, 병(幷)이 발음을 나타낸다. 필(必)과 영(郢)의 반절음이다.[屛, 蔽也. 從尸幷聲. 必郢切.]

을 수(樹)라 하니, 지금의 부사(桴思)[184]이다. 구름의 기운이나 벌레·짐승을 새기니, 지금의 누대 위에 새기는 것과 같다."[185]라고 했다. 『광아』「석실(釋室)」[186]에 "부시(罘罳)를 병풍[屛]이라 한다." 했고, 안사고(顏師古)는 『전한서』「문제기(文帝記)」의 「주」에서 "부시(罘罳)는 누대를 연결하는 굽은 누각을 이른다. 담장을 깎아서 겹쳐 놓은 곳을 덮고 있는데, 그 모양이 병풍[罘罳] 같기 때문에 한편으로는 병풍[屛]이라고 한다."라고 했다. 『고금주(古今注)』에는 "부시는 병풍을 본뜬 모양이다. 한나라시대 서경(西京)의 부시는 널[版]을 합해서 만들고, 또 흙을 쌓아서 만들었는데, 모든 문의 누대의 전각 앞에는 모두 그것이 있었고, 지금에는 군국청(郡國廳) 앞에도 그것을 세운다."[187]라고 했다.

원문 案, 周人屛制, 當是用土, 故亦稱蕭牆. 其廟屛用木, 故「明堂位」謂之疏屛. 疏者, 刻也. 今人家照壁, 是其遺象. 『荀子』「大略篇」, "天子外屛, 諸侯內屛, 禮也. 外屛, 不欲見外也; 內屛, 不欲見內也." 『淮南』「主術訓」, "天子外屛, 所以自障." 是屛所以別內外也. 「注」言"人君", 兼有天子·諸侯.

역문 살펴보니, 주나라 시대 사람들의 병(屛)의 제도에는, 마땅히 흙을 사용하기 때문에 또한 소장(蕭牆)이라고도 한다. 그 당시 종묘의 병풍은 나무를 사용했기 때문에 『예기』「명당위」에서는 그것을 소병(疏屛)이라고 했다. 소(疏)는 새긴다[刻]는 뜻이다.[188] 지금 인가의 조벽(照壁)[189]이, 바로 그

---

184 부사(桴思): 작은 누대. 『예기주소』권31, 「명당위(明堂位)」 공영달의 「소」에 의하면, "한나라 때 동쪽 누대의 부사에 화제가 발생했다고 하니, 이 몇 문장으로 참고해 보면 부사는 작은 누대이다. 그러므로 성 모퉁이 누대 위에 모두 있다.[漢時東闕桴思災, 以此諸文參之, 則桴思, 小樓也. 故城隅闕上皆有之.]"라고 했다.

185 『예기주소』권31, 「명당위」 정현의 「주」.

186 『논어정의』에는 "「釋宮」"으로 되어 있으나, 『광아』에는 「석궁(釋宮)」이 없다. 『광아』를 근거로 「석실(釋室)」로 고쳤다. 이하 『광아』「석궁」은 모두 『광아』「석실」로 고쳤다.

187 『고금주(古今注)』권상, 「도읍제2(都邑第二)」.

모양을 본뜬 것이다. 『순자(荀子)』「대략편(大略篇)」에 "천자는 외병(外屛)을 세우고, 제후는 내병(內屛)을 세우는 것이 예이다. 노문(路門) 밖에 외병을 세우는 것은 밖을 보지 않으려는 것이고, 노문 안에 내병을 세우는 것은 안을 보지 않으려는 것이다."라고 했다. 『회남자』「주술훈(主術訓)」에는 "천자가 노문 밖에 외병을 세우는 것은 스스로를 가리기 위함이다."라고 했으니, 병은 안과 밖을 구별하기 위한 것이다. 「주」에서 "임금[人君]"이라고 한 것은 천자와 제후를 겸해서 한 말이다.

원문 「郊特牲」云: "臺門而旅樹·反坫, 大夫之僭禮也."「注」, "言此皆諸侯之禮也. 旅, 道也. 屛謂之樹, 樹所以蔽行道. <u>管氏</u>'樹塞門', 塞猶蔽也. 『禮』: '天子外屛, 諸侯內屛, 大夫以簾, 士以帷.'"「雜記」, "<u>管仲旅樹而反坫</u>, 賢大夫也, 而難爲上也."「曲禮」「疏」謂"諸侯內屛, 在<u>路門</u>內, 天子外屛, 在<u>路門</u>外而近應門." <u>江氏永</u>『鄕黨圖考』, "屛設於正門, 天子以應門爲正門, 屛在應門外; 諸侯以雉門爲正門, 屛在雉門內." 以<u>孔</u>「疏」之說爲非. 然「吳語」謂"<u>越王入命夫人, 王背屛</u>", 此當在<u>路門</u>內, 或春秋時不如制矣.

역문 『예기』「교특생」에 "누대가 있는 성문을 만들고 길에는 나무를 심어 밖을 가리고 잔을 되돌려놓는 받침대[反坫]를 두는 것은 대부의 참례(僭禮)이다."라고 했는데, 정현의 「주」에 "이는 모두 대부의 예임을 말한 것이다. 여(旅)는 길[道]이다. 병(屛)을 수(樹)라 하니, 수(樹)는 다니는 길을 가리기 위한 것이다. 관중이 '나무를 심어 문을 가렸다[樹塞門]'라고 했는

---

188 『예기주소』권31, 「명당위」공영달의 「소」에 "소(疏)는 새긴다[刻는 뜻이다[疏, 刻也.]"라고 했다.

189 조벽(照壁): 문 앞 또는 문안에 설치하는 고정된 가리개 또는 칸막이. 영벽(影壁)이라고도 한다. 흔히 벽돌로 쌓거나 흙으로 쌓은 것인데 판자로 된 것도 있다. 기원은 주대(周代) 초기이며 옛날에는 "수(樹)"라고 불렸고 유지(遺址)는 주원(周原)의 궁전 터에서 확인되었다.

데, 색(塞)은 가린다[蔽]는 뜻과 같다. 『예기』「교특생」에 '천자는 외병(外屛)을 세우고, 제후는 내병(內屛)을 세우며, 대부는 발[簾]을 치고 사(士)는 휘장[帷]을 친다.'"했고, 「잡기하」에 "관중은 길에 나무를 심어서 밖을 가리고 잔을 되돌려놓는 받침대를 두었으니, 현명한 대부이기는 하나 윗사람 노릇하기는 어렵다."라고 했으며, 「곡례하(曲禮下)」의 「소」에 "제후의 내병은 노문 안에 있고, 천자의 외병은 노문 밖에 있는데 응문(應門)에 가깝다."[190]라고 했다. 강영(江永)[191]의 『향당도고(鄉黨圖考)』에 "병은 정문(正門)에 설치하는데, 천자는 응문을 정문으로 삼으니, 천자의 병은 응문 밖에 있고, 제후는 치문을 정문으로 삼으니 제후의 병은 치문 안에 있다."라고 하면서 공영달 「소」의 설명이 틀렸다고 했다. 그러나 『국어』「오어(吳語)」에 "월(越)나라 왕이 부인에게 명령하였는데, 왕이 병을 등지고 있었다."라고 했는데, 이 일은 당연히 노문 안에 있었던 일이니, 더러 춘추시대에는 제도에 맞지 않기도 했던 것이다.

---

190 『예기주소』권5, 「곡례하(曲禮下)」 공영달의 「소」.

191 강영(江永, 1681~1762): 청나라 휘주(徽州) 무원(婺源) 사람. 자는 신수(愼修)이다. 고금의 학문에 정통했고, 고거(考據)에 밝았다. 대진(戴震)과 김방(金榜)의 스승이다. 환파(皖派)의 창시자로 대진에게 큰 영향을 끼쳐 '강대(江戴)'로 일컬어졌다. 어려서부터 십삼경주소(十三經注疏)를 익혔으며, 특히 삼례(三禮)에 정통했다. 경전 연구는 문자학(文字學)을 기초로 삼아야 한다고 주장했고, 훈고(訓詁)와 음운(音韻), 전장제도(典章制度) 등을 위주로 경전의 대의(大義)를 밝혔다. 저서에 『주례의의거요(周禮疑義舉要)』와 『예기훈의택언(禮記訓義擇言)』, 『예서강목(禮書綱目)』, 『심의고오(深衣考誤)』, 『향당도고(鄉黨圖考)』, 『예의석궁증주(儀禮釋宮增注)』, 『의례석례(儀禮釋例)』, 『군경보의(群經補義)』, 『춘추지리고실(春秋地理考實)』, 『율려천미(律呂闡微)』, 『고운표준(古韻標準)』, 『사성절운고(四聲切韻考)』, 『음학변미(音學辨微)』, 『역변(曆辨)』, 『역학보론(曆學補論)』, 『근사록집해(近思錄集解)』 등이 있다.

원문 云"反坫, 反爵之坫, 在兩楹之間"者, 『說文』, "坫, 屏也." 『爾雅』, "垝謂之坫." 『廣雅』 「釋室」, "反坫謂之埻." 屏者短垣, 埻與序同. 東西牆爲序, 皆以同類相稱也. 皇「疏」云: "坫, 築土爲之, 形如土堆." 其說甚合 『禮圖』, 謂"以木爲之, 高八寸, 足高二寸, 漆赤中." 制殊庳小. 且云: "以木與古制乖." 非也. 「大射儀」「疏」以承尊之豐與坫爲一物, 亦非.

역문 "반점은 술잔을 되돌려놓는 받침대이니, 두 기둥 사이에 있다."

『설문해자』에 "점(坫)은 병(屏)이다."[192]라 했고, 『이아』 「석궁」에는 "담장[垝]을 점(坫)이라 한다." 했으며, 『광아』 「석실」에 "반점(反坫)을 담장[埻]이라 한다."라고 했으니, 병(屏)이란 낮은 담장[短垣]이고, 서(埻)와 서(序)는 같은 글자이다. 동쪽과 서쪽에 있는 담장이 서(序)가 되니, 모두 같은 종류를 가지고 서로 맞춘 것이다. 황간의 「소」에 "점(坫)은 흙을 쌓아 만드니, 모양이 흙둔덕[土堆]과 같다."[193]라고 했는데, 그의 설명이 『삼례도(三禮圖)』와 매우 합치하는 것으로, "나무로 만드는데, 높이는 8치이고, 다리의 높이는 2치이며, 속을 붉게 칠한다."[194]라고 했으니, 제도는 낮고 작은 것이 다르다. 또 "나무를 쓰는 것이 옛날의 제도와는 어긋난다."라고도 하는데, 그렇지는 않다. 『의례』 「대사의(大射儀)」의 「소」에서는 술통[尊]을 받치는 데 쓰는 잔대[豐]를 점(坫)과 같은 물건이라고 했는데, 역시 아니다.

원문 『禮經』言坫甚多. 「明堂位」 "崇坫康圭", 此在堂下. 全氏祖望 『經史問答』

---

192 『설문해자』 권13: 점(坫)은 병(屏)이다. 토(土)로 구성되었고 점(占)이 발음을 나타낸다. 도(都)와 염(念)의 반절음이다.[坫, 屏也. 從土占聲. 都念切.]

193 『논어집해의소』 권2, 「논어팔일제3」 황간의 「소」.

194 『논어집주대전(論語集註大傳)』 권3, 「팔일제3(八佾第三)」의 소주에 보인다.

謂「觀禮」‘侯氏奠圭’, 以在堂下, 故稱崇之."是也. 「士冠禮」, "爵弁・皮
弁・緇布冠各一匴, 執以待於西坫南."「注」, "坫在堂角."「士喪禮」, "牀
第・夷衾, 饌於西坫南."「士虞禮」, "苴茅之制, 饌於西坫上."此堂隅之坫
在西者也. 「大射儀」, "將射, 上遷於下, 東坫之東南."「既夕」「記」, "設椸
於東堂下, 南順, 齊于坫."此堂隅之坫在東者也. 「內則」說閣之制云:"士
於坫一."此皮食之坫在房中也. 『周書』「作雒解」, "乃立五宮: 太廟・宗
宮・考宮・路寢・明堂, 咸有四阿反坫."是反坫不止一處.

역문 『예경(禮經)』에는 점(坫)을 말한 것이 매우 많다. 『예기』「명당위」에
"점을 높게 해서 홀[圭]을 올려놓는다."라고 했는데, 이것은 당(堂) 아래
에 있다. 전조망(全祖望)[195]의 『경사문답(經史問答)』에 "『의례』「근례(覲禮)」
에 '제후가 홀을 올린다'라고 했는데, 당 아래에 있기 때문에 조금 높다."
라고 한 것이 이것이다. 『의례』「사관례(士冠禮)」에는 "작변(爵弁)・피변
(皮弁)・치포관(緇布冠)을 각각 하나의 상자[匴]에 넣고, [유사(有司)가] 각기
위의 상자를 들고 서쪽 점의 남쪽에서 대기한다."라고 했는데, 「주」에
"점은 당의 모퉁이에 있다."[196]라고 했다. 『의례』「사상례(士喪禮)」에는
"평상[牀第]과 시신을 덮는 이불[夷衾]과 찬물(饌物)을 서쪽 점의 남쪽에 마

---

195 전조망(全祖望, 1705~1755): 청나라 절강 은현 사람. 자는 소의(紹衣), 호는 사산(謝山)이
다. 『영락대전(永樂大全)』을 빌려 읽으면서 구하기 어려운 책들을 초록했다. 나중에 유종주
(劉宗周)가 세운 즙산(蕺山)과 광동(廣東)의 단계서원(端溪書院)에서 주강(主講)을 맡았다.
평생 황종희(黃宗羲)를 흠모하여 그의 미완의 저서 『송원학안(宋元學案)』을 완성시켰고, 『수
경주(水經注)』의 교정에 고심했다. 사학(史學)에 밝았다. 명나라 말기의 충렬(忠烈)들과 청나
라 초기의 학자들의 사적에 관심을 쏟아 『길기정집(鮚埼亭集)』을 편찬했는데, 이런 부류 인사
들의 비(碑)나 표(表), 전(傳), 지(志) 등이 대략 수록되어 있다. 그 밖의 저서에 『경사문답(經
史問答)』과 『구여토음(勾餘土音)』, 『한서지리지계의(漢書地理志稽疑)』가 있고, 『곤학기문(困
學記聞)』에 대해 전(箋)을 달았으며, 『용상기구시(甬上耆舊詩)』를 편집했다.
196 『의례주소』권1, 「사관례제1(士冠禮第一)」 정현의 「주」.

련한다.” 했고, 『의례』「사우례(土虞禮)」에서는 “제기 바닥에 까는 띠의 제도는 찬물을 서쪽 점 위에 마련한다.”라고 했는데, 이것들은 서쪽에 있는 당 모퉁이의 점이다. 『의례』「대사의」에는 “장차 활쏘기를 하려 할 때, 위에서 아래로 옮겨 와 동쪽 점의 동남쪽에 앉는다.”[197]라고 했고, 「기석례(旣夕禮)」의 「기」에는 “동쪽 당 아래 갸자[㭪][198]를 설치하는데, 남쪽을 따라 점과 나란히 한다.”라고 했으니, 이것은 동쪽에 있는 당 모퉁이의 점이다. 『예기』「내칙」에는 음식을 넣어 두는 찬장[閣]의 제도를 설명하면서 “사는 점에 한 개가 있다.”라고 했는데, 이것은 방 안에 있는 음식을 갈무리해 두는 점이다. 『주서』「작락해(作雒解)」에, “이에 5궁(五宮)을 세우니, 태묘・종궁(宗宮)・고궁(考宮)・노침・명당인데, 모두 사아반점(四阿反坫)[199]을 가지고 있다.”라고 했으니, 반점이 한 곳에만 있는 것은 아니다.

원문 反者, 還也, 致也. 凡可以庋物皆爲反坫, 反爵其一事也. 孔晁注『周書』以反坫爲外向室, 不知所本. 而『黃氏日抄』・全氏『經史問答』據之以釋『論語』・「郊特牲」諸文, 可謂疏矣. 爵者, 飮器. 『韓詩』說“一升曰爵”是也. 「明堂位」, “反坫出尊, 天子之廟飾也.” 「注」, “反坫, 反爵之坫也, 坫在尊南.” 言天子坫在尊南, 則諸侯坫或在尊北與. 尊以盛酒, 爵以酌酒.

---

197 『의례』「대사의(大射儀)」에는 “上遷於下”라는 표현이 없다. 「대사의」에는 “관악의 연주가 끝나면 대사 및 소사와 상공이 모두 동쪽 점의 동남쪽에서 서쪽을 향하고 북쪽을 상석으로 해서 앉는다.[卒管, 大師及少師・上工, 皆東坫之東南, 西面北上坐.]”라고 했다.

198 갸자[㭪]: 들것식으로 된 음식물(飮食物)을 나르는 데 쓰는 도구의 한 가지. 또는 술통 받침이나 잔 받침.

199 사아(四阿): 지붕이 사면(四面)으로 되어 있어서 빗물이 사면으로 흘러내리게 되어 있는 지붕의 양식.

반(反)이란 되돌린다[還]는 뜻이며, 돌려 바친다[致]는 뜻이다. 물건을 갈무리해 둘 수 있는 모든 것은 다 반점이 되는데, 술잔을 되돌려놓는 것[反爵]이 그중 한 가지 일이다. 공조(孔晁)는 『주서』를 주석하면서 반점을 밖으로 향한 방[外向室]이라고 했는데, 어디에 근거한 것인지 모르겠다. 그리고 황진(黃震)[200]의 『황씨일초(黃氏日抄)』와 전씨의 『경사문답』은 공조의 주석을 근거로 『논어』와 『예기』 「교특생」의 여러 문장을 해석했으니, 어설프다고 말할 만하다. 작(爵)은 마시는 그릇[飮器]이다. 『한시(韓詩)』에 "1되들이 술잔을 '작(爵)'이라 한다."라고 한 것이 이것이다. 『예기』 「명당위」에 "반점이 술항아리[尊]의 남쪽에 나와 있으니, 천자 사당의 장식이다."라고 했는데, 「주」에 "반점은 술잔을 되돌려 놓는 받침대이고, 받침대는 술항아리 남쪽에 있다."[201]라고 했으니, 천자의 받침대가 술항아리 남쪽에 있다면 제후의 받침대는 술항아리 북쪽에 있을 것이다. 준(尊)으로 술을 담고, 작(爵)으로 술을 따른다.

此「注」云: "在兩楹之間"者, 『說文』, "楹, 柱也." 謂堂上東西兩柱, 當前楣下也. "坫在兩楹間", 此無文, 鄭以意言之. 金氏鶚 『禮說』以 "兩楹間賓主行禮處, 不得設坫於此", 曆引 「士昏禮」・「聘禮」說之, "「鄕飮酒」 '尊於

---

200 황진(黃震, 1212~1280): 남송 경원부(慶元府, 절강성) 자계(慈溪) 사람. 자는 동발(東發), 호는 유월(兪越), 사시(私諡)는 문결선생(文潔先生)이다. 도종(度宗) 때 사관검열(史館檢閱)이 되어 영종(寧宗)과 이종(理宗) 양조의 『국사(國史)』와 『실록(實錄)』을 편찬했다. 주돈이(周敦頤)와 이정(二程), 주희(朱熹)를 학문의 모범으로 삼았다. 주희의 삼전제자(三傳弟子) 왕문관(王文貫)을 사사했고, 하기(何基) 등과 함께 주자학을 계승・발전시킨 주요 인물이다. 저서에 『황씨일초(黃氏日鈔)』와 『고금기요(古今紀要)』, 『고금기요일편(古今紀要逸編)』, 『무진수사전(戊辰修史傳)』 등이 있다.

201 『예기주소』 권31, 「명당위」 정현의 「주」.

房戶間', 「燕禮」'尊於東楹之西'. 房戶間正當東楹, 東楹之西, 去楹不遠. 蓋尊酒者, 主人所以敬客, 主人位在東階上, 故設尊必在東方. 然則兩君燕飮設尊, 亦必在東矣. 兩君敵體, 與鄕飮一類, 是亦宜尊於房戶之間與東楹相當. 由是言之, 反坫不在兩楹之間明矣. 或者以燕禮爲諸侯與臣下行禮事, 兩君好會與燕禮同, 尊於東楹之西, 是又君臣無別. 『禮經』或言'兩楹之間', 或言'東楹之西', 正所以別其同·異, 豈可混而一之?" 其說甚有依據, 視鄭爲優矣.

역문 여기의 「주」에서 "두 기둥 사이에 있다."라고 한 것.

『설문해자』에 "영(楹)은 기둥[柱]이다."[202]라고 했으니, 당 위의 동쪽과 서쪽에 있는 두 기둥이라는 말로, 앞쪽의 문미[楣] 아래에 해당된다. "점은 두 기둥 사이에 있다."라고 했는데, 이는 없는 글이니, 정현이 자기의 생각대로 그렇게 말한 것이다. 김악의 『예설』에서는 "두 기둥 사이는 빈객과 주인이 예를 행하는 곳이니 여기에 받침대를 설치할 수 없기" 때문에, 『의례』「사혼례(士昏禮)」와 「빙례」를 낱낱이 인용해 설명하면서, "『의례』「향음주례(鄕飮酒禮)」에 '준(尊)은 방호(房戶) 사이에 있다.' 했고, 『의례』「연례」에 '준은 동쪽 기둥의 서쪽에 있다.'라고 했다. 방호 사이는 바로 동쪽 기둥에 해당되고, 동쪽 기둥의 서쪽은 기둥과의 거리가 멀지 않다. 대체로 항아리의 술[尊酒]은 주인이 빈객을 공경하기 위한 것이고, 주인의 자리는 동쪽 계단 위에 있다. 그러므로 술항아리를 진설하는 곳은 반드시 동쪽 방향에 있다. 그렇다면 두 임금이 연례에서 술을 마실 때 술항아리를 진설하는 곳 역시 반드시 동쪽에 있을 것이다. 두

---

202 『설문해자』 권6: 영(楹)은 기둥[柱]이다. 목(木)으로 구성되었고, 영(盈)이 발음을 나타낸다. 『춘추전』에 "환공의 묘(廟) 기둥에 붉은 칠을 하였다."라고 했다. 이(以)와 성(成)의 반절음이다.[楹, 柱也. 從木盈聲. 『春秋傳』曰: "丹桓宮楹." 以成切.]

임금은 서로 대등한 관계이고 향음(鄕飮)과 똑같은 종류이므로, 이때에
도 역시 동쪽 기둥과 서로 맞닿아 있는 방호 사이에 술항아리를 두는 것
이 옳다. 이로 말미암아 말하자면 반점이 두 기둥 사이에 있지 않다는
것은 분명하다. 어떤 사람은 연례를 제후와 신하가 행하는 예사(禮事)이
고, 두 임금이 우호를 위해 회합하는 것이 연례와 같으니, 술항아리를
동쪽 기둥의 서쪽에 둔다고 하는데, 이것은 또한 임금과 신하가 구별이
없는 것이다. 『예경』에서는 더러 '두 기둥 사이'라고도 하고, 더러는 '동
쪽 기둥의 서쪽'이라고도 하는데, 바로 그 같고 다름을 구별하기 위한
것이니 어찌 뒤섞어 똑같다고 할 수 있겠는가?"라고 하였다. 김악의 설
명이 매우 근거가 있는 것으로 정현의 설명보다 훨씬 뛰어나다.

원문 禮, 諸侯來朝, 禮畢, 主君享賓於廟, 燕賓於朝, 故云"爲好會"也. 會者,
合也, 遇也. 主人酌酒進賓, 謂之獻; 賓飮畢, 酌酒以進主人, 謂之酢; 主人
飮畢, 復自飮而後酌以勸賓, 謂之酬. 邢「疏」, "熊氏云: '主君獻賓, 賓筵前
受爵, 飮畢, 反此虛爵於坫上, 於西階上拜, 主人於阼階上答拜. 賓於坫取
爵, 洗爵, 酌以酢主人. 主人受爵, 飮畢, 反此虛爵於坫上, 主人阼階上拜,
賓答拜.' 是賓主飮畢反爵於坫上也. 而云'酌畢各反爵於坫上'者, 文不具
耳. 其實當'飮畢'." 案, 熊說見「郊特牲」「疏」.「疏」引此「注」作"獻酬", 此
『釋文』引"一本亦作酬", 疑以"酬"字爲是. 大夫無坫, 以『鄕飮酒禮』考之,
凡奠爵皆於篚, 卽君與臣燕, 亦但設二篚以承爵, 且皆在堂下, 不在堂上.
是大夫不得有反坫, 今管仲僭爲之.

역문 예에 제후가 와서 조회를 할 때, 예를 마치고 나면 주인 나라 임금[主
君]은 종묘에서 빈객들에게 향례를 베풀고 조정에서 빈객에게 연례를 베
풀기 때문에 "우호를 위한 회합"이라고 한 것이다. 회(會)란 모여서 하나
가 된다[合]는 뜻이고, 만난다[遇]는 뜻이다. 주인이 빈객에게 술을 쳐서

올리는 것을 헌(獻)이라 하고, 빈객이 다 마시고 술을 쳐서 주인에게 올리는 것을 초(酢)라 하며, 주인이 다 마시고 다시 자신이 마신 뒤에 술을 쳐서 빈객에게 권하는 것을 수(酬)라 한다. 형병의 「소」에 "웅씨(熊氏)는 '주인 나라 임금이 빈객에게 술을 올리면 빈객은 자리 앞으로 나와 그 술잔을 받아 다 마시고서 빈 잔을 받침대 위로 되돌려놓고 서쪽 계단 위에서 절을 하고, 주인은 동쪽 계단 위에서 답배를 한다. 빈객은 받침대 위에 있는 잔을 가져다 잔을 씻고서 그 잔에 술을 쳐서 주인에게 올린다. 주인은 그 잔을 받아 다 마시고서 그 빈 잔을 받침대 위로 되돌려놓고, 주인이 동쪽 계단 위에서 재배하면 빈객은 서쪽 계단 위에서 답배를 한다.'라고 했는데, 이는 빈객과 주인이 술을 다 마시고 술잔을 받침대 위로 되돌려놓는 것이다. 따라서 정현의 「주」에 '술을 다 치면[酌畢] 각각 잔을 받침대 위로 돌려놓는다.'라고 한 것은 글이 완전하지 못한 것일 뿐이다. 실제의 정황으로 보면 '술을 다 치면[酌畢]'은 '다 마시면[飮畢]'이 되어야 한다."라고 했다. 살펴보니, 웅씨의 설명은『예기주소(禮記注疏)』「교특생(郊特牲)」의 「소」에 보인다. 「소」에서는 이 「주」를 인용하면서 "헌수(獻酬)"라고 했는데, 이는『경전석문』에서 "다른 판본에는 또 수(酬)로 되어 있다."[203]라고 한 것을 인용한 것이니, 아마도 "수(酬)" 자가 옳다고 여긴 듯싶다. 대부는 받침대[坫]가 없는데,「향음주례」를 가지고 살펴보면, 잔을 올릴 때 모두 광주리에 담아서 올리니, 바로 임금과 신하의 연례에서도 다만 두 개의 광주리를 진설해서 잔을 받들고, 또 모두 당 아래에 있지 당 위에 있지 않다. 이는 대부에게는 잔을 되돌려놓는 받침대가 없다는 것인데, 지금 관중은 참람해서 잔을 되돌려놓는 받침대를

203 『경전석문(經典釋文)』권24,「논어음의(論語音義) · 팔일제3(八佾第三)」.

만들어 놓은 것이다.

3-23

子語魯大師樂, 曰: "樂其可知也, 始作, 翕如也; 【注】大師, 樂官名. 五音始奏. 翕如, 盛. 從之, 純如也, 【注】從讀曰縱, 言五音旣發, 放縱盡其音聲. 純如, 和諧也. 皦如也, 【注】言其音節明也. 繹如也, 以成." 【注】縱之以純如·皦如·繹如, 言樂始作翕如, 而成於三.

공자가 노나라 태사(大師)에게 음악에 대해 말했다. "음악은 알 수 있는 것이니, 연주를 시작할 때는 음을 고루 화합해서 소리를 내어 음악이 진행되도록 하고, 【주】 태사는 악관(樂官)의 명칭이다. 5음 (五音)[204]으로 연주를 시작한다. 흡여(翕如)는 우렁차다[盛]는 뜻이다.[205] 연주를 펼쳐 나아감에는 모든 음의 소리를 조화시켜 순일하게 하며, 【주】 종(從)은 종(縱)의 뜻으로 읽어야 하니, 5음이 이미 시작된 뒤에 모든 악기가 제 음의 소리를 다 내도록 펼쳐 놓는다는 말이다. 순여(純如)[206]는 조화[和諧]이다. 맑은 소리와 탁한 소리를 분명하게 구별하고, 【주】 그 음악의 소리와 절목(節目)을 분명하게 한다는 말이다. 끊이지 않게 계속해서 한 악장의

---

204 5음(五音): 음률(音律)의 다섯 가지 음. 곧 궁(宮)·상(商)·각(角)·치(徵)·우(羽). 5성(聲).

205 『논어주소』에는 "翕如盛"으로 되어 있으나, 『논어집해의소』「팔일」의 「주」와 『사기집해 (史記集解)』「공자세가(孔子世家)」의 「주」에는 모두 "翕如盛也"로 되어 있으므로 『논어집 해의소』와 『사기집해』의 「주」에 따라 해석했다.

206 『논어정의』에는 "純純"으로 되어 있으나, "純如"의 오기(誤記)인 듯하다. 정문을 근거로 수정하고 수정한 대로 해석했다.

연주가 완성되는 것입니다."【주】 조화롭고 분명하며 끊이지 않게 5음을 펼쳐 놓는다는 것이니, 음악은 연주를 시작할 때는 5음을 일제히 우렁차게 울리고, 세 가지[조화로움·분명함·끊이지 않음]에서 완성된다는 말이다.

원문 正義曰: 皇本"知也"下有"已"字, "成"下有"矣"字. 「孔子世家」述此文在哀十一年反魯後, 卽"樂正「雅」·「頌」得所"之事. 故云"樂其可知", 言樂正而後可知也.

역문 정의에서 말한다.

황간본에는 "지야(知也)" 아래 "이(已)" 자가 있고, "성(成)" 아래 "의(矣)" 자가 있다. 「공자세가(孔子世家)」에는 이 글을 애공 11년 노나라로 돌아온 뒤에 서술하고 있으니, 바로 "음악이 바르게 되어 아(雅)와 송(頌)이 제자리를 찾게 된"[207] 일이다. 그러므로 "음악은 알 수 있다"라고 한 것이니, 음악이 바르게 된 뒤에 알 수 있다는 말이다.

원문 云"始作"者, 『爾雅』「釋詁」, "作, 爲也." 言始爲此樂也. 鄭「注」云: "'始作', 謂金奏時. 聞金作, 人皆翕如, 變動之貌. '從'讀曰縱. '縱之', 謂八音皆作. '純如', 咸和之矣. '皦如', 使淸濁別之貌. '繹如', 志意條達."

역문 "시작(始作)"

『이아』「석고」에 "작(作)은 한다[爲]는 뜻이다."라고 했으니, 이 음악을 연주하는 것을 시작한다는 말이다. 정현의 「주」에 "'시작(始作)'은 금속

---

207 『논어』「자한(子罕)」: 공자가 말했다. "내가 위나라로부터 노나라로 돌아온 뒤로 음악이 바르게 되어 「아(雅)」와 「송(頌)」이 각기 제자리를 얻었다."[子曰: "吾自衛反魯, 然後樂正, 「雅」·「頌」各得其所."]

악기[金]²⁰⁸를 연주하는 때를 말한다. 금속 악기[金]의 소리를 듣고 8음(八音)²⁰⁹을 일으키는데, 사람들이 모두 8음을 고루 화합해서 소리를 내어 음악이 진행되도록 하니, '흡여'는 변하여 움직이는 모양이다.²¹⁰ '종(從)'은 종(縱)의 뜻으로 읽어야 한다. '펼친다[縱之]'는 것은 8음을 모두 일으킨다는 말이다. '순여'는 모든 음을 조화롭게 한다는 뜻이다. '교여(皦如)'는 맑은 소리[淸音]와 탁한 소리[濁音]가 구별되게 하는 모습이다. '역여(繹如)'는 뜻과 생각이 나뭇가지처럼 뻗어 나가는 것이다."라고 했다.

원문 案, 云"'始作', 謂金奏時"者,『周官』, "鍾師掌金奏."「注」云: "金奏, 擊金以爲奏樂之節, 金謂鍾及鎛." 是也.

역문 살펴보니, 정현의「주」에서 "'시작'은 금속 악기[金]를 연주하는 때를 말한다."라고 한 것은『주관』에 "종사(鍾師)는 금속 악기[金]를 연주하는 일을 관장한다."²¹¹라고 했는데,「주」에 "금주(金奏)란 금속 악기를 쳐서 음악의 가락을 연주하는 것인데, 금속 악기란 종(鍾)과 박(鎛)이다."²¹²라고

---

208 금(金):『주례』「춘관종백하 · 종사(鍾師)」의「주」에 "금(金)은 종(鍾)과 박(鎛)이다.[金, 鍾鎛也.]"라 하고,「지관사도상 · 고인(鼓人)」의「주」에는 "금주는 음악의 시작 때 편종(編鍾)을 치는 것이다.[金奏, 謂樂作擊編鍾.]"라고 했다.

209 8음(八音): 옛날에는 금(金) · 석(石) · 사(絲) · 죽(竹) · 포(匏) · 토(土) · 혁(革) · 목(木) 등 여덟 가지 재료를 써서 악기를 만들었는데, 그 재료에 따라서 소리를 각각 달리했으므로 8음이라 한다.

210 하안의『논어집해』「팔일」의「주」에 "정현이 말했다. '쇠로 연주하는 것을 들으면 사람들이 모두 흡여(翕如)하게 되는데, 흡여는 변하여 움직이는 모양이다.'[鄭曰, '聞金奏, 人皆翕如. 翕如, 變動之貌.']"라고 되어 있고,『논어주소』육덕명(陸德明)의「음의(音義)」에는 "흡(翕)은 허(許)와 급(及)의 반절음이다. 하안은 '우렁차다[盛]는 뜻이다.'라고 했고, 정현은 '변하여 움직이는 모양이다.'라고 했다.[翕許及反. 何晏云'盛'也.' 鄭云, '變動貌.']"라고 되어 있다.

211『주례』「춘관종백하 · 종사」.

212『주례주소』권23,「춘관종백하(春官宗伯下) · 종사(鍾師)」정현의「주」.

한 것이 이것이다.

원문 云"聞金作, 人皆翕如, 變動之貌"者, <u>莊氏述祖</u>『別記』申此「注」云'『國
語』云: '鍾不過以動聲.' <u>韋</u>「注」, '動聲, 謂合樂以金奏, 而八音從之.'『毛
詩』, '鼓鍾欽欽.'「傳」云: '欽欽, 言使人樂進也.' 欽 · 翕聲相近. 言'變動'
者, 亦使人樂進之意.'"

역문 정현의 「주」에서 "금속 악기[金]의 소리를 듣고 8음을 일으키는데, 사
람들이 모두 8음을 고루 화합해서 소리를 내어 음악이 진행되도록 하
니, '흡여'는 변하여 움직이는 모양이다."라고 한 것.

　　장술조의 『별기(別記)』에서는 이 「주」의 내용을 확대해서 "『국어』「주
어하(周語下)」에 '종(鍾)은 소리를 처음 일으키는 것에 불과하다.[鍾不過以
動聲.]'라고 했는데, 위소(韋昭)[213]의 「주」에 '동성(動聲)이란 음악을 합주할
때 금속 악기를 연주하면 8음이 따르는 것이다.'라고 했다. 『모시』에,
'종을 치기를 흠흠(欽欽)하게 한다.'[214]라고 했는데, 「전」에, '흠흠은 사람
들에게 음악을 진행하게 한다는 말이다.'[215]라고 했다. 흠(欽)과 흡(翕)은
소리가 서로 가깝다. '변동(變動)'이라고 말한 것 역시, 사람들에게 음악
을 진행하게 한다는 뜻이다."라고 했다.

---

213 위소(韋昭, 204~273): 삼국시대 오(吳)나라 오군(吳郡) 운향(雲陽) 사람. 자는 홍사(弘嗣)이
　　다. 이름은 소(昭)이나 정사에서는 진나라 사마소(司馬昭)의 휘를 피해 요(曜)로 썼다. 손화
　　(孫和)의 명령을 받아 『박혁론(博奕論)』을 지었고, 화핵(華覈)와 함께 『오서(吳書)』를 편찬
　　했다. 손휴(孫休)가 즉위하자 황명을 받아 여러 책을 교정했다. 『국어』를 중요하게 여겨 『국
　　어주(國語注)』를 편찬했다. 그 밖의 저서에 『효경해찬(孝經解讚)』과 『변석명(辨釋名)』, 『모
　　시답잡문(毛詩答雜問)』, 『관직훈(官職訓)』 등이 있었지만 전해지지 않고, 일부분이 『옥함
　　산방집일서』에 수록되어 있다.
214 『시경』「소아 · 북산지십 · 고종(鼓鐘)」.
215 『모시주소』권20, 「소아 · 곡풍지십(谷風之什) · 고종(鼓鐘)」 모형의 「전」.

원문 云“‘從’讀曰縱. ‘縱之’, 謂八音皆作”者, 莊氏云: “從, 縱通. 「大司樂」, ‘凡六樂者, 文之以五聲, 播之以八音.’「注」云: ‘六者, 言其均皆待五聲八音乃成也.’「大師」「注」云: ‘文之者, 以調五聲使之相次, 如錦繡之有文章. 播猶揚也, 揚之以八音, 乃可得而觀之矣.’ 上‘始作’, 旣單言‘金奏’, 此云 ‘從之’, 則言‘八音’, 可知金奏始作, 律·呂相應, 使人皆變動, 樂進由是從 之, 以均五聲八音, 而堂上堂下之樂皆作也.”

역문 정현의 「주」에서 “‘종(從)’은 종(縱)의 뜻으로 읽어야 한다. ‘펼친다[縱 之]’는 것은 8음을 모두 일으킨다는 말이다.”라고 한 것.

　장술조는 “종(從)은 종(縱)과 통한다. 『주례』「춘관종백하(春官宗伯下)· 대사악(大司樂)」에 ‘여섯 가지 음악은 5성(五聲)으로 꾸며서 8음으로 널리 퍼지게 한다.’라고 했는데, 「주」에 ‘여섯 가지란 그 조화로움[均]이 모두 5성과 8음을 기다려야 완성된다는 말이다.’라고 했다. 『주례주소』「춘관 종백하(春官宗伯下)·태사(大師)」 정현의 「주」에 ‘꾸민다[文之]는 것은 5성 을 조율해서 차례로 이어지게 하는 것이니, 예를 들면 수놓은 비단에 무 늬가 있는 것과 같다. 파(播)는 퍼뜨린다[揚]는 뜻과 같으니, 8음을 퍼뜨 려야 이에 관찰할 수 있는 것이다.’라고 했다. 앞의 ‘시작(始作)’에 대해서 는 이미 ‘금주(金奏)’라고만 하고, 여기서는 ‘종지(從之)’라고 하면서 ‘8음 (八音)’을 말했으니, 금속 악기의 연주를 시작으로 음률과 가락[律呂]이 상 응해서 사람들에게 모두 음악을 진행하게 하면, 음악의 진행이 이를 말 미암아 펼쳐져 5성과 8음을 조화롭게 하매 당상(堂上)과 당하(堂下)의 음 악이 모두 일어난다는 것을 알 수 있다.”라고 했다.

원문 云“‘純如’, 咸和之矣”者, 高誘『淮南』「原道」「注」, “純, 不雜糅也.” 咸 者, 皆也, 謂人聲樂聲相應而不雜, 故爲和也.「樂記」, “審一以定和.”「注」 云: “審一, 審其人聲也.” 審一卽純如之義, 謂人聲旣一, 而後與樂和也. 莊

氏改此「注」, "咸"爲"感", "矣"爲"美", 非是.

역문 정현의 「주」에서 "'순여'는 모든 음을 조화롭게 한다[咸和之]는 뜻이다."라고 한 것.

고유(高誘)의 『회남자』「원도(原道)」의 「주」에 "순(純)은 뒤섞이지 않았다는 뜻이다."라고 했다. 함(咸)이란 모두(皆)라는 뜻이니, 사람의 소리와 음악 소리가 상응하면서도 섞이지 않기 때문에 조화를 이룬다는 말이다. 『예기』「악기(樂記)」에 "하나를 살펴 조화를 정한다.[審一以定和.]"라고 했는데, 「주」에 "하나를 살핀다[審一]는 것은 사람의 소리를 살핀다는 뜻이다."[216]라고 했다. 사람의 소리를 살핀다[審一]는 것이 바로 모든 음을 조화롭게 한다[純如]는 뜻이니, 사람의 소리가 이미 순일하게 된 뒤에 음악과 조화를 이룬다는 말이다. 장씨는 이 「주」를 고쳐서 "함(咸)"을 "감(感)"의 뜻으로 보고, "의(矣)"를 "미(美)"의 뜻으로 보았는데, 옳지 않다.

원문 云"'皦如', 使清濁別之貌"也者, 莊氏云: "鄭注「大司樂」云: '凡五聲, 宮之所生. 濁者爲角, 清者爲徵 · 羽.'「樂記」, '倡和清濁.'「注」, '清謂蕤賓至應鍾, 濁謂黃鍾至大呂.' 是十二律 · 五聲 · 八音皆有清濁. 又「樂記」, '比物以飾節.'「注」云: '比物, 謂雜金革土匏之屬也.' 言雜八音之器, 而有以別其清濁, 唯明者能之."

역문 정현의 「주」에서 "'교여'는 맑은 소리[清音]와 탁한 소리[濁音]가 구별되게 하는 모습이다."라고 한 것.

장씨는 "정현은 「대사악」을 주석하면서 '5성은 궁(宮)성이 낳은 것이다. 탁한 소리는 각(角)성이 되고, 맑은 소리는 치(徵)성과 우(羽)성이 된

---

216 『예기주소』 권39, 「악기(樂記)」 정현의 「주」.

다.'²¹⁷ 했고『예기』「악기」에 '맑은 소리와 탁한 소리를 선창하고 화답한
다.'라고 했는데, 「주」에 '청음(淸音)은 유빈(蕤賓)부터 응종(應鍾)까지를
이르고, 탁음(濁音)은 황종(黃鍾)부터 대려(大呂)까지를 이른다.'²¹⁸라고 했
으니, 이는 12율(十二律)²¹⁹과 5성과 8음이 모두 청음과 탁음을 가지고 있
다는 것이다. 또『예기』「악기」에 '악기를 배합해서[比物] 절주를 꾸민
다.'라고 했는데 「주」에 '비물(比物)이란 금(金)ㆍ혁(革)ㆍ토(土)ㆍ포(匏)
등을 섞는다는 말이다.'²²⁰라고 했으니, 8음의 악기를 섞어 그 청음과 탁
음을 구별한다는 말인데, 오직 절대음감이 분명한 자라야 제대로 할 수
있다.”라고 했다.

원문 云“'繹如', 志意條達”者, 莊氏云: “「周頌」, '驛驛其達.' 「箋」, '達, 出地
也.'『釋訓』, '繹繹, 生也.' 繹ㆍ驛通, 言美心之感發, 如草木之有生意, 暢
茂條達也. 「樂記」云: '志意得廣焉.'『孟子』云: '樂則生矣, 生則惡可已
也? 惡可已, 則不知足之蹈之, 手之舞之.' 言樂至此而每變, 足以致物矣.”

역문 정현의 「주」에서 “'역여'는 뜻과 생각이 나뭇가지처럼 뻗어 나가는 것
이다.”²²¹라고 한 것.
　　장씨는 “『시경』「주송ㆍ민여소자지십(閔予小子之什)ㆍ재삼」에 '불쑥불

---

217 『주례주소』권22, 「춘관종백하ㆍ대사악(大司樂)」 정현의 「주」.

218 『예기주소』권38, 「악기」 정현의 「주」. “大呂”는『십삼경주소』본에는 “中呂”로 되어 있다.

219 12율(十二律): 양성(陽聲)에 속하는 여섯 가지 음(音)과 음성(陰聲)에 속하는 여섯 가지 음
　　으로 나뉜다. 전자는 곧 황종(黃鍾), 대주(大簇), 고선(姑洗), 유빈(蕤賓), 이칙(夷則), 무역
　　(無射)이고 후자는 협종(夾鍾), 중려(仲呂), 임종(林鍾), 남려(南呂), 응종(應鍾), 대려(大呂)
　　이다.

220 『예기주소』권39, 「악기」 정현의 「주」.

221 『논어주소』권3, 「팔일제3」 육덕명의 「음의」와『경전석문』권24, 「논어음의ㆍ팔일」에 보
　　이는 내용이다.

쑥 싹이 솟아 나온다.[驛驛其達.]'라고 했는데, 「전(箋)」에 '달(達)은, 땅 위로 나온다[出地]는 뜻이다.'²²²라고 했다. 『이아』「석훈(釋訓)」에 '역역(繹繹)은 나온다[生]는 뜻이다.'라고 했다. 역(繹)은 역(驛)과 통하니, 아름다운 마음이 감동해서 드러나는 것이 마치 풀과 나무가 솟아나려는 뜻이 있어 무성하게 자라나 가지가 뻗어 나가는 것과 같다는 말이다. 『예기』「악기」에 '뜻과 생각이 넓어질 수 있다.'라고 했고, 『맹자』「이루상(離婁上)」에서는 '즐거워하면 생겨나니, 생겨나면 어찌 그만둘 수 있겠는가? 그만두려야 그만둘 수 없는 경지에 이르면 모르는 사이에 발을 구르고 손으로 춤을 추게 될 것이다.'라고 했으니, 음악이 이러한 경지에 이르러 항상 변해 가면 충분히 사물의 이치를 연구해서 앎을 완전하게 할 수 있다는 말이다."라고 했다.

원문 宋氏翔鳳『發微』云: "'始作', 是金奏「頌」也. 『儀禮』「大射儀」納賓後乃奏「肆夏」, 樂闋後有獻酢旅酬諸節, 而後升歌, 故曰'從之'. 從同縱, 謂縱緩之也. 入門而金作, 其象翕如變動, 緩之而後升歌. 重人聲, 其聲純一, 故曰'純如', 卽「樂記」所謂'審一而定和'也. 繼以笙入, 笙者有聲無辭, 然其聲淸別, 可辨其聲而知其義, 故曰'皦如'. 繼以間歌, 謂人聲笙奏間代而作, 相尋續而不斷絶, 故曰'繹如'. 此三節皆用「雅」, 所謂'「雅」·「頌」各得其所'也. 有此四節而後合樂, 則樂以成. 合樂卽鄕樂「周南」「關雎」·「葛覃」·「卷耳」, 「召南」「鵲巢」·「采蘩」·「采蘋」. 「燕禮」'大師告於樂正曰: "正歌備."' 鄭「注」, '正歌者, 升歌及笙各三終, 間歌三終, 合樂三終, 爲一備. 備亦成也.' 鄭「鄕射禮」「注」云: '不歌·不笙·不間, 志在射, 略

---

222 『모시주소』 권28, 「주송(周頌)·민여소자지십(閔予小子之什)·재삼(載芟)」 정현의 「전(箋)」.

於樂也. 不略合樂者,「周南」·「召南」之風, 鄕樂也, 不可略其正也.' 據
此, 知孔子所謂'樂其可知'及謂'然後樂正'者, 竝指鄕樂,『儀禮』謂之正歌.
如「鄕射」不歌·不笙·不間, 而合鄕樂則告'正歌備',「大射」有歌有笙, 而
不間·不合鄕樂則不告'正歌備', 知正歌專指鄕樂也. 必合鄕樂而後備一
成, 故知'以成'是合樂也.『論語』於金奏至間歌, 以'翕如'諸言形容其象,
而於合樂但言'以成'者, 以合樂之象, 已於'樂其可知'一語先出之. 後言'師
摯之始,「關雎」之亂, 洋洋乎盈耳哉', 亦暢言合樂之象. 子謂伯魚曰:'人
而不爲「周南」·「召南」, 其猶正牆面而立也與.' 則子之重鄕樂也至矣!"

역문 송상봉의『논어발미』에 "시작은 금속 악기로「송(頌)」을 연주하는 것
이다.『의례』「대사의」에 손님을 맞이한 뒤에 바로「사하」를 연주하고,
음악이 끝난 뒤에 술잔을 주고받고 따르는 여러 절차가 있으며, 그런 뒤
에 당에 오르면서 노래를 부르기 때문에 '종지(從之)'라고 한 것이다. 종
(從)은 종(縱)과 같으니, 느리게 펼친다는 말이다. 문으로 들어가매 금속
악기의 소리를 일으키는데, 그 모습은 8음을 고루 화합해서 소리를 내
어 음악을 진행하게 하는 모습이고, 느려진 뒤에 당에 오르면서 노래를
부른다. 사람의 소리를 중시하는데, 그 소리가 순일하기 때문에 '순여'라
고 했으니, 바로『예기』「악기」에서 말한 '하나를 살펴 조화를 정한다.
[審一以定和.]'라는 것이다. 이어서 생황의 연주가 시작되는데, 생황 연주
는 소리만 있고 가사는 없지만 그 소리가 맑게 구별되어 그 소리를 변별
하고 그 뜻을 알 수 있기 때문에 '교여'라고 한 것이다. 이어서 간가(間歌)
가 이어지는데, 간가란 사람의 소리와 생황 연주가 사이사이 교대로 일
어나 서로 이어져 단절되지 않는다는 말이기 때문에 '역여'라고 한 것이
다. 이 세 마디는 모두「아(雅)」를 사용하니, 이른바 '「아」와「송」이 각
기 제자리를 찾게 되었다.'223라는 것이다. 이 네 마디를 갖춘 뒤에 음악
을 합주하면 한 악장의 연주가 완성된다. 합주는 바로 향악인데『시경』

「주남」의 「관저」·「갈담」·「권이」와 「소남」의 「작소」·「채번」·「채빈」을 합주한다. 『의례』「연례」에 '대사가 악정에게 아뢰기를 "정가(正歌)의 연주가 완성되었습니다."라고 한다.'라고 했는데, 정현의 「주」에 '정가란 당에 오를 때 노래를 부르는 것과 생황이 각각 세 번의 연주를 마치면, 간가가 세 번의 연주를 마치고, 이어서 합주가 세 번의 연주를 마치면 한 악장의 연주가 완성된다. 비(備)는 역시 완성[成]이라는 뜻이다.'[224]라고 했다. 정현의 『의례』「향사례」의 「주」에 '노래 부르지 않고, 생황을 연주하지 않으며, 간가를 하지 않는 것은 뜻을 활쏘기에 집중하기 위해 음악을 생략하는 것이다. 합주를 생략하지 않는 것은 「주남」과 「소남」의 음악[風]은 향악(鄕樂)이므로 정악을 생략해서는 안 되기 때문이다.'[225]라고 했다. 여기에 의거해 보면 공자의 이른바 '음악은 알 수 있다'라는 말과 '그런 뒤에 음악이 바르게 되었다'라는 말은 모두 향악을 가리키는 것으로 『의례』에서는 그것을 정가라 한다는 것을 알 수 있다. 예컨대, 「향사례」에서 노래 부르지 않고, 생황을 연주하지 않으며, 간가를 하지 않으면서 향악을 합주하면서는 '정가의 연주가 완성되었다'라고 아뢰고, 「대사의」에는 노래를 부르고 생황을 연주하면서 간가를 하지 않고 향악을 합주하지 않으면서 '정가의 연주가 완성되었다'라고 아뢰지도 않으니, 정가란 오로지 향악만을 가리킨다는 것을 알 수 있다. 반드시 향악을 합주한 뒤에 정가의 연주가 완성되어 음악의 한 악장이 완성되는 것이므로 '한 악장의 연주가 완성된다[以成]'라는 것은 음악을 합주한다는 것임을 알 수 있다. 『논어』에서 금속 악기의 연주에서부터

---

223 『논어』「자한」.
224 『의례주소』 권6, 「연례(燕禮)」 정현의 「주」.
225 『의례주소』 권5, 「향사례(鄕射禮)」 정현의 「주」.

간가에 이르기까지에 대해서는 '흡여'라는 몇 마디 말로 그 모습을 형용하면서, 합주에 대해서는 단지 '한 악장의 연주가 완성된다[以成]'라고만 말한 것은, 합주하는 모습이 이미 '음악은 알 수가 있다'라는 한 마디 말에서 먼저 나왔기 때문이다. 뒤에 '태사(太師)인 지(摯)가 음악을 시작할 때와 「관저」로 합주(合奏)를 마칠 때의 음악 소리가 양양(洋洋)하게 귀에 가득하구나!'[226]라고 한 것 역시 합주의 모습을 잘 표현해서 말한 것이다. 공자가 백어에게 '사람으로서 「주남」과 「소남」을 배우지 않으면 바로 담장을 맞닥뜨린 채 서 있는 것과 같다.'[227]라고 한 것은 공자가 향악을 중히 여긴 것이니, 지극하구나!'라고 했다.

<원문> 案, 宋氏依禮爲說, 視鄭氏爲確. 李氏惇『群經識小』不數金奏, 以'始作'爲升歌, '純如'爲笙奏, '皦如'爲間歌, '繹如'爲合樂, 不及宋說之備. 故置彼錄此.

<역문> 살펴보니, 송상봉의 설명은 예를 근거로 말한 것으로, 정현의 설명보다 정확하다. 이돈의 『군경식소』에는 금속 악기의 연주는 세어서 말하지 않고 '시작'을 당에 오를 때 노래하는 것으로 여기고, '순여'를 생황 연주라고 생각했으며, '교여'를 간가로, '역여'를 합주라고 여겨, 잘 갖추어진 송상봉의 설명은 언급하지 않았다. 그러므로 그런 것은 놔두고 이것을 기록한다.

<원문> 『詩』「樛木」「傳」, "成, 就也."『說文』同. 『周官』「樂師」, "凡樂成則告備."「注」, "成謂所奏一竟."「燕禮·記」「注」, "三成, 三終也." 是樂之終

---

226 『논어』「태백(泰伯)」.
227 『논어』「양화(陽貨)」.

爲成也.

역문 『시경』「규목(樛木)」의 정현의 「전」에 "성(成)은 이룸[就]이다."[228]라고 했고, 『설문해자』에도 같다.[229] 『주관』「악사(樂師)」에 "모든 음악은 연주하던 음악의 한 악장이 끝나면 완성되었음을 아뢴다.[凡樂成則告備.]"[230]라고 했는데, 「주」에 "성(成)은 연주하던 음악의 한 악장이 끝났다는 말이다."[231]라고 했고, 「연례·기」의 「주」에 "3성(三成)은 세 번의 연주를 마친다[三終]는 뜻이다."[232]라고 했으니, 이에 음악을 마침이 한 악장의 완성이 되는 것이다.

- 「注」, "大師"至"如盛".

- 正義曰: 云: "大師, 樂官名"者, 『周官』"大師, 下大夫二人; 小師, 上士四人." 「注」云: "凡樂之歌, 必使瞽矇爲焉, 命其賢知者爲大師·小師." 「疏」云: "以其無目, 無所睹見, 則心不移於音聲, 故不使有目者爲之也." 案, 諸侯樂官, 大師當止一人. 此所語"大師樂", 應指師摯, 是大師爲樂官名也.

- 「주」의 "태사(大師)"부터 "여성(如盛)"까지.

- 정의에서 말한다.

---

228 『모시주소』 권1, 「국풍·주남·규목(樛木)」. "즐거운 군자여, 복록이 이루어 주리라![樂只君子, 福履成之!]"라고 한 구절에 대한 정현의 「전」.

229 『설문해자』 권14: 성(㜶)은 이룬다[就]는 뜻이다. 무(戊)로 구성되었고 정(丁)이 발음을 나타낸다. 성(戚)은 성(成)의 고문인데 오(午)로 구성되었다. 씨(氏)와 정(征)의 반절음이다.[㜶, 就也. 從戊丁聲. 戚, 古文成從午. 氏征切.]

230 『주례』 「춘관종백하·악사(樂師)」.

231 『주례주소』 권23, 「춘관종백하·악사(樂師)」 정현의 「주」.

232 『의례주소』 권6, 「연례」 "당에 오를 때 「녹명」을 노래하고 내려올 때 「신궁(新宮)」을 노래하며, 생황이 들어와 세 번의 연주를 마친다.[升歌「鹿鳴」, 下管「新宮」, 笙入三成.]"라고 한 곳의 정현의 「주」.

"태사는 악관의 명칭이다."

『주관』에 "태사는 하대부(下大夫) 2인이고, 소사(小師)는 상사(上士) 4인이다."[233]라고 했는데, 「주」에, "모든 음악의 노래는 반드시 고몽(瞽矇)[234]에게 부르도록 하는데, 현명하고 지혜로운 자를 명해서 태사와 소사를 삼는다."[235] 했고, 「소」에 "눈이 없어서 보이는 것이 없으면, 마음이 음성에 동요되지 않기 때문이니, 그런 까닭에 눈이 있는 사람으로 하여금 그것을 관장하게 하지 않는다."[236]라고 했다. 살펴보니, 제후의 악관은 태사가 마땅히 1인뿐이다. 여기에서 "태사에게 음악에 대해[大師樂]"라고 말한 것은 분명 악사인 지를 가리키는 것이니, 이에 태사가 악관의 명칭이 되는 것이다.

원문 云"五音始奏"者, 『管子』「地員篇」, "凡聽宮, 如牛鳴窌中; 凡聽商, 如離群羊; 凡聽角, 如雉登木以鳴, 音疾以清. 凡聽微, 如負豬豕, 覺而駭; 凡聽羽, 如鳴馬在野." 是五音之別也.

역문 "5음으로 연주를 시작한다."

『관자』「지원(地員)」에 "궁의 음을 들어 보면 마치 외양간 안에서 소가 우는 소리 같고, 상의 음을 들어 보면 무리를 이탈한 양의 울음소리 같으며, 각의 음을 들어 보면 꿩이 나무에 날아오르며 우는 소리같이 음이

---

233 『주례』「춘관종백하 · 태사(大師)」·「소사(小師)」.
234 고몽(瞽矇): 주나라 때 춘관(春官)에 속한 관명(官名). 악관(樂官). 『주례』「춘관종백하 · 고몽(瞽矇)」에 "고몽은 도(鼗)와 축(柷)과 어(敔)와 훈(塤)과 소(簫)와 관(管)과 현(絃)의 노래를 연주하는 일을 담당한다. 시를 외워서 풍자하고, 대대로 이어 온 각 왕조의 덕을 기술하여 금슬로 연주한다. 9덕과 6가지 시의 노래를 관장하고 태사(大師)의 명에 따라 활동한다. [瞽矇, 掌播 · 鼗 · 柷 · 敔 · 塤 · 簫 · 管 · 絃歌. 諷誦詩, 世奠繫, 鼓琴瑟. 掌九德六詩之歌, 以役大師.]"라고 했다.
235 『주례주소』권23,「춘관종백하 · 악사」정현의「주」.
236 『주례주소』권23,「춘관종백하 · 악사」가공언의「소」.

빠르면서 맑게 울린다. 치의 음을 들어 보면 작은 돼지와 큰 돼지가 붙잡혀 놀라서 지르는 소리와 같고, 우의 음을 들어 보면 들판에서 말이 우는 소리와 같다."라고 했는데, 이는 5음을 구별한 것이다.

원문 云"翕如盛"者, 說文"翕, 起也." 『方言』, "翕, 熾也." 『文選』「甘泉賦」「注」, "翕, 赫盛貌." 義皆相近, 故此「注」以"翕"訓"盛".

역문 "흡여성(翕如盛)"

『설문해자』에 "흡(翕)은 일어난다[起]는 뜻이다."[237]라고 했고, 『방언(方言)』에는 "흡(翕)은 성하다[熾]는 뜻이다."라고 했으며, 『문선(文選)』「감천부(甘泉賦)」의 「주」에서는 "흡(翕)은 찬란하고 성대한 모양이다."라고 했는데, 뜻이 모두 서로 가깝기 때문에 여기의 「주」에서 "흡(翕)"을 "우렁차다[盛]"라고 해석한 것이다.

● 「注」, "言其音節明也."
● 正義曰: "音"謂樂聲, "節"謂樂之節目也. 「樂記」云: "文采節奏, 聲之飾也." 又云: "比物以飾節, 節奏合以成文." 言"明"者, 訓"皦"爲明也. 義見『埤蒼』.
○ 「주」의 "그 음악의 소리와 절목을 분명하게 한다는 말이다.[言其音節明也.]"
○ 정의에서 말한다.
　"음(音)"은 음악의 소리[樂聲]를 이르고, "절(節)"은 음악의 절목(節目)을 이른다. 『예기』「악기」에 "문채(文采)와 절주(節奏)는 소리의 장식이다."라고 했고, 또 "악기를 배합해서[比物] 절주를 꾸미고, 절주가 모여서 문채를 이룬다."라고 했으니, "명(明)"이라는 말은 "또렷하다[皦]"라는 뜻으로 해석해야 분명해진다. 뜻이 『비창(埤蒼)』[238]에 보인다.

---

237 『설문해자』 권4: 흡(翕)은 일어난다[起]는 뜻이다. 우(羽)로 구성되었고, 합(合)이 발음을 나타낸다. 허(許)와 급(及)의 반절음이다.[翕, 起也. 從羽合聲. 許及切.]

儀封人請見, 【注】 鄭曰: "'儀'蓋衛邑. '封人', 官名." 曰: "君子之至於
斯也, 吾未嘗不得見也." 從者見之, 【注】 包曰: "'從者', 弟子隨孔子
行者, 通使得見." 出曰: "二三子何患於喪乎? 天下之無道也久矣,
天將以夫子爲木鐸." 【注】 孔曰: "語諸弟子言, '何患於夫子聖德之將喪
亡邪? 天下之無道已久矣, 極衰必盛.' '木鐸', 施政教時所振也, 言天將命孔子
制作法度, 以號令於天下."

의읍(儀邑)의 봉인(封人)이 공자를 만나 볼 것을 청하며, 【주】 정현
이 말했다. "'의(儀)'는 위(衛)나라 읍(邑)인 듯하다. '봉인'은 관직의 명칭이다." 말
했다. "군자가 이곳에 왔을 때, 내가 일찍이 만나 보지 못한 적이
없었소." 수행하던 제자가 공자를 만나게 해 주자, 【주】 포함이 말했
다. "'종자(從者)'는 공자를 수행하는 제자인데, 사자(使者)를 통해 만나 볼 수 있게
한 것이다." 봉인이 공자를 만나 보고 나와서 말했다. "여러분들은
무엇 때문에 선생의 성스러운 덕이 없어질까 걱정하십니까? 천
하가 무도(無道)한 지 오래이니, 하늘이 장차 선생을 목탁(木鐸)으
로 삼으실 것입니다." 【주】 공안국이 말했다. "제자들에게 '무엇 때문에 선생
의 성스러운 덕이 장차 없어지게 될까 걱정하는가? 천하가 무도해진 지 이미 오래이
니, 쇠란(衰亂)이 극에 달하면 반드시 융성(隆盛)해지는 것입니다.'라고 말한 것이다.
'목탁'은 정치와 교화를 펼 때에 흔드는 것이니, 하늘이 장차 공자에게 법도를 제정해
서 천하를 호령하게 할 것이라는 말이다."

---

238 동한(東漢)시대 청하(淸河) 지역에 살았던 장읍(張揖, ?~?)이 저술한 자전(字典).

正義曰: 皇本"斯"下"也"字作"者", "無道"下無"也"字. 『爾雅』「釋詁」,
"請・謁, 告也." 言告夫子求見也.

정의에서 말한다.

　　황간본에는 "사(斯)" 아래 "야(也)" 자가 "자(者)"로 되어 있고, "무도(無
道)" 아래 "야(也)" 자가 없다. 『이아』 「석고」에 "청(請)과 알(謁)은 알린
다[告]는 뜻이다."라고 했으니, 공자에게 알려 만나 볼 것을 구했다는
말이다.

"木鐸"者, 『周官』「小宰」・「小司徒」・「小司寇」・「士師」・「司烜氏」・
「鄉師」皆有"木鐸"之徇. 鄭注「小宰」云: "古者將有新令, 必奮木鐸以警衆,
使明聽也. 木鐸, 木舌也. 文事奮木鐸; 武事奮金鐸." 「疏」云: "以木爲舌,
則曰木鐸, 以金爲舌, 則曰金鐸."

"목탁(木鐸)"

　　『주관』의 「소재(小宰)」・「소사도(小司徒)」・「소사구(小司寇)」・「사사
(士師)」・「사훤씨(司烜氏)」・「향사(鄉師)」에 모두 "목탁"을 두루 알리는
것이 있다. 정현은 「소재」를 주석하면서 "옛날에는 장차 새로운 법령을
시행하려 할 때, 반드시 목탁을 흔들어 민중을 경계시켜 분명하게 듣
도록 하였다. 목탁은 나무 혀[木舌]이다. 문사(文事)에는 목탁을 흔들고,
무사(武事)에는 금탁(金鐸)을 흔든다."[239]라고 했고, 「소」에 "나무로 혀
를 만들면 목탁이라 하고, 쇠[金]로 혀를 만들면 금탁이라고 한다."[240]라
고 했다.

---

[239] 『주례주소』 권3, 「천관총재상・소재」 정현의 「주」.
[240] 『주례주소』 권3, 「천관총재상・소재」 가공언의 「소」.

원문 案,「鼓人」, "以金鐸通鼓."「注」, "鐸, 大鈴也. 振之以通鼓. 「司馬職」曰: '司馬振鐸.' 是武用金鐸也."『說文』, "鐸, 大鈴也." 與鄭同. 『法言』「學行篇」以木鐸爲金口木舌, 其字從金, 則木鐸亦是金口, 惟舌用木, 與金鐸全用金不同. 李氏惇『群經識小』, "鐸如今之鈴, 中有舌, 以繩繫之, 搖之而出聲."

역문 살펴보니, 『주례』「지관사도상·고인(鼓人)」에 "금탁을 흔들어 북과 통한다."241라고 했는데, 「주」에 "탁(鐸)은 큰 방울[大鈴]이다. 그것을 흔들어 북과 통하는 것이다. 『주례』「하관사마상(夏官司馬上)·대사마지직(大司馬之職)」에 '사마(司馬)가 탁을 흔든다.'라고 했는데, 이는 무사에서 금탁을 사용한 것이다."라고 했다. 『설문해자』에 "탁(鐸)은 큰 방울[大鈴]이다."242라고 했으니, 정현의 해석과 같다. 『법언』「학행편(學行篇)」에는 목탁을 금구목설(金口木舌)이라고 했는데, 그 글자가 금(金)으로 구성되었으니, 목탁 역시 입은 쇠[金]이고 오직 혀만 나무를 사용하니, 전체를 쇠를 사용하는 금탁과는 같지 않다. 이돈의 『군경식소』에 "탁(鐸)은 지금의 방울[鈴]과 같은데, 가운데 혀가 있어서, 줄로 매달아 흔들어 소리를 낸다."라고 했다.

- 「注」, "儀蓋衛邑. 封人, 官名."
- 正義曰: 邢「疏」云: "鄭以『左傳』'入于夷儀', 疑與此爲一, 故云'衛邑'." 案, 今直隸 順德府 邢

---

241 금탁통고(金鐸通鼓): 사마(司馬)가 금탁을 흔들면 군장(軍將) 이하가 즉시 북을 치는 것이다.

242 『설문해자』권14: 탁(鐸)은 큰 방울[大鈴]이다. 군법(軍法)에 5인이 1오(伍)가 되고, 5오가 1양(兩)이 되는데, 양의 사마가 방울을 잡는다. 금(金)으로 구성되었고 역(睪)이 발음을 나타낸다. 도(徒)와 낙(洛)의 반절음이다.[鐸, 大鈴也. 軍法五人爲伍, 五伍爲兩, 兩司馬執鐸. 從金睪聲. 徒洛切.]

台縣·山東 東昌府 聊城縣並有夷儀故城. 司馬彪「郡國志」"浚儀"「注」引『晉』「地道記」曰:
"儀封人, 此縣也."『水經』「注」引『西征記』同. 浚儀, 今河南 開封府 祥符縣.

焦氏循『論語補疏』謂"浚儀在開封, 漢屬陳留, 陳留郡之長垣·封丘, 皆在其北. 以漢縣計之,
衛境止得長垣, 多得封丘·南燕. 自此而南, 皆鄭·宋地. 使儀封人在浚儀, 當今祥符·蘭陽
間, 雖爲由陳至衛之道, 而邑非衛邑矣."

○ 「주」의 "의는 위나라 읍인 듯하다. 봉인은 관직의 명칭이다."

○ 정의에서 말한다.

형병의 「소」에 "정현은 『춘추좌씨전』에서 '이의(夷儀)로 들어갔다.'[243]라고 한 것을 여기의
의(儀)와 동일한 곳으로 의심했기 때문에 '위나라의 읍인 듯하다'라고 한 것이다."[244]라고 했
다. 살펴보니, 지금의 직례성(直隸省) 순덕부(順德府) 형태현(邢台縣)과 산동성(山東省) 동
창부(東昌府) 요성현(聊城縣)에 모두 이의의 옛 성(城)이 있다. 사마표(司馬彪)[245]는 『후한
서(後漢書)』「군국지(郡國志)」의 "준의현(浚儀縣)"에 대한 「주」에 『진서(晉書)』「지도기(地
道記)」를 인용하면서 "의봉인(儀封人)의 의(儀)는 이 현(縣)이다."[246]라고 했다. 『수경(水
經)』의 「주」에서는 『서정기(西征記)』를 인용했는데 같다. 준의(浚儀)는 지금의 하남성(河
南省) 개봉부(開封府) 상부현(祥符縣)이다.

초순의 『논어보소』에 "준의는 개봉부에 있는데, 한나라 때에는 진류군(陳留郡)에 속해 있었
고, 진류군의 장원현(長垣縣)과 봉구현(封丘縣)은 모두 그 북쪽에 있다. 한나라 때의 현(縣)
을 가지고 계산해 보면 위나라의 국경은 장원현을 차지한 데 그치고, 대체로는 봉구현과 남
연현(南燕縣)을 많이 차지하고 있다. 이로부터 남쪽으로는 모두 정나라와 송나라의 땅이다.

---

243 『춘추좌씨전』「양공」 25년의 「전」.

244 『논어주소』 권3, 「팔일제3」 형병의 「소」.

245 사마표(司馬彪, ?~306?): 서진(西晉) 하내(河內) 온현(溫縣) 사람. 자는 소통(紹統)이다. 젊
어서부터 학문에 매진하여 많은 책을 널리 읽었다. 『장자(莊子)』에 주를 달았고, 후한 말기
군벌들의 혼전 양상을 기술한 『구주춘추(九州春秋)』를 편찬했다. 후한의 역사를 담은 『속
한서(續漢書)』를 지었다.

246 『논어정의』에는 "此邑也"로 되어 있으나, 『후한서(後漢書)』「군국지(郡國志)」에는 "此縣也"
로 되어 있다. 「군국지」에 따라 수정하고 해석했다.

만약 의봉인의 의읍이 준의에 있었다면, 지금의 상부현(祥符縣)과 난양현(蘭陽縣)의 사이에 해당되니, 비록 진(陳)나라에서 위나라로 이르는 길은 되지만, 읍은 위나라의 읍이 아니다."라고 했다.

원문 案,『明一統志』儀城在蘭陽西北二十里, 卽封人請見處. 蘭陽·祥符地本相接通, 以浚儀之名附會爲封人所官邑. 又浚儀始見「郡國志」, 不若夷儀爲尤古矣. 又『一統志』以儀爲開封府 儀封縣, 其地在蘭陽之東, 去浚儀更遠. 考儀封, 漢名東昏, 後易東明, 宋·元始改今名, 則謂儀卽儀封者, 尤非也.

역문 살펴보니,『명일통지(明一統志)』에 난양현 서북쪽 20리에 의성(儀城)이 있는데, 바로 봉인이 만나 보기를 청한 곳이다. 난양현과 상부현은 땅이 본래 서로 인접해서 통하므로 준의라는 지명을 억지로 갖다 붙여 봉인이 벼슬하던 읍이라고 한 것이다. 또 준의는『후한서』「군국지」에 처음 보이니, 이의가 더욱 오래된 지명이 되는 것만 못하다. 또『명일통지』에서는 의(儀)를 개봉부(開封府) 의봉현(儀封縣)이라고 하는데, 그 지역은 난양현의 동쪽에 있어서 준의와 거리가 더욱 멀다. 의봉현을 살펴보니, 한나라 때 명칭이 동혼(東昏)이었다가 뒤에 동명(東明)으로 바뀌었고, 송(宋)나라와 원(元)나라 때 비로소 지금의 이름으로 고쳤으니, 그렇다면 의가 곧 의봉현이라는 말은 더욱 잘못이다.

원문 夫子五至衛: 第一去魯司寇, 輒適衛; 第二將適陳, 過匡·過蒲, 皆不出衛境, 而反乎衛; 第三過曹而宋·而陳, 仍適衛; 第四將西見趙簡子, 未渡河而反衛; 第五如陳而蔡·而葉, 復如蔡而楚, 仍反乎衛. 夫子之至儀邑, 不知在何時. 焦氏以爲由陳至衛之道, 是指第三次至衛, 此假設言之. 閻氏

若璩『釋地』以"喪"爲失位去國, 是第一次適衛, 竝恐未然.

역문 공자는 5번 위나라에 갔었다. 첫 번째는 노나라의 사구(司寇) 벼슬을 버리고, 곧장 위나라로 갔었고, 두 번째는 장차 진(陳)나라로 가려고 광(匡) 땅을 지나고 포(蒲) 땅을 지났으나, 모두 위나라 국경을 나가지 않고 위나라로 돌아갔으며, 세 번째는 조(曹)나라를 지나 송(宋)나라로 갔다가 송나라를 떠나 진(陳)나라로 갔다가 거듭 위나라로 갔고, 네 번째는 서쪽으로 가서 조간자(趙簡子)를 만나 보려 하다가 황하(黃河)를 건너지 않고 위나라로 돌아갔으며, 다섯 번째는 진(陳)나라로 갔다가 다시 채(蔡)나라로 갔으며, 채나라에서 섭(葉) 땅으로 갔다가, 다시 채나라로 갔다가 초나라에 이르렀고, 거듭해서 위나라로 돌아갔다. 공자가 의읍에 간 것은 어느 때 있었던 일인지 알 수 없다. 초씨는 진나라를 거쳐 위나라로 가던 길이었다고 했는데, 이는 세 번째 위나라에 갔을 때를 가리키는 것으로, 가설해서 한 말이다. 염약거(閻若璩)의 『사서석지(四書釋地)』에서는 "상(喪)"을 지위를 잃고 조국을 떠나던 때라고 생각했는데, 이는 첫 번째로 위나라로 갔던 때이니, 아무래도 둘 다 옳지 않은 듯싶다.

원문 云"封人, 官名"者, 『周官』「封人職」云: "掌設王之社壝, 爲畿封而樹之. 凡封國封其四疆, 造都邑之封域者, 亦如之."「注」云: "畿上有封, 若今時界矣." 又「序官」「注」云: "聚土曰封." 其職則中士四人, 下士八人. 若侯國封人, 當祇以下士爲之.『左傳』潁谷封人, 蔡封人, 蕭封人, 郳陽封人, 呂封人, 皆此官.

역문 "봉인은 관직의 명칭이다."

『주관』「지관사도상·봉인직(封人職)」에 "봉인은 왕의 사직단[社壝]을 설치하고, 왕기(王畿)의 네 변경에 흙으로 두둑을 쌓아 경계를 만들고서 그 두둑 위에 나무를 심는 일을 관장한다. 나라를 봉해 줄 때는 사방의 경계 지역을 봉하고, 도읍의 봉역(封域)을 조성하는 일도 역시 이와 같이 한다."라고 했는데,「주」에 "왕기의 네 변경에 있는 두둑은 지금의 경계와 같다."[247]라고 했고, 또「서관(序官)」의「주」에 "흙을 모으는 것을 봉(封)이라 한다."[248]라고 했는데, 그 직책은 중사(中士)가 4인이고, 하사(下士)가 8인이다. 제후 국가의 봉인으로 말할 것 같으면, 당연히 하사만 봉인으로 삼을 뿐이다. 『춘추좌씨전』의 영곡봉인(潁谷封人), 채봉인(蔡封人), 소봉인(蕭封人), 운양봉인(鄖陽封人), 여봉인(呂封人)의 봉인이 모두 이러한 관직이다.

- 「注」, "通使得見."
- 正義曰: 言弟子爲紹介, 通之於夫子, 使得見之也. 『左傳』伍員見鱄設諸於公子光, 齊豹見宗魯於公孟.
- ○「주」의 "사자를 통해 만나 볼 수 있게 한 것이다."
- ○ 정의에서 말한다.

제자들이 소개해서 공자에게 전통(傳通)을 넣어 만나 볼 수 있게 했다는 말이다. 『춘추좌씨전』에서는 오원(伍員)[249]이 전설제(鱄設諸)[250]를 공자 광(公子光)[251]에게 알현시켰고, 제표

---

247 『주례주소』권12,「지관사도상 · 봉인(封人)」정현의「주」.

248 『주례주소』권9,「지관사도상 · 봉인」「서관(序官)」의 정현의「주」.

249 오원(伍員, ?~기원전 484): 춘추시대 정치가로 원래는 초나라 사람이었으나 아버지와 형이 살해당한 뒤 오(吳)나라에 망명한 오자서(伍子胥)이다. 원(員)은 그의 이름이고, 자서(子胥)는 자이다. 오나라의 대부(大夫)를 지냈다. 초 평왕(楚平王)이 소인(小人)의 참소(讒訴)를 듣고 오자서의 아버지 오사(伍奢)와 형 오상(伍尙)을 죄 없이 죽이자 오나라로 망명하여 장수가 되어 초나라를 쳤다. 이미 평왕이 죽은 다음이라 묘를 파내어 시체를 매질하여 아버지와 형의 복수를 했다. 나중에 오나라로 하여금 패권을 잡게 했다. 그 뒤 오나라 왕 부차(夫差)가 서시(西施)의 미색에 빠져 정사를 게을리하고 오히려 간하던 오자서에게 칼을 주어 자살하게 했다. 오자서는 자살하면서 자기의 눈을 오나라 성의 동문(東門)에 걸어서 자기의

(齊豹)[252]가 종로(宗魯)[253]를 공맹(公孟)[254]에게 알현시켰다.[255]

● 「注」, "何患於夫子聖德之將喪亡邪?"

● 正義曰: 錢氏坫『後錄』, "喪讀'將喪斯文'之喪." 卽孔此義. 劉敞『七經小傳』以"喪"爲失位, 閻氏若璩說同, 亦通.

○ 「주」의 "무엇 때문에 선생의 성스러운 덕이 장차 없어지게 될까 걱정하는가?"

○ 정의에서 말한다.

전점(錢坫)[256]의 『논어후록(論語後錄)』에 "상(喪)은 '장차 이 도[文]를 없애려 했다면[將喪斯

말을 듣지 않고 자기를 죽이는 오나라가 멸망하는 것을 보도록 하라는 유언을 남겼다. 그로부터 9년 뒤 월나라가 오나라를 멸망시켰다.

250 전설제(鱄設諸, ?~ 기원전 515): 춘추시대 오나라 당읍(堂邑) 사람. 전제(專諸)라고도 한다. 오 공자(吳公子) 광(光)이 오왕 요(吳王僚)를 죽이려고 했는데, 오자서가 광에게 전제를 추천했다. 오왕 요 12년 광이 연회를 열어 요를 초청하자 그가 비수를 고기 배 속[어복(魚腹)]에 숨기고 다가가 요를 찔러 죽였다. 그 역시 요의 측근에 의해 살해되었다.

251 공자 광(公子光, 기원전 515~기원전 496): 춘추시대 오나라의 국군(國君)인 합려(闔閭)의 이름. 합려(闔廬)로도 쓴다. 오왕 제번(諸樊)의 아들이다. 오왕 요가 아버지 여매(餘昧)를 이어 즉위하자 불만을 품고, 전제(專諸)를 이용해 오왕 요를 살해하고 즉위했다. 초나라의 망명객 오원을 기용해 행인(行人)으로 삼고 손무(孫武)를 장군으로 삼아 국력을 부강시키면서 초나라를 조금씩 약화시켰다. 9년 초나라를 정벌하여 대패시키고 승기를 타 초나라의 수도 영(郢)까지 진격했다. 진(秦)나라 군대가 와 구원하고 국내에 내란이 일어나 후퇴했다. 나중에 월왕(越王) 구천(句踐)과 싸워 취리(檇李)에서 패했는데, 부상을 당해 죽었다. 19년 동안 재위했다.

252 제표(齊豹, ?~?): 춘추시대 위나라 대부, 영공(靈公)의 신하. 사구로 있을 때 맹칩(孟縶)에게 멸시를 당한 이유로 반란을 일으켰다.

253 종로(宗魯, ?~?): 춘추시대 위나라 사람.

254 공맹(公孟, ?~?): 춘추시대 위나라 영공의 형. 공맹칩(公孟縶)이라고도 한다.

255 『춘추좌씨전』「소공」 20년의 「전」.

256 전점(錢坫, 1741~1806): 청나라 강소 가정 사람. 자는 헌지(獻之) 또는 전추(篆秋), 호는 십란(十蘭)이다. 훈고(訓詁)와 여지학(輿地學)에 정통했다. 서예에도 일가견이 있어 소전(小篆)을 잘 썼다. 주균(朱筠), 홍량길(洪亮吉), 필원(畢沅), 손성연(孫星衍) 등과 학문을 토론했

文]'[257]이라고 할 때의 상(喪)의 뜻으로 읽어야 한다."라고 한 것이 바로 공안국의 여기에 대한 뜻이다. 유창(劉敞)의 『칠경소전(七經小傳)』에서는 "상(喪)"을 지위를 잃는 것이라고 했고, 염약거의 설명도 같은데, 역시 통한다.

- 「注」, "木鐸"至"天下".

- 正義曰:「明堂位」, "振木鐸於朝, 天子之政也."「注」, "天子將發號令, 必以木鐸警衆." 是木鐸爲施政敎時所設也. 夫子不得位行政, 退而刪『詩』·『書』, 正禮樂, 修『春秋』, 是亦制作法度也. 『中庸』言天子方議禮·制度·考文, 孟子亦以『春秋』爲天子之事, 則知夫子所定之六藝, 皆天子之政也. 封人蓋知夫子之終無所遇, 而將以言垂敎, 故以"木鐸"爲喩.
『法言』云: "天之道不在仲尼乎? 仲尼駕說者也. 不在玆儒乎? 如將復駕其所說, 則莫若使諸儒金口而木舌." 李軌「注」, "莫如使諸儒宣揚之."『春秋緯』, "聖人不空生, 必有所制, 以顯天心, 丘爲木鐸制天下法." 皆以"木鐸"爲制作法度也.

○ 「주」의 "목탁(木鐸)"부터 "천하(天下)"까지.

○ 정의에서 말한다.

『예기』「명당위」에 "조정에서 목탁을 흔드는 것은 천자의 정치다."라고 했고, 「주」에서는 "천자가 장차 호령(號令)을 발표하려 할 때, 반드시 목탁으로 민중을 경계시킨다."[258]라고 했으니, 목탁은 정치와 교화를 펼 때 설치했던 것이다. 공자는 지위를 얻어 정치를 행하지 못하고 물러나 『시경』과 『서경』을 다듬고, 예와 음악을 정리하였으며, 『춘추』를 편수하였는데, 이 또한 법도를 제작한 것이다. 『중용(中庸)』에서는 천자라야 비로소 예를 의논하고, 제도를 만들며, 문자를 고정(考定)한다고 했고,[259] 맹자도 『춘추』를 천자의 일이라고 했으니,[260] 그

다. 마융과 정현, 공영달, 가공언의 주소(注疏)를 상세히 논변했다. 저서에 『십경문자통정서(十經文字通正書)』에 『설문해자각전(說文解字斠詮)』, 『시음표(詩音表)』, 『논어후록(論語後錄)』, 『이아석의(爾雅釋義)』, 『이아고의(爾雅古義)』, 『이아석지사편주(爾雅釋地四篇注)』, 『거제고(車制考)』, 『한서지리지집석(漢書地理志集釋)』, 『사기보주(史記補注)』 등이 있다.

257 『논어』「자한」.

258 『예기주소』권31, 「명당위」정현의 「주」.

259 『중용』제28장: 천자가 아니면 예를 의논하지 못하고, 제도를 만들지 못하고, 문자를 고정(考定)하지 못한다.[非天子, 不議禮, 不制度, 不考文.]

렇다면 공자가 정한 육예(六藝)가 모두 천자의 정사(政事)라는 것을 알 수 있다. 봉인은 아마도 공자가 끝끝내 등용될 기회를 만나지 못하더라도 장차 말로 가르침을 드리울 것임을 알았기 때문에 "목탁"을 가지고 비유한 것이다.

『법언』에 "하늘의 도가 중니에게 있지 아니한가? 중니는 말을 전하는[駕說] 자이다. 이 선비에게 있지 아니한가? 만일 장차 다시 그가 말한 것을 전하려 한다면 여러 선비들로 하여금 목탁[金口木舌]이 되도록 하는 것만 같은 것이 없을 것이다."라고 했는데, 이궤(李軌)[261]의 「주」에 "여러 선비들로 하여금 선양하게 하는 것만 같은 것이 없다는 말이다."[262]라고 했다. 『춘추위(春秋緯)』[263]에서는 "성인은 헛되이 살지 않고 반드시 제정하는 것이 있어서 하늘의 마음을 드러내니, 공구(孔丘)가 목탁이 되어 천하의 법을 제정하였다."라고 했으니, 모두 "목탁"을 법도를 제작하는 것이라고 여긴 것이다.

3-25

子謂「韶」, "盡美矣, 又盡善也." 謂「武」, "盡美矣, 未盡善也."
【注】孔曰: "'「韶」', 舜樂名. 謂以聖德受禪, 故盡善. '「武」', 武王樂也. 以征伐取天下, 故未盡善."

---

260 『맹자』「등문공하(滕文公下)」: 공자께서 이를 두려워하여 『춘추』를 지었는데, 『춘추』는 천자의 일이다. 이 때문에 공자께서 말씀하시기를 "나를 알아주는 것도 오직 『춘추』 때문일 것이며, 나를 죄주는 것도 오직 『춘추』 때문일 것이다."라고 하셨다.[孔子懼, 作春秋, 『春秋』天子之事也. 是故孔子曰: "知我者其惟『春秋』乎, 罪我者其惟『春秋』乎."]

261 이궤(李軌, ?~?): 중국 진(晉)나라 때의 학자. 양웅(揚雄)의 『법언(法言)』을 주석했다.

262 『양자법언(揚子法言)』 권1, 「학행(學行)」 이궤의 「주」.

263 『춘추위(春秋緯)』: 한나라 때에 나온 『춘추』에 관한 위서(緯書)로, 모두 28편이 수록되어 있다.

공자가 「소(韶)」 음악을 평하며 "아름다움을 다하였고, 또 선(善)을 다하였다."라고 하고, 「무(武)」 음악을 평하며 "아름다움을 다하였으나, 선을 다하지는 못하였다."라고 했다. 【주】 공안국이 말했다. "「소」는 순 음악의 이름이다. 성스러운 덕으로 선양을 받았기 때문에 선을 다했다는 말이다. '「무」'는 무왕의 음악이다. 정벌(征伐)로 천하를 취했기 때문에 선을 다하지 못한 것이다."

원문 正義曰:「樂記」, "韶, 繼也."「注」, "韶之言紹也, 言舜能繼紹堯之德." 又作"磬", 見『周官』「大司樂」. 又作"招", 見『墨子』「三辨」・伏生『書傳』・『史記』「舜紀」・『漢書』「禮樂志」. 鄭此「注」云: "「韶」, 舜樂也. 美舜自以德禪於堯, 又盡善, 謂太平也. 「武」, 周武王樂. 美武王以此功定天下, 未盡善, 謂未致太平也."

역문 정의에서 말한다.

『예기』「악기」에 "소(韶)는 잇는다[繼는 뜻이다.]"라고 했는데, 「주」에 "소(韶)라는 말은 잇는다[紹는 뜻이니, 순이 요의 덕을 잘 계승했다는 말이다."[264]라고 했다. 또 "소(磬)" 자로 되어 있기도 한데, 『주관』「대사악」에 보이고,[265] 또 "초(招)" 자로 되어 있기도 한데, 『묵자(墨子)』「삼변(三辨)」과 복생(伏生)의 『서전(書傳)』과 『사기』「순기(舜紀)」와 『한서』「예악지」에 보인다. 이 부분에 대한 정현의 주에 "「소」는 순의 음악이다. 순

---

[264] 『예기주소』 권38, 「악기」 정현의 「주」.

[265] 『주례』「춘관종백하・대사악」에 "음악과 춤으로 국자를 가르치는데, 「운문대권(雲門大卷)」과 「대함(大咸)」과 「대소(大磬)」와 「대하(大夏)」와 「대호(大濩)」와 「대무(大武)」의 악곡에 맞추어 춤추게 한다.[以樂舞敎國子, 舞「雲門大卷」・「大咸」・「大磬」・「大夏」・「大濩」・「大武」.]"라고 했다.

이 스스로 덕으로 요에게서 선양받은 것을 아름답게 여긴 것이고, 또 선을 다했다[盡善]는 말은 태평(太平)을 이루었다는 말이다. 「무」는 주나라 무왕의 음악이다. 무왕이 이 공(功)으로 천하를 안정시킨 것을 아름답게 여긴 것이고, 선을 다하지는 못했다[未盡善]는 말은 태평을 이루지 못했다는 말이다."266라고 했다.

원문 案, 『漢書』「董仲舒傳」, "對策曰: 堯在位七十載, 廼遜于位, 以禪虞舜. 舜因堯之輔佐, 繼其統業, 是以垂拱無爲而天下治. 孔子曰: '「韶」, 盡美矣, 又盡善矣.' 此之謂也." 仲舒此言, 卽鄭君義.

역문 살펴보니, 『한서』「동중서전(董仲舒傳)」에 "대책(對策)에서 말했다. '요가 제위(帝位)에 있은 지 70년 만에 임금 자리를 사양하고 우순(虞舜)에게 선양했습니다. 순은 요를 보좌했던 것에 따라서 나라를 통치하는 사업을 계승하였으니, 이런 까닭에 옷을 늘어뜨리고 팔짱을 낀 채[垂拱]267 직접 작위함이 없이도[無爲] 천하가 다스려졌던 것입니다. 공자가 '「소」는 아름다움을 다하고, 또 선을 다했다.'라고 한 말은 이것을 이르는 것입니다."라고 했는데, 동중서의 이 말이 바로 정군의 뜻이다.

---

266 『태평어람』 권564, 「악부2(樂部二)·아악중(雅樂中)」의 「주」에 보인다.
267 수공(垂拱): 성군(聖君)이 옷을 늘어뜨리고 팔짱을 낀 채 아무 일도 하지 않으면서도 세상이 잘 다스려지게 하는 무위지치(無爲之治)를 뜻한다. 『서경』「주서(周書)·무성(武成)」에 "관작(官爵)을 나열함은 다섯 가지로 하되 땅을 나누어 줌은 세 가지로 하며, 벼슬을 세우되 현자(賢者)로 하고 일을 맡기되 능력이 있는 자로 하며, 백성의 다섯 가지 가르침을 소중히 하되 음식과 상례(喪禮)와 제례(祭禮)에 특히 유념(留念)하며, 신(信)을 돈독히 하고 의리를 밝히며, 덕(德)을 높이고 공(功)에 보답하니, 옷을 늘어뜨리고 팔짱을 낀 채 아무 일도 하지 않으면서도 천하가 잘 다스려졌다.[列爵惟五, 分土惟三, 建官惟賢, 位事惟能, 重民五敎, 惟食喪祭, 惇信明義, 崇德報功, 垂拱而天下治.]"라고 했다.

원문 『左』「襄」二十九年「傳」, "季札見舞「象箾」·「南籥」者, 曰: '美哉. 猶有憾.' 見舞「大武」者, 曰: '美哉. 周之盛也, 其若此乎!' 見舞「韶箾」者, 曰: '德至矣哉大矣! 如天之無不幬也, 如地之無不載也. 雖甚盛德, 其蔑以加於此矣, 觀止矣. 若有他樂, 吾弗敢請已.'" 此正「武」樂不及「韶」之證. 蓋舜德既盛, 又躬致太平, 非武所及, 故「韶」樂獨盡美盡善. 若文王未洽於天下, 則猶有憾, 亦與「武」樂未盡善同也. 「樂記」, "干戚之舞, 非備樂也." 「注」云: "樂以文德爲備, 若「咸池」者." 下引此文云云.

역문 『춘추좌씨전』「양공」 29년 「전」에 "계찰이 「상소(象箾)」와 「남약(南籥)」을 춤추는 것을 보고는 '아름답습니다만 한(恨)이 있는 듯합니다.'라 하고, 「대무(大武)」를 춤추는 것을 보고 '아름답습니다. 주나라가 흥성할 때 아마 이러했을 것입니다!'라 했으며, 「소소(韶箾)」를 춤추는 것을 보고는, '덕이 지극하고 광대합니다. 마치 일체만물을 덮지 않음이 없는 하늘과 같고, 일체만물을 싣지 않음이 없는 땅과 같습니다. 아무리 성대한 덕이라 해도 이보다 더할 수 없으니 훌륭하기 그지없습니다. 설령 다른 악무(樂舞)가 있다 하더라도 나는 감히 더 보기를 청하지 않겠습니다.'라 했다."라고 했으니, 이것이 바로 「무」악이 「소」에 미치지 못한다는 증거이다. 순의 덕이 이미 성대하고, 또 몸소 태평을 이루었으므로 무왕이 미칠 바가 아니기 때문에 「소」악만이 유독 아름다움을 다하고 선을 다한 것이다. 만약 문왕이 천하를 윤택하게 하지 않았다면 오히려 한이 있었을 터이니, 역시 「무」악과 마찬가지로 선을 다하지 못한 것이 같았을 것이다. 『예기』「악기」에 "오른손에 방패, 왼손에 도끼를 들고 추는 춤은 갖추어진 음악이 아니다."라고 했는데, 「주」에 "음악은 문덕(文德)을 가지고 갖추어짐으로 삼으니, 「함지(咸池)」와 같은 것이다."[268] 하고, 그 아래에 이 문장을 운운하며 인용했다.

원문 「疏」云: "舜以文德爲備, 故云'韶盡美矣', 謂樂音美也. '又盡善也', 謂文德具也. 虞舜之時, 雖舞干羽於兩階, 而文多於武也. '謂「武」, 盡美矣'者, 「大武」之樂, 其體美矣. '未盡善'者, 文德猶少, 未致太平." 此「疏」申鄭義, 得之.

역문 「소」에서는 "순은 문덕을 가지고 갖추어진 것으로 삼았기 때문에 '소는 아름다움을 다하였다.'라고 한 것이니, 음악의 소리가 아름답다는 말이다. '또 선을 다하였다.'라는 것은 문덕이 갖추어졌다는 말이다. 우순의 시대에 비록 방패와 깃털을 들고서 두 섬돌 사이에서 춤을 추었지만 문무(文舞)가 무무(武舞)보다 많았다. '무악(武樂)을 평하며 "아름다움을 다하였다"라고 한 것'은 「대무」의 음악이 그 자체가 아름답기 때문일 것이다. '선을 다하지는 못했다'라는 것은 문덕은 오히려 적으면서도 태평을 이루지도 못했다는 것이다."[269]라고 했다. 이 「소」는 정현의 뜻을 확장시킨 것인데, 옳다.

원문 『史記』「封禪書」言"武王天下未寧而崩", 其時殷之頑民迪屢不靜, 餘風未殄, 則是未致太平也. 焦氏循『補疏』, "武王未授命, 未及制禮作樂, 以致太平, 不能不有待於後人, 故云'未盡善'. 善, 德之建也. 周公成文‧武之德, 卽成此未盡善之德也. 孔說較量於受禪‧征伐, 非是."

역문 『사기』「봉선서(封禪書)」에 "무왕은 천하가 아직 편안하지 못한데 죽었다."라고 했는데, 그 당시에는 은나라의 완고한 유민들이 여러 번 안정되지 못한 길을 따르고 남은 풍습이 가시질 않았으니 이는 아직 태평을 이루지 못한 것이다. 초순의 『논어보소』에 "무왕이 말년에 천명을

---

268 『예기주소』 권37, 「악기」 정현의 「주」.
269 『예기주소』 권37, 「악기」 공영달의 「소」.

받았으나, 아직 예를 제정하고 음악을 만들어 태평을 이루는 단계까지
는 미치지 못해서 후인(後人)을 기다리지 않을 수 없었기 때문에 '선을
다하지는 못했다'라고 한 것이다. 선은 덕을 세우는 것이다. 주공(周公)
은 문왕과 무왕의 덕을 이루었으니, 바로 이 '선을 다하지 못한[未盡善]'
덕을 완성시킨 것이다. 공안국의 설은 선양받고 정벌한 것을 따지고 헤
아린 것이니 옳지 않다."라고 했다.

원문 案, 『春秋繁露』「楚莊王篇」, "文王之時, 民樂其興師征伐也, 故「武」.
武者, 伐也. 是故舜作「韶」而禹作「夏」, 湯作「護」而文王作「武」. 四樂殊
名, 則各順其民始樂於己也." 又云: "紂爲無道, 諸侯大亂, 民樂文王之怒
而詠歌之也. 周人德已洽天下, 反本以爲樂, 謂之「大武」, 言民所始樂者武
也云爾."

역문 살펴보니, 『춘추번로』「초장왕(楚莊王)」에 "문왕의 시대는 백성들이
그가 군사를 일으켜 정벌하는 것을 즐거워했기 때문에 「무」음악이라고
한 것이다. 무(武)란 정벌한다[伐]는 뜻이다. 이런 까닭에 순임금이 「소」
를 만들고 우왕이 「하(夏)」를 만들었으며, 탕(湯)왕이 「호(護)」를 만들고
문왕이 「무」를 만든 것이다. 네 가지 음악이 이름을 달리하는 것은 각
각 그 백성들이 비로소 자기에게서 즐거워하는 것을 따랐기 때문이다."
라고 했다.[270] 또, "주(紂)왕이 무도하고 제후들이 크게 어지러워지자 백

---

270 『춘추번로(春秋繁露)』권1, 「초장왕제1(楚莊王第一)」에서 이 문장 앞에 "음악을 만드는 사
람은 반드시 천하가 처음으로 좋아하는 것을 자기에게서 돌이켜보아 근본으로 삼는다. 순임
금 때에는 백성들이 그가 요의 업적을 밝히는 것을 좋아했기 때문에 「소(韶)」라 했다. 소
(韶)란 밝힌다[昭]는 뜻이다. 우왕 때는 백성들이 그가 세 성왕을 서로 계승함을 즐거워했기
때문에 「하(夏)」라 했다. 하(夏)란 크다[大]는 뜻이다. 탕왕 때에는 백성들이 그가 환란과 재
해를 구제해 줌을 즐거워했기 때문에 「호(護)」라 했다. 호(護)란 구제한다[救]는 뜻이다.[作

성들은 문왕이 노여워함을 즐거워하면서 그를 읊조리며 노래한 것이다. 주나라 사람의 덕이 이미 천하를 윤택하게 해서 근본으로 돌아가는 것을 즐거움으로 삼아 그것을 「대무」라 하니, 백성들이 처음으로 좋아한 것이 무라고 그렇게들 얘기한다는 말이다."라고 했다.

원문 『白虎通』「禮樂篇」, "周樂曰「大武」·「象」, 周公之樂曰「酌」, 合曰「大武」. 天下始樂周之征伐行武, 故詩人歌之, '王赫斯怒, 爰整其旅.' 天下樂文王之怒, 以定天下. 故樂其武也." 然則「武」兼文·武. 『左傳』言"見「象箾」·「南籥」", 則文樂不名「武」也. 文樂名「武」, 當出周公所稱, 其實亦因武王樂得名. 故『左傳』以「大武」爲武王樂.

역문 『백호통의』「예악(禮樂)」에 "주나라의 음악을 「대무」와 「상(象)」이라 하고, 주공의 음악을 「작(酌)」이라 하며, 이 둘을 합해서 「대무」라 한다. 천하가 비로소 주나라의 정벌과 무공(武功)을 베푼 것을 즐거워했기 때문에 시인(詩人)이 이를 노래하면서 '왕이 크게 노하여 이에 그 군대를 정비했다.'²⁷¹라고 했으니, 천하가 문왕이 노하여 천하를 안정시킨 것을 즐거워한 것이므로 이는 그의 무공을 즐거워한 것이다."라고 했다. 그렇다면 「무」는 문왕의 음악과 무왕의 음악을 겸한 것이다. 『춘추좌씨전』에서는 "「상소」와 「남약」을 보았다"라고 했는데, 그렇다면 문왕의 음악은 「무」라고 부르지 않는다. 문왕의 음악을 「무」라고 부르게 된 것은 당연히 주공이 일컬은 데에서 나왔지만 사실은 또한 무왕의 음악으로

樂者, 必反天下之所始樂於己, 以爲本. 舜時民樂其昭堯之業也, 故「韶」. 韶者, 昭也. 禹之時, 民樂其三聖相繼, 故「夏」. 夏者, 大也. 湯之時, 民樂其救之於患害也, 故「護」. 護者, 救也.」라고 했다.

271 『시경』「대아(大雅)·문왕지십(文王之什)·황의(皇矣)」.

인해 이름을 얻었다. 그러므로『춘추좌씨전』에서는「대무」를 무왕의 음악으로 삼은 것이다.

- ●「注」, "以征伐取天下, 故未盡善."
- ● 正義曰: <u>顔師古</u>「董仲舒傳」「注」, "以其用兵伐<u>紂</u>, 故有慙德, 未盡善也." 卽此「注」義.
- ○「주」의 "정벌로 천하를 취했기 때문에 선을 다하지 못한 것이다."
- ○ 정의에서 말한다.

　　안사고의『전한서』「동중서전」「주」에 "군대를 일으켜 주(紂)를 정벌했기 때문에 부끄러운 마음[慙德]이 있었으므로, 선을 다하지 못한 것이다."라고 했는데, 바로 이「주」의 뜻이다.

3-26

子曰: "居上不寬, 爲禮不敬, 臨喪不哀, 吾何以觀之哉?"

공자가 말했다. "윗자리에 있으면서 관대하지 않고, 예를 행하면서 경건하지 않으며, 초상에 임하여 슬퍼하지 않는다면 내가 무엇을 가지고 그 사람의 예를 살피겠는가?"

원문 正義曰: <u>邢</u>「疏」云: "此章總言禮意." 案, "居上"者, 言有位者居民上, 禮樂所自出也. "爲禮"·"臨喪", 竝指居上者言之.

역문 정의에서 말한다.

　　형병의「소」에 "이 장은 예의 뜻을 총론한 것이다."[272]라고 했다. 살펴보니, "윗자리에 있다[居上]"라는 것은 지위를 가진 자가 백성들의 위에 있다는 말로, 예와 악이 나오는 곳이다. "예를 행함"과 "초상에 임함"은 모두 윗자리에 있는 사람을 가리켜서 한 말이다.

원문 "寬"者, 『書』「皐陶謨」"寬而栗", 鄭「注」謂"度量寬宏." 夫子言'寬則得衆', 其答於子張問仁, 告之以寬, 是寬爲仁德. 『詩』, "昊天有成命."「箋」, "寬仁所以止苛刻也."

역문 "관대함[寬]"

『서경』「고요모(皐陶謨)」에 "관대하면서도 엄격하다."라고 했는데, 정현의 「주」에 "도량(度量)이 관대하고 크다[寬宏]는 뜻이다."[273]라고 했다. 공자가 말한 '관대하면 민중의 마음을 얻는다'[274]라는 것은 인(仁)을 질문한 자장(子張)에게 답한 것으로 관대함을 가지고 일러 주었으니, 이에 관대함은 인의 덕(德)이 된다. 『시경』에 "넓은 하늘이 정해 놓은 명(命)이 있다."[275]라고 했는데, 「전」에 "관대함과 인함[寬仁]은 가혹하고 각박함을

---

272 『논어주소』권3「팔일제3」.

273 「고요모(皐陶謨)」의 "寬而栗"과 관련된 주석 중에 "性寬弘"이라는 표현은 있으나, "度量寬宏"이라는 표현은 찾아볼 수 없다. 유보남이 무엇을 근거로 했는지 확인할 수 없다.

274 『논어』「양화」: 자장(子張)이 공자에게 인에 대해서 묻자, 공자가 말했다. "다섯 가지를 천하에서 행할 수 있으면, 인을 행하는 것이다." 다섯 가지에 대해 질문을 청하자 다음과 같이 대답했다. "공손함, 관대함, 미더움, 민첩함, 은혜로움이다. 공손하면 업신여김을 당하지 않고, 관대하면 민중의 마음을 얻으며, 미더우면 남들이 일을 맡기고, 민첩하면 공이 있으며, 은혜로우면 충분히 남들을 부릴 수 있다."[子張問仁於孔子. 孔子曰: "能行五者於天下, 爲仁矣." "請問之." 曰: "恭・寬・信・敏・惠. 恭則不侮, 寬則得衆, 信則人任焉, 敏則有功, 惠則足以使人."] 「요왈(堯曰)」에도 "관대하면 민중의 마음을 얻고, 미더우면 민중들이 일을 맡기며, 민첩하면 공이 있다.[寬則得衆, 信則民任焉, 敏則有功.]"라고 했다.

275 『시경』「주송(周頌)・청묘지십(淸廟之什)・호천유성명(昊天有成命)」.

그치게 하는 것[止苛刻]이다."²⁷⁶라고 했다.

원문 『春秋繁露』「仁義法篇」, "君子攻其惡, 不攻人之惡, 非仁之寬與? 自攻其惡, 非義之全與? 此之謂仁造人, 義造我. 是故以自治之節治人, 是居上不寬也; 以治人之度自治, 是爲禮不敬也. 爲禮不敬, 則傷行而民弗尊; 居上不寬則傷厚, 而民弗親." 此先漢遺義, 以"寬"爲仁德, "敬"爲義德也.

역문 『춘추번로』「인의법(仁義法)」²⁷⁷에 "군자는 자신의 악을 공격하고 남의 악을 공격하지 않으니, 인의 관대함이 아니겠는가? 스스로 자신의 악을 공격하니 의(義)의 온전함이 아니겠는가? 이를 일러 인이 남을 만들고 의가 나를 만든다고 한다. 이런 까닭에 스스로를 다스리는 절도(節度)로 남을 다스리는 것이 윗자리에 있으면서 관대하지 않은 것이고, 남을 다스리는 법도로 스스로를 다스리는 것이 예를 행하면서 경건하지 않은 것이다. 예를 행하면서 경건하지 않으면 덕행을 손상시켜 백성들이 존경하지 않고, 윗자리에 있으면서 관대하지 않으면 후덕함을 손상시켜 백성들이 친히 하지 않는다."라고 했는데, 이는 전한(前漢)시대부터 전해 오는 의리로, "관대함[寬]"을 인의 덕으로, "경건함[敬]"을 의의 덕으로 삼은 것이다.

원문 "禮"謂凡賓祭 · 鄕射諸禮也. "臨喪"謂臨視他人之喪. 「曲禮」云: "臨喪不笑." 又云: "臨喪則必有哀色." 或謂"臨"者哭臨, "臨"讀去聲. 『周官』「閽人」"凡王吊臨", 『左傳』云"臨於周廟", 亦通. "觀"者, 觀禮也, 禮無足觀, 斯懈於位, 而民不可得而治也.

---

276 『모시주소』권26, 「주송 · 청묘지십(淸廟之什) · 호천유성명(昊天有成命)」 정현의 「전(箋)」.
277 『논어정의』에는 「仁義微」로 되어 있다. 『춘추번로』를 근거로 "微"를 "法"으로 고쳤다.

역문 "예"는 모든 손님의 접대와 제사·향사의 여러 예를 이른다. "초상에 임한다[臨喪]"라는 것은 다른 사람의 초상에 임하여 본다는 말이다. 『예기』「곡례상(曲禮上)」에 "남의 초상에 임하여 웃지 않는다." 했고, 또 "남의 초상에 임하여서는 반드시 슬퍼하는 기색이 있어야 한다."라고 했다. 어떤 사람은 "임(臨)"을 곡림(哭臨)[278]이라고 하니, "임(臨)"은 거성(去聲)으로 읽어야 한다. 『주관』「창인(鬯人)」에 "왕이 조문에 임한다."[279]라고 했고, 『춘추좌씨전』에는 "주나라의 종묘에 임하였다."[280]라고 했는데, 역시 통한다. "관(觀)"은 예를 살핀다[觀禮]는 뜻이니, 예가 족히 살펴볼 만한 것이 없다면 이는 윗자리에 있으면서 나태한 것이어서 민중을 다스릴 수 없다.

---

278 곡림(哭臨): 임금이 죽은 이를 몸소 조문함. 왕이나 왕비의 초상 때 여러 사람이 한곳에 모여 곡하는 예식. 영전(靈前)에 나아가 곡하고 조문을 하는 것.

279 『주례』「춘관종백상·창인(鬯人)」.

280 『춘추좌씨전』「양공」12년의 「전」.

색 인

사항 색인

저자 유보남(劉寶楠)

1791년 강소성 보응현에서 아버지 이순(履恂)과 어머니 교씨(喬氏) 사이에서 태어났으며, 다섯 살에 아버지를 여의고, 어머니의 가르침 속에 성장하였다. 종부 태공(台拱)의 학문이 깊고 정밀하였으므로 그에게 전수받기를 청하여 학행으로 향리에서 명성이 자자하였다. 제생(諸生)이 되었을 때 의징(儀徵)의 유문기(劉文淇)와 명성을 나란히 하여 사람들이 "양주이류(揚州二劉)"라고 칭송하였다. 도광 20년(1840) 진사가 되어 직례성 문안현의 지현(知縣)을 제수받았다. 문안현은 지형이 웅덩이에 비해 낮았는데도 둑이나 제방이 닦이지 않아 장마가 내리거나 가을 홍수가 나면 번번이 백성들의 해가 되곤 하였다. 이에 유보남은 제방을 두루 걸어 다니면서 병폐와 고통을 묻고 옛 서적들을 검토하여 일군의 주둔병과 백성이 함께 정비하도록 독촉하였다. 함풍 원년(1851) 삼하(三河)를 수비하고 있었는데, 동성(東省)의 군대가 국경을 지나는 것을 맞닥뜨리고는 병거를 모두 마을 아래로 출동시켰다. 병사가 많아 들쭉날쭉하니 백성들이 감당할 바가 아니라 생각해 수레 품삯을 백성들의 값으로 지급하자 백성들이 동요하지 않을 수 있었다. 16년 동안 관직에 있었는데, 항상 의관이 소박하여 마치 제생 때와 같았다. 송사를 처리함에 삼갔고, 문안에서 관직 생활을 하는 동안 쌓인 현안 1,400여 건을 자세하게 살펴 결론을 내렸으며, 새벽닭이 처음 울 때면 당청에 앉아, 원고와 피고가 모두 법정에 나오고 증거가 구비되면 때에 맞춰 상세히 국문하였다. 큰 사건이건 작은 사건이건 할 것 없이 균등하게 자기의 뜻대로 안건을 판결했고, 패도한 자는 법의 판례에 비추어 죄를 다스렸다. 무릇 소송에 연루된 친척이나 오랜 친족은 내외척 간의 친목(睦嫻)으로 깨우쳐, 대체로 화해하고 풀도록 하였다. 송사와 옥사가 한가해지고 나면 아전들은 자리를 떠나 돌아가 농사를 짓게 하였으니, 멀고 가까이에 있는 자들이 화합하여 순량(循良)이라는 칭호를 붙여 주었다. 『논어정의』는 그가 38세에 뜻을 두고 착수하여 평생을 바친 저작으로, 청대 『논어』 연구의 결정판으로 널리 알려져 있다. 24권까지 지었으나 완성하지 못하고 아들 공면에게 이를 이을 것을 맡긴 후 함풍 5년(1855)에 죽으니, 향년 65세이다.

저자 유공면(劉恭冕)

광서 5년(1879)에 거인(擧人)이 되었다. 가학을 지켜 경훈(經訓)에 통달했고, 경학을 공부해 거처하는 당의 이름을 광경당(廣經堂)이라 했다. 안휘성의 학정(學政) 주란(朱蘭)의 막에 들어가 이이덕(李貽德)의 『춘추가복주집술(春秋賈服注輯述)』을 교정하여 백수십 가지의 일을 옮겨서 보충하였다. 후에 호북성의 경심서원(經心書院)에서 주강(主講)이 되었는데, 돈독한 품행과 신중한 행실로 질박한 학문을 숭상하였다. 어려서 『모시(毛詩)』를 익혔고, 만년에는 『공양춘추(公羊春秋)』를 연구해서, "신주(新周)"의 뜻을 발명하여, 하휴(何休)의 오류를 물리치니, 같은 시대의 모든 선비가 그것을 아름답게 여겼다. 역대 제가의 이설(異說)을 참고하고 비교하여 아버지가 완성하지 못한 『논어정의』를 완성했다. 『면양주지(沔陽州志)』와 『황주부지(黃州府志)』, 『한양부지(漢陽府志)』, 『황강현지(黃岡縣志)』를 편찬했다. 향년 60세이다.

역자 함현찬(咸賢贊)

1963년 강원도 영월에서 태어나 고등학교까지 마쳤다. 1987년 성균관대학교 동양철학과를 졸업하고, 같은 대학교 대학원 유학과에서 석사와 박사과정을 마쳤으며, 2000년 중국 송대 철학 전공으로 박사학위를 받았다. 성균관 한림원에서 한문을 공부하였으며, 현재 성균관대학교 유학·동양학과 및 대학원 초빙교수로 재직하고 있고, 아울러 성균관 한림원 교수로 재직하고 있다. 저서로는 『장재: 송대 기철학의 완성자』(2003), 『주돈이: 성리학의 비조』(2007), 『(교수용 지도서) 사자소학』(1999), 『(교수용 지도서) 추구·계몽편』(1999), 『(교수용 지도서) 격몽요결』(2010) 등이 있고, 함께 번역한 책으로는 『논어징』 전 3권(2010), 『성리논변』(2006), 『증보 동유학안』 전 6권(2008), 『주자대전』 전 13권(2010), 『주자대전차의집보』 전 4권(2010), 『역주 예기집설대전 2』(2021), 『왕부지 중용을 논하다』(1014) 등이 있다. 이 외에 연구논문으로는 「《논어징》에 나타난 오규 소라이의 성인관」(2015), 「《논어징》에 나타난 오규 소라이의 도 인식」(2011), 「성리학의 태동과 정체성에 대한 일고찰」(2011) 등이 있다.

Lun Yu Zheng Yi

—The Corrected Meaning of the
LUN YU—